Französische Redewendungen

Siegfried Theissen ist emeritierter Ordinarius der Universität Lüttich (Belgien) und Autor von mehr als 30 Werken über Redewendungen, ‚falsche Freunde' und kontrastive Präpositionen in Deutsch, Französisch, Niederländisch und Englisch.

Siegfried Theissen

Französische Redewendungen

mit französischer Umschreibung, deutscher Übersetzung, Erläuterung, Etymologie und Beispielsätzen

BUSKE

Bibliografische Information der Deutschen Nationalbibliothek

Die Deutsche Nationalbibliothek verzeichnet diese Publikation in der Deutschen Nationalbibliografie; detaillierte bibliografische Daten sind im Internet über ‹https://portal.dnb.de› abrufbar.

ISBN 978-3-96769-067-5

 Umschlaggestaltung: QART Büro für Gestaltung, Hamburg. Satz: Reemers Publishing Services, Krefeld. Druck und Bindung: Beltz Grafische Betriebe, Bad Langensalza. Printed in Germany.

Inhaltsverzeichnis

Vorwort

Im Internet findet man einige Nachschlagwerke mit französischen Redewendungen und ihrer deutschen Übersetzung. Meistens handelt es sich um Listen mit 40 oder 50 (ein seltenes Mal mit einigen hundert) Redewendungen, wobei jedoch nie die Herkunft angegeben wird. Damit fehlt vielleicht gerade das Interessanteste: Wer wüsste nicht gern die Etymologie von **avoir un chat dans la gorge** (einen Frosch im Hals haben)? Wieso **un chat** (eine Katze)? Übrigens, der Frosch in der deutschen Kehle ist auch kein richtiger Frosch. Das lateinische ranula (ein Geschwür unter der Zunge) wurde verwechselt mit rana (Frosch).

Dieses Buch führt mehr als 2.000 französische Redewendungen auf mit französischer Umschreibung, deutscher Übersetzung, der Etymologie (insofern sie zu ergründen war), einer wörtlichen Wiedergabe oder der Übersetzung ihrer Kernwörter und einem Beispielsatz.

Die Frequenz wird mit den Ziffern (1) (sehr geläufig, 35 %), (2) (etwas weniger geläufig, aber doch allgemein bekannt und gebräuchlich, 35 %) und (3) (gehobene Sprache oder deutlich weniger gebräuchlich, 25 %) angegeben. Bei den etwa 100 mit * gekennzeichneten Redewendungen (5 %), die eine sehr ähnliche deutsche Entsprechung haben, wie zum Beispiel **ouvir de grands yeux** (große Augen machen), wurde auf die Frequenzangabe und den Beispielsatz verzichtet. Beispiele für (1): **va voir ailleurs, si j'y suis!** (scher dich zum Teufel!), für (2): **renvoyer l'ascenseur** (sich revanchieren), für (3) **des amitiés particulières** (gleichgeschlechtliche Beziehungen unter Jugendlichen).

Bei den Herkunftserklärungen wagt man sich oft auf dünnes Eis: Im Internet wimmelt es nur so von fantasiereichen Etymologien und selbst französische Nachschlagwerke (siehe Bibliografie) sind sich in vielen Fällen nicht einig. Die vertrauenswürdigsten Quellen sind *www.expressio.fr* und *www.linternaute.fr*, die beide akribisch die verschiedenen Erklärungen erläutern und auch oft zurückgreifen auf ältere Quellen. Manchmal geben sie auch ehrlich zu, dass die Herkunft (noch) nicht geklärt ist.

Bei vielen Redewendungen wird auf ähnliche Redewendungen verwiesen. So findet man unter **tu peux te l'accrocher!** (das kannst du dir abschminken!) Verweise auf **tu peux te brosser, des clous, tu peux toujours courir, que dalle, des nèfles, tu auras peau de balle**. Somit ist dieser Band auch eine Art Synonymwörterbuch.

Die meisten Redewendungen stammen aus *Le Grand Larousse illustré* und die meisten Übersetzungen habe ich in *Pons, Großwörterbuch Französisch – Deutsch* gefunden.

Hinweise auf das Sprachniveau werden nur bei vulgären Redewendungen gegeben, weil sie nicht immer vulgäre deutsche Entsprechungen haben. Ansonsten ist aus der deutschen Übersetzung und aus der Frequenzangabe ersichtlich, ob es sich um gehobene Sprache oder um Umgangssprache handelt.

Redewendungen, die man wörtlich ins Deutsche übersetzen kann wie **tourner en rond** (sich im Kreise drehen), werden nicht berücksichtigt.

Sprichwörter wurden nur dann aufgenommen, wenn sie nicht direkt „durchsichtig" sind, wie **chacun voit midi à sa porte** (jeder sieht die Dinge so, wie er sie sehen möchte).

Die Reihenfolge ist strikt alphabetisch, wobei alle Redewendungen, die es nur in der Einzahl gibt, vor den Redewendungen in der Mehrzahl stehen; etwas, was viele Wörterbücher nicht machen, sodass man oft lange suchen muss, weil Einzahl und Mehrzahl wie Kraut und Rüben durcheinander stehen. In diesem Buch findet man **mener une vie de bâton de chaise** (3) vor **mettre des bâtons dans les roues de quelqu'un** (2). Als Kernwort gilt, von wenigen Ausnahmen abgesehen, das (wichtigste) Substantiv oder, wenn dies nicht vorhanden ist, ein anderes Kernwort: So steht **mener quelqu'un en bateau** unter **bateau** und **bel et bien** unter **bel**.

Trotz der aufgelisteten 2.000 Redewendungen kann dieses Werk selbstverständlich keinen Anspruch auf Vollständigkeit erheben.

Dass in einigen Fällen die Etymologie nicht zu ergründen ist und man manchmal nicht umhin kann, sich mit Vermutungen zu begnügen, muss man in Kauf nehmen.

Nach den Redewendungen folgt eine Liste mit rund 150 französisch-deutschen Vergleichen, wie zum Beispiel **briller comme un sou neuf** (glänzen wie ein Spiegel). Diese Vergleiche sind nicht in das Verzeichnis der Redewendungen aufgenommen worden, weil sie eine Kategorie für sich sind. Auch wenn sie oft fast wörtlich mit der deutschen Entsprechung übereinstimmen, wie zum Beispiel **boire comme un trou** (saufen wie ein Loch), so sind sie doch interessant, weil sie auch oft davon abweichen und das Kernwort nicht immer zum alltäglichen Wortschatz gehört: **Dormir comme un loir** (Siebenschläfer) beispielsweise wird ins Deutsche mit „schlafen wie ein Murmeltier" übersetzt.

Stembert-Verviers, im August 2021 Siegfried Theissen

A

abattis

[*]**numérote tes abattis!** ▸ lass dir die *Knochen* nummerieren! | **abattis** = Arme, Beine, Füße, Hände

abcès

(1) **crever / vider l'abcès** (dénouer énergiquement une situation critique) ▸ energisch durchgreifen | **abcès** = Abszess

La tension est devenue palpable et le gouvernement devra *vider l'abcès.*

abdiquer

(2) **abdiquer devant les difficultés** (renoncer, capituler) ▸ vor Schwierigkeiten die Waffen strecken | **abdiquer** = abtreten (von Königen und Kaisern)

Les autorités ne comptent en aucun cas *abdiquer devant les difficultés.*

abois

(3) **être aux abois** (être dans une situation désespérée) ▸ in Bedrängnis, in einer verzweifelten Lage sein

☞ *abois* stammt aus *aboyer* (bellen). *Aux abois* beschreibt die ausweglose Lage des Wildes, das von den bellenden Jagdhunden umkreist wird.

J'étais aux abois, avoue le conseiller en charge des constructions et de l'aménagement de la ville.

Siehe auch **battre de l'aile, être au bout du rouleau, dans la mouise, dans la panade, patraque, dans le pétrin, mal en point, avoir la poisse, dans la purée, rester en rade.**

abonder

(2) **abonder dans mon sens** (être tout à fait d'accord avec moi) ▸ ganz meiner Meinung sein | **abonder** = voll sein von etwas

☞ Gemeint ist: Er ist voll meiner Meinung.

Non seulement *il abonde dans mon sens*, mais il irait même plus loin que moi dans la critique.

abonnés

(1) **être aux abonnés absents** (être absent, ne pas répondre) ▸ auf Tauchstation sein

☞ Als die Telefonverbindungen noch nicht automatisiert waren, konnte man bei Abwesenheit das „Fräulein vom Amt“ verständigen, das dann einem eventuellen Anrufer antworten konnte '*L'abonné est absent*'.

J'ai essayé plusieurs fois de te joindre, mais apparemment *tu étais aux abonnés absents.*

abord

(3) **de prime abord** (à première vue) ▸ auf den ersten Blick | **aborder** = ansprechen

☞ Wörtlich: beim ersten Treffen.

De prime abord la France n'est pas très active en matière de construction d'éoliennes.

abus

(1) **il y a de l'abus!** (trop, c'est trop!) ▸ das geht zu weit! | **abus** = Missbrauch

Cela fait huit semaines que j'attends une réponse de l'administration, *il y a* vraiment *de l'abus*!

accent

(1) **mettre l'accent sur quelque chose** (attirer l'attention sur, insister lourdement sur quelque chose) ▸ etwas besonders hervorheben

Le gouvernement doit *mettre l'accent* sur la diminution de la dette.

accident

(1) **un accident de parcours** (un évènement imprévu sans réelle gravité) ▸ ein Missgeschick (das ohne Folgen bleibt)

Quand Federer a perdu le deuxième set, ce n'était qu'*un accident de parcours.*

accord

(1) **se mettre d'accord avec quelqu'un** (parvenir à s'entendre) ▸ sich mit jdm einigen | **accord** = Einverständnis

Le gouvernement devra *se mettre d'accord avec* la Commission Européenne pour le règlement de la dette.

accordéon

(2) **une circulation en accordéon** (qui présente des plis comparables à ceux d'un soufflet d'accordéon) ▸ Stop-and-go-Verkehr

Ce matin, comme chaque matin, la circulation se faisait *en accordéon*.

accoucher

(1) **accouche! (parle!)** ▸ raus mit der Sprache! | **accoucher** = entbunden werden

Je sais que tu fais partie de la bande des voleurs, alors, *accouche*!

accrocher

(1) **tu peux te l'accrocher!** (cela, tu peux l'oublier!) ▸ das kannst du dir abschminken!

☞ Gemeint ist: *Tu peux te l'accrocher au mur*! Das kannst du dir an die Wand hängen!

Moi, te prêter ma Jaguar? *Tu peux te l'accrocher*!

Siehe auch **tu peux te brosser, des clous, tu peux toujours courir, que dalle, des nèfles, tu auras peau de balle.**

s'accrocher

(2) **il va falloir s'accrocher** (il faudra être tenace) ▸ jetzt brauchen wir Stehvermögen | **s'accrocher** = sich festklammern

Le match ne sera pas facile, car l'adversaire est plus fort que nous, alors, *il va falloir s'accrocher*.

accu

(2) **recharger ses accus** (reconstituer ses forces) ▸ wieder auftanken | **accu(mulateur)** = Autobatterie

Après cet effort gigantesque, j'ai besoin de *recharger mes accus*.

à-coups

(1) **par à-coups** (de façon irrégulière) ▸ etappenweise, schubweise | **à-coup** = Ruck, Stoß

Le secteur de l'éducation des adultes n'a avancé que *par à-coups*.

acquit

(3) **par acquit de conscience** (pour être sûr) ▸ um ganz sicher zu gehen

Je n'y croyais pas, mais *par acquit de conscience* j'ai quand même vérifié et j'ai vu qu'il avait dit vrai.

A

adieu

(1) **dire adieu à quelque chose** (y renoncer) ▸ etwas vergessen, sich etwas abschminken

Ta voiture a disparu? Alors tu peux *lui dire adieu*, car elle a sûrement déjà passé la frontière.

(2) **adieu veau, vache, cochon, couvée!** (se dit quand on fait une croix sur ce qu'on espérait) ▸ aus ist der Traum!

☞ Aus der Fabel von Jean de la Fontaine: *Perette et le pot au lait.* Perette will auf dem Markt einen Krug Milch verkaufen und stellt sich vor, was sie alles mit dem Erlös machen kann: Eier kaufen, daraus würden Küken schlüpfen und später würde sie mit dem Geld, das sie dafür bekommen würde, ein Schwein kaufen, dann ein Kalb usw. Aber da stolpert sie, der Krug zerbricht und sie sagt den berühmten Satz.

Lorsque le président du parti lui dit qu'il ne deviendrait pas ministre, le député pensa: *adieu veau, vache, cochon, couvée ...*

affaire(s)

(1) **il/elle/cela fera l'affaire!** (on se contentera de lui/d'elle/de cela!) ▸ der/die/das tut es auch! | **affaire** = Sache, Angelegenheit

On n'a pas besoin d'un savant pour ce travail; cet employé *fera* parfaitement *l'affaire*!

(1) **l'affaire est dans le sac** (l'affaire est pratiquement réglée) ▸ die Sache ist geritzt

☞ Im 17. Jh. wurden Gerichtsakten in kleinen Säcken aufbewahrt. Wenn das Urteil gesprochen war, brauchte man die Akten nicht mehr und konnte sie also wieder in den Sack zurücktun.

Encore un petit effort et *l'affaire est dans le sac.*

(1) **en faire son affaire** (s'en occuper personnellement) ▸ sich selbst darum kümmern

Le problème de corruption dans cette administration, *j'en fais mon affaire!*

(2) **être hors d'affaire** (être hors de danger) ▸ außer Gefahr sein

Dans cet accident, Jean a été grièvement blessé, mais maintenant, *il est hors d'affaire.*

(2) **en voilà une affaire!** (ce n'est quand même pas si grave!) ▸ das ist doch kein Beinbruch!

En voilà une *affaire* pour un peu de sel renversé!

Siehe auch **la belle affaire, et alors, et après, il n'y a pas de quoi fouetter un chat.**

(3) **la belle affaire!** (qu'est-ce que cela peut faire?) ▸ was soll's!

De l'eau sur la lune? *La belle affaire!* Vous croyez que cela nous servira à quelque chose?

Siehe auch **en voilà une affaire, et alors, et après, il n'y a pas de quoi fouetter un chat.**

(3) **être à son affaire** (être occupé à faire ce qu'on aime le plus) ▸ in seinem Element sein

Schumacher a dû abandonner sur crevaison. Dommage, car sur ce circuit de Spa, *il est à son affaire.*

(3) **être aux affaires** (être à la direction de l'État) ▸ an der Regierung sein | **affaires** = Staatsgeschäfte

Quand les libéraux *étaient aux affaires*, le déficit budgétaire s'est encore agrandi.

affinités

(3) **et plus, si affinités** (et plus, si on s'entend bien) ▸ und mehr bei Zuneigung

☞ Formel in Kontaktanzeigen.

Je voudrais faire votre connaissance dans le but de lier amitié, *et plus, si affinités.*

Siehe auch **pas sérieux, s'abstenir.**

âge(s)

(1) **il n'y a pas d'âge pour ...** (on n'est jamais trop vieux pour ...) ▸ man ist nie zu alt um ...

Tu me reproches d'avoir repris des études à 70 ans? Mais *il n'y a pas d'âge pour* parfaire sa formation!

(2) **l'âge ingrat** (la puberté) ▸ die Flegeljahre

☞ Wörtlich: das undankbare Alter.

Ne te plains pas trop de ton fils de quinze ans, c'est *l'âge ingrat* et ça passera.

(2) **entre deux âges** (ni jeune, ni vieux) ▸ mittleren Alters

C'était une femme *entre deux âges*, mais qui était encore très belle.

aguets

(2) **être aux aguets** (être à l'affût) ▸ auf der Lauer liegen
☞ *aguets* geht auf *guetter* (erspähen) zurück
Dans ce pays, la mort *est aux aguets* à chaque pas.

aigle

(2) **ce n'est pas un aigle!** (il n'est pas très intelligent) ▸ er ist keine große Leuchte! | **aigle** = Adler
Je ne pense pas que je vais le garder comme assistant, car *ce n'est pas un aigle!*

aigre

(2) **tourner à l'aigre** (s'envenimer) ▸ aus dem Ruder laufen | **aigre** = sauer (Wein), daher *vinaigre* = Essig
J'ai fait mon possible pour calmer le jeu, mais la discussion *a* vite *tourné à l'aigre.*

aiguille

***chercher une *aiguille* dans une *botte* de foin** ▸ eine *Steck*nadel in einem Heu*haufen* suchen (Stecknadel = *épingle*)

aile(s)

(2) **il bat de l'aile** (il a des difficultés) ▸ es geht bergab mit ihm; ursprünglich lautete diese Redewendung: *ne battre que d'une aile*, was den Sinn verdeutlicht
Pendant tout un temps, mon commerce marchait bien, mais maintenant, *il bat de l'aile.*

Siehe auch **être aux abois, au bout du rouleau, dans la mouise, dans la panade, être patraque, dans le pétrin, être mal en point, avoir la poisse, dans la purée, rester en rade.**

(1) **voler de ses propres ailes** (s'affranchir d'une tutelle et agir seul) ▸ auf eigenen Füßen stehen
Tu ne penses pas qu'à 25 ans il serait temps de *voler de tes propres ailes?*

ailleurs

(1) **va voir ailleurs, si j'y suis!** (va au diable!) ▸ scher dich zum Teufel! | **ailleurs** = woanders
Tu veux de nouveau m'emprunter de l'argent? *Va voir ailleurs, si j'y suis!*

Siehe auch **du balai, fiche / fous le camp, va te faire cuire un œuf, envoyer paître / promener / valser quelqu'un, bon vent, va te faire voir**.

air

(1) **prendre l'air** (sortir de chez soi pour se promener) ▸ ein wenig frische Luft schnappen

Je reviens dans un quart d'heure, *je vais* juste *prendre l'air.*

(1) **flanquer/foutre tout en l'air** (laisser tout tomber) ▸ alles hinschmeißen

Tu as fait cinq ans de médecine et maintenant, un an avant d'obtenir ton diplôme, tu veux tout *flanquer en l'air?*

(2) **être dans l'air du temps** (être d'actualité) ▸ in der Luft liegen

Je n'ai pas été étonné de la nouvelle loi sur les pensions de retraite, *c'était dans l'air du temps.*

(2) **ne pas manquer d'air** (être impudent) ▸ ganz schön dreist sein

Tu ne m'as pas encore remboursé le dernier prêt et maintenant tu veux à nouveau m'emprunter de l'argent? *Tu ne manques pas d'air!*

Siehe auch **comme vous y allez, y aller fort, dépasser les bornes, pousser le bouchon un peu loin, arrête ton char, charrier dans les bégonias, tirer sur la corde, ça commence à bien faire, tirer sur la ficelle, être gonflé, faut pas pousser grand-mère dans les orties, ne pas manquer de souffle**.

(2) **s'envoyer en l'air** (faire l'amour) ▸ mit jdm schlafen

☞ Man denkt hier an den siebten Himmel

On ne peut quand même pas passer son temps à *s'envoyer en l'air!*

Siehe auch **être porté sur la chose, tirer un coup, remettre le couvert, avoir le feu au cul, une partie de jambes en l'air, une partie carrée, prendre son pied, croquer la pomme.**

(3) **il a dit cela en l'air** (il a dit cela, sans y attacher de l'importance) ▸ er hat das nur so gesagt

Il faut vraiment que tu travailles mieux, sinon je dois te licencier et *je ne dis pas cela en l'air!*

(3) **tu me pompes l'air!** (tu m'énerves!) ▸ du gehst mir auf die Nerven!

☞ Wörtlich: Du pumpst mir die Luft weg!

Je ne veux plus voir ce type, *il me pompe l'air*!

A

Siehe auch **mettre quelqu'un en boule, casser les couilles, courir sur le haricot, avoir les nerfs en boule, être sur les nerfs, casser les oreilles, chauffer les oreilles, casser les pieds, taper sur le système, il me sort par les yeux.**

(3) **avec l'air de ne pas y toucher** (en cachant son jeu) ▸ mit einer Unschuldsmiene

Méfiez-vous de cette femme qui, *avec l'air de ne pas y toucher*, est capable de vous séduire.

Siehe auch **mine de rien.**

aise

(1) **à l'aise, Blaise!** (très facile) ▸ ganz leicht; mit links

☞ Der Vorname im zweiten Teil dient nur als Reim und hat keine weitere Bedeutung. Siehe auch **cool Raoul, tu parles Charles, un peu mon neveu, relax Max**

C'était dur, cet examen? *À l'aise, Blaise*!

Siehe auch **c'est du tout cuit, ce n'est pas le diable, les doigts dans le nez, c'est l'enfance de l'art, c'est du gâteau, ce n'est pas sorcier.**

(2) **à votre aise!** (comme vous voulez!) ▸ ganz, wie sie wollen!

Vous ne voulez plus travailler le samedi? *À votre aise*!

Albion

(3) **la perfide Albion** (l'Angleterre) ▸ England

☞ Wörtlich: das heimtückische, hinterhältige England.

☞ Der Riese Albion, ein Sohn Neptuns, gilt als der Stammvater der Engländer.

Le brexit? C'est à nouveau un coup de *la perfide Albion.*

aller (siehe auch va)

(1) **allons, allons!** (n'exagère pas!) ▸ jetzt mach mal langsam!

Tu ne vois pas que je suis en train de mourir? – *Allons allons!*

Siehe auch **comme vous y allez.**

(1) **allons donc!** (je n'en crois rien!) ▸ ach komm! Ach kommen Sie!

Hier, j'ai travaillé 14 heures de suite. – *Allons donc!*

Siehe auch **mon œil, ça ne prend pas.**

(1) **y aller fort** (exagérer) ▸ zu weit gehen
J'aurais pu te prêter mille euros, mais dix mille? *Tu y vas fort!*

Siehe auch **comme vous y allez, allons, allons, dépasser les bornes, pousser le bouchon un peu loin, charrier dans les bégonias, arrête ton char, tirer sur la corde, ça commence à bien faire, tirer sur la ficelle, être gonflé, faut pas pousser grand-mère dans les orties, ne pas manquer de souffle.**

(2) **comme vous y allez!** (là, vous exagérez!) ▸ Sie sind vielleicht gut!
☞ Gemeint ist: Comme vous y aller fort!
Diable, *comme vous y allez*! Ce n'est pas si simple!

Siehe auch **ne pas manquer d'air, y aller fort, allons, allons, charrier dans les bégonias, dépasser les bornes, pousser le bouchon un peu loin, arrête ton char, tirer sur la corde, ça commence à bien faire, tirer sur la ficelle, être gonflé, faut pas pousser grand-mère dans les orties, ne pas manquer de souffle.**

allonger

(1) **allonger une somme** (verser une somme) ▸ eine bestimmte Summe auf den Tisch legen
50.000 euros pour une vieille Rolls? Je ne suis pas prêt à *allonger une somme* pareille!

allure

(2) **avoir de l'allure** (avoir de la classe) ▸ Stil haben (Personen); elegant wirken (Dinge)
Il faut dire qu'avec son nouveau costume *il a de l'allure.*

Tu ne trouves pas que la nouvelle Jaguar *a de l'allure?*

Siehe auch **avoir de la gueule, ça en jette.**

aloi

(3) **de bon aloi** (de bonne qualité, qui mérite l'estime) ▸ verdient; hieb- und stichfest
☞ *aloi* ist ein altes Wort für *alliage*, die Legierung. Ursprünglich bedeutete *de bon aloi*, dass eine Münze die richtige Gold- oder Silberlegierung hatte.
En cette époque d'incertitude, une gouvernance *de bon aloi* est chose essentielle pour l'entreprise.

alors

(1) **et alors?** (1. une marque d'indifférence, 2. une marque d'impatience) ▸ 1. na, und? 2. wird's bald?

1. Oui, je joue encore au tennis à 80 ans, *et alors?*

2. On devrait partir à 14 h. ... *et alors*?

Siehe auch zu 1. **la belle affaire, en voilà une affaire, et après, il n'y a pas de quoi fouetter un chat.**

ambiance

(2) **une ambiance bon enfant** (une ambiance simple, conviviale) ▸ eine angenehme Stimmung, ein angenehmes Betriebsklima

Lors de nos réunions, il règne toujours *une ambiance bon enfant.*

âme

******être*/**errer comme une âme** *en peine* ▸ wie eine *verlorene* Seele umherirren

(2) **rendre l'âme** (mourir) ▸ das Zeitliche segnen

Ne vous en faites pas pour votre héritage, je ne suis pas encore en train de *rendre l'âme.*

Siehe auch **passer l'arme à gauche, être à l'article de la mort, mourir de sa belle mort, ne pas faire de vieux os, partir les pieds devant, casser sa pipe, manger les pissenlits par la racine, sentir le sapin.**

amende

(3) **faire amende honorable** (reconnaître qu'on a tort) ▸ Abbitte leisten, zu Kreuze kriechen

☞ Ursprünglich war die *amende honorable* eine entehrende öffentliche Abbitte.

Je voyais bien que j'avais tort, donc, j'ai dû *faire amende honorable.*

amitiés

(3) **des amitiés particulières** (une liaison homosexuelle entre adolescents) ▸ gleichgeschlechtliche Beziehungen unter Jugendlichen

Dans pas mal de collèges il y a *des amitiés particulières.*

Siehe auch **être de la pédale, à voile et à vapeur.**

amour

(3) **filer le parfait amour** (avoir une vie amoureuse idyllique) ▸ glücklich in jdn verliebt sein

Après deux divorces, *il file* maintenant *le parfait amour* avec sa troisième femme.

an

(1) **bon an, mal an** (en moyenne) ▸ im Durchschnitt, alles in allem

☞ Gemeint ist: Wenn man den Durchschnitt der guten und der schlechten Jahre nimmt.

Bon an, mal an, le restaurant me rapporte cent mille euros.

ancre

(1) **lever l'ancre** (sens fig. s'en aller) ▸ den Anker lichten; (im übertragenen Sinn) aufbrechen

Mes amis, il est déjà minuit et je vais lentement *lever l'ancre.*

andouille

(1) **ne fais pas l'andouille!** (ne te montre pas plus bête que tu ne l'es!) ▸ stell dich nicht dümmer an, als du bist!

☞ *Andouille* besteht aus Innereien von Schwein und Kalb, im übertragenen Sinn *Blödmann.*

Ne fais pas l'andouille! Tu sais bien qu'il ne dit pas la vérité!

ange(s)

(2) **un ange passe** (se dit lorsqu'en société il y a un long silence) ▸ man könnte eine Stecknadel fallen hören, großes Schweigen

Quand un silence pesant s'impose dans une conversation, il y a toujours quelqu'un qui tente de détendre l'atmosphère en disant: *un ange passe.*

(1) **être aux anges** (être ravi) ▸ im siebten Himmel sein

☞ Wörtlich: bei den Engeln sein.

Quand son éditeur lui téléphona pour lui dire qu'on avait vendu 200.000 exemplaires de son roman, *elle était aux anges.*

Siehe auch **ça / tout baigne, y a pas de lézard, boire du petit-lait, ça roule.**

anglaise

(1) **filer à l'anglaise** (partir sans rien dire) ▸ sich auf Französisch empfehlen

☞ Die Engländer sagen, wie, mutatis mutandis, die Deutschen, *to take French leave*. Man ist immer der grobe Klotz seiner Nachbarn.

Le comte de Monte Cristo *avait filé à l'anglaise* par les souterrains du château.

Siehe auch **déménager à la cloche de bois, partir sans demander son reste, partir sans tambour ni trompette.**

angles

(2) **arrondir les angles** (aplanir les difficultés) ▸ Unstimmigkeiten aus dem Weg räumen

☞ Wörtlich: Etwas weniger eckig machen.

Il était fort énervé. J'ai encore tenté d'*arrondir les angles*, mais cela n'a servi à rien.

anguille

(2) **il y a anguille sous roche** (il y a quelque chose qui n'est pas clair; quelque chose de caché qu'on ne nous dit pas) ▸ da ist etwas im Busch, da steckt etwas dahinter

☞ Der Aal versteckt sich gern im Gestein.

Cette banque propose des intérêts plus élévés, mais *il y a anguille sous roche*: vous devez bloquer votre argent pendant 5 ans.

Siehe auch **il y a une ombre au tableau.**

antenne

(1) **être à l'antenne** (passer en direct) ▸ auf Sendung sein

Je lui faisais de grands signes de se taire, parce qu'elle n'avait pas compris qu'elle *était* encore *à l'antenne*.

appareil

(2) **dans le plus simple appareil** (tout nu) ▸ im Adams-/Evaskostüm

☞ *appareil* hat dieselbe Wurzel wie *apparat* (Prunk). *Un habit d'apparat* ist ein Festgewand. *Einfach* und *Festgewand* ist jedoch ein Widerspruch in sich. Es handelt sich in dieser Redewendung also um ein Oxymoron (wie z. B. in *alter Knabe*).

Voici les meilleurs endroits en France pour vous promener *dans le plus simple appareil*.

apparences

(2) **sauver les apparences** (éviter ce qui peut nuire à la réputation) ▸ den Schein wahren

Pour un Chinois, il s'agit avant tout de *sauver les apparences.*

appel

(2) **un appel du pied** (une invitation discrète) ▸ ein Wink mit dem Zaunpfahl

☞ Wahrscheinlich aus *faire du pied* (siehe dort).

Le programme électoral du candidat n'est rien d'autre qu'*un appel du pied* à la gauche.

appeler

(1) **ce livre s'appelle 'reviens'!** (tu devras me rendre le livre que je te prête!) ▸ auf dem Buch steht: 'Wiedersehen macht Freude'!

Je veux bien te prêter ce livre, mais *il s'appelle 'reviens'*!

après

(1) **et après?** (et alors?) ▸ na und?

Bon, je ne suis pas venu à ton anniversaire, *et après ...?*

Siehe auch **la belle affaire, en voilà une affaire, et alors, il n'y a pas de quoi fouetter un chat.**

araignée

(1) **avoir une araignée au plafond** (être un peu fou) ▸ einen Vogel haben, eine Schraube locker haben | **araignée** = Spinne

Quand quelqu'un me raconte de telles histoires, je sais qu'*il a une araignée au plafond.*

Siehe auch **perdre la boule, battre la campagne, avoir une case en moins, il lui manque une case, travailler du chapeau, ne pas jouir de toutes ses facultés, avoir un grain, être à la masse, tu devrais te faire soigner, ça ne va pas la tête.**

arbre

(2) **c'est l'arbre qui cache la forêt** (se dit lorsqu'on s'attarde trop à des détails sans voir l'essentiel) ▸ vor lauter Bäumen den Wald nicht sehen

Le succès de cet auteur n'est que *l'arbre qui cache la forêt*, car de nombreux écrivains ne vivent pas de leur métier.

Siehe auch **voir quelque chose par le petit bout de la lorgnette.**

ardoise

(1) **avoir une ardoise chez quelqu'un** (devoir de l'argent à quelqu'un) ▸ bei jdm in der Kreide stehen | **ardoise** = Schiefertafel

Je n'ose pas aller dans ce restaurant avec toi, car *j'y ai* encore *une ardoise*.

argent

(2) **en être pour son argent** (avoir perdu son argent à quelque chose) ▸ sein Geld los sein

Si vous avez viré de l'argent à cet escroc, *vous en êtes pour votre argent*.

Arlésienne

(3) **c'est l'Arlésienne!** (se dit d'une personne ou d'une chose dont on parle tout le temps, mais qu'on ne voit jamais) ▸ das ist ein Phantom!

☞ Eine Figur aus einer Erzählung von Daudet und aus der gleichnamigen Oper von Bizet. Es handelt sich um eine Braut, die nicht auf der Hochzeit erscheint.

Le fameux boson de Higgs a été longtemps *l'Arlésienne*, mais il semble que maintenant on l'ait trouvé.

arme (siehe auch armes)

(3) **passer l'arme à gauche** (mourir) ▸ den Löffel abgeben

☞ Für diese Redewendung gibt es verschiedene Erklärungen: 1. Wenn die Soldaten im 17./18. Jh. ihr Gewehr laden mussten, hielten sie es mit der linken Hand fest, um das Pulver auf die Pfanne gießen zu können. Bei diesem Ladevorgang setzten sie sich der Gefahr aus, getötet zu werden. 2. Um einem Gefallenen bei seinem Begräbnis die letzte Ehre zu erweisen, hielten die Soldaten das Gewehr in der linken Hand, mit dem Lauf nach unten gerichtet. 3. Wer bei einem Duell besiegt wurde, nahm, als Zeichen der Niederlage, den Degen in die linke Hand.

Wie dem auch sein möge, links ist schon immer mit etwas Negativem assoziiert worden.

Je sais que vous attendez ma mort, mais je ne suis pas encore prêt à *passer l'arme à gauche.*

Siehe auch **rendre l'âme, être à l'article de la mort, mourir de sa belle mort, ne pas faire de vieux os, partir les pieds devant, casser sa pipe, manger les pissenlits par la racine, sentir le sapin.**

armée

(3) **une armée mexicaine** (organisation dont le fonctionnement est entravé par une hiérarchie trop nombreuse) ▸ eine überbordende Bürokratie

☞ Die mexikanische Armee hatte früher fast so viele Generale wie Soldaten.

L'administration de L'Union Européenne, c'est *une armée mexicaine.*

armes (siehe auch arme)

(2) **faire ses premières armes** (débuter dans une carrière) ▸ seine ersten Erfahrungen machen

☞ Zuerst bedeutete diese Redewendung *eine militärische Ausbildung anfangen.*

Mon petit-fils vient de terminer ses études d'ingénieur de gestion, mais maintenant, il s'agit de *faire ses premières armes* dans le monde des affaires.

(2) **avec armes et bagages** (avec tout ce que quelqu'un possède) ▸ mit Sack und Pack

On me dit que la femme de Jean est partie *avec armes et bagages* après 25 ans de mariage.

arrache-pied

(2) **faire quelque chose d'arrache-pied** (faire quelque chose avec acharnement et persévérance) ▸ etwas unermüdlich tun

☞ Im 16. Jh. bedeutete diese Redewendung 'sofort', mit anderen Worten: Man riss förmlich seinen Fuß vom Boden, um sich in Bewegung zu setzen. Wie es zu der heutigen Bedeutung gekommen ist, ist nicht geklärt.

L'Union Européenne doit travailler *d'arrache-pied* pour convaincre les Congolais de sa neutralité.

arraché

(3) **à l'arraché** (de justesse) ▸ auf den letzten Drücker

Federer a finalement emporté la victoire *à l'arraché.*

arrangé

(1) **te voilà bien arrangé!** (comme tu as l'air sale / malade!) ▸ du siehst vielleicht aus!

☞ Man meint natürlich das Gegenteil von 'bien'; also eine Antiphrase.

Il a encore fallu que tu ailles te battre et maintenant, *te voilà bien arrangé*!

arroseur

(2) **l'arroseur arrosé** (se dit lorsque quelqu'un est victime de ses propres machinations) ▸ selbst der Gelackmeierte sein; der Schuss ging nach hinten los

☞ Wörtlich: *Der begossene „Begießer*".

L'histoire du voleur à qui on a volé son butin, c'est *l'arroseur arrosé.*

art

(1) **le septième art** (le cinéma) ▸ die Filmkunst

☞ Hegel zufolge gibt es fünf Künste: Architektur, Bildhaukunst, Malerei, Musik und Literatur. Im 20. Jh. kamen noch als 6. Kunst der Tanz und das Theater hinzu.

Michael Haneke est un des plus célèbres représentants du *7e art.*

article

(3) **être à l'article de la mort** (être à l'agonie) ▸ im Sterben liegen

☞ Aus dem lateinischen *in articulo mortis. Articulus* ist eine bestimmte Zeitspanne, ein Moment, ein Augenblick. Diese Redewendung bedeutet also wörtlich *im Augenblick des Todes.*

Ne vous réjouissez pas trop tôt: Je ne suis pas encore *à l'article de la mort.*

Siehe auch **rendre l'âme, passer l'arme à gauche, mourir de sa belle mort, ne pas faire de vieux os, partir les pieds devant, casser sa pipe, manger les pissenlits par la racine, sentir le sapin.**

(3) **faire l'article** (faire valoir sa marchandise) ▸ seine Ware anpreisen

Pour vendre notre invention, nous n'avons pas besoin de *faire l'article.* Notre produit se vendra comme des petits pains.

as

(1) **être plein aux as** (être riche) ▸ Geld wie Heu haben
☞ Wahrscheinlich denkt man hier an einen Kartenspieler, der alle Asse hat.
Il t'a demandé de lui prêter de l'argent, alors qu'*il est plein aux as*?

Siehe auch **faire son beurre, rouler carrosse, avoir du foin dans les bottes, avoir son pain cuit, avoir les reins solides, doré sur tranches.**

(3) **être habillé comme l'as de pique** (être très mal habillé) ▸ unmöglich angezogen sein
☞ Die Form des Pikass erinnert an den Sterz eines Huhnes. Diese Redewendung war schon im Mittelalter bekannt und wurde im 17. Jh. von Molière popularisiert.
Tu ne peux pas venir à la soirée comme ça! *Tu es habillé comme l'as de pique*!

Siehe auch **être mal ficelé, être ficelé comme un saucisson.**

ascendant

(3) **avoir de l'ascendant sur quelqu'un** (avoir de l'autorité ou une supériorité morale sur quelqu'un) ▸ Einfluss auf jdn ausüben
☞ Aus der Astrologie: Ihre Anhänger glauben, dass der Aszendent (das bei der Geburt aufgehende Gestirn) einen Einfluss auf das Neugeborene ausübt.
Il faut que le chef du maquis *ait de l'ascendant* sur ses hommes.

ascenseur

(2) **renvoyer l'ascenseur** (rendre service à quelqu'un qui vous a rendu service) ▸ sich revanchieren
☞ Wörtlich: *Den Fahrstuhl zurückschicken.*
Il m'avait aidé dans ma carrière et lorsqu'il m'a demandé de faire quelque chose pour son fils, *je lui ai renvoyé l'ascenseur.*

Siehe auch **un échange de bons procédés.**

assaut

(3) **faire assaut de quelque chose** (rivaliser de quelque chose) ▸ zu übertreffen suchen | **assaut** = Erstürmung
☞ Wörtlich: Belagern.
Ce nouveau magasin *fait assaut d'*offres promotionnelles.

assiette

(1) **ne pas être dans son assiette** (ne pas se sentir bien) ▸ nicht auf dem Damm sein

☞ Die ursprüngliche Bedeutung von *assiette* (von *s'asseoir*, sich setzen) war die Art am Tisch zu sitzen; daher die Art, wie man sich fühlte. *Assiette* kann, neben Teller, heute auch noch *Grundlage* bedeuten: *l'assiette d'imposition* ist die Besteuerungsgrundlage.

Le directeur n'est pas dans son état normal; je vois bien qu'*il n'est pas dans son assiette.*

Siehe auch **être mal barré, en baver, se faire de la bile, avoir le cafard, se sentir tout chose, en avoir gros sur le cœur, en voir de toutes les couleurs, être dans le / au creux de la vague, être dans le 36e dessous, être dans de beaux draps, broyer du noir, être dans la panade / le pétrin / la purée, ne pas tourner rond, du vague à l'âme.**

attaque

(1) **être d'attaque** (être en forme) ▸ in Form sein

☞ Aus der Jägersprache: Wenn die Hunde bereit waren, das Wild zu jagen, waren sie *d'attaque.*

Tu es d'attaque pour le prochain match contre Federer?

attention

(1) **à l'attention de Monsieur X** (désignation du destinataire d'une lettre) ▸ zu (den) Händen von Herrn X

Comme mon ami Jean n'a pas d'adresse fixe, mais loge chez son oncle, j'adresse tout son courrier *à l'attention de Monsieur* Jean Nouvel.

Siehe auch **aux bons soins de ...**

auberge

(1) **on n'est pas sorti de l'auberge!** (on n'est pas au bout de nos ennuis ou de nos difficultés) ▸ uns steht noch allerhand bevor!

☞ *Auberge* ist Argot für *prison* (Gefängnis), weil man dort Essen und Unterkunft findet, wie in einer Herberge.

L'industrie de l'automobile va déjà un peu mieux, mais *elle n'est pas sortie de l'auberge*!

(2) **une auberge espagnole** (1. un lieu où on ne trouve que ce qu'on apporte soi-même; 2. un endroit où on trouve de tout, toutes sortes de gens) ▸ 1. ein Ort, an dem man nur verzehren kann, was man selbst mitgebracht hat; 2. ein Sammelsurium)

☞ Im 18. Jh. hatten spanische Herbergen den Ruf, dass es dort nie etwas zu essen gab. Die 2., neuere Bedeutung, bezieht sich auf die Herbergen auf dem Weg zum Heiligen Jakob von Compostella, in denen man allerlei Pilgern begegnen kann.

Ce gouvernement, *c'est une auberge espagnole*: on y trouve tout et son contraire.

augure

(3) **de bonne / de mauvaise augure** (quelque chose qui est un présage favorable / défavorable) ▸ ein gutes / ein schlechtes Vorzeichen

☞ Die Auguren waren altrömische Priester und Wahrsager.

Votre présence ici *est de bonne augure* et nous attendons votre rapport avec impatience.

aune

(3) **mesurer quelqu'un à l'aune de quelque chose** (juger d'après un certain critère) ▸ jdn/etwas an einem bestimmten Maßstab messen | **l'aune** = Elle

Notre succès sera *mesuré à l'aune* de notre capacité de négocier.

autant

(3) **autant pour moi!** (se dit quand on admet avoir fait une erreur) ▸ das war mein Fehler!

☞ Diese Redewendung ist die verkürzte Form von *Je ne suis pas meilleur qu'un autre; j'ai autant d'erreurs à mon actif que vous. Il y en (des erreurs) a autant pour moi que pour vous.* Eigentlich müsste es heißen *au temps pour moi*, das aus der Soldatensprache stammt. Der Befehl *au temps!* bezog sich auf das Drillen, wobei in verschiedenen Phasen Übungen ausgeführt werden mussten. Vertat man sich bei einer dieser Phasen, musste man wieder von vorne (von der 1. Phase an) anfangen. Die Etymologen streiten sich darüber, welche dieser beiden Schreibweisen die Älteste ist. Feststeht, dass *autant ...* viel häufiger vorkommt.

Oui, je me suis trompé, *autant pour moi*!

avancé

(1) **te voilà bien avancé!** (tu t'es donné bien du mal pour rien!) ▸ was hat das dir jetzt gebracht?

☞ Im Französischen eine Antiphrase.

Tu as voulu avoir raison contre ton patron qui t'a licencié, *te voilà bien avancé* maintenant!

avocat

se faire* **l'avocat du diable ▸ den Advocatus Diaboli *spielen*

avoir

(1) **il en a après moi!** (il m'en veut!) ▸ er hat es auf mich abgesehen!

Il ne fait rien d'autre que critiquer mon travail. Il est clair qu'*il en a après moi.*

(1) **j'en ai jusque là!** (j'en ai assez!) ▸ ich hab die Nase voll! Es steht mir bis hier!

J'en ai jusque là de vos conneries sur le véganisme!

Siehe auch **j'en ai ras le bol, en avoir plein les bottes, en avoir sa claque, en avoir plein le cul, en avoir plein le dos, en avoir marre, en avoir par-dessus la tête.**

(2) **en avoir** (avoir du courage, du cran) ▸ ein Pfundskerl sein | **en** = des couilles

☞ Seit jeher galten die Hoden als Symbol der Männlichkeit, der Stärke, des Mutes.

On peut dire d'elle ce qu'on veut, mais elle sait tenir tête aux hommes. En d'autres mots, *elle en a!*

(2) **il y en a là-dedans!** (1. ne suis-je pas intelligent?! 2. ce n'est pas bête, ce que tu dis là!) ▸ 1. Köpfchen, Köpfchen! 2. du bist ein kluges Kind!

1. Bien sûr que mon plan est grandiose! Tu ne savais pas qu'*il y en a là-dedans*?

2. Ce n'est pas mal comme proposition! Mais *il y en a là-dedans!*

Siehe auch **pas folle la guêpe.**

azimut

(3) **tous azimuts** (dans toutes les directions) ▸ in alle Richtungen, umfassend

☞ Der/das Azimut ist der 'Winkel, den ein Vertikal- oder Höhenkreis mit dem Meridian bildet' (Wahrig). Im übertragenen Sinn steht *azimut* hier für *Himmelsrichtung.*

De Gaulle voulait une défense *tous azimuts.*

B

baba

(1) **en être / en rester baba** (être stupéfait) ▸ baff sein

☞ Aus dem lateinischen *batare*, den Mund öffnen. Wörtlich also *mit offenem Mund dastehen.*

Lorsqu'on m'annonça que mon ex-femme s'était remariée, *j'en suis resté baba.*

Siehe auch **les bras m'en tombent, ça lui a coupé la chique, ça t'en bouche un coin, tu me la coupes, merde alors, je n'en reviens pas, en rester comme deux ronds de flan, en baver.**

(2) **l'avoir dans le baba** (se faire avoir, subir un échec) ▸ der Gelackmeierte sein

☞ *le baba* war früher eine Bezeichnung für die Vagina.

Avec cette voiture d'occasion, je me suis fait avoir. En d'autres mots: *je l'ai dans le baba*!

Siehe auch **l'avoir dans le cul / dans le dos / dans l'os.**

bagage

(1) **plier bagage** (partir) ▸ aufbrechen

☞ Man denkt hier an Sachen, die man zusammenfaltet, bevor man sie in den Koffer tut.

Comme l'hôtel va fermer pour cause de danger d'avalanches, il ne nous reste plus qu'à *plier bagage.*

Siehe auch **se faire la belle, mettre les bouts, prendre ses cliques et ses claques, jouer la fille de l'air, prendre le large, se faire la malle, se faire la paire, débarrasser le plancher, prendre la poudre d'escampette, partir sans demander son reste, prendre la tangente, tirer sa révérence, mettre les voiles.**

B

baguette

(2) **marcher à la baguette** (obéir sans discussion) ▸ aufs Wort gehorchen

☞ *baguette* ist hier nicht der Taktstock eines Dirigenten, sondern der Stock oder der Degen, mit dem früher die Befehlshaber ihren Soldaten die Angriffsrichtung anwiesen.

Avec cet instructeur, il fallait *marcher à la baguette.*

Siehe auch **obéir au doigt et à l'œil.**

(2) **mener quelqu'un à la baguette** (diriger quelqu'un avec autorité) ▸ jdn an der Kandare haben

☞ Aus der Militärsprache: Die Offiziere führten ihre Truppe mit erhobenem Degen an.

C'est un professeur qui *mène* ses élèves *à la baguette.*

baigner

(1) **ça baigne** (dans l'huile)! / **tout baigne** (tout marche bien, il n'y a pas de problème) ▸ alles in Butter

☞ Man denkt an etwas, das gut geölt ist.

Pas de problème aujourd'hui? – Non, *tout baigne*!

Siehe auch **la situation est au beau fixe, y a pas de lézard, ça roule, ça va comme sur des roulettes / sur du velours.**

bail

(1) **ça fait un bail!** (cela fait très longtemps) ▸ es ist eine Ewigkeit her

☞ *le bail* ist der Mietvertrag, der 99 Jahre dauern kann.

Jean? *Ça fait un bail* que je ne l'ai pas vu.

Siehe auch **depuis belle lurette, ça fait des lustres, ça fait une paie.**

bain

(2) **on est tous dans le même bain** (nous sommes tous dans le même cas) ▸ wir sitzen alle im gleichen Boot.

Tu ne peux pas faire ce que tu veux, *on est tous dans le même bain.*

Siehe auch **être logé à la même enseigne.**

bal

(2) **ouvrir le bal** (être le premier à faire quelque chose) ▸ den Ball ins Rollen bringen

☞ Wörtlich: *Den Ball eröffnen.*

La présidence espagnole *a ouvert le bal* en publiant une note de travail distribuée à tous les membres.

balader

(2) **balader quelqu'un** (tromper quelqu'un par de fausses promesses) ▸ jdn an der Nase herumführen.

Le gouvernement croit-il qu'il peut encore *nous balader* avec ses vaines promesses?

Siehe auch **mener quelqu'un en bateau, monter un bateau à quelqu'un, rouler quelqu'un dans la farine, jouer au plus fin avec quelqu'un, jeter de la poudre aux yeux, se payer la tête de quelqu'un, jouer un tour à quelqu'un, faire prendre à quelqu'un des vessies pour des lanternes.**

(2) **envoyer balader quelqu'un** (éconduire) ▸ jdn abweisen

☞ Wörtlich: *spazieren führen.*

Il voulait à nouveau m'emprunter de l'argent, mais *je l'ai envoyé balader.*

Siehe auch **du balai, fiche / fous le camp, va te faire cuire un œuf, envoyer paître / promener quelqu'un, rembarrer quelqu'un, envoyer valser quelqu'un, bon vent, va te faire voir, va voir ailleurs si j'y suis.**

balai

(1) **du balai!** (à la porte! dehors!) ▸ verschwinde! Raus!

☞ Gemeint ist, dass man wie mit einem Besen hinausgekehrt wird.

Je ne veux plus t'écouter, disparais, allez, *du balai!*

Siehe auch die verschiedenen Redewendungen bei **envoyer balader quelqu'un.**

B

balle

(2) **saisir la balle au bond** (saisir immédiatement l'occasion) ▸ die Gelegenheit beim Schopf ergreifen
☞ Wörtlich: Sich den Ball direkt nach dem Aufprall schnappen.
Cette occasion ne se présentera pas deux fois: *il faut saisir la balle au bond.*

(2) **la balle est dans ton camp** (c'est à toi d'agir) ▸ du bist am Zug
☞ Wahrscheinlich aus Ballspielen, wie Tennis.
Moi, j'ai dit ce que j'avais à dire, maintenant, *la balle est dans ton camp.*

Siehe auch **à toi de voir.**

(2) **se renvoyer la balle** (se rejeter mutuellement la responsabilité) ▸ sich gegenseitig die Verantwortung zuschieben.
Le gouvernement et l'opposition *se renvoyent la balle.*

(2) **se tirer une balle dans le pied** (se nuire à soi-même) ▸ sich selbst ein Bein stellen, sich ins eigene Fleisch schneiden
☞ Wörtlich: Sich in den Fuß schießen.
Avec le brexit, le Royaume Uni *s'est tiré une balle dans le pied.*

ban

(3) **convoquer le ban et l'arrière-ban** (convoquer / réunir tous les membres d'une famille ou d'une communauté) ▸ die ganze Sippschaft zusammenrufen/einladen
☞ *le ban* waren die Vasallen des Lehnherrn, *l'arrière-ban* die Vasallen der Vasallen.
Pour l'élection du président, le parti *a convoqué le ban et l'arrière-ban.*

(3) **mettre quelqu'un au ban de la société** (exclure de la société) ▸ jdn von der Gesellschaft ausschließen
☞ Man denke an den *Bannfluch* und an *verbannen.*
S'il est prouvé que le président a fraudé, il sera *mis au ban de la société.*

banal

(1) **c'est pas banal!** (ça ne se voit pas tous les jours!) ▸ das ist wirklich ein Ding!
Du pâté à la vodka, *c'est pas banal!*

B

bande

(2) **faire bande à part** (se tenir à l'écart) ▸ seine eigenen Wege gehen
Mon fils ne s'est jamais mêlé aux autres étudiants de son année, *il a* toujours *fait bande à part.*

(3) **savoir quelque chose par la bande** (apprendre quelque chose de façon indirecte) ▸ etwas hintenrum erfahren
☞ Es handelt sich hier um die Bande des Billardtisches.
Personne ne voulait me dire la vérité, mais j'ai quand même *su par la bande* ce qui s'était passé.

(3) **donner de la bande** (s'incliner sur un bord, se dit d'un navire) ▸ Schlagseite haben
☞ In der Seemannssprache ist die *bande* die Seite.
Si tous les passagers vont à babord pour regarder les dauphins, le bateau va *donner de la bande.*

baraque

(1) **casser la baraque** (remporter un grand succès) ▸ einen Riesenerfolg haben (Theater, Film usw).
Le dernier film de Woody Allen *a cassé la baraque.*

Siehe auch **faire un malheur, faire un tabac.**

barbe

(1) **quelle barbe!** (quel type ennuyeux!) ▸ das reinste Schlafmittel, dieser Typ!
Quelle barbe, ce professeur! Si on l'écoute plus de dix minutes, on s'endort.

(1) **une vieille barbe** (un vieux grincheux) ▸ ein alter Griesgram
Ce n'est pas *une vieille barbe* comme toi qui va m'apprendre comment je dois mener ma vie!

barder

(1) **ça va barder!** (ça va devenir dangereux ou violent) ▸ jetzt gibt's was!
☞ Die Herkunft dieser Redewendung ist nicht geklärt. Einige Etymologen denken an ein altes Verb *barder*, das 'jdm eine schwere Last aufladen' bedeutete; andere behaupten, *barde* beziehe sich auf *la barde*, eine schwere Rüstung, die Soldaten und Pferde trugen.
Maintenant, j'en ai assez de sa grossièreté, *ça va barder*!

B

baroud

(3) **un baroud d'honneur** (un combat perdu d'avance pour sauver l'honneur) ▸ ein letztes Ehrengefecht

☞ *baroud* bedeutete in der Sprache der Berber Schießpulver, später Kampf. Daher *baroudeur*, kampflustiger Mensch.

Le premier ministre sait qu'il doit démissionner. Son dernier discours n'était qu'*un baroud d'honneur*.

barre

(3) **avoir barre sur quelqu'un** (avoir l'avantage sur lui) ▸ gegenüber jdm im Vorteil sein

☞ Aus einem alten Spiel, das dem Nachlaufspielen gleicht. Wenn man den Mitspieler berührt hatte, hatte man *barre sur lui*.

Un général *a* toujours *barre sur* un colonel.

barrer

(1) **il est mal barré!** (c'est mal engagé pour lui, il va à l'échec) ▸ es sieht schlecht für ihn aus!

☞ *la barre* ist das Steuer eines Schiffes. Wörtlich bedeutet diese Redewendung also *schlecht gesteuert sein*.

S'il croit pouvoir me battre au tennis, *il est mal barré!*

baskets

(1) **lâche-moi les baskets!** (laisse-moi tranquille) ▸ lass mich in Ruh

☞ Früher sagte man *Lâche-moi les basques* (die Rockschöße). Das heute ungebräuchliche *basques* ist dann durch *baskets* (Basketballschuhe) ersetzt worden.

Voilà des jours et des jours que tu viens me voir pour la même chose, *lâche-moi les baskets!*

Siehe auch **pomper l'air, mettre quelqu'un en boule, casser les couilles à quelqu'un, ça me gonfle, courir sur le haricot, avoir les nerfs en boule, être sur les nerfs, casser les oreilles, chauffer les oreilles, taper sur le système, il me sort par les yeux.**

basques

(2) **coller/être pendu aux basques de quelqu'un** (ne pas le lâcher d'une semelle) ▸ an jds Rockschößen hängen

À trente ans, tu es toujours *pendu aux basques* de ta mère!

B

bassinet

(3) **cracher au bassinet** (payer, donner de l'argent, souvent à contrecœur) ▸ Geld herausrücken

☞ *le bassin(net)* war die Opferschale, in die man in der Kirche seinen Obolus warf. *Cracher* (spucken) deutet vielleicht darauf hin, dass es manchmal nur widerwillig geschah.

L'Union Européenne va devoir *cracher au bassinet* pour financer la reconstruction de l'Afghanistan.

bât

(2) **savoir où le bât blesse** (savoir où le problème se pose) ▸ wissen, wo der Schuh drückt

☞ *le bât* ist der Packsattel des Esels.

Tu sais *où le bât blesse*: tu n'as pas le premier euro pour réaliser tes plans!

bataillon

(2) **inconnu au bataillon!** (quelqu'un dont on n'a jamais entendu parler) ▸ völlig unbekannt

Un certain monsieur Leroi désire vous parler. – *Inconnu au bataillon*!

bateau

(1) **mener quelqu'un en bateau** / (2) **monter un bateau à quelqu'un** (tromper quelqu'un) ▸ jdm einen Bären aufbinden

☞ Dieser Redewendung liegt eine Verwechslung zugrunde zwischen *batelier* (Schiffer) und *bateleur* (Taschenspieler).

Il a essayé de *me mener en bateau* / *me monter un bateau*, mais je ne me suis pas laissé faire.

Siehe auch **balader quelqu'un, rouler quelqu'un dans la farine, jouer au plus fin avec quelqu'un, jeter de la poudre aux yeux, se payer la tête de quelqu'un, jouer un tour à quelqu'un, faire prendre à quelqu'un des vessies pour des lanternes.**

bâton(s)

(3) **mener une vie de bâton de chaise** (avoir une vie désordonnée et agitée) ▸ ein ungeregeltes Leben führen

☞ Ursprünglich bezog sich diese Redewendung auf die Träger, welche die an langen Stangen (*bâtons de chaises*) befestigte Sänfte tragen mussten.

B

Je vais me marier, parce que j'en ai assez de *mener une vie de bâton de chaise.*

Siehe auch **rouler sa bosse, brûler la chandelle par les deux bouts, faire les 400 coups.**

(2) **mettre des bâtons dans les roues de quelqu'un** (lui créer des difficultés) ▸ jdm Knüppel zwischen die Beine werfen
☞ Wörtlich: Stöcke zwischen die Speichen stecken.
Depuis le premier jour, ce collègue a essayé de *me mettre des bâtons dans les roues.*

Siehe auch **tu me cherches, se crêper le chignon, être à couteaux tirés avec quelqu'un, chercher des crosses à quelqu'un, tailler des croupières à quelqu'un, avoir maille à partir avec quelqu'un, chercher des noises à quelqu'un, avoir un œuf à peler avec quelqu'un, prendre quelqu'un à partie, le torchon brûle.**

(2) **parler à bâtons rompus** (parler avec quelqu'un de manière décousue) ▸ über dieses und jenes reden
☞ Vielleicht aus der Soldatensprache: Die Trommel konnte rhythmisch mit beiden Stöcken geschlagen werden oder mit jedem Stock einzeln, ohne Wirbel.
Ce n'était pas une discussion très sérieuse, on a seulement *parlé à bâtons rompus.*

Siehe auch **tailler une bavette.**

battre

* *battre* **les cartes** ▸ die Karten *mischen*

(3) **battre le pavé** (errer sans but) ▸ ohne Ziel durch die Straßen flanieren
J'ai battu le pavé pendant des heures, mais je n'ai pas trouvé sa maison.

baudet

(3) **crier haro sur le baudet** (s'acharner en paroles sur quelqu'un de faible qui ne peut pas se défendre) ▸ sich laut über jdn entrüsten
☞ Im 14. Jh. war *haro* der Ruf, um die Hunde auf der Jagd anzufeuern. Diese Redewendung kommt vor in der Fabel von La Fontaine *Les animaux malades de la peste*: Darin bürdet man dem Esel (*baudet*) alle Schuld auf.
L'Union Européenne a pu faire des fautes, mais ce n'est pas moi qui *crierai haro sur le baudet.*

Siehe auch **vouer aux gémonies, tirer à boulets rouges sur quelqu'un.**

B

bavette

(1) **tailler une bavette (bavarder avec quelqu'un)** ▸ ein Schwätzchen machen

☞ *la bave* (mit der Diminutivform *bavette*) ist der Speichel. *Tailler bien la parole à quelqu'un* bedeutete jdm wortgewandt antworten, als ob jedes Wort geschliffen (*taillé)* wäre. Obige Redewendung ist aus der Verschmelzung von *bave* und *tailler* entstanden.

Pourquoi rentres-tu si tard? – *J'ai taillé une bavette* avec la voisine.

Siehe auch **parler à bâtons rompus.**

beau

(1) **la situation est au beau fixe** (tout va pour le mieux) ▸ alles ist bestens

☞ Wie wenn das Barometer auf 'Schönwetter' stehen bleibt.

Ne te soucie pas pour moi, *la situation est au beau fixe.*

Siehe auch **être aux anges, ça baigne, tout baigne, y a pas de lézard, ça roule, ça va comme sur des roulettes / sur du velours.**

(2) **c'est du beau!** (il n'y a pas de quoi être fier!) ▸ das ist ja reizend!

☞ Eine Antiphrase.

Tu as de nouveau trois échecs cette année, *c'est du beau!*

Siehe auch **c'est du joli.**

beauté

(2) **se refaire une beauté** (se maquiller et se coiffer; dit d'une femme) ▸ sich noch etwas zurechtmachen

Je serai prête dans une minute, le temps de me *refaire une beauté.*

bec

* *clouer* **le bec à quelqu'un** ▸ jdm den Schnabel *stopfen*

☞ *clouer* bedeutet hier nicht ‚nageln', sondern *clore* ‚zumachen'.

(1) **rester / être le bec dans l'eau** (être à court d'arguments; ne pas savoir comment se tirer d'affaire) ▸ nicht weiterwissen

Lorsque je lui ai demandé de m'expliquer les raisons de son acte, *il est resté le bec dans l'eau.*

B

(1) **se défendre bec et ongles** (se défendre de toutes ses forces) ▸ sich mit allen Mitteln verteidigen
☞ Wörtlich: Sich wie ein Vogel mit dem Schnabel und den Krallen (*ongle* = Fingernagel) verteidigen.
Federer ne me vaincra pas facilement, *je vais me défendre bec et ongles.*

(1) **tomber sur un bec de gaz** (tomber sur une difficulté imprévue) ▸ auf eine unerwartete Schwierigkeit stoßen
☞ *un bec de gaz* ist eine Gaslaterne, an der man sich stoßen konnte.
S'il croit que je vais me laisser faire, *il est tombé sur un bec de gaz.*

bégonias

(3) **charrier dans les bégonias** (exagérer d'une manière impudente) ▸ schamlos übertreiben, über die Stränge schlagen
☞ *charrier* heißt ‚karren'; ‚ein ganzer Karren voll' ist schon übertrieben.
Il a fini par payer, mais lui demander en plus des intérêts de retard, ce serait *charrier dans les bégonias.*

Siehe auch **ne pas manquer d'air, comme vous y allez, allons, allons, dépasser les bornes, pousser le bouchon un peu loin, arrête ton char, tirer sur la corde, ça commence à bien faire, tirer sur la ficelle, y aller fort, être gonflé, faut pas pousser grand-mère dans les orties, ne pas manquer de souffle.**

béguin

(2) **avoir le béguin pour quelqu'un** (avoir un penchant amoureux passager pour quelqu'un) ▸ in jdn verknallt sein
☞ *béguin* war eine Haube. Wahrscheinlich ist diese Redewendung aus *avoir le béguin à l'envers* (die Haube verkehrt herum aufhaben) entstanden. Daraus dann die Bedeutung: Nicht nur die Haube, sondern auch den Kopf verdreht haben, also verliebt sein. Aus *béguin* ist vor allem in Belgien und Holland (*begijn*) *béguine* entstanden, eine Schwester, die in einer Klostergemeinschaft lebte, jedoch kein Gelöbnis abgelegt hatte.
Elle n'a jamais su que *j'avais le béguin pour elle.*

Siehe auch **avoir quelqu'un dans la peau, en pincer pour quelqu'un.**

bel

(1) **bel et bien (réellement)** ▸ tatsächlich

Je n'ai d'abord pas cru qu'il allait s'expatrier, mais il est *bel et bien* parti pour l'Inde.

belle(s)

(1) **se faire la belle** (s'échapper, surtout de prison) ▸ abhauen

☞ Zuerst sagte man *faire la belle*, d. h. *profiter d'une belle occasion de s'évader*, dann wurde aus *faire* '*se faire*', also ein Pronominalverb.

À la prison de la ville, trois détenus *se sont* encore *fait la belle.*

Siehe auch **mettre les bouts, prendre le large, se faire la malle, faire le mur, prendre la poudre d'escampette, mettre les voiles.**

(2) **en avoir entendu de belles** (avoir entendu des choses répréhensibles) ▸ schlimme Sachen gehört haben

☞ Eine Antiphrase.

Je ne pense pas que ce candidat soit digne de confiance, *j'ai entendu de belles* sur lui.

bémol

(2) **mettre un bémol** (1. parler moins fort, 2. être moins arrogant) ▸ 1. leiser sprechen, 2. halblang machen

☞ *le bémol* ist das *b*, das Erniedrigungszeichen in der Musik.

1. *Mettez un bémol*! On ne s'entend plus et cela rend la discussion impossible.

2. J'en ai assez de ton insolence, je te demande de *mettre un bémol!*

Siehe auch **mettre la pédale douce, mettre la sourdine, la mettre en veilleuse.**

Bérézina

(3) **c'est la Bérézina!** (c'est une défaite cuisante, c'est une catastrophe) ▸ das ist echt die Katastrophe!

☞ Auf seinem Russlandfeldzug erlitt Napoleon eine bittere Niederlage an der *Bérézina*, einem Fluss im heutigen Weißrussland.

On a vendu que 50 exemplaires de mon dernier roman, *c'est la Bérézina!*

berger

(3) **la réponse du berger à la bergère** (une réplique qui clôt une discussion) ▸ eine Gegenreaktion als letztes Wort

☞ Diese Redewendung stammt aus der Pastoralzeit des 17. Jhs. In den Liebesgesprächen zwischen Hirte und Hirtin hatte der Hirte immer das letzte Wort.

On encaissa un but dès la première minute, mais un quart d'heure plus tard, ce fut *la réponse du berger à la bergère.*

berlue

(3) **avoir la berlue** (avoir des illusions, se faire une fausse idée de quelque chose) ▸ sich täuschen, Gespenster sehen

☞ Aus einem früheren Verb *belluir*, das *éblouir* (blenden) oder *tromper* (täuschen) bedeutete.

L'homme que je vois là est bien ton père qui avait disparu depuis vingt ans, ou est-ce que *j'ai la berlue*?

Siehe auch **se monter le bourrichon, être loin du compte, se mettre le doigt dans l'œil, se tromper dans les grandes largeurs, être à côté de la plaque, faire fausse route.**

besogne

(2) **aller vite en besogne** (agir trop vite) ▸ überstürzt handeln | **besogne** = Arbeit, Pflicht

Certains pensent que Trump a changé d'avis sur les taxes d'importation, mais ce serait *aller un peu vite en besogne.*

besoins

(2) **pour les besoins de la cause** (dans le seul but de démontrer ce que l'on dit) ▸ notgedrungen

☞ *la cause* war ursprünglich die Rechtssache.

Je devrais vous parler longuement de ce problème, mais *pour les besoins de la cause*, je vais faire court.

bête

(1) **chercher la petite bête** (chercher à découvrir un défaut sans importance) ▸ an allem herummäkeln

☞ Wörtlich: Das kleine Tierchen suchen, das schwer zu finden ist, wie bei einem Affen, der seine Jungen laust.

Pourquoi *cherches-tu* toujours *la petite bête* quand il s'agit de mon travail?

(1) **je suis sa bête noire** (il me déteste) ▸ er kann mich nicht ausstehen
☞ Die schwarze Farbe (das schwarze Schaf!) ist schon immer mit etwas Negativem assoziiert worden.
Depuis le premier jour, j'ai été *la bête noire* de mon chef.

beurre

(1) **faire son beurre** (réussir dans les affaires, s'enrichir) ▸ reich werden
Pendant la guerre, il y a beaucoup de paysans qui *ont fait leur beurre.*

Siehe auch **être plein aux as, doré sur tranches, avoir du foin dans les bottes, avoir son pain cuit, avoir les reins solides.**

(2) **vouloir le beurre et l'argent du beurre** (vouloir gagner sur tous les plans) ▸ alles auf einmal haben wollen; auf zwei Hochzeiten zugleich tanzen wollen
Tu veux le beurre et l'argent du beurre, c'est un peu trop facile!

(2) **compter pour du beurre** (n'avoir aucune importance) ▸ nicht mitzählen
☞ Eigenartigerweise bedeutet *beurre* hier etwas von geringem Wert. In den meisten Redewendungen steht *beurre* (z. B. in *faire son beurre*) für etwas Wertvolles, aber erst ab dem Mittelalter galt Butter als etwas Wertvolles, vorher war Olivenöl teurer als Butter, das Fett der Armen.
Ce député de l'opposition se croit important, mais même au sein de son parti, *il compte pour du beurre.*

(2) **cela met du beurre dans les épinards** (cela améliore un peu la situation financière) ▸ das ist ein nettes Zubrot
☞ Wörtlich: Das tut etwas Butter in den Spinat.
10 % d'augmentation, cela *met du beurre dans les épinards.*

bide

(2) **c'était / on a fait un bide** (on a subi un échec) ▸ das war ein Flop
☞ *bide* ist eine Verkürzung von *bidon* (Bauch). Wenn ein Schauspiel misslungen war, schlugen die Schauspieler sich auf den Bauch als Zeichen des Misserfolgs.
Ma deuxième pièce de théâtre n'a pas bien marché; on peut même dire qu'*on a fait un bide.*

B

Siehe auch **boire un bouillon, faire chou blanc, un coup d'épée dans l'eau, faire un four, ramasser une pelle, boire la tasse, l'affaire a tourné court, prendre une veste.**

bidon

(1) **tout ça, c'est du bidon!** (c'est du bluff, c'est faux) ▸ das ist alles Humbug!

☞ Der Zusammenhang mit *bidon* (Kanister, Kanne oder Bauch) ist nicht geklärt.

Il prétend avoir un diplôme de Harvard, mais je pense que *c'est du bidon.*

bien

(1) **ça commence à bien faire!** (maintenant, j'en ai assez!) ▸ jetzt wird es mir aber zu bunt!

☞ Eine Antiphrase.

C'est la troisième fois que tu viens me trouver pour la même chose, *ça commence à bien faire*!

Siehe auch **ne pas manquer d'air, y aller fort, comme vous y allez, allons, allons, pousser le bouchon un peu loin, arrête ton char, charrier dans les bégonias, tirer sur la corde, tirer sur la ficelle, faut pas pousser grand-mère dans les orties, ne pas manquer de souffle.**

(1) **grand bien lui fasse!** (peu m'importe!) ▸ meinen Segen hat er/sie!

☞ Wörtlich: Ich wünsche, dass das ihm/ihr guttut.

Il ne veut pas de mon aide et préfère se débrouiller seul? *Grand bien lui fasse*!

(2) **en tout bien tout honneur** (avec des intentions honorables) ▸ in allen Ehren, ohne sich etwas dabei zu denken

Il m'a embrassée *en tout bien tout honneur.*

bière

(1) **ce n'est pas de la petite bière!** (c'est une chose importante) ▸ das ist kein Katzendreck!

☞ *Petite bière* ist kein kleines Bier, sondern ein leichtes Bier.

Perdre 10.000 euros au casino, *ce n'est pas de la petite bière!*

bijoux

(3) **les bijoux de famille** (1. les testicules, 2. quelque chose de précieux) ▸ 1. die Geschlechtsteile, 2. etwas Wertvolles, wie die Juwelen der Familie.

1. Lorsqu'il m'attaqua avec un couteau, je lui donnai un coup de pied dans *les bijoux de famille.*

2. La banque vend ses *bijoux de famille*, c.-à.-d. son stock d'or.

bile

(2) **se faire de la bile** (se faire du souci) ▸ sich (große) Sorgen machen

☞ Die Galle (*la bile*) war das Sinnbild des Ärgers und der schlechten Laune.

Tu aurais dû téléphoner pour dire que tu rentrais plus tard. *Je me suis fait de la bile* toute la soirée.

(2) **passer sur le billard** (se faire opérer) ▸ unters Messer kommen

☞ Wörtlich: Auf den Billardtisch kommen.

Je dois me faire opérer de la hanche et lundi prochain, *je passe sur le billard.*

bille(s)

(2) **bille en tête** (en allant droit au but, carrément) ▸ drauflos

☞ Als Erklärung dachte man zuerst an *la tête* (*la bille*) *en avant* (= *en tête*), was wohl einen Sinn ergeben hätte. Tatsächlich handelt es sich jedoch um eine Redewendung, die sich auf das Billardspiel bezieht: *jouer bille en tête* bedeutete *die Billardkugel hart anstoßen.*

La Suisse a foncé *bille en tête* pour réaliser cette réforme.

(3) **reprendre ses billes** (ne plus participer) ▸ aussteigen

☞ *les billes* sind hier die Murmeln, mit denen die Kinder spielen.

Je n'ai plus envie de participer à cette entreprise hasardeuse, *je reprends mes billes.*

billet

(2) **je vous en fiche mon billet!** (j'en suis absolument sûr!) ▸ das kann ich dir/Ihnen schriftlich geben!

☞ Zuerst sagte man *je vous en donne mon billet! Le billet* ist der Zettel, auf dem man sein Versprechen schriftlich gab.

C'est la dernière fois que je lui viens en aide, *je vous en fiche mon billet!*

B

blackboulé

(3) **être blackboulé** (être refusé à une élection) ▸ abgewählt oder nicht gewählt werden

☞ In gewissen englischen Klubs wurden neue Mitglieder durch Kooptation aufgenommen. Wenn man eine weiße Kugel in ein Säckchen tat, bedeutete dies, dass man mit der Aufnahme des neuen Mitglieds einverstanden war. Hatte ein Anwärter zu viele schwarze Kugeln bekommen, war er *blackboulé.*

Je pensais que mon élection allait se passer sans problème, mais j'ai été *blackboulé.*

blague

(1) **sans blague!** (marque d'étonnement ou d'ironie) ▸ ohne Scherz! Im Ernst?

Après trois tentatives, mon fils a enfin obtenu le permis de conduire. – *Sans blague*!

(2) **blague à part / dans le coin** (sérieusement! redevenons sérieux!) ▸ Scherz beiseite

Blague à part, le besoin d'économiser du temps et de l'argent grâce aux technologies modernes est réel.

blason

(3) **redorer son blason** (rétablir son prestige) ▸ sein Image aufwerten

☞ *le blason* ist das Wappen. Ursprünglich bedeutete diese Redewendung, dass ein verarmter Adliger eine reiche Bürgerin heiratete.

Après ce scandale, le ministre a voulu *redorer son blason.*

bleu

(2) **passé au bleu** (escamoté) ▸ spurlos verschwunden sein (von einer Sache gesagt)

☞ Vielleicht aus *passer le linge au bleu*, die Wäsche bläuen, um Flecken zu entfernen.

Malgré tous mes efforts, mon argumentation est *passée au bleu.*

boire

* **boire le calice jusqu'à la *lie*** ▸ den Kelch bis zur *Neige* leeren | **la lie** = der Bodensatz

(2) **il y a à boire et à manger là-dedans** (il y a des avantages et des désavantages) ▸ da gibt es Vorteile und Nachteile

Dans le projet de loi du gouvernement, *il y a à boire et à manger.*

bois

(1) **touchons du bois!** (espérons que tout ira bien!) ▸ toi! toi! toi!

☞ Im Mittelalter eine Beschwörungsform, bei der man dreimal auf Holz klopfte, im Gedenken an das Kreuz, das einen beschützen sollte.

Je pense que j'ai réussi mon examen, mais *touchons du bois*!

(2) **sortir du bois** (dévoiler ses intentions) ▸ sagen, was Sache ist; sich zu etwas äußern

Au sujet des retraites, le gouvernement doit *sortir du bois.*

(3) **je ne suis pas fait du bois dont on fait des flûtes** (je n'accepte pas qu'on me traite de cette façon) ▸ ich lass mir nicht alles gefallen

☞ Flöten wurden aus weichem Holz gemacht.

S'il croit que je vais me laisser faire, il se trompe, car *je ne suis pas fait du bois dont on fait les flûtes.*

boisseau

* **mettre/*garder* quelque chose sous le boisseau** ▸ etwas unter den Scheffel stellen

boîte

(1) **mettre quelqu'un en boîte** (se moquer de quelqu'un) ▸ jdn auf den Arm nehmen

☞ Im 19. Jh. bedeutete *emboîter quelqu'un* ‚sich über jdn lustig machen'. Vielleicht hat man bei *boîte* (Dose, Schachtel) daran gedacht, dass der Betreffende, wenn er in einer Dose/Schachtel steckt, weder ein noch aus weiß.

Si tu crois pouvoir *me mettre en boîte*, tu te trompes lourdement.

Siehe auch **mener quelqu'un en bateau, monter un bateau à quelqu'un, rouler quelqu'un dans la farine, faire des pieds de nez à quelqu'un, jouer avec les pieds de quelqu'un, jeter de la poudre aux yeux, se payer la tête de quelqu'un, jouer un tour à quelqu'un, faire prendre à quelqu'un des vessies pour des lanternes.**

B

bol

(1) **avoir du bol** (avoir de la chance) ▸ Schwein haben

☞ Im Argot bedeutete *bol le cul* ‚der Arsch'; der Zusammenhang mit *chance* ist nicht geklärt.

Je ne croyais pas qu'on aurait pu marquer un but à la dernière minute. *On a* vraiment *eu du bol!*

Siehe auch **avoir une chance de cocu / de pendu, il ne s'emmerde pas, avoir du pot, avoir une veine de cocu, avoir le vent en poupe, être verni; manque de bol / de pot.**

(1) **j'en ai ras le bol!** (j'en ai plus qu'assez!) ▸ ich hab die Nase/ Schnauze voll!

☞ *le bol* ist hier entweder die Schale, die Schüssel, die bis zum Rand (*à ras*) voll ist, oder der Arsch, wie in *j'en ai plein le cul*!

J'en ai ras le bol de tes jérémiades!

Siehe auch **j'en ai jusque là, en avoir plein les bottes, en avoir sa claque, en avoir plein le cul, en avoir plein le dos, en avoir marre, en avoir par-dessus la tête.**

bombe

(2) **faire la bombe** (faire la fête) ▸ ordentlich einen draufmachen

☞ Aus *bombance* (ein großes Ess- und Trinkgelage).

Mon fils est rentré à 5h du matin. Il a encore *fait la bombe* avec ses copains.

Siehe auch **rouler sa bosse, faire la bringue, faire les 400 coups, faire la noce, faire la tournée des grands-ducs, s'en payer une tranche.**

bon(s)

(1) **pour de bon** (vraiment) ▸ wirklich

Hier, il n'y avait que quelques flocons, mais cette fois, il neige *pour de bon!*

(2) **cette fois-ci, on est bons!** (cette fois-ci, on s'est fait attraper!) ▸ jetzt sind wir dran! Jetzt haben sie uns erwischt!

☞ Eine Antiphrase.

Jusqu'à présent, nous avons réussi à nous en tirer chaque fois, mais cette fois-ci *on est bons!*

B

bond

(2) **faire faux bond** (1. ne pas aller à un rendez-vous, 2. ne pas respecter un engagement) ▸ 1. jdn versetzen, 2. sich nicht an eine Verpflichtung halten

☞ Diese Redewendung bezog sich ursprünglich auf das Paumespiel (ein Ballspiel, bei dem der Ball mit der Handfläche, *la paume*, geschlagen wurde). Ein *faux bond* ist ein falsch aufspringender Ball, wie auch im Tennis, das sich übrigens aus dem Paumespiel entwickelt hat: Im Paumespiel rief der Spieler seinem Gegner zu: *Tenez*! (Da haben sie den Ball!), woraus dann im Englischen *tennis* geworden ist.

1. Elle m'avait dit qu'elle viendrait me rejoindre à 3 heures, mais *elle m'a fait faux bond.*

2. Le gouvernement avait promis que la loi entrerait en vigueur le 1er janvier, mais *il nous a fait faux bond.*

Siehe auch **poser un lapin à quelqu'un.**

bonheur

(2) **au petit bonheur la chance** (au hasard) ▸ auf gut Glück, aufs Geratewohl

☞ *le bonheur* aus *bon heur* bedeutet hier Chance. *Petit* heißt, dass man sich auch mit einer kleinen Chance begnügt, um sein Ziel zu erreichen.

Je ne suis pas content, car rien n'a été réfléchi et tout a encore une fois été fait *au petit bonheur la chance.*

bonne(s)

(2) **avoir quelqu'un à la bonne** (avoir de la sympathie pour quelqu'un) ▸ jdn sympathisch finden

☞ Die Herkunft ist nicht geklärt. Vielleicht aus *avoir une bonne impression de quelqu'un.* On me dit que le chef *m'a à la bonne.*

(2) **en tenir une bonne** (être complètement ivre) ▸ ganz schön einen sitzen haben

☞ Gemeint ist *une bonne cuite* (ein Rausch).

Tu as vu comme il marche? Je crois qu'*il en tient une bonne.*

Siehe auch **avoir son compte, avoir un coup dans l'aile, avoir un coup dans le nez, s'en jeter un derrière la cravate, avoir la dalle / le gosier en pente, avoir un verre dans le nez.**

B

(1) **tu en as de bonnes!** (tu plaisantes?) ▸ machst du Witze?
☞ Gemeint ist *de bonnes histoires* (gute Geschichten). Eine Antiphrase, denn die Geschichten sind ja nicht wahr.
Partir dans cinq minutes? *Tu en as de bonnes*! Je dois encore faire ma valise!

bonnet

(2) **un gros bonnet** (un personnage important) ▸ ein hohes Tier
☞ *bonnet* ist hier der viereckige Hut, den Ärzte, Richter und andere hohe Würdenträger als Statussymbol trugen.
Il a commencé comme simple employé, mais maintenant, c'est *un gros bonnet* dans l'entreprise.

(3) **c'est bonnet blanc et blanc bonnet!** (ça revient au même) ▸ das ist gehupft wie gesprungen.
Qu'on aille en bus ou en voiture, *c'est bonnet blanc et blanc bonnet*, car à cause des embouteillages, il nous faudra autant de temps avec l'un qu'avec l'autre.

Siehe auch **c'est kif-kif, c'est tout comme, ça se vaut.**

bord (siehe auch bords)

(1) **être du même bord** (avoir les mêmes idées) ▸ im gleichen Lager stehen
☞ Aus der Seemannssprache: *le bord* steht hier für das Schiff.
Je sais que tu es libéral comme moi, donc, *on est du même bord.*

bordel

(1) **quel bordel!** (quel chaos!) ▸ was für ein Saustall!
Quel bordel, ta chambre! Tu devrais quand même y mettre un peu d'ordre!

bords (siehe auch bord)

(1) **il est un peu radin / con / ... sur les bords** (il est un peu radin / con / ...) ▸ er ist ein bisschen knauserig, blöd ...
☞ *un peu* wird ergänzt durch *sur les bords* (am Rande).
Ne crois pas que ton frère va t'aider. Je sais qu'il est *un peu radin sur les bords.*

Siehe auch **il est dur à la détente, les lâcher avec un élastique, être près de ses sous.**

bornes

(2) **dépasser les bornes** (aller trop loin) ▸ zu weit gehen
☞ *les bornes* sind Grenzsteine.

Cette fois-ci *tu as dépassé les bornes.* J'attends de toi que tu ailles t'excuser.

Siehe auch **y aller fort, comme vous y allez, allons, allons, pousser le bouchon un peu loin, arrête ton char, charrier dans les bégonias, tirer sur la corde, ça commence à bien faire, tirer sur la ficelle, être gonflé, faut pas pousser grand-mère dans les orties, ne pas manquer de souffle.**

bosse

(1) **avoir la bosse des maths, des langues ...** (avoir un don naturel pour ...) ▸ ein Händchen für ... haben; die Vertreter der Kraniologie (Phänologie) glaubten Anfang des 19. Jhs, dass man menschliche Eigenschaften anhand der Schädelform erkennen konnte. Eine Beule an einer bestimmten Stelle konnte somit als eine besondere Begabung für etwas gedeutet werden.

J'aurais bien voulu être ingénieur, mais je n'ai pas *la bosse des maths.*

(2) **rouler sa bosse** (voyager beaucoup; mener une vie aventureuse) ▸ viel herumkommen; ein abenteuerliches Leben führen
☞ Aus der Seemannssprache: *bosse* war ein verknotetes Seil, das Seeleute auf ihren Reisen bei sich trugen. Der Zusammenhang ist jedoch unklar. Es kann sich auch einfach um den Buckel, also den Körper handeln, was wohl Sinn ergeben würde.

Après avoir *roulé sa bosse* pendant de nombreuses années, il est content maintenant d'être à la retraite.

Siehe auch **mener une vie de bâton de chaise, faire les 400 coups.**

botte(s)

(1) **ça/elle me botte** (ça/elle me plaît) ▸ das/sie gefällt mir
☞ Abgeleitet von *botte* (Stiefel). Man sagte das, wenn einem ein Paar Stiefel gut passten.

Ce nouvel emploi me botte; je n'aurais rien pu trouver de mieux!

(2) **être sous la botte de quelqu'un** (être sous la domination de quelqu'un) ▸ unter jds Gewaltherrschaft sein

Le premier ministre n'avait pas un grand pouvoir, car *il était sous la botte* du président.

(1) **en avoir plein les bottes** (en avoir assez) ▸ etwas leid sein
J'en ai plein les bottes de tes grossièretés!

Siehe auch **j'en ai jusque là, en avoir ras le bol, en avoir sa claque, en avoir plein le cul, en avoir plein le dos, en avoir marre, en avoir par-dessus la tête.**

(2) **être droit / se sentir droit dans ses bottes** (avoir la conscience tranquille) ▸ ein ruhiges Gewissen haben
☞ Wörtlich: Gerade in seinen Stiefeln stehn.
On ne peut rien me reprocher; j'ai toujours été *droit dans mes bottes.*

bouche

(2) **faire la fine bouche** (faire le / la difficile) ▸ alles ablehnen, weil man zu wählerisch ist
☞ Ursprünglich sagte man *faire la fine bouche* für jdn, der nur kleine Bissen nahm, weil ihm das Essen nicht fein genug war.
Je lui ai offert la plus belle situation dans mon entreprise, mais *il fait la fine bouche.*

(3) **la bouche en cul de poule** (d'un air mielleux) ▸ übertrieben freundlich, mit spitzem Mund
☞ Wörtlich: So, dass der Mund wie ein Hühnerarsch aussieht.
Quand je l'ai vu approcher, *la bouche en cul de poule*, je savais qu'il avait de nouveau besoin de moi.

(3) **à bouche que veux-tu** (abondamment) ▸ so viel man will
☞ Wörtlich: Alles, was der Mund sich wünschen kann.
Sur la table, il y avait des gâteaux et des pâtisseries *à bouche que veux-tu.*

Siehe auch **à gogo, jusqu'à plus soif, à tire-larigot, à tour de bras.**

bouche-à-oreille

(2) **le bouche-à-oreille** (la transmission orale de personne à personne) ▸ die Mundpropaganda, die Flüsterpropaganda.
Je vois que tout le monde est déjà au courant. *Le bouche-à-oreille* a bien fonctionné.

Siehe auch **faire le buzz, le téléphone arabe.**

bouchée(s)

* **pour une *bouchée* de pain** ▸ für ein *Butter*brot | **bouchée** = Bissen

(2) **ne faire qu'une bouchée de quelqu'un** (le vaincre facilement) ▸ mit jdm kurzen Prozess machen

Federer *n'a fait qu'une bouchée de son adversaire* et l'a battu facilement en deux manches.

Siehe auch **qu'est-ce qu'on leur a mis, battre quelqu'un à plate couture, envoyer quelqu'un au tapis.**

(1) **mettre les bouchées doubles** (aller plus vite) ▸ einen Zahn zulegen

☞ Wörtlich: Zwei Bissen auf einmal nehmen.

On a pris pas mal de retard. Il faudra maintenant qu'on *mette les bouchées doubles.*

bouchon

(2) **pousser le bouchon un peu loin** (exagérer) ▸ zu weit gehen

☞ Es handelt sich wahrscheinlich um die Setzkugel im Petanquespiel oder um den Korken eines anderen Spiels, bei dem eine auf den Korken gelegte Münze heruntergestoßen werden musste.

Me demander de l'aider pour la troisième fois cette année, c'est *pousser le bouchon un peu loin!*

Siehe auch **ne pas manquer d'air, comme vous y allez, y aller fort, allons, allons, charrier dans les bégonias, dépasser les bornes, arrête ton char, tirer sur la corde, ça commence à bien faire, tirer sur la ficelle, être gonflé, faut pas pousser grand-mère dans les orties, ne pas manquer de souffle.**

boucle

(2) **la boucle est bouclée** (se dit quand on est revenu à son point de départ) ▸ wir befinden uns wieder am Ausgangspunkt

☞ *la boucle* ist nicht die Schnalle, sondern der Kreis.

Les restes de bois sont incinérés et l'énergie dégagée dans le processus est réutilisée, de sorte que *la boucle est bouclée.*

bouillon

(2) **boire un bouillon** (essuyer un échec financier) ▸ auf die Nase fallen, finanziell zu Boden gehen

☞ Ursprünglich war diese Redewendung gleichbedeutend mit *boire la tasse.*

Avec l'investissement massif dans ces nouvelles actions, *on a bu un bouillon.*

B

Siehe auch **c'était / on a fait un bide, faire chou blanc, un coup d'épée dans l'eau, faire un four, ramasser une pelle, boire la tasse, l'affaire a tourné court, prendre une veste.**

boule(s)

* **avoir une *boule* dans la gorge** ▸ einen *Kloß* im Hals haben

* ***faire* boule de neige** ▸ einen Schneeball*effekt haben*

(1) **perdre la boule** (devenir fou) ▸ durchdrehen | *la boule* bedeutet hier ‚der Kopf'

S'il croit pouvoir réussir son année sans travailler, *il a* complètement *perdu la boule.*

Siehe auch **avoir une araignée au plafond, battre la campagne, avoir une case en moins, il lui manque une case, travailler du chapeau, ne pas jouir de toutes ses facultés, avoir un grain, être à la masse, tu devrais te faire soigner, ça ne va pas la tête.**

(1) **mettre quelqu'un en boule** (énerver quelqu'un) ▸ jdm auf die Nerven gehen

☞ Wörtlich: Jdn so weit bringen, dass er sich wie ein Igel zusammenrollt.

Je ne le supporte plus. Rien qu'à le voir, *ça me met déjà en boule.*

Siehe auch **tu me pompes l'air, casser les couilles à quelqu'un, courir sur le haricot, casser les oreilles à quelqu'un, casser les pieds à quelqu'un, taper sur le système de quelqu'un, il me sort par les yeux.**

(2) **avoir la boule à zéro** (être chauve) ▸ eine Glatze haben

☞ *la boule* ist der Kopf, hier mit null Haaren.

Comment s'appelle encore l'acteur américain qui *avait la boule à zéro*? – Yul Brynner!

(2) **ça me fout les boules** (cela me fait peur) ▸ das macht mir Angst; das irritiert mich

☞ Die Etymologen sind sich nicht einig über die Bedeutung von *boules*: Einige denken an Hoden, andere an Mandeln.

Quand je pense que nous devons avoir fini le travail dans trois jours, *ça me fout les boules.*

Siehe auch **avoir les foies, avoir les jetons.**

B

boulets

(2) **tirer à boulets rouges sur quelqu'un** (sens fig. attaquer violemment) ▸ (im übertragenen Sinn) jdn schonungslos angreifen
☞ Um das feindliche Lager/Schiff in Brand zu setzen, beschoss man es manchmal mit glühenden Kugeln.
Hier, au parlement, l'opposition *a* de nouveau *tiré à boulets rouges sur le gouvernement.*

Siehe auch **sonner les cloches à quelqu'un, river son clou à quelqu'un, voler dans les plumes de quelqu'un, secouer les puces à quelqu'un, passer un savon à quelqu'un, dire ses quatre vérités à quelqu'un, donner une volée de bois vert à quelqu'un.**

boulons

(2) **resserrer les boulons** (faire régner une discipline plus stricte, appliquer le règlement de façon plus stricte) ▸ die Zügel straffer anziehen
☞ *les boulons* sind die Schraubenbolzen.
Il y a de plus en plus de bagarres dans la cour de récréation. Il faudra que le directeur *resserre les boulons.*

Siehe auch **remonter les bretelles à quelqu'un, sonner les cloches à quelqu'un, moucher quelqu'un, frotter / tirer les oreilles à quelqu'un, remettre quelqu'un à sa place, voler dans les plumes de quelqu'un, secouer les puces à quelqu'un, passer un savon à quelqu'un, dire ses quatre vérités à quelqu'un, donner une volée de bois vert à quelqu'un.**

bouquet

(1) **c'est le bouquet!** (c'est le comble! il ne manquait plus que ça!) ▸ das ist der Gipfel!
☞ *le bouquet* ist die krönende Schlussgarbe bei einem Feuerwerk.
Mon neveu ne vient jamais me voir et maintenant, il veut m'emprunter de l'argent, *c'est le bouquet*!

Siehe auch **c'est la cerise sur le gâteau, on aura tout vu.**

bourre

(2) **être à la bourre** (être pressé parce qu'on est déjà en retard) ▸ sich beeilen müssen
☞ Das Verb *bourrer* bedeutet u. a. *bloquer, arrêter.* Wer an- oder zurückgehalten wird, erreicht nicht rechtzeitig das Ziel.
Tu devrais un peu te dépêcher, *on est à la bourre.*

B

bourrichon

(3) **se monter le bourrichon** (se bercer d'illusions) ▸ sich Illusionen hingeben

☞ *bourrichon* (aus *bourriche* ‚Korb') steht hier für den Kopf.

Si on croit que beaucoup d'écrivains peuvent vivre de leur plume, *on se monte le bourrichon.*

Siehe auch **avoir la berlue, être loin du compte, se mettre le doigt dans l'œil, se tromper dans les grandes largeurs, être à côté de la plaque, faire fausse route.**

(3) **monter le bourrichon à quelqu'un** (le pousser à se révolter) ▸ jdn aufstacheln

Il a essayé de *nous monter le bourrichon*, mais on ne l'a pas écouté.

Siehe auch **monter la tête à quelqu'un.**

boussole

(2) **perdre la boussole** (être désorienté, troublé) ▸ durchdrehen | *la boussole* = Kompass

Quand je présentai mon projet, on me regarda comme si *j'avais perdu la boussole.*

Siehe auch **perdre le nord.**

bout (siehe auch *bouts*)

(1) **bout de chou** (terme affectueux pour désigner un petit enfant) ▸ (liebkosend) kleines Kind | **mon chou** = Liebling

Quel beau petit *bout de chou*, ton fils!

(1) **en connaître un bout** (bien connaître quelque chose) ▸ sich gut auskennen

☞ Gemeint ist: *un bon bout* (ein gutes Stück).

En matière de physique nucléaire, Einstein *en connaissait un bout.*

Siehe auch **connaître quelque chose sur le bout des doigts, en connaître un rayon.**

(1) **à tout bout de champ** (sans cesse, à chaque instant) ▸ alle naselang

☞ Ursprünglich hatte diese Redewendung die wörtliche Bedeutung ‚an jeder Ecke des Ackers'. Die räumliche Bedeutung hat sich dann in eine zeitliche gewandelt.

Je ne veux plus le voir! *À tout bout de champ* il vient me demander conseil et cela m'énerve.

B

(1) **ne pas savoir par quel bout prendre quelqu'un / quelque chose** (ne pas savoir comment se comporter avec une personne difficile / une chose compliquée) ▸ nicht wissen, wie man jdn/etwas anpacken soll

☞ *bout* könnte eines der beiden Enden eines Stocks oder eines Seils sein.

Je ne sais pas ce que je dois penser de ton ami et *je ne sais pas par quel bout le prendre.*

(1) **au bout du compte** (finalement, tout bien considéré) ▸ letzten Endes

☞ Wörtlich: Wenn man alles gezählt hat.

Je sais que tu ne m'aimes pas, mais *au bout du compte* cela m'est égal.

(1) **connaître quelque chose sur le bout des doigts** (connaître quelque chose à fond) ▸ etwas aus dem Effeff / durch und durch kennen

☞ Der Ursprung dieser Redewendung ist umstritten. Einige Etymologen glauben an das lateinische *ad onguem*, also mit dem Fingernagel, mit dem antike Bildhauer ihrer Statue den letzten Schliff gaben. Daher hieß es später ‚mit den Fingerspitzen'.

Je n'avais pas peur de l'examen, car *je connaissais* mon cours *sur le bout des doigts.*

Siehe auch **en connaître un bout / un rayon.**

(1) **être au bout du rouleau** (être épuisé; être sans ressources) ▸ am Ende sein

☞ Früher stand der Text eines Theaterstücks auf einem zusammengerollten Blatt, einer Rolle (daher: Eine Rolle spielen). Wenn man am Ende seiner Rolle war, war man fertig und im übertragenen Sinn am Ende.

Tu devrais un peu te reposer! Je vois bien que *tu es au bout du rouleau.*

Siehe auch **être aux abois, battre de l'aile, être dans la mouise / la panade / le pétrin, être patraque, être mal en point, être dans la purée, rester en rade.**

(2) **tenir le bon bout** (être sur le point de réussir) ▸ es fast geschafft haben

☞ Wörtlich: Das gute Ende von etwas festhalten.

Il faut continuer comme ça, je pense qu'*on tient le bon bout!*

B

(2) **voir quelque chose par le petit bout de la lorgnette** (ne pas voir l'essentiel, avoir l'esprit étroit) ▸ etwas zu eng / zu einseitig sehen
☞ *la lorgnette* ist das Opernglas (das man hier falsch herum hält).
Tu dois voir le problème dans son ensemble et pas *voir tout par le petit bout de la lorgnette.*

Siehe auch **c'est l'arbre qui cache la forêt.**

(2) **on voit le bout du tunnel** (on arrive à la fin d'une période difficile) ▸ das Schlimmste haben wir hinter uns
☞ *le bout* ist hier das Ende.
Il ne faut pas abandonner maintenant! *On voit* déjà *le bout du tunnel.*

bouteille

(2) **siffler une bouteille** (vider une bouteille) ▸ eine Flasche austrinken | **siffler** = flöten
☞ Man denkt hier an die Form der Lippen, die beim Flöten und aus der Flasche trinken ungefähr gleich ist.
Pour fêter l'évènement, on va encore *siffler une bouteille.*

(2) **c'est la bouteille à l'encre** (c'est une situation embrouillée) ▸ das ist eine undurchsichtige, verworrene Sache
☞ Auch wenn keine Tinte mehr drin ist, ist die Flasche noch undurchsichtig.
Quant à savoir quels sont les projets du gouvernement, *c'est la bouteille à l'encre.*

(2) **avoir/prendre de la bouteille** (avoir/acquérir de l'expérience) ▸ schon viel Erfahrung haben / erfahrener werden
☞ Ursprünglich gesagt von Wein, der in der Flasche reift.
J'espère que cette fois-ci, je serai nommé définitivement, car *j'ai* quand même *pas mal d'années de bouteille.*

Siehe auch **ne pas être né de la dernière pluie, un vieux de la vieille.**

boutique

(2) **plier boutique** (fermer un commerce) ▸ den Laden dichtmachen | **plier** = zusammenfalten
Si le supermarché s'installe à côté de notre magasin, on devra *plier boutique.*

(2) **parler boutique** (parler de sujets professionnels) ▸ über seine Arbeit, seinen Beruf reden.
Ne sois pas jalouse de ma collègue, *on a* simplement *parlé boutique.*

bouts (siehe auch bout)

(1) **ne pas savoir joindre les deux bouts** (ne pas avoir assez d'argent pour terminer le mois) ▸ nicht über die Runden kommen

☞ *les deux bouts* ist ursprünglich das Ende der laufenden und der Anfang einer neuen Periode.

Avec 500 euros par mois, comment voulez-vous qu'on puisse *joindre les deux bouts*!

(1) **mettre les bouts** (s'en aller, s'enfuir) ▸ Leine ziehen, sich aus dem Staub machen

☞ Früher sagte man *mettre les baguettes / les bois*, womit man die Beine meinte. *Les bouts de bois*, später verkürzt zu *les bouts*, waren dann die Füße.

Si la police s'amène, on n'a plus qu'à *mettre les bouts*.

Siehe auch **plier bagage, se faire la belle, prendre ses cliques et ses claques, jouer la fille de l'air, prendre ses jambes à son cou, prendre le large, se faire la malle, faire le mur, se faire la paire, débarrasser le plancher, prendre la poudre d'escampette, partir sans demander son reste, tirer sa révérence, partir sans tambour ni trompette, prendre la tangente, mettre les voiles.**

brancards

(2) **ruer dans les brancards** (protester vivement; se révolter) ▸ rebellisch werden

☞ *le brancard* ist hier die Deichselstange zum Anschirren der Zugtiere. *Ruer* bedeutet ‚ausschlagen'.

Le patron a voulu me faire travailler la nuit, mais *j'ai rué dans les brancards*.

branche

(1) **salut, vieille branche!** (salutation familière) ▸ hallo alter Knabe! / altes Haus!

Je ne le connaissais que très vaguement et voilà qu'il me salue d'un *salut vieille branche*!

Siehe auch **vieux frère.**

B

branle

(2) **mettre en branle** (mettre en mouvement, en action) ▸ auf den Weg bringen

☞ *branle* ist die Hängematte auf einem Schiff; man denkt an das Schwingen der Hängematte, wenn ein Matrose sich hineinlegt.

On a essayé de *mettre en branle* un projet de loi, mais on a échoué.

bras

(1) **un bras de fer** (une épreuve de force) ▸ eine Kraftprobe, das Tauziehen

☞ Zuerst eigentlich nur das Armdrücken.

Le parlement s'est engagé dans *un bras de fer* avec le gouvernement.

(1) **bras dessus bras dessous** (en se donnant le bras) ▸ Arm in Arm

Je croyais que ces deux-là ne se parlaient plus et voilà que hier, je les ai vus se promener *bras dessus bras dessous.*

(1) **faire un bras d'honneur à quelqu'un** (plier l'avant-bras en serrant le poing en signe de mépris) ▸ jdm den Stinkefinger zeigen

☞ Die Bewegung ist jedoch nicht dieselbe.

Il arrive qu'à l'école, un gamin de 14 ans fasse *un bras d'honneur* à son professeur.

(1) **(porter un projet) à bout de bras** (tout seul) ▸ ganz allein

☞ Wörtlich: mit ausgestreckten Armen.

Personne n'a voulu m'aider; j'ai dû *porter le projet à bout de bras.*

(1) **baisser les bras** (renoncer à agir, se décourager) ▸ aufgeben, sich geschlagen geben, das Handtuch werfen

Il faut aller de l'avant, on ne peut pas se permettre de *baisser les bras.*

Siehe auch **jeter le gant.**

(1) **se croiser les bras** (refuser de travailler) ▸ die Hände in den Schoß legen; streiken

La moitié des ouvriers veut *se croiser les bras,* si le patron leur impose une heure supplémentaire.

(2) **coûter un bras** (coûter très cher) ▸ ein Vermögen kosten

☞ Aus dem Englischen *to cost an arm and a leg.* Einige Etymologen führen diese Redewendung auf die Malerei zurück, wo ein Gemälde mit Armen und Beinen teurer war als ein einfaches Porträt.

Avoir deux enfants en même temps aux études, *ça coûte un bras*!

Siehe auch **coûter la peau des fesses, coûter des mille et des cents, coûter les yeux de la tête.**

(2) **tomber à bras raccourcis sur quelqu'un** (se jeter avec une grande violence sur quelqu'un) ▸ sich mit voller Wucht auf jdn stürzen

☞ *bras* ist hier weniger der Arm als der Hemdsärmel; also wörtlich: Mit verkürzten Hemdsärmeln, d.h. mit aufgekrempelten Hemdsärmeln, um besser auf den Gegner einschlagen zu können.

Il ne sert à rien de *tomber à bras raccourcis* sur les producteurs de denrées alimentaires et de dire que ce sont eux les méchants.

(2) **les bras m'en tombent** (je suis stupéfait) ▸ ich bin sprachlos

☞ Gemeint ist, dass man die Arme mutlos herunterhängen lässt.

Tu dis que ces deux-là vont se remarier? *Les bras m'en tombent*!

Siehe auch **en rester baba, couper la chique, en boucher un coin, tu me la coupes, merde alors, je n'en reviens pas, en rester comme deux ronds de flan, en baver des ronds de chapeau.**

bras-le-corps

(2) **(prendre un problème) à bras-le-corps** (s'attaquer énergiquement à un problème) ▸ eine Sache beherzt anpacken

☞ Wörtlich: Mit beiden Armen um jemandes Körper, also kräftig, entschlossen.

Le gouvernement est prêt à *prendre* le problème de la dette *à bras-le-corps.*

brèche

(2) **être toujours sur la brèche** (être toujours en action) ▸ immer im Einsatz sein

Les pompiers n'ont pas beaucoup de moments de détente, ils doivent *toujours être sur la brèche.*

(3) **s'engouffrer dans la brèche** (profiter du précédent créé par un autre) ▸ sich etwas zunutze machen, das andere vorbereitet haben, also nicht gleichbedeutend mit *in die Bresche springen*

Si le gouvernement n'est pas unanime, l'opposition va *s'engouffrer dans la brèche.*

(3) **battre en brèche** (mettre à mal) ▸ zunichte machen, entkräften (z.B. von Argumenten)

☞ Ursprünglich war die Bedeutung *eine Bresche in einem Fort angreifen.*

Il est facile de *battre en brèche* les arguments de l'opposition.

B

bredouille

(1) **être / rentrer bredouille** (1. ne ramener aucun gibier, 2. échouer dans une entreprise) ▸ 1. ohne Beute zurückkehren, 2. mit leeren Händen dastehen

☞ Der Ursprung dieser Redewendung ist der gleiche wie bei *in der Bredouille sein* (was es in dieser Form im Französischen jedoch nicht gibt): Wenn man beim Tricktrackspiel in einer ausweglosen Situation war, war man *bredouille.*

1. Pour la deuxième fois, mon père *est rentré bredouille* de la chasse aux sangliers.

2. La proposition de l'opposition n'a pas été acceptée. Comme d'habitude, *elle est restée bredouille.*

bretelles

(3) **remonter les bretelles à quelqu'un** (rappeler quelqu'un à l'ordre) ▸ jdn zur Ordnung rufen

☞ Wörtlich: Jdm die Hosenträger straff anziehen.

Comme j'étais de nouveau en retard, *je me suis fait remonter les bretelles* par mon patron.

Siehe auch **sonner les cloches à quelqu'un, en faire voir à quelqu'un de toutes les couleurs, moucher quelqu'un, frotter les oreilles à quelqu'un, voler dans les plumes de quelqu'un, secouer les puces à quelqu'un, passer un savon à quelqu'un, dire ses quatre vérités à quelqu'un, donner une volée de bois vert à quelqu'un.**

bric

(2) **meublé de bric et de broc** (avec des éléments de toute provenance) ▸ mit zusammengewürfelten Möbeln

Nous avons acheté une vieille maison *meublée de bric et de broc.*

bride

(3) **à bride abattue** (à toute allure) ▸ mit Karacho

☞ *la bride* ist der Zügel. Wörtlich: Indem man mit den Zügeln auf das Pferd einschlägt.

À ce moment-là, les cavaliers revinrent *à bride abattue* au quartier général.

(3) **avoir la bride sur le cou** (être libre de faire ce que l'on veut) ▸ tun und lassen können, was man will

☞ Wenn man die Zügel locker lässt, kann das Pferd machen, was es will.

La vraie cause de la crise est d'avoir *laissé la bride sur le cou* au pouvoir financier, qui nous a mis dans cette situation.

(3) **lâcher la bride à quelqu'un** (laisser quelqu'un libre d'agir à sa guise) ▸ jdm die Zügel schießen lassen

Le gouvernement va-t-il *lâcher la bride à ses députés* pour qu'ils puissent voter en âme et conscience?

bringue

(3) **faire la bringue** (faire une sortie pour boire et s'amuser) ▸ ordentlich einen draufmachen

☞ *la bringue* ist aus dem deutschen *bring dir's* entstanden, das ursprünglich bedeutete: ‚einen Toast ausbringen'.

Tu es encore rentré très tard cette nuit. Tu es de nouveau allé *faire la bringue?*

Siehe auch **faire la bombe, faire les 400 coups, faire la noce, faire la tournée des grands-ducs, s'en payer une tranche.**

bronze

(3) **couler un bronze** (déféquer) ▸ scheißen

☞ œ*il de bronze* ist Argot für After. Von da ist es nicht weit bis zur Redewendung.

La maîtresse de maison fut scandalisée lorsqu'elle vit que son invité *avait coulé un bronze* sans tirer la chasse.

brosse

(3) **passer la brosse à reluire** (flatter quelqu'un pour obtenir quelque chose) ▸ jdm um den Bart gehen

☞ Wörtlich: Die Kleider des zu Schmeichelnden so lange bürsten, bis sie glänzen.

Depuis que je suis devenu recteur, un certain nombre de professeurs de cette université me *passent la brosse à reluire.*

brosser

(1) **tu peux te brosser!** (tu n'auras pas ce que tu pensais obtenir) ▸ das kannst du vergessen! Das kannst du dir abschminken!

☞ Aus dem früheren *se brosser le ventre* (nichts zu essen kriegen). Daher: *se brosser* (nichts bekommen).

Moi, te prêter ma Jaguar? *Tu peux te brosser!*

Siehe auch **tu peux te l'accrocher, des clous, tu peux toujours courir, que dalle, des nèfles, tu auras peau de balle.**

brouillard

(1) **être dans le brouillard** (ne pas voir clairement la situation) ▸ im Dunkeln tappen

On ne sait pas ce qu'il va advenir de notre proposition de loi, *nous sommes* complètement *dans le brouillard.*

bruit(s)

(3) **cela va faire du bruit dans le landerneau (politique)** (c'est une affaire qui va faire beaucoup de bruit) ▸ das wird viel Staub aufwirbeln

☞ Aus einer Komödie Ende des 18. Jhs, in der ein tot geglaubter Kapitän in seine bretonische Heimat Landerneau zurückkehrt, sehr zum Leidwesen seiner Erben, und in der ein Diener, der davon erfahren hat, ausruft: *Oh le bon tour! Je ne dirai rien, mais cela fera du bruit dans le landerneau.*

Un ministre qui a un compte secret dans un paradis fiscal, *ça va faire du bruit dans le landerneau.*

Siehe auch **ça va chier, jeter un pavé dans la mare.**

(1) **des bruits de couloir** (ce qui se dit de façon non confirmée) ▸ Gerüchte

La démission du premier ministre? Ce ne sont que *des bruits de couloir.*

brûle

(2) **à brûle-pourpoint** (brusquement, sans qu'on s'y attende) ▸ ohne Umschweife, rundheraus, überraschend

☞ Aus der Soldatensprache: *le pourpoint* ist das Wams, ein im 15.–17. Jh. unter der Rüstung getragener Männerrock. Wenn man jdm direkt auf das Wams schießen konnte, so dass dies angesengt war, musste man schon ganz in seiner Nähe sein und ihn also überrascht haben.

Je fus fort surpris lorsqu'elle me demanda *à brûle-pourpoint* si je voulais l'épouser.

Siehe auch **de but en blanc.**

brûlé

(1) **sentir le brûlé** (fig. prendre une mauvaise tournure) ▸ brenzlig werden

Après ce nouveau scandale, cela a commencé à *sentir le brûlé* pour le gouvernement.

brûler

(1) **brûler les étapes** (aller trop vite, sans refléchir) ▸ etwas überstürzen

Il faut y aller prudemment, on ne peut pas *brûler les étapes.*

(3) **brûler ses vaisseaux** (faire quelque chose qui empêche tout retour en arrière) ▸ alle Brücken hinter sich abbrechen

☞ Im 4. Jh. vor Christus ließ ein Feldherr in Syrakus nach dem Angriff auf Karthago seine Schiffe verbrennen, um jeden Rückzug unmöglich zu machen. Für ihn gab es nur den Sieg oder den Tod.

En franchissant le Rubicon, César *a brûlé ses vaisseaux.*

but

(2) **de but en blanc** (sans préparation, brusquement) ▸ ohne Umschweife

☞ Früher lautete diese, aus dem militärischen Bereich stammende Redewendung *de pointe en blanc. La pointe* war die Stelle, von der aus man schoss (siehe auch *pointer* ‚zielen'); *le blanc* war die weiß angestrichene Zielscheibe. Später sagte man dann *but* statt *pointe*: *but* ist hier jedoch nicht das Ziel, sondern eine Ableitung von *la butte* (der Hügel), von dem aus geschossen wurde. Wenn man nun in gerader Linie schoss, brauchte man keine langen Zielberechnungen anzustellen und konnte sofort drauflos schießen.

Je fus convoqué chez le patron et *de but en blanc* il me dit qu'il allait me licencier.

Siehe auch **à brûle-pourpoint.**

butte

(3) **être en butte à quelque chose** (être exposé à quelque chose) ▸ einer Sache ausgesetzt sein

☞ *butte* ist hier der Hügel, auf dem sich die Zielscheibe befindet.

Depuis que nous sommes au gouvernement, *nous sommes en butte à* de nombreuses attaques de l'opposition.

buzz

(2) **faire le buzz** (faire du bruit dans les médias) ▸ ein Hype, ein Knaller werden

☞ Aus dem Englischen *the buzz*, das Summen eines Insekts, welches das Verbreiten einer Nachricht symbolisieren soll.

L'affaire des Panama-papers, ça va encore longtemps *faire le buzz.*

Siehe auch **bouche-à oreille, le téléphone arabe.**

Byzanze

(2) **c'est Byzance!** (c'est le grand luxe!) ▸ so ein Luxus!

☞ Byzanz, das heutige Konstantinopel, hatte den Ruf, eine reiche Stadt zu sein.

Je n'ai encore jamais séjourné dans un hôtel comme celui-ci, *c'est Byzance*!

ça

(1) **c'est toujours ça!** (c'est au moins quelque chose!) ▸ das ist immerhin etwas!

Il n'a pu me prêter que 50 euros, mais *c'est toujours ça*!

câble

(2) **péter un câble** (craquer, commettre subitement des actes incompréhensibles) ▸ durchdrehen

☞ Gemeint ist: Ein Kabel im Motor kaputtmachen.

Quand elle lui a dit qu'elle ne voulait plus le voir, *il a pété un câble.*

Siehe auch **péter une durite, péter un plomb.**

cacher

(3) **se cacher derrière son petit doigt** (essayer vainement de dissimuler la réalité) ▸ sich weigern, der Realität ins Auge zu sehen

☞ Wörtlich: Sich hinter seinem kleinen Finger verstecken.

Les partis ne peuvent plus *se cacher derrière leur petit doigt*, il faut affronter la réalité de la situation politique.

cadavre

* **avoir un cadavre dans le *placard*** ▸ eine Leiche im *Keller* haben | **placard** = Wandschrank

☞ Die französische Redewendung ist die wörtliche Übersetzung des englischen *to have a skeleton in the closet.*

C

cadet

(2) **c'est le cadet de mes soucis!** (cela m'est égal, je ne m'en soucie pas du tout!) ▸ das ist meine geringste Sorge

☞ *le cadet* ist der jüngere Bruder oder, metonymisch, der Jüngste, der Kleinste. Wörtlich bedeutet diese Redewendung also: Das ist die kleinste meiner Sorgen.

À cause de mon départ, le gouvernement n'a plus de majorité, mais *c'est le cadet de mes soucis*!

Siehe auch **cause toujours, ça ne me fait ni chaud ni froid, je n'en ai cure, je m'en fous comme de l'an quarante, je m'en bats l'œil, je m'en tamponne, vous m'en direz tant, je m'en tape.**

cafard

(1) **avoir le cafard (être déprimé)** ▸ deprimiert sein, Trübsal blasen

☞ *cafard* bedeutet neben Kakerlake auch Frömmler und Petzer. Die Farbe der Küchenschabe und die meist schwarze Kleidung der Frömmler haben wahrscheinlich die heutige Redewendung beeinflusst.

Je n'ai envie de rien aujourd'hui, *j'ai* tout simplement *le cafard.*

Siehe auch **ne pas être dans son assiette, être mal barré, en baver, se faire de la bile, être dans le / au creux de la vague, se sentir tout chose, en avoir gros sur le cœur, en voir de toutes les couleurs, être dans le 36e dessous, être dans de beaux draps, broyer du noir, être dans la panade / le pétrin / la purée, ne pas tourner rond, du vague à l'âme.**

café

* **c'est fort de *café*!** ▸ das ist starker *Tobak*!

caisse

(1) **taper dans la caisse** (voler de l'argent dans la caisse) ▸ sich Geld aus der Kasse nehmen | **taper** = (hier:) reinhauen

L'employé a été renvoyé sur le champ, parce qu'*il avait tapé dans la caisse.*

caisson

(2) **se faire sauter le caisson** (se tirer une balle dans la tête) ▸ sich eine Kugel durch den Kopf jagen | **caisson** (Kiste, Kasten) = (hier:) der Kopf

Encore une catastrophe comme celle-là et *je me fais sauter le caisson.*

Siehe auch **se faire sauter la cervelle.**

calendes

(3) **renvoyer aux calendes grecques** (remettre à une date qui n'arrivera jamais) ▸ auf den Sankt-Nimmerleinstag verschieben

☞ Die Kalenden (daher Kalender, *calendrier*) waren bei den Römern der jeweils erste Tag eines Monats. Die Griechen hatten keine Kalenden.

La discussion sur l'avortement a été *renvoyée aux calendes grecques* par le gouvernement.

calmer

(1) **calmer le jeu** (détendre une situation trop tendue) ▸ die Lage entschärfen

Je suis intervenu dans la discussion, car il fallait absolument *calmer le jeu.*

calumet

* **fumer le *calumet* de la paix** ▸ die Friedens*pfeife* rauchen

camion

(2) **tombé du camion** (volé) ▸ organisiert, gestohlen

☞ Wörtlich: Vom Lastwagen gefallen.

Un smartphone à dix euros? C'est sûrement *tombé du camion*!

camp

(1) **fiche / fous le camp! (pars!)** ▸ zieh Leine!

☞ Ursprünglich war mit *camp* '*le camp militaire*' gemeint, also das Feldlager, das man fluchtartig verließ, wenn der Kampf verloren war.

Fiche le camp, je ne veux plus te voir!

Siehe auch **envoyer balader quelqu'un, du balai, va te faire cuire un œuf, envoyer paître / promener quelqu'un, rembarrer quelqu'un, envoyer valser quelqu'un, bon vent, va voir ailleurs si j'y suis, va te faire voir.**

campagne

(3) **battre la campagne** (1. parcourir la campagne à la recherche de quelqu'un / quelque chose, 2. déraisonner, divaguer) ▸ 1. umherstreifen, die Gegend nach etwas/jdm absuchen, 2. Unsinn reden

☞ Eine der Bedeutungen von *battre* war *parcourir en tous sens.* Im übertragenen Sinn denkt man an *l'esprit qui vagabonde* (in Gedanken abschweifen).

1. Une centaine de policiers *a battu la campagne* à la recherche du petit garçon disparu depuis 3 jours.

2. Tu divagues, mon cher, j'ai l'impression que depuis un certain temps *tu bats la campagne.*

Siehe auch (zu 2.) **avoir une araignée au plafond, perdre la boule, avoir une case en moins, il lui manque une case, travailler du chapeau, ne pas jouir de toutes ses facultés, avoir un grain, être à la masse, tu devrais te faire soigner, ça ne va pas la tête.**

cantonade

(3) **parler à la cantonade** (parler sans s'adresser à une personne en particulier) ▸ etwas in den Raum hineinrufen

☞ *la cantonade* ist die linke oder die rechte Seite eines Theaters. Die ursprüngliche Bedeutung dieser Redewendung war: Etwas in die Kulissen hinein rufen.

En disant cela, je ne m'adressais pas à quelqu'un en particulier, *je parlais à la cantonnade.*

cap

(2) **mettre le cap sur quelque chose** (se diriger vers quelque chose) ▸ Kurs auf etwas nehmen.

À la fin de la tempête, on put enfin *mettre le cap sur* le port le plus proche.

cape

(3) **rire sous cape** (rire ou se réjouir sans le montrer) ▸ sich ins Fäustchen lachen

☞ *la cape* ist hier das Cape, hinter dem man sich verstecken kann, um seine diebische Freude zu verbergen.

Notre plus grand concurrent, les États-Unis, *rit sous cape* et se réjouit de chaque retard dans le développement de l'Europe.

C

caquet

(2) rabattre le caquet à quelqu'un (remettre quelqu'un à sa place) ▸ jdm den Mund stopfen

☞ Die erste Bedeutung des Verbs *caqueter* ist das Gackern der Hühner. Von da war es nur ein kleiner Schritt zum Plappern (der Frauen) und zu *caquet* in der Bedeutung von Mund.

Comme il devenait de plus en plus grossier, j'ai dû lui *rabattre le caquet.*

Siehe auch **clouer le bec à quelqu'un, remonter les bretelles à quelqu'un, sonner les cloches à quelqu'un, river son clou à quelqu'un, moucher quelqu'un, frotter les oreilles à quelqu'un, tirer les oreilles à quelqu'un, voler dans les plumes de quelqu'un, secouer les puces à quelqu'un, passer un savon à quelqu'un, dire ses quatre vérités à quelqu'un, donner une volée de bois vert à quelqu'un.**

carabiniers

(3) **arriver comme les carabiniers (d'Offenbach)** (arriver trop tard, lorsque tout est déjà terminé) ▸ einen Posttag zu spät kommen, wenn alles schon vorbei ist

☞ Aus der Oper von Jacques Offenbach *Les Carabiniers*: *Nous sommes les carabiniers / la sécurité des foyers / mais par un malheureux hasard / au secours des particuliers / nous arrivons toujours trop tard.*

Les secours sont *arrivés comme les carabiniers,* car il n'y avait plus rien à sauver.

carafe

(3) **rester en carafe** (ne plus trouver ses mots, dit d'un orateur) ▸ stecken bleiben (von einem Redner gesagt)

☞ Im Argot bedeutete *carafe* der Mund. Die Worte bleiben jdm also im Mund stecken.

J'avais perdu le fil de mon discours et ainsi, *je suis resté en carafe.*

(3) **tomber en carafe** (tomber en panne) ▸ den Geist aufgeben, z. B. von einem Rechner gesagt.

Après trois années de bons et loyaux services, mon ordinateur *est tombé en carafe.*

carotte(s)

(2) **(manier) la carotte et le bâton** (la récompense et la punition) ▸ Zuckerbrot und Peitsche

☞ Die Karotte und der Stock sind zwei Mittel, um einen Esel anzutreiben.

Avec le parlement, le gouvernement *manie la carotte et le bâton.*

(2) **les carottes sont cuites** (il n'y a plus d'espoir, tout est perdu) ▸ es ist schon alles gelaufen, der Bart ist ab

☞ Wenn man nur noch Karotten (früher ein Gemüse für arme Leute) zu essen hatte, war man am Ende.

J'ai bien peur que ton aide ne vienne trop tard. Pour nous, *les carottes sont cuites.*

carreau

(1) **rester / se trouver sur le carreau** (être dans une situation difficile sans être aidé) ▸ auf der Strecke bleiben

☞ *le carreau* ist die Fliese. Früher bedeutete *carreau* auch eine gepflasterte Straße. Man denkt also an jdn, der am Boden liegt.

La plupart des ouvriers licenciés ont retrouvé du travail, mais moi, *je suis resté sur le carreau.*

(2) **se tenir à carreau** (se tenir tranquille, essayer de ne pas se faire remarquer) ▸ sich ruhig verhalten, sich klein machen

☞ Im Argot bedeutet *la care* das Zimmer und *le carreau* die Wohnung. Wer zu Hause bleibt, fällt nicht auf.

On a intérêt à ne pas se faire remarquer et donc, à *se tenir à carreau* pendant un certain temps.

carrosse

(3) **rouler carrosse** (mener un grand train de vie) ▸ im Geld schwimmen

Maintenant qu'ils ont gagné à la loterie, les voisins *roulent carrosse.*

Siehe auch **avoir du foin dans les bottes, être plein aux as, faire son beurre, doré sur tranches, avoir son pain cuit, avoir les reins solides.**

carte(s)

* *abattre* **ses cartes** ▸ seine Karten *aufdecken*

C

(1) **donner carte blanche à quelqu'un** (donner les pleins pouvoirs à quelqu'un pour accomplir une tâche) ▸ jdm freie Hand lassen, jdm eine uneingeschränkte Vollmacht geben

☞ Wenn auf dem Zettel mit der Liste der auszuführenden Arbeiten keine besonderen Anweisungen standen, konnte man selbst entscheiden, wie man die Arbeit ausführen wollte.

Le président m'a *donné carte blanche* pour mener à bien cette affaire.

(2) **jouer la carte de la transparence, la sécurité ...** (essayer quelque chose parmi plusieurs possibilités) ▸ auf Transparenz, Sicherheit ... setzen

Le gouvernement a promis de *jouer* dorénavant *la carte de* la transparence.

Quand il s'agit de choisir un opérateur pour la 5G, il s'agit de *jouer la carte de* la sécurité.

(2) **brouiller les cartes** (semer la confusion) ▸ Verwirrung stiften

☞ Wörtlich: Die Karten durcheinanderbringen.

Toutes ces interventions au parlement ne servent qu'à *brouiller les cartes.*

carton(s)

(2) **faire un carton** (1. atteindre la cible, 2. remporter un grand succès) ▸ 1. das Ziel treffen, 2. sehr erfolgreich sein

☞ *carton* ist die Karte, auf die man in einer Schießbude schießt.

1. Aucun des policiers présents au stand de tir n'a réussi à *faire un carton.*

2. Avec son nouveau roman, il a *fait un carton.*

Siehe auch **mettre dans le mille, faire mouche.**

(2) **taper le carton** (jouer aux cartes) ▸ Karten spielen

☞ Bei *taper* (schlagen) denkt man an das Aufschlagen der Hand auf den Kartentisch.

Au lieu d'étudier, il a passé toute la soirée à *taper le carton.*

(2) **être dans les cartons** (être en projet) ▸ als Projekt bestehen; **rester dans les cartons** (ne pas être réalisé) ▸ in der Schublade bleiben

La dépénalisation complète de l'avortement *est dans les cartons* du gouvernement, mais beaucoup de députés pensent que ce projet *restera dans les cartons.*

cartouche

* **brûler sa / ses dernière(s) *cartouche*(s)** ▸ seine letzte *Munition* verschießen

C

cas

(1) **(ton frère ...), c'est un cas!** (c'est un drôle de numéro!) ▸ (dein Bruder ...) ist vielleicht eine Nummer!

Je sais que ton frère est un peu bizarre, mais *c'est* vraiment *un cas*!

Siehe auch **un sacré numéro, un drôle de paroissien.**

(2) **faire grand cas de quelque chose** (attacher beaucoup d'importance à quelque chose) ▸ großen Wert auf etwas legen

La direction actuelle ne semble *pas faire grand cas de* la culture.

(2) **ne faire aucun cas de quelque chose** (n'attacher aucune importance à quelque chose) ▸ einer Sache keinerlei Beachtung schenken

Le gouvernement *ne fait aucun cas de* l'avis de l'opposition.

casaque

(2) **tourner casaque** (changer de parti, d'opinion) ▸ umschwenken, umfallen, seine Meinung ändern

☞ *la casaque* war eine Art Cape.

Lorsque le ministre lui offrit une place de directeur, le chef de l'opposition *tourna casaque.*

Siehe auch **virer sa cuti, retourner sa veste.**

case

(1) **revenir / retour à la case départ** (se retrouver au point de départ, repartir à zéro) ▸ wieder von vorne / bei Null anfangen müssen

☞ *la case départ* ist das erste Feld eines Brettspiels.

Nous avons échoué et devons donc *revenir à la case départ.*

Siehe auch **remettre les compteurs à zéro.**

(1) **il a une case en moins / il lui manque une case** (il est un peu fou, il a un comportement bizarre) ▸ er hat eine Schraube locker, er hat nicht alle Tassen im Schrank

☞ Gemeint ist, dass einem ein Teil (ein Fach) des Gehirns fehlt.

Quand je vois le comportement de ton frère, je pense qu'*il lui manque une case.*

Siehe auch **avoir une araignée au plafond, perdre la boule, battre la campagne, travailler du chapeau, ne pas jouir de toutes ses facultés, avoir un grain, être à la masse, tu devrais te faire soigner, ça ne va pas la tête.**

C

Cassandre

***jouer** *les* **Cassandre** ▸ *die* Cassandra spielen.

casser

(1) **ça ne casse rien! / (3) ça ne casse pas trois pattes à un canard!** (ça n'a rien d'extraordinaire!) ▸ das ist nichts Besonderes, nichts Umwerfendes

☞ Das Besondere wäre, wenn eine Ente drei Beine hätte.

Le dernier film de Woody Allen n'est pas mauvais, mais *ça ne casse rien.*

casserole

(3) **traîner une casserole** (traîner dans sa réputation les conséquences d'un acte répréhensible) ▸ Leichen im Keller haben

Le ministre a dû démissionner, tellement *il traînait des casseroles.*

Siehe auch **avoir un cadavre dans le placard.**

(3) **passer à la casserole** (1. subir une épreuve désagréable, 2. [pour une femme] être plus ou moins obligée de subir l'acte sexuel) ▸ 1. in die Pfanne gehauen werden, 2. dran glauben müssen

☞ Wörtlich: In den Kochtopf kommen.

Quand je vis qu'il m'avait invitée, alors qu'il était seul dans sa grande maison, j'ai bien cru que j'allais *passer à la casserole.*

catastrophe

(2) **faire quelque chose en catastrophe** (faire quelque chose trop vite et sans réfléchir) ▸ etwas überstürzt tun

Comme la situation était grave, j'ai dû réunir le comité de gestion *en catastrophe.*

catholique

(1) **ce n'est pas très catholique** (c'est louche) ▸ das ist nicht ganz koscher

Ce nouveau projet ne me paraît *pas très catholique.*

Siehe auch **ça sent le soufre.**

catimini

(3) **en catimini** (en cachette, très discrètement) ▸ klammheimlich
☞ Der Ursprung dieser Redewendung ist nicht geklärt. Einige Etymologen denken an das Pikardische *catir* (sich verstecken) und *minou* (Kosename für Katze). Gemeint wäre also das heuchlerische Getue einer Katze, die katzenfreundlich ihre wahre Absicht versteckt.
Je n'étais pas du tout au courant et je suppose qu'ils ont réalisé leur projet *en catimini.*

cause

(2) **en connaissance de cause** (en personne qui connaît la situation) ▸ in Kenntnis der Lage, der Sachlage
☞ Ursprünglich aus der Rechtssprache: *cause* ist eine Rechtssache.
Je n'ai pas fait ça par hasard, mais *en connaissance de cause.*

(2) **en tout état de cause** (de toute manière) ▸ in jedem / auf jeden Fall
☞ *cause* ist hier die Rechtssache, die man vertritt.
Je n'ai pas encore pris ma décision, mais *en tout état de caus*e je vous ferai savoir ce que j'ai décidé.

(3) **et pour cause!** (il y a une bonne raison à cela) ▸ und zwar aus gutem Grund!
Il s'agit d'une situation sensible *et pour cause*!

causer

(1) **cause toujours (tu m'intéresses!)** (tu peux dire ce que tu veux, je ne t'écoute pas / tu n'auras pas ce que tu veux) ▸ da kannst du dir den Mund fusselig reden! | **causer** = reden, erzählen, eine Antiphrase
La semaine prochaine, j'arrête de fumer! – *Cause toujours*!

Siehe auch **c'est le cadet de mes soucis, ça ne me fait ni chaud ni froid, je n'en ai cure, je m'en fous comme de l'an quarante, je m'en bats l'œil, je m'en tamponne, vous m'en direz tant, je m'en tape.**

cavalier

(2) **faire cavalier seul** (agir seul) ▸ auf eigene Faust handeln
☞ Die Quadrille war nicht nur ein Tanz, sondern auch eine gerittene Dressurvorstellung von vier Reitern. Wenn nun ein Reiter allein eine Figur präsentierte, machte er *cavalier seul.*
On s'était mis d'accord pour faire ça ensemble, mais tu as de nouveau voulu *faire cavalier seul!*

cerise

2) **(c'est) la cerise sur le gâteau!** (1. un avantage supplémentaire, 2. le comble, le bouquet!) ▸ 1. das Tüpfelchen auf dem i, 2. (das ist) die Höhe / der Gipfel!

C

1. Le bonus en plus de ma promotion, c'est *la cerise sur le gâteau!*

2. J'ai été licencié, et, *cerise sur le gâteau,* on ne veut pas me payer mes indemnités de départ!

Siehe auch (zu 2.) **c'est le bouquet, on aura tout vu.**

cervelle

(1) **se creuser la cervelle** (réfléchir intensément) ▸ sich den Kopf zerbrechen

Je me suis creusé la cervelle toute la nuit, mais je n'ai pas trouvé la solution à ton problème.

Siehe auch **se creuser les méninges / la nénette / la tête.**

(2) **se faire sauter la cervelle** (siehe **se faire sauter le caisson**)

chair

(2) **être bien en chair** (être un peu grassouillet) ▸ ganz schön mollig sein

Rubens peignait toujours des femmes *bien en chair.*

chaise

(3) **une politique de la chaise vide** (une attitude qui consiste à ne pas venir siéger à une assemblée) ▸ eine Politik der Verweigerung

Comme l'opposition n'a pas été consultée par le gouvernement, elle pratique *la politique de la chaise vide.*

chaleur

(1) **être en chaleur** (rechercher le mâle, en parlant d'une femelle) ▸ läufig sein (Tiere), brünstig sein (Mensch)

Ne laisse pas sortir la chienne, tant qu'*elle est en chaleur!*

Quand je vois comment tu regardes les hommes, j'ai l'impression que *tu es* tout le temps *en chaleur.*

champ

(3) **prendre du champ** (prendre du recul) ▸ Abstand gewinnen

☞ Es handelt sich hier um die übertragene Bedeutung von *champ*, Feld.

Il faut que *je prenne du champ* pour réfléchir et donc, les prochaines années, je ne m'occuperai plus de politique.

C

champagne

(3) **sabler (sabrer) le champagne** (boire du champagne) ▸ Champagner trinken

☞ Bei *sabrer le champagne* denkt man an Soldaten, die mit dem Säbel den Korken abschlagen. *Sabler* bedeutete im 18. Jh. *in einem Zug ein Glas Wein austrinken.* Dass hier von Sand (*sable*) die Rede ist, beruht wahrscheinlich auf einem Vergleich mit dem Metallgießer, der das flüssige Metall in eine mit Sand bestrichene Form fließen lässt.

Si notre équipe gagne ce soir, on pourra *sabler le champagne.*

chance

(1) **avoir une chance de cocu / de pendu** (être très chanceux) ▸ (ein) unverschämtes Schwein haben

☞ *cocu* ist der betrogene Ehemann. Man dachte, dass jd, der in der Ehe unglücklich ist, wenigstens auf anderen Gebieten Glück haben muss (Unglück in der Liebe, Glück im Spiel). Was *pendu* betrifft: Die Gebeine eines Gehenkten oder das Seil, an dem er aufgehängt worden war, wurden als glückbringend angesehen. Vielleicht dachte man auch an das Glück, das der Gehenkte hatte, wenn das Seil riss, und er so mit dem Schrecken davonkam.

Je n'avais étudié que la première partie du cours et j'ai été uniquement interrogé là-dessus. C'est ce qu'on appelle *avoir une chance de pendu.*

Siehe auch **avoir du bol, il ne s'emmerde pas, avoir du pot, avoir une veine de cocu, avoir le vent en poupe, être verni.**

chandelle(s)

(2) **devoir une fière chandelle à quelqu'un** (avoir une grande dette de reconnaissance envers quelqu'un) ▸ jdm zu großem Dank verpflichtet sein

☞ *fier* bedeutet hier ‚groß' und *chandelle* ist die Kerze, die man Gott oder einem Heiligen opfert.

Sans l'aide de mon ancien professeur, je n'aurais jamais réussi l'examen d'entrée à l'université. Je sais que *je lui dois une fière* chandelle.

C

(3) **brûler la chandelle par les deux bouts** (se ruiner la santé en en faisant trop) ▸ mit seinen Kräften Raubbau treiben

☞ Wörtlich: Die Kerzen an beiden Enden brennen lassen.

Si tu continues de *brûler la chandelle par les deux bouts*, tu ne vivras plus longtemps.

Siehe auch **mener une vie de bâton de chaise.**

(3) **tenir la chandelle** (assister en spectateur à des ébats amoureux) ▸ (neben einem Liebespaar) das dritte Rad am Wagen sein

☞ Wörtlich: Die Kerze halten.

Je ne vais pas accompagner les deux amoureux au théâtre. Je n'ai pas envie de *tenir la chandelle.*

(3) **j'ai vu trente-six chandelles** (j'ai éprouvé un éblouissement après un choc violent) ▸ ich habe Sterne gesehen, mir ist Hören und Sehen vergangen

Le coup de poing m'atteignit en plein sur le nez et *j'ai vu trente-six chandelles.*

change

(3) **donner le change à quelqu'un** (parvenir à cacher à quelqu'un ses véritables intentions en le mettant sur une fausse piste) ▸ jdm Sand in die Augen streuen

☞ Diese Redewendung bezog sich ursprünglich auf die Jagd: Wenn man z. B. ein Reh verfolgte und dabei auf ein anderes Tier stieß und dann diesem nachsetzte, sagte man *le chevreuil a donné le change*, also wörtlich: Das Reh hat sich durch ein anderes Tier ersetzen lassen und den Jäger auf eine falsche Spur gebracht.

Je croyais vraiment qu'il était mon ami et maintenant, je me rends compte qu'il a réussi à me *donner le change* pendant toutes ces années.

changer

* *changer* **de disque** ▸ eine andere Platte *auflegen*

chanson

(1) **on connaît la chanson!** (on connaît un propos sans cesse répété) ▸ die Leier kennen wir schon!

Tu me dis que tu ne peux pas passer l'examen, parce que ton grand-père est mort. Je me demande combien de grands-pères tu as, car *on connaît la chanson!*

(2) **comme dit la chanson ...** (comme on dit généralement ...) ▸ wie es doch so schön heißt ...

Comme dit la chanson: ce n'est qu'un au revoir!

C

chapeau(x)

* **chapeau** *bas*! ▸ Hut *ab*!

* **manger** *son chapeau* ▸ *einen Besen* fressen

(2) **porter le chapeau / faire porter le chapeau à quelqu'un** (être considéré à tort comme responsable de quelque chose / faire porter la responsabilité de quelque chose à quelqu'un) ▸ seinen Kopf hinhalten müssen / die Verantwortung für etwas auf jdn abschieben
☞ Früher trugen die Leute aus dem Volk Mützen, die Bürger jedoch Hüte. Wer einen Hut trug, gehörte zu denen, die Verantwortung tragen. Eine andere Erklärung findet sich in einem Brauch der Inquisition, die den Verurteilten eine Art kegelförmigen Hut aufsetzte, bevor sie zum Scheiterhaufen geführt wurden.
Je n'y suis pour rien dans cette affaire et je n'ai pas l'intention de *porter le chapeau* pour d'autres.

Si tu essayes de me *faire porter le chapeau* pour tes erreurs de gestion, tu es à la mauvaise adresse!

Siehe auch **ça va encore être pour ma poire / ma pomme.**

(3) **travailler du chapeau** (être un peu fou) ▸ nicht ganz richtig im Oberstübchen sein
☞ Früher arbeiteten Hutmacher viel mit dem sehr gesundheitsschädlichen Quecksilber, um den Filz zu stabilisieren. Dies führte manchmal zu Gehirnschäden. Man denke auch an den *mad hatter* in *Alice in Wonderland.*
Sa dernière proposition est la preuve qu'*il travaille du chapeau.*

Siehe auch **avoir une araignée au plafond, perdre la boule, battre la campagne, il lui manque une case, ne pas jouir de toutes ses facultés, avoir un grain, être à la masse, tu devrais te faire soigner, ça ne va pas la tête.**

(3) **sur les chapeaux de roues** (à très grande vitesse) ▸ mit quietschenden Reifen
☞ *les chapeaux de roues* (meistens *enjoliveurs* genannt) sind die Radkappen. Der Gedanke ist hier, dass man so schnell fährt, dass die

Räder sich so sehr neigen, dass man auf den Radkappen fährt, was wohl technisch unmöglich sein dürfte.

Après avoir braqué la banque, les voleurs se sont enfuis *sur les chapeaux de roues.*

C

Siehe auch **dare-dare, rouler à fond de caisse, pied au plancher, plein pot, en deux temps, trois mouvements, rouler à tombeau ouvert, rouler pleins tubes, en quatrième vitesse.**

char

(2) **arrête ton char (Ben Hur)!** (n'exagère pas! cesse de raconter n'importe quoi!) ▸ nun mach aber mal 'nen Punkt!
☞ Früher sagte man *arrête de charrer* (übertreiben). Die Zufügung *Ben Hur* ist dem Erfolg des gleichnamigen Films zu verdanken. Früher war *char* (jetzt Panzer) ein römischer Kampfwagen.
Tu prétends avoir lu tous les livres de Simenon? *Arrête ton char!*

Siehe auch **ne pas manquer d'air, comme vous y allez, y aller fort, charrier dans les bégonias, dépasser les bornes, pousser le bouchon un peu loin, tirer sur la corde, ça commence à bien faire, tirer sur la ficelle, être gonflé, faut pas pousser grand-mère dans les orties, ne pas manquer de souffle.**

charbon

(3) **aller au charbon** (accepter de s'engager, de faire un travail pénible) ▸ sich an eine schwierige Arbeit machen
☞ Wörtlich: Eine schwere Arbeit auf sich nehmen, wie ein Bergarbeiter. Diese Redewendung kam zuerst im Prostituiertenmilieu auf.
Messieurs les sénateurs, il va falloir *aller au charbon!*

Siehe auch **mouiller sa chemise, user de l'huile de coude, mettre la main à la pâte, mettre les mains dans le cambouis, prendre le mors aux dents, payer de sa personne.**

charme

(1) **se porter comme un charme** (être en très bonne santé) ▸ vor Gesundheit strotzen | **charme** = (hier:) Zauber
On m'avait dit que tu étais malade, mais je vois que *tu te portes comme un charme.*

(2) **faire du charme à quelqu'un** (tenter de séduire quelqu'un) ▸ jdn zu bezirzen versuchen

Arrête de *faire du charme* à ma femme. Elle ne le supporte pas et moi non plus!

Siehe auch **conter fleurette à quelqu'un, faire du genou à quelqu'un, faire du gringue à quelqu'un, jeux de mains, jeux de vilains, avoir la main baladeuse, faire de l'œil à quelqu'un, faire du pied à quelqu'un, faire du plat à quelqu'un, avoir une touche.**

charrue

(2) **mettre la charrue avant (devant) les bœufs** (faire les choses à l'envers) ▸ das Pferd vom Schwanz her / beim Schwanz aufzäumen
☞ Wörtlich: Den Pflug vor die Ochsen spannen.

Faisons les choses dans l'ordre, il ne sert à rien de *mettre la charrue avant les bœufs.*

Charybde

(3) **tomber de Charybde en Scylla** (se lancer dans un danger plus grave en voulant en éviter un autre) ▸ vom Regen in die Traufe kommen
☞ Im Deutschen gibt es eine ähnliche Redewendung: Sich zwischen Szilla und Charibdys befinden. Szilla ist eine gefährliche Klippe gegenüber der Charybdis, einer Stelle mit gefährlichen Strudeln in der Straße von Messina.

En essayant d'échapper à ce danger, il a été confronté à un danger encore plus grand, en d'autres mots: il est *tombé de Charybde en Scylla.*

chasse

(2) **chasse gardée!** (c'est pour mon usage uniquement!) ▸ Hände weg!
☞ *Chasse* ist hier ein privates Jagdrevier.

Cette fille, c'est *chasse gardée!*

chat (siehe auch chats)

(1) **il n'y avait pas un chat** (il n'y avait personne) ▸ kein Schwein war da

On m'avait dit que tous les amis seraient présents, mais lorsque je suis arrivé, *il n'y avait pas un chat.*

(1) **appeler un chat un chat** (dire les choses comme elles sont) ▸ das Kind beim Namen nennen

J'ai toujours dit ce que je pensais et *j'ai* toujours *appelé un chat un chat.*

C

(1) **il n'y a pas de quoi fouetter un chat** (ce n'est pas si important, si grave que ça) ▸ das ist halb so wild

☞ Der Ursprung dieser Redewendung ist umstritten: Einige Etymologen glauben an die neunschwänzige Katze, aber da ist es nicht die Katze, die peitscht. Übrigens gibt es keine Beweise für das Peitschen von Katzen. Andere deuten *fouetter* als eine Verballhornung von *foutre* (ficken) und dann könnte *chat* auch *chatte* (Fotze) bedeuten.

D'accord, il est arrivé quelques fois en retard, mais *il n'y a* là *pas de quoi fouetter un chat.*

Siehe auch **en voilà une affaire, la belle affaire, et alors, et après.**

(2) **donner sa langue au chat** (s'avouer incapable de répondre à une question) ▸ das Raten aufgeben

☞ Zuerst sagte man *jeter sa langue aux chiens.* Was man den Hunden vorwirft, ist nicht viel wert. Gemeint war: Wenn die Zunge das Rätsel nicht lösen kann, kann man sie genauso gut wegwerfen. Aber warum Katze? Wahrscheinlich, weil sie als ein Hort der Geheimnisse galt.

Non, je ne trouve pas la solution. *Je donne ma langue au chat!*

(2) **avoir un chat dans la gorge** (être enroué) ▸ heiser sein, einen Frosch im Hals haben

☞ Dieser Redewendung liegt eine Verwechslung zugrunde zwischen *matou* (Kater), was dann später zu *chat* (Katze) wurde, und *maton* (geronnene Milch), die wegen ihrer Zähflüssigkeit schon mal im Hals stecken bleiben kann.

Je n'ai pas pu faire mon discours, car *j'avais un chat dans la gorge.*

châteaux

(2) **construire/bâtir des châteaux en Espagne** (concevoir des projets irréalisables) ▸ Luftschlösser bauen

☞ Es gab früher auch Varianten mit *en Asie* oder *au Caire.* Vielleicht dachte man bei Spanien an die Mauren, die Spanien besetzten, sich jedoch nicht in sichere Schlösser zurückziehen konnten, die es auf dem Land nicht gab. Dass man früher auch *en Asie* oder *au Caire* sagte, beweist, dass man diese Redewendung auch ganz allgemein verstehen kann: Dann ist ein Schloss etwas Unerreichbares.

Penser qu'on pourra se déplacer un jour plus vite que la lumière, c'est *construire des châteaux en Espagne.*

chats (siehe auch chat)

(2) **avoir d'autres chats à fouetter** (avoir autre chose, de plus important, à faire) ▸ andere Sorgen haben

☞ Siehe die Erklärung bei **il n'y a pas de quoi fouetter un chat.**

Je ne peux pas m'occuper de tes petits problèmes, *j'ai d'autres chats à fouetter.*

C

chaud (Substantiv)

(1) **j'ai eu chaud!** (je l'ai échappé belle!) ▸ das war knapp!

On a réussi à échapper à la police, mais *j'ai eu chaud!*

(2) **souffler le chaud et le froid** (approuver et critiquer alternativement quelque chose ou quelqu'un) ▸ einmal loben, dann wieder tadeln; einmal dies, einmal jenes sagen

On ne sait jamais à quoi s'en tenir avec lui: *il souffle le chaud et le froid.*

chaud (Adjektiv)

(1) **je ne suis pas très chaud** (je ne suis pas très enthousiaste) ▸ ich bin nicht sehr begeistert

Je ne suis *pas très chaud* à l'idée de passer le week-end à la mer avec le temps qu'il fait.

(1) **ça ne me fait ni chaud ni froid** (cela m'est indifférent) ▸ das lässt mich kalt

Que tu viennes ou que tu ne viennes pas, *ça ne me fait ni chaud ni froid.*

Siehe auch **c'est le cadet de mes soucis, cause toujours, je n'en ai cure, je m'en fous comme de l'an quarante, je m'en bats l'œil, je m'en tamponne, vous m'en direz tant, je m'en tape.**

(se) chauffer

(1) **ça va chauffer!** (il va y avoir de la dispute) ▸ es wird was setzen | **chauffer** = (hier:) einheizen

Si tu oses dire au directeur que tu n'es pas d'accord, *ça va chauffer!*

Siehe auch **tu me cherches, chercher des crosses à quelqu'un, avoir maille à partir avec quelqu'un, chercher des noises à quelqu'un, prendre quelqu'un à partie, avoir un œuf à peler avec quelqu'un.**

(2) **montrer de quel bois on se chauffe** (montrer de quoi on est capable) ▸ zeigen, mit wem man es zu tun hat

S'ils osent faire ça, on va leur *montrer de quel bois on se chauffe.*

chaussure

(3) **trouver chaussure à son pied** (rencontrer la personne qui convient parfaitement) ▸ den Richtigen / die Richtige finden
☞ Wörtlich: Den Schuh finden, der einem passt.
À soixante ans, ce célibataire endurci *a* enfin *trouvé chaussure à son pied.*

chef

(2) **au premier chef** (avant tout, en premier lieu) ▸ in erster Linie | **chef** = (hier:) das Erste
La responsabilité de la faillite de notre entreprise incombe *au premier chef* à la direction.

chemins

(2) **ne pas y aller par quatre chemins** (aller droit au but) ▸ nicht lange fackeln, keine Umschweife machen
☞ Bei *quatre chemins* kann man an die vier Himmelsrichtungen denken. Wer schnell ans Ziel kommen will, sollte den direkten Weg wählen, ohne Umwege zu machen.
Je ne vais pas *y aller par quatre chemins:* tu ne conviens pas pour ce poste!

Siehe auch **ne pas mâcher ses mots.**

chemise

(2) **mouiller sa chemise** (faire de gros efforts) ▸ sich anstrengen, sich ins Zeug legen
☞ Man denkt hier an das Schwitzen bei der Anstrengung.
Pendant vingt ans *j'ai mouillé ma chemise* pour notre entreprise et maintenant on veut me licencier!

Siehe auch **aller au charbon, user de l'huile de coude, prendre le mors aux dents, mettre la main à la pâte, mettre les mains dans le cambouis, payer de sa personne.**

chèque

(3) **un chèque en bois** (un chèque qui ne peut pas être payé, faute d'un dépôt suffisant) ▸ ein ungedeckter Scheck
☞ Schon im 14. Jh. hatte *de bois* oder *en bois* die negative Bedeutung ‚wertlos sein', wie in *jambe de bois* oder *sabre de bois.*
Comme tu n'avais plus d'argent sur ton compte, la banque n'a pas accepté ton *chèque en bois.*

cher

(2) **ne pas donner cher (de la peau) de quelqu'un** (considérer que quelqu'un n'a pas beaucoup de chances d'obtenir quelque chose; considérer qu'il n'est pas en sécurité) ▸ jdm keine großen Chancen geben.

S'il se dresse contre son chef, *je ne donne pas cher de sa peau.*

C

chercher

(1) **qu'est-ce que tu vas chercher là!** (quelle idée!) ▸ wie kommst du darauf?

Moi, je lui aurais dit ça? *Qu'est-ce que tu vas chercher là*!

(1) **tu me cherches?** (tu cherches la dispute / la bagarre?) ▸ suchst du Streit?

Pourquoi tu m'accuses de vol? *Tu me cherches*?

Siehe auch **ça va chauffer, chercher des crosses à quelqu'un, avoir maille à partir avec quelqu'un, chercher des noises à quelqu'un, avoir un œuf à peler avec quelqu'un, prendre quelqu'un à partie.**

(1) **ça va chercher dans les 20.000 euros** (ça va coûter à peu près 20.000 euros) ▸ das kommt auf zirka 20.000 Euro

Une voiture électrique, *ça va* encore *chercher dans les* 20.000 euros.

chère

(3) **faire bonne chère** (bien manger) ▸ gut essen

☞ Dieses *chère* hat nichts mit *chair* (Fleisch) zu tun; es stammt von dem griechischen *chara* (Gesicht). Zuerst bedeutete diese Redewendung also *eine gute Figur machen.*

Lors de leurs banquets, les Romains *faisaient* toujours *bonne chère.*

cheval (chevaux)

(3) **son cheval de bataille** (son thème favori) ▸ sein Lieblingsthema

☞ Wörtlich: Sein Streitross.

Nous parler de son service militaire, c'est *le cheval de bataille* de mon père.

(3) **être à cheval sur le règlement** (s'en tenir strictement au règlement) ▸ es peinlich genau mit den Vorschriften nehmen

☞ Wörtlich: Zu Pferd sitzen auf den Vorschriften.

Ne viens jamais en retard, car le chef *est à cheval sur le règlement*!

C

(3) **monter sur ses grands chevaux** (se mettre en colère) ▸ aufbrausen, hochgehen
☞ In der Ritterzeit waren kleine Pferde den adligen Damen vorbehalten. Die größten Pferde brauchte man für den Kampf.
Lorsque je lui ai dit que je n'étais pas d'accord avec son interprétation, *il est monté sur ses grands chevaux.*

cheveu(x)

(2) **avoir un cheveu sur la langue** (zézayer) ▸ lispeln
☞ Wenn man lispelt, ist es, als hätte man ein Haar auf der Zunge.
Quand Yves Montand chantait, on entendait nettement qu'*il avait un cheveu sur la langue.*

(2) **arriver comme un cheveu sur la soupe** (arriver mal à propos) ▸ völlig ungelegen kommen
☞ Dies entspricht also nicht *ein Haar in der Suppe finden*, das wäre *chercher la petite bête, toujours trouver à redire.*
Lorsque je vis les regards étonnés des membres de ma famille, je me rendis compte que *j'étais arrivé comme un cheveu sur la soupe.*

Siehe auch **arriver comme un chien dans un jeu de quilles.**

* **tiré par les cheveux** ▸ an den Haaren *herbei*gezogen.

* **saisir l'occasion par les *cheveux*** ▸ die Gelegenheit beim *Schopf* ergreifen

(1) **couper les cheveux en quatre** (être trop méticuleux) ▸ Haarspalterei treiben
☞ Früher bedeutete *couper 'fendre'* (spalten). Wenn es also durchaus möglich ist, ein Haar der Länge nach in vier zu teilen, so dürfte es schwieriger sein, es in vier Teile zu spalten.
Pourquoi tu dois toujours *couper les cheveux en quatre*! Sois un peu plus simple!

(1) **faire se dresser les cheveux (sur la tête)** (inspirer de l'effroi, de l'épouvante) ▸ jdm die Haare zu Berge stehen lassen.
Voir les exécutions de l'état islamique était propre à *faire se dresser les cheveux sur la tête.*

(2) **avoir les cheveux en bataille** (avoir les cheveux en désordre) ▸ zerzaustes Haar haben
☞ Als ob man an einer Schlacht teilgenommen hätte.
Avec *tes cheveux en bataille*, tu ne peux pas aller à la réception.

(2) **avoir mal aux cheveux** (avoir la gueule de bois, siehe dort) ▸ einen Kater haben | **cheveux** = (hier:) Kopf

On a fêté toute la nuit et maintenant, évidemment, *on a mal aux cheveux.*

C

cheville

(2) **ne pas arriver à la cheville de quelqu'un** (être très inférieur à quelqu'un) ▸ jdm nicht das Wasser reichen können

☞ Wörtlich: Jdm nicht bis zum Knöchel reichen.

Cet acteur de seconde zone *n'arrive pas à la cheville d'*Yves Montand.

(3) **la cheville ouvrière** (personne qui joue un rôle essentiel dans une organisation) ▸ die treibende Kraft

☞ *la cheville* ist der Zapfen, der etwas zusammen hält.

Le syndicat socialiste a toujours été *la cheville ouvrière* du parti socialiste.

(3) **être en cheville avec quelqu'un** (être complice / de connivence avec quelqu'un) ▸ mit jdm unter einer Decke stecken

☞ Für die Erklärung siehe oben.

L'inspecteur de police a été arrêté, parce qu'il *était en cheville avec* le grand banditisme.

Siehe auch **être de mèche avec quelqu'un.**

chèvre

(3) **vouloir ménager la chèvre et le chou** (ne pas vouloir prendre position entre deux parties adverses) ▸ es allen Leuten Recht machen wollen

☞ Es handelt sich um die berühmte Geschichte des Bauern, der in seinem Kahn einen Wolf, eine Ziege und einen Kohl über den Fluss setzten muss, jedoch nur Platz für einen der drei hat. Er darf weder Wolf und Ziege, noch Ziege und Kohl zusammen am Ufer lassen.

À force de *vouloir ménager la chèvre et le chou*, nous n'avons rien obtenu du tout.

Siehe auch **nager entre deux eaux.**

chic

(2) **avoir le chic de / pour ...** (réussir pleinement à ...) ▸ ein Händchen für etwas haben (meistens ironisch)

Tu as *le chic de* parler quand il faut se taire.

(2) **bon chic, bon genre** (conforme à la tradition bourgeoise) ▸ geschniegelt und gebügelt

Ton nouveau fiancé est vraiment *bon chic, bon genre!*

C

chien(s)

(1) **avoir l'air d'un chien battu** (avoir l'air humble, craintif) ▸ niedergeschlagen aussehen

Quand il est venu s'excuser de sa conduite, *il avait l'air d'un chien battu.*

(2) **avoir du chien** (se dit d'une femme qui a un charme un peu canaille) ▸ gesagt von Frauen, die ein gewisses Etwas haben

☞ Normalerweise wird der Hund mit negativen Aspekten assoziiert. Hier ist die Bedeutung eigentlich positiv, aber in *un peu canaille* schwingt auch etwas Negatives mit.

Malgré son âge, Catherine Deneuve *a* toujours *du chien.*

Siehe auch **elle est bien foutue, avoir de beaux restes.**

(2) **ne pas être chien avec quelqu'un** (être généreux envers quelqu'un) ▸ recht großzügig gegenüber jdm sein

Le patron *n'a pas été chien avec moi*; au contraire, il a tout fait pour m'aider.

(2) **arriver comme un chien dans un jeu de quilles** (arriver inopportunément) ▸ völlig ungelegen kommen

☞ Wörtlich: Ankommen wie ein Hund in einem Kegelspiel.

Quand j'ai vu les regards étonnés des autres, je me suis rendu compte que *j'étais arrivé comme un chien dans un jeu de quilles.*

Siehe auch **arriver comme un cheveu sur la soupe.**

(3) **entre chien et loup** (à la tombée du jour) ▸ in der Abenddämmerung

☞ Dann kann man nicht mehr deutlich den Unterschied zwischen einem Wolf und einem Hund sehen.

Je n'aime pas rouler le soir *entre chien et loup*, parce que ma vue n'est plus ce qu'elle a été.

(3) **dormir en chien de fusil** (dormir avec les jambes repliées) ▸ mit angewinkelten Beinen schlafen

☞ *le chien de fusil* ist der Hahn des Gewehrs, dessen Form an diese Schlafweise erinnert.

Le lit était tellement petit qu'on était obligés de *dormir en chien de fusil.*

(2) **se regarder en chiens de faïence** (se regarder avec méfiance ou hostilité) ▸ sich feindselig anstarren
☞ Früher (und manchmal auch heute noch) standen auf dem Kamin Porzellantiere, die sich anzustarren schienen.

Les deux frères, jadis si proches, *se regardent* maintenant *en chiens de faïence.*

(2) **ce n'est pas fait pour les chiens!** (c'est fait pour s'en servir!) ▸ wozu hat man das denn?!

Pourquoi tu ne m'as pas appelé? Le téléphone, *ce n'est pas fait pour les chiens!*

(2) **la rubrique des chiens écrasés** (la rubrique des faits divers) ▸ die Lokalnachrichten
☞ Wörtlich: Die Spalte der überfahrenen Hunde.

Lui, le grand journaliste, doit maintenant s'occuper de *la rubrique des chiens écrasés.*

chier

(2) **ça va chier!** [vulg.] (ça va faire du bruit, un scandale) ▸ das gibt Stunk! | **chier** = scheißen

Si jamais tu fais ça, *ça va chier!*

Siehe auch **cela va faire du bruit dans le landerneau, jeter un pavé dans la mare.**

(2) **faire chier quelqu'un** [vulg.] (importuner fortement quelqu'un) ▸ jdm auf den Wecker gehen

Je ne veux plus jamais te voir, car il y a trop longtemps que *tu me fais chier.*

(2) **se faire chier** [vulg.] (s'ennuyer très fort, trouver que quelque chose est ennuyeux) ▸ total angeödet sein, sich selbst auf den Keks gehen

S'il n'y a pas d'ascenseur, je n'achète pas la maison. Je n'ai pas envie de *me faire chier* avec des escaliers.

chiffe

(2) **une chiffe molle** (quelqu'un qui n'a pas d'énergie) ▸ ein Schlappschwanz, ein Waschlappen
☞ *chiffe*, das nur noch in dieser Redewendung vorkommt, ist die Verkürzung von *chiffon* (Lappen); *mou/molle* ist weich, schlapp.

Tu n'as aucune énergie! Tu n'es qu'*une chiffe molle!*

C

chignon

(3) **se crêper le chignon** (se disputer violemment, se battre entre femmes) ▸ sich in die Wolle kriegen

☞ Nachdem streitende Frauen sich die Haare gerauft haben, sehen diese wie toupiert aus.

La France et l'Allemagne *se crêpent le chignon* à propos de l'OTAN.

Siehe auch **se bouffer le nez, avoir une prise de bec.**

chique

(2) **ça lui a coupé la chique** (ça l'a stupéfait) ▸ das hat ihm die Sprache verschlagen

☞ *chique* bedeutet hier Kautabak und steht für den Mund.

Quand je lui ai dit que j'avais gagné au loto, *ça lui a coupé la chique.*

Siehe auch **être / rester baba, ça t'en bouche un coin, tu me la coupes, je n'en reviens pas.**

chocolat

(3) **être chocolat** (avoir été trompé, s'être fait avoir) ▸ reingelegt worden sein, dran sein

☞ Für einige Etymologen ist diese Redewendung auf das Hütchenspiel (auch Nussschalenspiel genannt) zurückzuführen: Die Komplizen des Betrügers stehen um ihn herum und gewinnen natürlich, um die Dummen anzulocken. Sie sind die Lockvögel, die den Betrug versüßen sollen: Sie machen die Schokolade (den Gewinn) und die Betrogenen sind *chocolat.* Für die meisten Etymologen handelt es sich bei *chocolat* jedoch um den schwarzen Partner eines Clowns im Nouveau-Cirque im Paris des 19. Jhs. Jedes Mal, wenn *Footit,* der weiße Clown, den schwarzen reingelegt hatte, sagte dieser mit betrübter Miene: *Je suis chocolat*! Gemeint war: Weil ich schwarz bin.

Si le douanier avait fouillé notre valise, on aurait *été chocolat.*

Siehe auch **l'avoir dans le baba / dans le cul / dans l'os, être le dindon de la farce, avoir été refait, être de la revue.**

choix

(3) **un choix cornélien** (un choix difficile, un dilemme) ▸ eine qualvolle Wahl sein, die Qual der Wahl haben

☞ In Corneilles Dramen (17. Jh.) stehen die Hauptfiguren oft vor einer schwierigen Wahl. So muss z. B. in *Le Cid* Rodrigue sich entweder für die Liebe zu Chimène entscheiden oder für seine Ehre, die ihm gebietet, den Vater seiner Geliebten zu töten, um den eigenen Vater zu rächen.

Aller en Italie ou en Espagne? Les deux m'attirent, mais c'est *un choix cornélien.*

chose

(2) **se sentir tout chose** (se sentir bizarre) ▸ sich nicht ganz auf dem Damm fühlen

Quand j'ai repris connaissance après l'accident, *je me sentais tout chose.*

Siehe auch **ne pas être dans son assiette, être mal barré, en baver, se faire de la bile, avoir le cafard, en voir de toutes les couleurs, être dans le / au creux de la vague, être dans le 36e dessous, être dans de beaux draps, broyer du noir, être dans la panade / le pétrin / la purée, ne pas tourner rond, du vague à l'âme.**

(3) **être porté sur la chose** (être un amateur de sexe) ▸ nur an das eine denken

Mon oncle a soixante-quinze ans, mais il est toujours *porté sur la chose.*

Siehe auch **tirer un coup, remettre le couvert, avoir le feu au cul, une partie de jambes en l'air, être un chaud lapin, une partie carrée, prendre son pied, croquer la pomme.**

chou (siehe auch choux)

(3) **on a fait chou blanc** (on n'a pas réussi notre coup) ▸ alles ist danebengegangen

☞ Wenn man beim Kegeln keinen einzigen Kegel umgeworfen hatte, war es ein *coup blanc*, im Dialekt des Berry *choup* ausgesprochen. Später nannte man auch einen Schuss mit Platzpatronen *coup blanc.*

On a essayé de persuader le ministre de la validité de notre plan, mais *on a fait chou blanc.*

Siehe auch **faire un bide, un coup d'épée dans l'eau, faire un four, ramasser une pelle, boire la tasse, l'affaire a tourné court, prendre une veste.**

C

choucroute

(3) **pédaler dans la choucroute** (ne pas avancer, par ex. dans une enquête) ▸ nicht vorankommen, auf dem Schlauch stehen | **choucroute** = Sauerkraut

L'enquête de la police n'a pas avancé d'un pas. En d'autres mots, elle *pédale dans la choucroute.*

choux (siehe auch chou)

(3) **en faire ses choux gras** (en faire son profit) ▸ Profit aus etwas ziehen | **les choux gras** = fetter Kohl

☞ Kohlgemüse aßen vor allem arme Leute. Wenn man nun etwas Fett als Zutaten hatte, war man schon besser dran. Man denke an *Das macht den Kohl auch nicht fett,* das zwar eine andere Bedeutung hat, dem jedoch das gleiche Bild zugrunde liegt.

Ce scandale, la presse va *en faire ses choux gras.*

chronique

(3) **défrayer la chronique** (faire parler de soi, souvent de façon scandaleuse) ▸ von sich reden machen

☞ *défrayer*, abgeleitet von *frais* (Unkosten), bedeutete zuerst ‚die Zeche anderer Leute bezahlen'. Später sagte man *défrayer la conversation*, d.h. für Konversation sorgen. Bis zur heutigen Bedeutung war es dann nur noch ein kleiner Schritt.

Le compte suisse du premier ministre *a défrayé la chronique* pendant des mois.

cigare

(1) **recevoir un coup sur le cigare** (recevoir un coup sur la tête) ▸ einen Schlag auf die Birne kriegen | **cigare** = (hier:) Kopf

Subitement *j'ai reçu un coup sur le cigare* et j'ai perdu connaissance.

cinéma

(1) **c'est du cinéma!** (c'est de la comédie, de la frime!) ▸ das ist alles Theater!

Ne t'occupe pas d'elle. Chaque fois qu'elle pleure, *c'est du cinéma*!

(1) **faire son cinéma** (faire des manières) ▸ eine Show abziehen

Quand il prend ses grands airs, tu ne vois pas qu'*il fait* à nouveau *son cinéma*?

C

cirage

(1) **être dans le cirage** (1. être presque totalement inconscient, 2. ne rien comprendre à ce qui se passe) ▸ 1. ganz weg sein, 2. nicht mehr durchblicken | **le cirage** = Schuhwichse ☞ Der Ursprung ist umstritten: Einige Etymologen meinen, dass den Arbeitern, die in schlecht belüfteten Wichsfabriken arbeiteten, manchmal schlecht wurde.

1. Lorsque je suis *sorti du cirage*, je ne savais plus où j'étais.

2. Je ne sais plus très bien ce que je dois faire, *je suis* complètement *dans le cirage.*

clair

(1) **tirer quelque chose au clair** (élucider quelque chose) ▸ etwas aufklären

Je ne sais pas encore ce qui s'est réellement passé, mais nous allons *tirer* ça *au clair.*

claque(s)

(1) **en avoir sa claque** (en avoir assez, ne plus rien pouvoir supporter) ▸ die Nase voll haben

☞ *claque* (Klatsch) ist das Geräusch, mit dem etwas Reis oder ein anderes Gericht auf den Teller fällt. Wenn man also einen Teller voll bekommen hat, hat man genug.

Je ne veux plus aller au cinéma, *j'en ai ma claque* de toutes ces publicités cachées!

Siehe auch **j'en ai jusque là, en avoir ras le bol, en avoir plein les bottes, en avoir plein le cul, en avoir plein le dos, en avoir marre, en avoir par-dessus la tête.**

(2) **prendre une de ces claques** (subir un échec écrasant) ▸ haushoch verlieren | **claque** = (hier:) eine Ohrfeige

On croyait gagner le match, mais *on a pris une de ces claques!*

classe

* *la* **classe!** ▸ Klasse!

clé

(2) **prendre la clé des champs** (s'enfuir) ▸ das Weite suchen
☞ Gemeint ist: Den Schlüssel nehmen, um das Tor zur Freiheit zu öffnen.

Quand le prisonnier a vu que le portail était resté ouvert, il n'a pas hésité et *a pris la clé des champs.*

(2) **mettre la clé sous la porte / sous le paillasson** (faire faillite) ▸ Bankrott machen
☞ Wörtlich: Den Schlüssel unter die Tür oder unter die Matte schieben. Man denkt dabei an den Besitzer der pleite gegangenen Firma, der die Tür hinter sich abschließt.

À cause du grand nombre de supermarchés, beaucoup de petits commerçants ont dû *mettre la clé sous la porte.*

clerc

(3) **il ne faut pas être grand clerc pour ...** (il ne faut pas être un grand expert pour ...) ▸ man muss kein großes Licht sein, um ... | **clerc** = Schreiber, Schriftgelehrter

Il ne faut pas être grand clerc pour voir que les propositions de l'opposition sont impayables.

cliques

(1) **prendre ses cliques et ses claques** (prendre toutes ses affaires et partir) ▸ seine Siebensachen packen und gehen
☞ In gewissen Dialekten waren *les cliques* die Beine und *claques* die Holzpatinen, die wegen des Geräusches, das sie beim Gehen machen, so genannt wurden.

Je ne veux plus te voir! *Prends tes cliques et tes claques* et va-t-en!

cloche(s)

(1) **c'est un autre son de cloche** (1. c'est une autre version, 2. une autre opinion) ▸ 1. das ist eine andere Version, 2. das sind ganz andere Töne

1. Je veux bien te croire, mais j'ai aussi entendu *un autre son de cloche.*

2. Du côté de Catherine Deneuve, c'est *un autre son de cloche:* elle trouve que dans l'affaire Polanski, la réaction a été très excessive.

(3) **se taper la cloche** (faire un bon repas) ▸ sich den Bauch voll schlagen
☞ *se taper* bedeutete früher ‚viel trinken', später, in *se taper un bon*

repas ‚viel und gut essen'. *La cloche* war manchmal auch der Kopf, z.B. in *pauvre cloche* (armer Trottel).

Dans les années vingt on pouvait à Paris *se taper la cloche* pour douze francs.

C

(3) **déménager à la cloche de bois** (partir en cachette sans payer) ▸ sich davon machen, ohne zu zahlen

☞ Man denkt hier an eine hölzerne Glocke, die weniger Lärm macht.

Comme on n'avait pas d'argent pour payer le loyer, *on a déménagé à la cloche de bois.*

Siehe auch **filer à l'anglaise, partir sans tambour ni trompette.**

(2) **sonner les cloches à quelqu'un** (réprimander fortement quelqu'un) ▸ jdn zusammenstauchen, jdm die Leviten lesen

☞ Man denkt hier zugleich an den Lärm, den große Glocken machen, und an den Schlag des Klöppels gegen die Glockenwand.

La première fois, je n'ai rien dit, mais quand le lendemain, il est de nouveau arrivé en retard, *je lui ai sonné les cloches.*

Siehe auch **remonter les bretelles à quelqu'un, moucher quelqu'un, frotter les oreilles de quelqu'un, voler dans les plumes de quelqu'un, secouer les puces à quelqu'un, passer un savon à quelqu'un, dire ses quatre vérités à quelqu'un, donner une volée de bois vert à quelqu'un.**

clou(s)

(1) **ne pas valoir un clou** (ne rien valoir) ▸ nichts wert sein

☞ Gemeint ist: Nicht mal so viel wert sein wie ein Nagel.

D'ici quelques années, les grosses voitures diesel *ne vaudront plus un clou.*

Siehe auch **de la crotte de bique, ça ne vaut pas un fifrelin, à la gomme, à la noix, ne pas valoir un pet de lapin, ne pas valoir tripette, ça ne vole pas très haut.**

(2) **enfoncer le clou** (continuer une action, persister) ▸ nicht nachlassen

☞ Wörtlich: Den Nagel tiefer einschlagen.

Notre équipe a gagné cette fois-ci, mais ça ne suffit pas, *il faut* maintenant *enfoncer le clou.*

(3) **un clou chasse l'autre** (un nouveau souci – ou un nouvel amour – en fait oublier le précédent) ▸ die eine (Sorge oder Liebschaft) geht, die andere kommt

☞ Wörtlich: Der eine Nagel treibt den vorigen hinaus.

Quand on a résolu un problème, on est déjà confronté au suivant: *un clou chasse l'autre.*

C

(3) **river son clou à quelqu'un** (réduire quelqu'un au silence par une réponse mordante) ▸ jdm das Maul stopfen | **river** = einschlagen
☞ Es ist, als ob man jdm den Mund zunageln wollte.
Il voulait de nouveau contester ma décision, mais *je lui ai rivé son clou.*

Siehe auch **clouer le bec à quelqu'un, moucher quelqu'un, couper le sifflet à quelqu'un.**

(1) **des clous!** (rien! non!) ▸ denkste!
☞ Gemeint ist, dass man höchstens bereit ist, etwas Wertloses, wie einen Nagel, zu geben. Einige Etymologen denken an einen sumerischen Ursprung: Die Sumerer schrieben die Null mit zwei Keilen, die wie Nägel aussehen.
Moi, te prêter 1.000 euros? *Des clous*!

Siehe auch **tu peux te l'accrocher, tu peux te brosser, tu peux toujours courir, que dalle, des nèfles, tu auras peau de balle.**

(2) **être dans les clous** (respecter les règles) ▸ sich an die Regeln halten, im grünen Bereich sein
☞ Man denkt an die Nägel, die früher die Stelle markierten, an der Fußgänger die Straße überqueren konnten (*passage clouté*).
Je pense qu'avec ce projet, *on est* toujours *dans les clous.*

coche

(1) **louper / rater le coche** (laisser passer l'occasion) ▸ die Gelegenheit verpassen | *le coche* = die Kutsche
Je voulais me marier, mais maintenant que j'ai 50 ans, je crois que *j'ai raté le coche.*

cochon

(1) **mon cochon!** (mon cher ami!) ▸ Mensch!
☞ Eine Antiphrase, denn *cochon* hat hier eine positive Bedeutung.
Tu repars en vacances? Ben, *mon cochon*, tu ne te refuses rien!

Siehe auch **mon salaud.**

(2) **cochon qui s'en dédit!** (parole d'honneur!) ▸ Ehrenwort!
☞ Wörtlich: Wer sein Ehrenwort widerruft, ist ein Schwein.
Tout le monde a promis d'être là pour l'anniversaire de notre ami, *cochon qui s'en dédit*!

cœur(s)

C

(1) **j'en ai gros sur le cœur** (je suis très triste, je suis fort dépité) ▸ mir ist das Herz schwer

☞ Gemeint ist, dass eine große Last auf jds Herz liegt.

J'en ai gros sur le cœur, parce que, habitant à 6.000 km, je ne pourrai pas assister à l'enterrement de mon père.

Siehe auch **ne pas être dans son assiette, être mal barré, en baver, se faire de la bile, avoir le cafard, être dans le / au creux de la vague, être dans le 36e dessous, être dans de beaux draps, broyer du noir, être dans la panade / le pétrin / la purée, ne pas tourner rond, du vague à l'âme.**

(1) **si le cœur vous en dit** (si vous en avez envie) ▸ wenn sie Lust haben

Si le cœur vous en dit, nous pouvons réaliser ce projet ensemble.

(1) **faire le joli cœur** (essayer de séduire une femme) ▸ Süßholz raspeln

Arrête un peu de *faire le joli cœur* auprès de ma femme!

Siehe auch **faire du charme à quelqu'un, conter fleurette à quelqu'un, faire du genou à quelqu'un, faire du gringue à quelqu'un, faire de l'œil à quelqu'un, faire du pied à quelqu'un, faire du plat à quelqu'un, avoir une touche.**

(2) **en avoir le cœur net** (savoir à quoi s'en tenir) ▸ wissen, woran man ist

☞ Mit *le cœur net* ist ein reines Herz ohne Zweifel gemeint.

Tu me dis qu'on peut lui faire confiance, mais je veux *en avoir le cœur net.*

(2) **avoir le cœur sur la main** (être généreux) ▸ sehr großzügig sein

☞ Gemeint ist, dass man sogar bereit wäre, sein Herz zu geben.

Lui, avare? Pas du tout, *il a le cœur sur la main!*

(2) **s'en donner à cœur joie** (faire quelque chose avec plaisir) ▸ etwas nach Herzenslust tun

☞ Gemeint ist *avec la joie au cœur.*

À l'époque, les caricaturistes *s'en sont donnés à cœur joie* avec les caricatures de Mahomet.

(2) **avoir mal au cœur** (avoir la nausée) ▸ Übelkeit empfinden | **le cœur** = (hier:) der Magen

Je n'irai plus jamais sur cette attraction foraine, cela m'a donné *mal au cœur.*

(3) **avoir un cœur d'artichaut** (être volage) ▸ sein Herz leicht verschenken

☞ Wörtlich: Ein Herz wie eine Artischoke haben, die fast nur aus Blättern besteht, ein Blatt für jede(n) Geliebte(n).

Je ne crois pas qu'elle te sera longtemps fidèle, car elle a *un cœur d'artichaut.*

(3) **avoir le cœur qui bat la chamade** (avoir le cœur qui bat fort à cause d'une grande attirance pour quelqu'un) ▸ Herzklopfen haben, weil man sich plötzlich zu jdm hingezogen fühlt

☞ *la chamade* war der Trommelschlag, mit dem man dem Gegner signalisierte, dass man sich ergeben wollte.

Chaque fois que je la voyais, *mon cœur battait la chamade.*

(3) **ça me soulève le cœur** (j'en ai la nausée) ▸ da dreht sich mir der Magen um | **nausée** = Übelkeit

Je ne supporte pas la vue d'un chat écrasé, *ça me soulève le cœur.*

(3) **avoir le cœur à l'ouvrage** (travailler avec goût et ardeur) ▸ mit Leib und Seele bei der Sache sein

Il ne travaille peut-être pas très vite, mais au moins *il a le cœur à l'ouvrage.*

(3) **mettre du cœur au ventre de quelqu'un** (lui donner du courage) ▸ jdm Mut machen

☞ *cœur* steht hier für *courage* und *ventre* für den ganzen Körper.

Il ne faut pas le laisser seul maintenant, mais au contraire, lui *mettre du cœur au ventre.*

(3) **avoir le cœur bien accroché** (être capable de supporter pas mal de choses) ▸ einiges verkraften können

Il faut *avoir le cœur bien accroché* pour supporter la vue d'un cadavre en putréfaction.

(3) **haut les cœurs!** (courage!) ▸ Kopf hoch!

☞ Das Herz wurde schon immer mit dem Mut assoziiert; man denke an *sich ein Herz fassen.*

Ne nous décourageons pas! *Haut les cœurs*!

coiffer

(2) **coiffer quelqu'un au poteau** (dépasser quelqu'un sur la ligne d'arrivée) ▸ jdn um Haaresbreite schlagen | **le poteau** = der Zielpfahl

Je croyais gagner la course, mais *j'ai été coiffé au poteau* par mon adversaire.

coin

* *soulever* **un** *coin* **du voile** ▸ einen *Zipfel* des Schleiers *lüften*

(1) **le petit coin** (les w.-c.) ▸ das stille Örtchen
Où est Jean? – Je crois qu'il est *au petit coin.*

(1) **il est du coin** (il habite par ici) ▸ er ist von hier
Demande un peu l'adresse à cet homme-là, *il est* sûrement *du coin!*

(2) **ça t'en bouche un coin!** (ça t'étonne, ça t'épate!) ▸ da staunste, was!
☞ Die erste Bedeutung dieser Redewendung war *rendre quelqu'un muet d'étonnement* (jdn sprachlos machen). Wörtlich: Jdm das Maul stopfen. *Le coin* ist dann der Mundwinkel.
Que ce vieux garçon invétéré se soit finalement marié, *ça t'en bouche un coin*, n'est-ce pas?

Siehe auch **rester baba, cela lui a coupé la chique, tu me la coupes, je n'en reviens pas.**

(2) **regarder du coin de l'œil** (regarder discrètement) ▸ herüberschielen
Il croyait que je n'avais pas vu qu'il m'observait *du coin de l'œil.*

(3) **être frappé du coin du bon sens** (être plein de bon sens) ▸ von gesundem Menschenverstand geprägt
☞ Geprägte Geldstücke hießen *des coins*; man denke an das Englische *coin.*
Je trouve que les propositions de l'opposition sont *frappées du coin du bon sens.*

col

(1) **un col bleu** (un ouvrier) ▸ ein Arbeiter
☞ Wörtlich: Ein blauer Kragen; gemeint ist der Arbeitsanzug.
Les cols *bleus* vont se mettre en grève.

(1) **un col blanc** (un employé) ▸ ein Angestellter
Il est presque impossible pour un col bleu de devenir *un col blanc.*

colère

(2) **piquer une colère** (se fâcher brusquement) ▸ einen Wutausbruch haben
Lorsqu'on lui dit que sa secrétaire était partie chez la concurrence, le patron *a piqué une colère* qu'on n'oubliera pas de sitôt.

Siehe auch **n'écouter que sa colère, sortir de ses gonds, et merde, la moutarde me monte au nez, se mettre en pétard, grimper aux rideaux, mon sang n'a fait qu'un tour, faire une sortie contre quelqu'un, être soupe au lait, avoir la tête près du bonnet.**

C

(3) **n'écouter que sa colère** (se laisser conduire par sa colère) ▸ sich von seinem Zorn leiten lassen

Mon père *n'écouta que sa colère* et commença à gifler le garçon qui m'avait frappé.

Siehe auch **piquer une colère, sortir de ses gonds, et merde, la moutarde me monte au nez, se mettre en pétard, grimper aux rideaux, mon sang n'a fait qu'un tour, faire une sortie contre quelqu'un, être soupe au lait, avoir la tête près du bonnet.**

colle

(3) **faites chauffer la colle!** (se dit ironiquement quand quelque chose vient de se casser) ▸ da hat's gescheppert!

J'ai entendu un bris de glace dans la cuisine, *faites chauffer la colle*!

collet

(2) **prendre quelqu'un au collet** (l'arrêter) ▸ jdn am Schlafittchen packen

☞ *collet* steht hier für *col* (Kragen).

Le policier *prit* le voleur *au collet* et l'amena au commissariat.

Siehe auch **mettre la main au collet de quelqu'un.**

(3) **être très collet monté** (être très à cheval sur les formes) ▸ sehr auf Formen bedacht sein

☞ *collet* ist die frühere Form von *col.* Unter Ludwig XIII. war dies ein hoher Spitzenkragen, der von älteren Damen getragen wurde. Diese galten als traditionsbewusster und mehr auf Formen bedacht als die jüngere Generation.

Tu devrais mettre une cravate, le patron *est très collet monté.*

collimateur

(2) **avoir quelqu'un dans le collimateur / être dans le collimateur de quelqu'un** (surveiller quelqu'un de près / être surveillé de près) ▸ jdn im Visier haben / in jds Visier sein.

Je sais que *la* police *m'a* depuis longtemps *dans le collimateur.*

Siehe auch **un coup de semonce.**

C

comme

(1) **c'est tout comme!** (c'est la même chose!) ▸ das läuft auf dasselbe hinaus!

Il n'est pas encore mort, mais *c'est tout comme*!

Siehe auch **c'est bonnet blanc et blanc bonnet, c'est kif-kif, ça se vaut.**

comment

(1) **mais comment donc!** (comment peux-tu en douter?) ▸ aber sicher!

Je peux venir te voir? – *Mais comment donc*!

compagnie

(2) **fausser compagnie à quelqu'un** (quitter quelqu'un brusquement, sans prévenir) ▸ jdn einfach stehen lassen

☞ Ursprünglich sagte man *jouer à la fausse compagnie*, also eigentlich: Diejenigen verraten, denen man Gesellschaft leisten sollte.

On croyait pouvoir compter sur lui, mais au dernier moment, *il nous a faussé compagnie.*

Siehe auch **filer à l'anglaise, déménager à la cloche de bois.**

compas

(3) **avoir un compas dans l'œil** (savoir évaluer correctement, à l'œil, une distance, une dimension) ▸ ein gutes Augenmaß haben

☞ Wörtlich: Einen Zirkel im Auge haben. Wenn man eine Entfernung mit dem bloßen Auge schätzen konnte, brauchte man keinen Zirkel, um eine Seekarte zu zeichnen. Nicht zu verwechseln mit dem „falschen Freund" Kompass (*la boussole*).

S'il te dit *que* cette ligne est droite, tu peux le croire, *il a un compas dans l'œil.*

comprendre

(2) **n'y comprendre goutte** (ne rien comprendre à quelque chose) ▸ kein Wort von etwas verstehen

☞ *goutte* (Tropfen) steht hier für eine kleine Menge; gemeint ist: *même pas une goutte.*

J'ai beau lire et relire cette thèse, *je n'y comprends goutte.*

C

compte

(1) **avoir son compte!** (1. être à bout de forces, 2. être mort, 3. être ivre) ▸ 1. nicht mehr können, 2. hinüber sein, 3. betrunken sein

1. Après *10* km de marche, je n'en pouvais plus, *j'avais mon compte.*

2. Inutile de tirer encore sur ce sanglier, *il a son compte.*

3. Non, *je* ne te sers plus à boire, *tu as ton compte.*

Siehe auch (zu 3.) **en tenir une bonne, avoir un coup dans l'aile, avoir un coup dans le nez, s'en jeter un derrière la cravate, avoir la dalle / le gosier en pente, avoir un verre dans le nez.**

(1) **tout compte fait** (si on tient compte de tout) ▸ alles in allem

Tout compte fait, cet hôtel n'est pas si mauvais que ça!

(1) **tu es loin du compte** (là, tu te trompes fort!) ▸ da irrst du dich gewaltig!

☞ Gemeint ist *loin du compte exact.*

Si tu *crois* que tous les membres ont payé leur cotisation, *tu es loin du compte*!

Siehe auch **avoir la berlue, se monter le bourrichon, se tromper dans les grandes largeurs, se mettre le doigt dans l'œil, être à côté de la plaque, faire fausse route.**

(1) **s'en tirer à bon compte** (s'en tirer sans trop de dommage) ▸ noch billig davonkommen

☞ Gemeint ist *un compte pas trop cher.*

Ne te plains pas trop! Je trouve que *tu t'en tires* encore *à bon compte!*

(1) **son compte est bon!** (il va passer un mauvais quart d'heure!) ▸ er ist reif! Jetzt bekommt er, was ihm zusteht!

☞ Wörtlich: Seine Rechnung ist richtig ausgestellt.

C'est la troisième fois que je dois te faire la même remarque, *ton compte est bon*!

(1) **avoir un compte à régler avec quelqu'un** (être en droit de demander des comptes à quelqu'un qui vous a fait du tort) ▸ mit jdm ein Hühnchen zu rupfen haben

☞ Wörtlich: Eine Rechnung zu begleichen haben.

Je suis content que le président sera présent, car *j'ai* encore *un compte à régler avec lui.*

(1) **à ce compte-là ...** (dans ces conditions ...) ▸ wenn das so weitergeht ...

Tu ne travailles que deux heures par jour. *À ce compte-là* tu ne finiras jamais ta thèse!

(3) **un compte d'apothicaire** (un compte très compliqué ou mesquin) ▸ eine kleinliche Rechnerei

☞ Im 19. Jh. hat *pharmacien* '*apothicaire*' ersetzt. Dieser verkaufte nicht nur Arzneimittel, sondern auch allerlei Gewürze, die in kleinen Mengen gekauft wurden und Anlass zu komplizierten Rechnungen gaben.

L'UE devra faire *des comptes d'apothicaire* pour calculer le nombre de réfugiés que chaque pays devra accueillir.

compter

(1) **compte là-dessus!** (n'y compte surtout pas!) ▸ da kannst du lange warten!

☞ Eine Antiphrase.

J'espère que tu feras une donation généreuse à notre club de tennis! - *Compte là-dessus*!

compteurs

(2) **remettre les compteurs à zéro** (repartir depuis le début sans ressentiments) ▸ einen Neuanfang machen

☞ *les compteurs* sind die Zähler.

Oublions les querelles du passé et *remettons les compteurs à zéro*!

Siehe auch **revenir à la case départ.**

concert

(2) **de concert** (ensemble, conjointement) ▸ in gegenseitigem Einvernehmen

☞ *concert* ist hier abgeleitet von *se concerter* (sich abstimmen).

Il faut agir *de concert* avec les autres membres de notre association.

Siehe auch **de conserve.**

connaissance

(2) **en connaissance de cause** (en connaissance des faits) ▸ in Kenntnis der Sachlage | **cause** = (hier:) Situation

J'ai pris cette décision *en connaissance de cause.*

connaître

(2) **je ne connais que lui!** (bien sûr que je le connais! [souvent dans un sens négatif]) ▸ und ob ich den kenne!

Vous connaissez l'accusé? – *Je ne connais que lui*!

(2) **connaître son monde** (savoir à qui on a affaire / à faire) ▸ seine Pappenheimer kennen

Tu n'as pas besoin de lui faire un dessin, *il connaît son monde!*

(2) ne connaître ni d'Eve ni d'Adam (ne pas connaître du tout) ▸ überhaupt nicht kennen.

Cet homme, monsieur le juge, *je ne le connais ni d'Eve ni d'Adam*!

conserve

(3) **de conserve (ensemble, conjointement)** ▸ zusammen

☞ Aus der Seemannssprache: Im 16. Jh., als die Meere von Piraten heimgesucht wurden, fuhren viele Schiffe, um sich gegenseitig Schutz zu bieten, *de conserve*, d. h. im Konvoi. *Conserve* ist aus *instinct de conservation* (Selbsterhaltungstrieb) entstanden.

La commémoration se fera *de conserve* avec tous les autres partis.

Siehe auch **de concert.**

conter

(3) **ne pas s'en laisser conter** (ne pas se laisser tromper) ▸ sich nichts vormachen lassen

☞ Wörtlich: Sich keine Märchen erzählen lassen.

Inutile d'essayer de le convaincre, *il ne s'en laissera pas conter* par toi!

Siehe auch **balader quelqu'un, mener quelqu'un en bateau, monter un bateau à quelqu'un, mettre quelqu'un en boîte, rouler quelqu'un dans la farine, jouer au plus fin avec quelqu'un, faire des pieds de nez à quelqu'un, jouer avec les pieds de quelqu'un, jeter de la poudre aux yeux, se payer la tête de quelqu'un, faire prendre à quelqu'un des vessies pour des lanternes.**

converti

(2) **prêcher un converti** (essayer de convaincre quelqu'un qui est déjà convaincu) ▸ offene Türen einrennen

☞ Wörtlich: Versuchen, jdn zu bekehren, der schon bekehrt ist.

Ne me répète pas dix fois la même chose, *tu prêches un converti!*

C

cool

(1) **cool, Raoul!** (ne nous énervons pas!) ▸ immer mit der Ruhe!

☞ Der Vorname Raoul ist nur des Reimes wegen zugefügt.

Je vais me le payer celui-là! – *Cool, Raoul!*

Siehe auch **à l'aise Blaise, tu parles Charles, un peu mon neveu, relax Max.**

copains

(2) **être copains comme cochons** (être très amis) ▸ dicke Freunde sein

☞ *cochon* hat hier nichts mit einem Schwein zu tun, wohl aber mit dem früheren *soçon/chochon*, das Kamerad, Kumpel bedeutete.

Ton frère et mon frère s'entendent très bien; je dirais même qu'*ils sont copains comme cochons.*

Siehe auch **ils sont comme cul et chemise, ils sont comme les deux doigts de la main, les deux font la paire, avoir partie liée.**

copie

(2) **revoir sa copie** (modifier quelque chose pour l'améliorer) ▸ ein Projekt überarbeiten, seine Hausaufgaben noch einmal machen.

Sous la pression de l'opposition, le gouvernement va *revoir sa copie* sur les pensions de retraite.

coq

(2) **passer / sauter du coq à l'âne** (passer d'un sujet à l'autre sans transition) ▸ von einem Thema zum anderen springen

☞ *sauter* ist verwandt mit *saillir* (ein Tier decken). Noch im 13. Jh. bedeutete *ane* Ente. Das hat man später mit *âne* (Esel) verwechselt. Es handelt sich also ursprünglich wahrscheinlich um das „Versehen" des Hahnes, der eine Ente decken will. Man denke an *Irren ist menschlich, sagte der Hahn und stieg von der Ente.*

D'abord, il vous parle de ses parents, puis de la situation en Syrie, puis de la 2e guerre mondiale et ainsi *il saute* tout le temps *du coq à l'âne.*

(3) **être comme un coq en pâte** (être bien soigné, mener une existence confortable) ▸ wie die Made im Speck sein, leben wie Gott in Frankreich

☞ Man denkt hier an ein Luxusgericht wie Pastete.

Ne te plains pas! *Tu es comme un coq en pâte!*

Siehe auch **se la couler douce, couler des jours heureux, mener une vie de père peinard.**

C

coqueluche

(3) **être la coqueluche de quelqu'un** (être le favori de quelqu'un) ▸ jds Liebling sein

☞ Der Zusammenhang dieser Redewendung mit der anderen Bedeutung von *coqueluche* (Keuchhusten) stammt aus dem 15. Jh.: Um sich vor einer Erkältung zu schützen, die zu einem Keuchhusten führen konnte, zog man sich eine Kapuze über den Kopf. Damals bedeutete *être coiffé* nicht nur den Kopf bedeckt haben, sondern auch in jdn verknallt sein.

Casanova était *la coqueluche* de ces dames.

coquille

(2) **rentrer dans sa coquille** (se replier sur soi-même) ▸ sich in sein Schneckenhaus zurückziehen

☞ *coquille* bezieht sich nicht nur auf Schnecken, sondern auch auf andere Tiere, wie z. B. auf Austern oder Muscheln; *coquille d'œuf* ist die Eierschale.

Si tu lui fais le moindre reproche, *il rentrera dans sa coquille* et ne dira plus un mot.

cor

(3) **à cor et à cri** (à grand bruit) ▸ lauthals

☞ Aus der Jägersprache: Das Wild wurde mit Horngeschall und Geschrei aufgeschreckt.

Les ouvriers sont venus réclamer *à cor et à cri* une augmentation de salaire.

corde(s)

(2) **toucher la corde sensible** (toucher ce qui est vulnérable chez quelqu'un) ▸ den wunden Punkt berühren | **corde** = (hier:) Nerv

Il est fâché, parce qu'en lui disant ça, tu as *touché sa corde sensible.*

(2) **tirer sur la corde** (abuser de la patience de quelqu'un, exagérer) ▸ jds Geduld strapazieren, übertreiben

☞ Aus *si on tire trop sur la corde, elle peut casser.*

Si *tu tires* trop *sur la corde*, je ne te donnerai plus rien.

Siehe auch **comme vous y allez, y aller fort, charrier dans les bégonias, dépasser les bornes, pousser le bouchon un peu loin, ça commence à bien faire, tirer sur la ficelle, être gonflé, faut pas pousser grand-mère dans les orties, ne pas manquer de souffle.**

C

(2) **être sur la / faire de la corde raide** (être dans une situation critique) ▸ sich in einer kritischen Lage befinden

☞ Man denkt an den Seiltänzer auf dem gespannten Seil.

Depuis quelques années déjà, notre entreprise *fait de la corde raide.*

(3) **avoir la corde au cou** (être dans une situation difficile) ▸ in einer misslichen Lage sein

☞ Diese Redewendung bezog sich ursprünglich auf die Situation von Gefangenen, denen man einen Strick um den Hals gelegt hatte.

J'avais tellement *la corde au cou* que j'ai failli me suicider.

(3) **se mettre la corde au cou** (1. se mettre dans une situation périlleuse, 2. se marier) ▸ 1. sich in eine missliche Lage begeben, 2. sich ins Ehejoch begeben

1. C'est nous qui avons élu ce gouvernement, donc, nous nous sommes nous-mêmes *mis la corde au cou.*

2. Depuis que *Jean s'est mis la corde au cou*, on ne le voit plus au café.

(3) **usé jusqu'à la corde** (tout à fait usé) ▸ völlig abgenutzt | **la corde** = (hier:) Faden

☞ Man denke an *fadenscheinig.*

On n'achèterait pas un nouveau tapis? Celui-ci est *usé jusqu'à la corde.*

Ton argument n'a plus aucune valeur, il est *usé jusqu'à la corde.*

(3) **tenir la corde** (avoir l'avantage sur d'autres candidats) ▸ gegenüber anderen Kandidaten im Vorteil sein

☞ *tenir la corde* bedeutet im Laufsport auf der Innenbahn laufen, die von einem Seil begrenzt ist und wo der Abstand zum Ziel kürzer ist als auf den Außenbahnen.

Cet entraîneur *tient la corde* pour diriger l'équipe nationale.

* **il pleut des** *cordes* ▸ es regent *Bindfäden.*

(2) **être dans les cordes de quelqu'un** (être dans les compétences de quelqu'un) ▸ jds Gebiet sein

☞ *les cordes* sind hier nicht die Saiten einer Geige, sondern *les cordes vocales*, die Stimmbänder. Ursprünglich bedeutete diese Redewendung, dass ein(e) Sänger(in) sehr hohe Noten singen konnte.

Je crois que diriger cette entreprise *est* tout à fait *dans mes cordes.*

(3) **avoir plusieurs cordes à son arc** (disposer de plusieurs façons pour atteindre un objectif) ▸ mehrere Eisen im Feuer haben, mehrere Pfeile im Köcher haben

C

☞ Wörtlich: Mehrere Sehnen auf dem Bogen haben.

Au 21e siècle, un seul diplôme ne suffit plus. Il faut *avoir plusieurs cordes à son arc.*

Siehe auch **avoir plus d'un tour dans son sac.**

cordon-bleu

(2) **un cordon-bleu** (un cuisinier / une cuisinière très habile) ▸ ein fabelhafter Koch, eine fabelhafte Köchin

☞ Im 16. Jh. war der *cordon bleu* der höchste französische Orden. Träger dieses Ordens versammelten sich manchmal zu einem Festessen, das dann *un repas de cordons bleus* genannt wurde.

Le repas était excellent! Ta femme est *un* véritable *cordon bleu!*

corneilles

(3) **bayer aux corneilles** (regarder niaisement en l'air; ne rien faire) ▸ Maulaffen feilhalten

☞ *bayer*, das nur noch in dieser Redewendung vorkommt, bedeutete ‚mit offenem Mund dastehen'. *Les corneilles* sind die (davonfliegenden) Krähen.

Tout le monde est au travail et toi, tu es là à *bayer aux corneilles!*

corne(s)

* **la corne** ***d'abondance*** ▸ das *Füll*horn.

* *porter* **des cornes** ▸ Hörner *aufgesetzt kriegen.*

corps

(2) **prendre corps** (commencer à exister) ▸ Gestalt annehmen

Je trouve que notre projet commence lentement à *prendre corps.*

(2) **à corps perdu** (sans se ménager, impétueusement) ▸ mit Leib und Seele, blindlings

☞ So, als ob man bereit wäre, sein Leben dabei zu verlieren.

Mon frère s'est lancé *à corps perdu* dans cette affaire.

(3) **à son corps défendant** (à contrecœur, malgré soi) ▸ widerwillig, ungern

☞ Ursprünglich bedeutete diese Redewendung, dass man sich aus

Notwehr gegen einen Angriff wehrte. Wenn man den Gegner dann verletzte, dann geschah das nicht absichtlich. Man wollte sich ja nur verteidigen.

J'ai bien donné mon accord, mais *à mon corps défendant.*

corser (se)

(1) **ça se corse** (ça se complique; ça devient plus délicat) ▸ es wird schwieriger

☞ *corser* ist aus *corps* (Körper) entstanden. Man meint also *donner du corps à quelque chose*, d.h. etwas mehr Kraft geben, etwas intensiver machen.

D'abord c'était facile, mais maintenant, la situation *se corse.*

cote

(2) **avoir la cote** (être très demandé, très estimé) ▸ hoch im Kurs stehen

☞ Wörtlich: Eine hohe Kursnotierung haben.

De nos jours, les informaticiens *ont la cote.*

côté

(3) **côté cour / côté jardin** (à droite / à gauche au théâtre) ▸ rechts/links (im Theater), vom Zuschauer aus gesehen; einerseits ... andererseits

Les agriculteurs possèdent souvent des terrains qui valent parfois très cher. Voilà pour *le côté cour*, mais *côté jardin*, leur vie n'est pas très rose.

coton

(2) **c'est coton** (c'est difficile, pénible) ▸ das ist schwierig, knifflig

☞ Man denkt hier an das schwierige Bearbeiten der Baumwolle.

Quand on n'a pas de diplôme, trouver un emploi, *c'est coton.*

Siehe auch **c'est la croix et la bannière, c'est la galère, ce n'est pas une sinécure, ce n'est pas de la tarte.**

(2) **filer un mauvais coton** (1. être en mauvaise santé, 2. se trouver dans une situation très difficile, 3. être sur la mauvaise pente) ▸ 1. kränkeln, 2. ein Tief haben, 3. auf die schiefe Bahn geraten

☞ Im 17. Jh. bedeutete *jeter un vilain coton* (einen schlechten, d.h. verschlissenen Baumwollstoff wegwerfen) sich ruinieren. Später sagte man dann *filer* (spinnen) statt *jeter.*

1. Je trouve que papa a l'air malade. *Il file* sûrement *un mauvais coton.*

2. Pour le moment, notre entreprise *file un mauvais coton.*

3. Depuis que notre fils fréquente ces gens-là, *il file un mauvais coton.*

C

coucheur

(3) **un mauvais coucheur** (une personne au caractère difficile) ▸ ein alter Meckerfritze

☞ Früher schliefen in einer Herberge oft mehrere Leute in einem Bett. Wenn einer davon ein *mauvais coucheur* war, d. h. jemand, der unruhig schlief oder das Laken an sich riss, hatte man Pech gehabt.

Je n'aime pas ton ami, c'est *un mauvais coucheur.*

coude (siehe auch coudes)

(1) **coude à coude** (côté à côté, en étant très solidaires) ▸ Seite an Seite

Dans notre entreprise, nous avons toujours travaillé *coude à coude.*

(1) **lever le coude** (boire de l'alcool) ▸ einen heben

Ne lui demande pas de travailler! La seule chose qu'il sait faire, c'est *lever le coude*!

(3) **ne pas se moucher du coude** (être très prétentieux) ▸ sich für etwas Besseres/Besonderes halten

☞ Früher schnäutzen sich die Armen auf den Ärmel (*le coude*). Betuchte Leute hatten ein Taschentuch.

Dans un garage Jaguar, *on ne se mouche pas du coude*: les prix sont très élevés et on doit se mettre à genoux, pour qu'ils daignent réparer votre voiture - six semaines plus tard!

Siehe auch **se croire sorti de la cuisse de Jupiter, le prendre de haut, ne pas se moucher du pied, le roi n'est pas son cousin, avoir la grosse tête.**

(3) **garder / avoir quelque chose sous le coude** (avoir encore quelque chose en attente, avoir encore un as) ▸ etwas in der Hinterhand halten/haben | **le coude** = Ellbogen

Je n'ai pas encore joué toutes mes cartes. *J'ai* encore quelque chose *sous le coude.*

coudées

(2) **avoir les coudées franches** (avoir une entière liberté d'action) ▸ freies Spiel haben | **la coudée** = Elle

☞ Es sind jedoch die Ellbogen gemeint. Wörtlich: Seine Ellbogen frei bewegen können.

Je veux bien participer au projet, mais je dois *avoir les coudées franches.*

C

coudes (siehe auch coude)

* *jouer* **des coudes** ▸ die Ellbogen *gebrauchen*

(1) **se serrer les coudes** (s'entraider) ▸ zusammenhalten

Dans cette situation difficile, nous devons *nous serrer les coudes.*

couilles

(1) **casser les couilles à quelqu'un** (vulg.) (énerver quelqu'un) ▸ jdm auf den Wecker gehen | **les couilles** = Eier, Hoden

Ton ami, je ne veux plus le voir! *Il me casse les couilles!*

Siehe auch **tu me pompes l'air, mettre quelqu'un en boule, courir sur le haricot, casser les oreilles à quelqu'un, chauffer les oreilles à quelqu'un, casser les pieds à quelqu'un, tu me tapes sur le système, il me sort par les yeux.**

couler

(1) **couler à pic** (couler très rapidement) ▸ ganz plötzlich versinken | **à pic** = senkrecht

À cause des vagues énormes, le navire *a coulé à pic* avec tous les hommes à bord.

(2) **se la couler douce** (mener une vie agréable, sans problèmes) ▸ eine ruhige Kugel schieben

☞ Gemeint ist *couler une vie douce.*

Nous travaillons jour et nuit et toi, *tu te la coules douce*!

Siehe auch **être comme un coq en pâte, couler des jours heureux, mener une vie de père peinard.**

couleur(s)

(1) **annoncer la couleur** (dire quelles sont ses intentions) ▸ Farbe bekennen

☞ Aus dem Kartenspiel.

Le président *a annoncé la couleur:* il ne tolèrera aucun vote contre le projet de loi.

(2) **ne pas voir la couleur de quelque chose** (être privé de quelque chose, alors qu'on comptait dessus) ▸ etwas nicht zu Gesicht bekommen, obwohl man damit gerechnet hatte

Il me doit encore 5.000 euros, mais *je n'en verrai jamais la couleur.*

(2) **haut en couleur** (pittoresque, original) ▸ äußerst originell

Ce n'était pas un pâle type, mais au contraire, un personnage *haut en couleur.*

(3) **sous couleur de ...** (sous prétexte que ...) ▸ unter dem Anstrich von ...

Sous couleur de plaisanterie, il racontait des blagues racistes.

(1) **en voir de toutes les couleurs** (subir beaucoup d'épreuves) ▸ allerhand mitmachen

Je n'ai pas eu une vie facile, au contraire, *j'en ai vu de toutes les couleurs!*

Siehe auch **en baver, être dans la mouise / la panade / le pétrin / la purée.**

(1) **en faire voir à quelqu'un de toutes les couleurs** (rendre à quelqu'un la vie difficile) ▸ jdm das Leben schwer machen

Je ne suis pas mécontent d'être débarrassé de lui, car *il m'en a fait voir de toutes les couleurs.*

Siehe auch **donner du fil à retordre à quelqu'un.**

(3) **amener les couleurs** (abaisser le pavillon d'un navire en signe de reddition) ▸ die Flagge einholen

Quand le capitaine vit que les pirates étaient plus nombreux que son équipage, il demanda qu'on *amène les couleurs.*

couleuvres

(2) **avaler des couleuvres** (1. subir des affronts sans réagir, 2. être crédule) ▸ 1. Beleidigungen einstecken müssen, 2. naiv sein, alles schlucken

☞ *une couleuvre* (Natter) bedeutete auch eine unangenehme Anspielung.

1. Comme il avait absolument besoin de ce travail, il était prêt à *avaler toutes les couleuvres.*

2. Il t'a raconté cette histoire absurde et *tu as avalé cette couleuvre?*

coulpe

(3) **battre sa coulpe** (exprimer son regret) ▸ sich an die Brust schlagen, Reue empfinden

☞ Das veraltete *coulpe* (Schuld) findet man noch in *culpabilité.* Ursprünglich bedeutete diese Redewendung, dass man sich dreimal auf die Brust schlug und dabei sagte: *mea culpa, mea culpa, mea maxima culpa.*

Tout ça est de ta faute et tu peux bien *battre ta coulpe*!

C

coup (siehe auch coups)

* **un coup *d'épée* dans l'eau** ▸ ein Schlag ins Wasser

(1) **au coup par coup** (selon chaque circonstance qui se présente) ▸ von Fall zu Fall

Il n'y aura pas de mesure générale, on décidera *au coup par coup.*

(1) **du coup** (en conséquence de quoi) ▸ deshalb

L'avion de Paris avait du retard et *du coup*, j'ai raté la correspondance pour San Francisco.

(1) **pour le coup** (en ce qui concerne cet évènement) ▸ diesmal

☞ Gemeint ist: *ce coup-ci.*

Je l'ai toujours soutenu, mais *pour le coup,* il ne peut pas compter sur mon aide.

(1) **sur le coup** (au moment même) ▸ im ersten Moment

Je ne l'avais pas vu depuis vingt ans et donc, *sur le coup*, je ne l'ai pas reconnu.

(1) **tenter le coup** (risquer quelque chose) ▸ es auf einen Versuch ankommen lassen

On ne sait pas si on va réussir, mais cela vaut la peine de *tenter le coup.*

(1) **valoir le coup** (valoir la peine) ▸ sich lohnen

Même si on n'est pas sûr de réussir, cela vaut le coup d'essayer.

(1) **un coup bas** (un coup en dessous de la ceinture) ▸ ein Schlag unter die Gürtellinie, ein schmutziger Trick

Cette accusation était *un coup bas* de mes adversaires.

(1) **un coup d'essai** (une première action) ▸ ein erster Versuch

On a échoué cette fois-ci, mais ce n'était qu'*un coup d'essai.*

(1) **un coup fumant** (un coup bien réussi) ▸ ein echtes Meisterstück

En battant le no 1 mondial, ce joueur a réussi *un coup fumant.*

C

(1) **un coup monté** (une action malveillante préparée en secret) ▸ ein abgekartetes Spiel

Ce vote surprise au parlement, c'était *un coup monté* de l'opposition.

(1) **un coup pour rien** (quelque chose qui n'a servi à rien) ▸ ein Schuss in den Ofen

Cette tentative n'a rien donné, c'était *un coup pour rien.*

(1) **être dans le coup** (participer à une affaire) ▸ mit dabei sein

Je ne veux pas être spectateur dans cette affaire, je veux *être dans le coup.*

(1) **accuser le coup** (voir à la figure de quelqu'un qu'il lui est arrivé quelque chose de désagréable) ▸ es jdm ansehen, was ihm passiert ist
☞ *accuser* bedeutet nicht nur beschuldigen, sondern auch *ressentir, laisser apparaître*, wie in *accuser la fatigue.*

Il fait semblant de ne pas être affecté par cette affaire, mais je vois bien qu'*il a accusé le coup.*

(1) **pour marquer le coup** (manifester par son comportement l'importance d'un évènement) ▸ 1. aus Protest, 2. zur Feier des Tages

1. On ne m'avait pas invité la première fois et juste *pour marquer le coup*, je n'ai pas assisté aux réunions suivantes.

2. Mon frère est rentré ivre et *pour marquer le coup*, il avait fait un accident de voiture.

(1) **ne plus être dans le coup** (ne plus être au courant) ▸ nicht mehr auf dem Laufenden sein

Je suis à la retraite depuis plus de dix ans et donc, *je ne suis plus dans le coup.*

(1) **en mettre un coup** (produire un grand effort) ▸ sich gewaltig anstrengen

Si on veut avancer, il faudra *en mettre un coup.*

(1) **tenir le coup** (résister) ▸ aushalten

On ne peut pas abandonner maintenant, il faut *tenir le coup.*

(1) **tirer un coup** [vulg.] (faire l'amour) ▸ bumsen
☞ Wörtlich: Schießen, einen Schuss landen.

Casanova ne ratait jamais une occasion de *tirer un coup.*

Siehe auch **s'envoyer en l'air, être porté sur la chose, remettre le couvert, avoir le feu au cul, une partie de jambes en l'air, une partie carrée, prendre son pied, croquer la pomme.**

C

(1) **avoir un coup de cœur pour quelque chose** (un enthousiasme subit) ▸ sich richtig in etwas verlieben

Je sais bien que cette Jaguar est chère, mais j'ai eu *un* véritable *coup de cœur* pour cette belle voiture.

(1) **le coup de foudre** (le fait de tomber subitement amoureux de quelqu'un ou de quelque chose) ▸ Liebe auf den ersten Blick | **la foudre** = der Blitz

Entre mon père et ma mère, cela avait été *le coup de foudre.*

(1) **d'un coup de baguette magique** (comme par magie) ▸ wie durch Zauberhand

Il est faux de croire qu'on peut résoudre ce problème par *un coup de baguette magique.*

(1) **donner le coup de grâce** (porter le coup fatal) ▸ den Gnadenstoß geben

La perte du marché chinois a *donné le coup de grâce* à notre entreprise.

(1) **donner un coup de pouce / de main** (aider) ▸ helfen

Je n'oublierai jamais que mon ami m'a *donné un coup de pouce* lorsque j'étais dans le besoin.

Cette valise est trop lourde pour moi, tu pourrais me *donner un coup de main*?

Siehe auch **prêter main-forte.**

(1) **un coup de pompe** (un brusque accès de fatigue) ▸ ein Durchhänger

☞ Obwohl diese Redewendung vor allem unter Radsportlern vorkommt, hat sie nichts mit der Fahrradpumpe zu tun. Sie findet ihren Ursprung in der Luftfahrt: Aufsteigende warme Luftmassen (als wären sie nach oben „gepumpt" worden) können ein Flugzeug destabilisieren, wodurch die Passagiere hin und her gerüttelt werden.

Deux kilomètres avant le sommet, le maillot jaune eut subitement *un coup de pompe.*

Siehe auch **un coup de bambou.**

(1) **un coup de théâtre** (un retournement de situation) ▸ eine überraschende Wendung

Lorsque l'opposition a voté avec le gouvernement, ce fut *un coup de théâtre.*

(2) **avoir un coup dans l'aile / dans le nez** (être un peu ivre) ▸ einen in der Krone haben

☞ Bei der ersten Redewendung denkt man an einen angeschossenen Vogel, der nicht mehr richtig fliegen kann.

Quand je vois comment il marche, je pense qu'il a *un coup dans l'aile.*

Comme il zigzaguait sur le trottoir, je vis qu'il avait *un coup dans le nez.*

Siehe auch **en tenir une bonne, avoir son compte, s'en jeter un derrière la cravate, avoir la dalle / le gosier en pente, avoir un verre dans le nez.**

(2) **c'est le coup de feu** (un moment d'activité intense) ▸ es herrscht gerade Hochbetrieb

☞ Man denkt wahrscheinlich an das Feuer in der Küche, bei Hochbetrieb.

Je n'ai plus de table libre, monsieur; à midi, c'est toujours *le coup de feu!*

(2) **un coup de semonce** (une mise en garde, un avertissement) ▸ ein Warnschuss, ein Schuss vor den Bug

☞ *semonce* kommt aus dem altfranzösischen *semondre* (nachdrücklich um etwas bitten).

Considère ma lettre comme *un coup de semonce*!

Siehe auch **avoir quelqu'un dans le collimateur.**

(2) **décider quelque chose sur un coup de tête** (prendre une décision brusque sans réfléchir) ▸ etwas aus einem Impuls heraus beschließen

Je n'ai pas réfléchi longtemps et j'ai acheté cette voiture *sur un coup de tête.*

(2) **prendre un coup de vieux** (vieillir subitement) ▸ plötzlich alt werden

Je ne l'avais plus vu depuis dix ans et maintenant, je vois qu'en ces dix ans il a pris *un coup de vieux.*

(3) **faire un coup en douce à quelqu'un** (jouer un sale tour à quelqu'un) ▸ jdm eins auswischen

Je ne crois pas à ses bonnes intentions. Je pense même qu'il est capable de nous *faire un coup en douce.*

Siehe auch **le coup de Jarnac, le coup du Père François, tirer dans les jambes de quelqu'un, jouer un tour de cochon à quelqu'un.**

(3) **sans coup férir** (sans difficulté, sans rencontrer de résistance) ▸ ohne auf Widerstand zu stoßen

☞ *férir*, das nur noch in dieser Redewendung vorkommt, bedeutet ‚schlagen'.

L'ennemi a conquis la ville *sans coup férir.*

C

(3) **le coup du lapin** (un coup brutal dans la nuque) ▸ das Schleudertrauma

☞ Man denkt an die Art und Weise, wie man ein Karnickel tötet.

Si votre siège n'a pas d'appuie-tête, vous risquez *le coup du lapin.*

(3) **avoir un beau / un joli coup de fourchette** (être un bon mangeur) ▸ ein guter Esser sein, bei Tisch kräftig zugreifen

Quand j'ai été au restaurant avec lui, j'ai vu qu'il avait *un joli coup de fourchette.*

(3) **le coup de l'étrier** (le dernier verre qu'on boit avant de partir) ▸ der Absacker

☞ *l'étrier* ist der Steigbügel. Ursprünglich dachte man also an jdn, der vor dem nach Hause Reiten, noch ein Gläschen trinkt.

Attends, avant de partir, on a encore le temps pour *le coup de l'étrier!*

(3) **un coup de bambou** (1. une insolation, 2. une fatigue subite et extrême) ▸ 1. ein Sonnenstich, 2. ein Durchhänger

Après 5 km de marche, j'ai subitement eu *un coup de bambou.*

Siehe auch **un coup de pompe.**

(3) **donner un coup de canif dans le contrat** (1. ne pas tenir un engagement, 2. commettre une infidélité) ▸ 1. sein Wort nicht halten, 2. fremdgehen

☞ *le contrat* ist im 2. Fall der Ehevertrag.

1. En étendant son influence vers l'Est, l'Otan a donné *un coup de canif dans le contrat.*

2. Lorsque son mari eut donné pour la deuxième fois *un coup de canif dans le contrat*, elle demanda le divorce.

(3) **un coup de Jarnac** (un coup donné par traîtrise) ▸ ein hinterhältiger Schlag

☞ Aus einem Degenduell im 16. Jh., in dem ein *Baron de Jarnac* seinem Gegner mit einem geschickten Schlag die Wadensehne durchtrennte, sodass sich dieser nicht mehr wehren konnte.

Le vote inattendu de ce parti a été *un coup de Jarnac* politique.

Siehe auch **faire un coup en douce à quelqu'un, le coup du Père François, tirer dans les jambes de quelqu'un.**

C

(3) **le coup du Père François** (une manœuvre déloyale) ▸ eine hinterlistige Tat

☞ Ursprünglich bedeutete diese Redewendung, jdn von hinten mit einem Riemen oder einem Halstuch erdrosseln. Der Zusammenhang mit *Père François* ist nicht ganz geklärt. Einige Etymologen glauben, es handele sich um einen savoyischen Banditen, der diesen Spitznamen trug und seine Opfer auf diese Weise erdrosselte.

Ce *coup du Père François* a été monté par un groupe de politiciens adversaires du gouvernement.

Siehe auch **faire un coup en douce à quelqu'un, le coup de Jarnac, tirer dans les jambes de quelqu'un, jouer un tour de cochon à quelqu'un.**

(3) **le coup de Trafalgar** (un évènement qui a de graves conséquences et dont on se souvient longtemps) ▸ ein folgenschweres Ereignis, eine Katastrophe

☞ In der Schlacht bei Trafalgar (1805) wurde Napoleons Flotte von Nelsons englischer Flotte besiegt. Seitdem war England die dominierende Seemacht.

La décision de Boris Johnson de suspendre le parlement a été *un coup de Trafalgar.*

(3) **c'est le coup de fusil!** (c'est très cher!) ▸ es ist stinkteuer

☞ Als ob man von der Rechnung erschossen würde.

On mange bien dans ce restaurant, mais quand vient l'addition, *c'est le coup de fusil*!

coupe (siehe auch coupes)

(1) **la coupe est pleine!** (c'est intolérable et ça doit cesser!) ▸ jetzt ist das Maß voll! | **coupe** = Kelch, Schale, Becher

Maintenant *la coupe est pleine*! Il faut prendre des mesures radicales!

(2) **être sous la coupe de quelqu'un** (être totalement dépendant de quelqu'un) ▸ unter jds Fuchtel stehen

☞ Im Kartenspiel ist *la coupe* das Abheben. Wer nach dem Spieler, der abhebt, als Erster Karten bekommt, steht unter dem „Einfluss" des Abhebers.

Tu ne peux attendre d'elle aucune initiative, car *elle est* totalement *sous la coupe de son mari.*

(3) **mettre en coupe réglée** (exploiter sans scrupules quelque chose ou quelqu'un) ▸ jdn/etwas skrupellos ausbeuten

☞ Zuerst sagte man *mettre en coupes réglées*, d. h., ein vorher genau bestimmtes Stück Wald zum Abholzen freigeben. Man wollte also alle Bäume fällen, alles mitnehmen und nichts liegenlassen.

Tout le pays a été *mis en coupe réglée* par les compagnies pétrolières.

C

Siehe auch **mettre un pays à feu et à sang.**

couper

(1) **se couper en quatre pour quelqu'un** (faire tout son possible pour quelqu'un) ▸ sich förmlich für jdn zerreißen

☞ Früher sagte man *se mettre en quatre*, d. h., allein tun, was sonst vier Leute tun würden.

Tu sais bien que je suis prêt à *me couper en quatre* pour t'aider.

Siehe auch **être aux petits soins / aux petits oignons pour quelqu'un, se saigner aux quatre veines.**

(1) **là, tu me la coupes!** (là, tu m'étonnes très fort!) ▸ das verschlägt mir den Atem!

☞ *couper* ist hier die Verkürzung von *couper la chique* oder *couper le sifflet* (siehe dort).

Comment? Il s'est remarié pour la troisième fois? Là, *tu me la coupes*!

Siehe auch **en rester baba, les bras m'en tombent, en boucher un coin à quelqu'un, merde alors, je n'en reviens pas, en rester comme deux ronds de flan, en baver des ronds de chapeau.**

(1) **tu n'y couperas pas!** (tu devras le faire, que tu le veuilles ou non!) ▸ da kommst du nicht drumrum!

☞ Die Etymologie ist nicht bekannt.

Tu devras faire ta partie du travail, *tu n'y couperas pas*!

(2) **ça m'a coupé les jambes** (ça m'a causé une fatigue extrême) ▸ 1. ich war vor Müdigkeit wie gelähmt, 2. ich war zu keiner Reaktion mehr fähig

☞ Gemeint ist, dass man sich fühlt, als ob einem beide Beine abgeschnitten worden wären.

1. Marcher 10 km par cette chaleur, ça m'a *coupé les jambes.*

2. La nouvelle de son décès subit m'a *coupé les jambes.*

(3) **couper court à quelque chose** (mettre fin à quelque chose) ▸ einer Sache ein Ende bereiten

Il voulait continuer à parler, mais *j'ai coupé court à ses excuses.*

C

coupes (siehe auch coupe)

(2) **faire des coupes sombres** (1. dans un texte: supprimer des parties importantes, 2. dans le budget: opérer une réduction importante) ▸ 1. Vieles in einem Text streichen, 2. den Haushalt einschneidend kürzen
☞ *faire des coupes sombres* bedeutete zuerst den Wald lichten, indem man einige Bäume fällte, damit neue Triebe wachsen konnten, jedoch noch genug Schatten blieb, deshalb *sombre.* Das Gegenteil war *une coupe claire*, wo man an einer Stelle alle Bäume fällte, um eine Lichtung zu schaffen.

1. L'éditeur a voulu *faire des coupes sombres* dans mon roman.

2. Le gouvernement devra *faire des coupes sombres* dans le budget de l'année prochaine.

coups (siehe auch coup)

(2) **en deux coups de cuillère à pot** (très vite) ▸ im Handumdrehen
☞ *une cuillère à pot* ist eine Schöpfkelle, mit der man schnell einen Topf leer machen kann.

Il me faut du temps pour résoudre cette équation; ça ne va pas *en deux coups de cuillère à pot.*

Siehe auch **dare-dare, en moins de deux, en deux temps trois mouvements, en quatrième vitesse.**

(3) **les trois coups** (signal au théâtre pour indiquer le début du spectacle) ▸ das dreimalige Klopfen, ehe der Vorhang aufgeht

On entendit *les trois coups* et tout le monde attendait avec impatience que le rideau se lève.

(3) **faire les 400 coups** (mener une vie désordonnée sans respecter la morale et l'ordre établi) ▸ sich austoben
☞ Als Ludwig XIII. 1621 die Stadt Montauban angriff, wollte er sie durch 400 Kanonenschüsse zur Kapitulation zwingen, was ihm jedoch nicht gelang.

Ton frère, c'est quelqu'un qui *a fait les 400 coups* toute sa vie.

Siehe auch **mener une vie de bâton de chaise, rouler sa bosse.**

cour

(2) **jouer dans la cour des grands** (faire partie du cercle restreint des gens importants dans un domaine précis) ▸ bei den ganz Großen mitmachen dürfen

☞ *la cour des grands* ist der Schulhof der älteren Schüler, auf dem die jüngeren auch gerne spielen möchten.

Maintenant qu'il est devenu le président du parti, il va pouvoir *jouer dans la cour des grands.*

C

(3) **la cour des miracles** (un lieu sordide et malfamé) ▸ das Pennerviertel

☞ In seinem Roman *Notre-Dame de Paris* berichtet Victor Hugo von diesem *cour des miracles*, einem verrufenen Ort in Paris, an dem sich Bettler, Verbrecher und falsche Krüppel aufhielten. Wenn diese sich genug erbettelt hatten, konnten sie auf einmal wieder laufen. Das war dann eines dieser Wunder (*miracles*).

Ne va pas dans la vieille ville, là-bas, c'est *la cour des miracles*!

courir

(1) **laisse courir! (laisse aller!)** ▸ vergiss es!

Tu ne peux plus rien changer à la situation, *laisse courir!*

Siehe auch **laisser pisser (le mérinos).**

(1) **tu peux toujours courir!** (tu ne l'auras pas!) ▸ da kannst du lange warten!

Moi, te prêter 1.000 euros? *Tu peux toujours courir*!

Siehe auch **tu peux te l'accrocher, tu peux te brosser, des clous, que dalle, des nèfles, tu auras peau de balle.**

(2) **c'était couru d'avance!** (c'était clair ou décidé depuis le début) ▸ das war von vornherein klar!

☞ Gemeint ist: Das Rennen war schon gelaufen.

L'élection du président, *c'était couru d'avance.*

cours

* *donner* **libre cours à quelque chose** ▸ etwas freien Lauf *lassen.*

course

(1) **à bout de course** (complètement épuisé) ▸ völlig erschöpft

☞ Wörtlich: Am Ende des Laufes.

Après quelques kilomètres, *jétais* déjà *à bout de course.*

(3) **la course à l'échalote** (se dit d'une compétition où tous les moyens sont bons pour arriver le premier) ▸ ein Machtkampf

☞ *l'échalote* ist die Schalotte, die hier als Zwiebel (*oignon*) aufgefasst wird. *Oignon* ist jedoch Argot für Hintern. Wörtlich bedeutet diese

Redewendung also: Jdn wegstoßen, während man ihn (am Kragen und) am Hosenboden packt.

C'est *la course à l'échalote* entre ceux qui veulent protéger le climat et ceux qui veulent protéger la croissance.

C

court

(2) **prendre quelqu'un de court** (le prendre au dépourvu) ▸ jdn unvorbereitet treffen, ihn überrumpeln

Je voulais réagir, mais *il m'a pris de court.*

couteau(x)

* **mettre à quelqu'un le couteau** *sous / sur* **la gorge** ▸ jdm das Messer *an* die Kehle setzen.

(1) **remuer / retourner le couteau dans la plaie** (entretenir une souffrance morale) ▸ Salz in die Wunde streuen

Arrête de parler de cet accident! Il est inutile de *retourner le couteau dans la plaie.*

(2) **un brouillard à couper au couteau** (un brouillard très dense) ▸ ein stockdichter Nebel

Comme il y avait *un brouillard à couper au couteau*, on a carrément dû s'arrêter sur l'autoroute.

(1) **être à couteaux tirés avec quelqu'un** (être en très mauvais termes avec quelqu'un) ▸ sich bis aufs Messer bekämpfen

Ces deux-là, ils ne s'entendront jamais. *Ils sont à couteaux tirés* depuis des années.

Siehe auch **avoir une dent contre quelqu'un, chercher des crosses à quelqu'un, prendre quelqu'un en grippe, avoir maille à partir avec quelqu'un, avoir quelqu'un dans le nez.**

couture(s)

(2) **examiner quelque chose sous toutes les coutures** (examiner sous tous les aspects) ▸ etwas genauestens untersuchen | **la couture** = die Naht

Avant de nous décider, nous devons *examiner la situation sous toutes les coutures.*

(2) **battre quelqu'un à plate(s) couture(s)** (vaincre de manière définitive, remporter une victoire complète) ▸ haushoch / vernichtend schlagen

☞ Wenn eine Naht zu grob genäht und deshalb zu dick war, schlug der Schneider mit einer Latte darauf, um sie geschmeidiger zu machen. Später hat man dieses Schlagen mit einer Schlacht assoziiert.

Notre numéro un national a été *battu à plates coutures* par Federer.

C

Siehe auch **ne faire qu'une bouchée de quelqu'un, qu'est-ce qu'on leur a mis, envoyer quelqu'un au tapis.**

couvert

(3) **remettre le couvert** (1. faire une chose une deuxième fois, 2. faire l'amour une deuxième fois) ▸ 1. etwas wiederholen, 2. nochmal mit jdm schlafen

☞ Wörtlich: Nochmal den Tisch decken.

1. Après un premier but à la 2e minute, notre centre-avant *a remis le couvert* juste avant la mi-temps.

2. J'avais beau insister, elle ne voulait pas *remettre le couvert.*

Siehe auch (zu 2.) **s'envoyer en l'air, être porté sur la chose, tirer un coup, avoir le feu au cul, une partie de jambes en l'air, une partie carrée, prendre son pied, croquer la pomme.**

couverture

(2) **tirer la couverture à soi** (chercher à s'attribuer tout le profit d'une affaire) ▸ sich die Arbeit anderer als eigenes Verdienst anrechnen

Notre patron a la mauvaise habitude de toujours *tirer la couverture à soi.*

cracher

(1) **c'est son père/frère tout craché!** (il ressemble tout à fait à son père / son frère) ▸ er ist seinem Vater/Bruder wie aus dem Gesicht geschnitten

On voit directement que ton ami, *c'est son père tout craché.*

(1) **ne pas cracher sur quelque chose** (ne pas mépriser quelque chose) ▸ etwas nicht verachten

Je ne crache pas sur les 500 euros que je vais gagner en plus.

(3) **cracher dans la soupe** (dénigrer ce dont on tire avantage) ▸ das eigene Nest beschmutzen

Après avoir démissionné, le premier ministre a dit tout le mal qu'il pensait du gouvernement. En d'autres mots: *il a craché dans la soupe.*

C

crachoir

(2) **tenir le crachoir** (parler longuement en monopolisant la parole) ▸ das große Wort führen | **le crachoir** = der Spucknapf
Quand Castro parlait, *il tenait le crachoir* pendant des heures.

craindre

(1) **ça craint! (c'est risqué!)** ▸ das ist riskant! Das ist nicht ganz koscher!
☞ Gemeint ist: *il faut craindre le pire!* (Das Schlimmste ist zu befürchten!)
Le métro, la nuit, à Paris, *ça craint*!

cran

(1) **être à cran** (être à bout de nerfs) ▸ völlig genervt sein | **le cran** = die Kerbe, der Einschnitt
☞ Gemeint ist: *on est au cran le plus élevé*, man ist bei der höchsten „Kerbe"/Stufe der Erregung angelangt.
Avec des voisins aussi agressifs, *on est* tout le temps *à cran.*

cravate

* **s'en** *jeter* **un derrière la cravate** ▸ sich einen hinter die Binde *gießen*

crémaillère

(2) **pendre la crémaillère** (fêter par un repas l'installation dans un nouveau logement) ▸ eine Einweihungsparty machen
☞ *la crémaillère* ist das Zahngestänge, an dem im Kamin die Töpfe aufgehängt wurden.
Nos amis vont *pendre la crémaillère* et évidemment on est invités.

crèmerie

(1) **changer de crèmerie** (changer de magasin, de café, de restaurant) ▸ woanders hingehen
☞ Im 19. Jh. bedeutete *crèmerie* nicht nur Milch- und Käseladen, sondern auch eine Art Café oder ein kleines Restaurant.
Si je ne suis pas mieux servi à l'avenir, je vais *changer de crèmerie!*

creux

(1) **avoir un petit creux** (avoir un peu faim) ▸ ein wenig Hunger haben

☞ Gemeint ist: *avoir un petit creux dans l'estomac* (noch etwas Platz im Magen haben).

Comme *on avait un petit creux*, on est entrés dans un fast-food.

(2) **être dans le / au creux de la vague** (être dans une mauvaise situation; être en dépression) ▸ sich an einem Tiefpunkt befinden

☞ Wörtlich: sich in einem Wellental befinden.

Après le recul de nos exportations, notre entreprise *est* maintenant *au creux de la vague.*

Siehe auch **être mal barré, se faire de la bile, se sentir tout chose, être dans le 36e dessous, être dans de beaux draps, être dans la panade / le pétrin / la purée.**

crève

(1) avoir la crève (être malade après avoir pris froid) ▸ eine böse Erkältung haben | **crever** = krepieren

Chaque fois que je joue dans ce hall de tennis non chauffé, *j'ai la crève.*

crier

(1) **sans crier gare** (sans prévenir) ▸ ohne Vorwarnung

☞ *gare* stammt aus *prends garde*! (Vorsicht!)

Un jour, il est parti *sans crier gare* et on ne l'a plus jamais revu.

cris

(3) **pousser des cris d'orfraie** (1. pousser des cris stridents, 2. protester violemment) ▸ 1. gellende Schreie ausstoßen, 2. lauthals protestieren

☞ *une orfraie* ist ein Seeadler, der hier verwechselt wird mit einer Schleiereule, die wirklich so schreit.

1. Pendant que les soldats violaient sa fille, la mère *poussait des cris d'orfraie.*

2. La Libye *poussait des cris d'orfraie*, parce qu'on violait son espace aérien.

crochets

(1) **vivre aux crochets de quelqu'un** (vivre à ses frais) ▸ jdm auf der Tasche liegen

☞ *les crochets* waren die Haken, mit denen der Tragekorb an den Schultern des Trägers festgemacht war. Ursprünglich bedeutete diese Redewendung also: Einen anderen seine Last tragen lassen.

À trente ans, *il vit* encore *aux crochets de ses parents.*

C

croix

(1) **faire une croix sur quelque chose** (y renoncer définitivement) ▸ etwas abschreiben

☞ Es handelt sich um das Kreuz der Christen. Wahrscheinlich denkt man hier an das Bild des Gekreuzigten, von dem man durch den Tod endgültig Abschied nimmt.

Si tu n'es pas plus ponctuel, tu peux *faire une croix sur ton emploi.*

(2) **c'est la croix et la bannière** (c'est difficile, compliqué) ▸ das ist fast unmöglich

☞ *la croix* ist das christliche Kreuz und *la bannière* die Kirchenfahne. Im 17. Jh. sagte man noch *pour inviter quelqu'un, il faut la croix et la bannière*, also das ganze Zeremoniell. Daher der Gedanke an etwas Kompliziertes.

Faire voter un projet de loi rapidement, *c'est la croix et la bannière.*

Siehe auch **c'est coton, c'est la galère, ce n'est pas une sinécure, ce n'est pas de la tarte.**

crosses

(3) **chercher des crosses à quelqu'un** (lui chercher des ennuis) ▸ sich mit jdm anlegen wollen

☞ *crosses* ist abgeleitet von dem alten Verb *crosser* (Streit suchen).

Si *on me cherche des crosses*, je saurai me défendre.

Siehe auch **tu me cherches, tailler des croupières à quelqu'un, avoir maille à partir avec quelqu'un, chercher des noises à quelqu'un, avoir un œuf à peler avec quelqu'un, prendre quelqu'un à partie.**

crotte

(1) **c'est de la crotte de bique** (c'est une chose sans aucune valeur) ▸ das ist der letzte Dreck

☞ Wörtlich: Ziegenkötel.

Je sais que cet ordinateur n'est pas cher, mais *c'est de la crotte de bique.*

Siehe auch **ne pas valoir un clou, ne pas valoir un fifrelin, à la gomme, à la noix, ne pas valoir un pet de lapin, ne pas valoir tripette, ça ne vole pas très haut.**

croupières

(3) **tailler des croupières à quelqu'un** (lui faire des difficultés) ▸ jdm Schwierigkeiten bereiten

☞ Wörtlich: Einem feindlichen Reiter mit dem Säbel die Leine durchtrennen, die den Sattel festhält, damit dieser von seinem Pferd fällt. *Croupière*: Teil des Geschirrs, das sich auf der Kruppe des Pferdes befindet.

L'opposition ne va pas tarder à *tailler des croupières* au gouvernement.

Siehe auch **chercher des crosses à quelqu'un, avoir maille à partir avec quelqu'un, chercher des noises à quelqu'un, avoir un œuf à peler avec quelqu'un, prendre quelqu'un à partie.**

croûte

(1) **casser la croûte** (manger) ▸ essen, Brotzeit machen | **la croûte** = die Kruste

Les amis, il est midi et il est temps de *casser la croûte!*

Siehe auch **casser la graine.**

cucul

(2) **cucul la praline** (niais, simplet, kitsch) ▸ einfältig, kitschig

☞ *le cucul* ist in der Kindersprache *le cul* (der Hintern). Der Zusammenhang zwischen *cucul* und *praline* ist nicht geklärt.

Les personnages de ce roman à l'eau de rose sont tous *cucul la praline.*

cuillère

(1) **être à ramasser avec la petite cuillère** (être épuisé) ▸ fix und fertig sein

☞ Gemeint ist, dass man sich wie ein kleines, elendes Häufchen fühlt, sodass ein Löffelchen genügt, um es aufzuheben.

Après cette longue marche, j'étais tellement épuisé que *j'étais à ramasser à la petite cuillère.*

cuire

(1) **un dur à cuire** (quelqu'un de fort, d'endurci) ▸ ein knallharter Bursche

☞ Gemeint ist, dass jd. so hart ist, dass es lange dauern würde, bis man ihn weich gekocht hätte.

Tu ne parviendras pas facilement à le convaincre, c'est *un dur à cuire!*

(3) **il t'en cuira!** (tu vas le payer!) ▸ das wirst du bereuen!

☞ Man denkt wahrscheinlich an jdn, der zur Strafe gekocht oder gebraten wird.

Tu n'as pas tenu parole et *il t'en cuira*!

cuisse

(3) **se croire sorti de la cuisse de Jupiter** (être imbu de soi-même) ▸ sich für etwas ganz Besonderes halten

Ne fais pas attention à lui! C'est un vantard qui *se croit sorti de la cuisse de Jupiter.*

Siehe auch **ne pas se moucher du coude, péter plus haut que son cul, le prendre de haut, ne pas se moucher du pied, le roi n'est pas son cousin, avoir la science infuse, avoir la grosse tête.**

cuit

(1) **il est cuit!** (il est fini) ▸ er ist erledigt

☞ Wörtlich: Er ist gebacken.

La police sait où tu habites, *tu es cuit*!

(2) **c'est du tout cuit** (c'est très facile) ▸ das ist ein Klacks

☞ Wörtlich: Das ist ganz gebacken.

Pour toi, cet examen, *c'est du tout cuit.*

Siehe auch **à l'aise Blaise, ce n'est pas le diable, les doigts dans le nez, c'est l'enfance de l'art, c'est du gâteau, ce n'est pas la mer à boire, ce n'est pas sorcier.**

cul

* **se *casser* le cul pour quelqu'un** ▸ sich für jdn den Arsch *aufreißen*

(1) **j'en ai plein le cul!** [vulg.] (j'en ai plus qu'assez!) ▸ ich hab' die Schnauze voll!

Je ne veux plus entendre parler de cette affaire, *j'en ai plein le cul* de vos histoires!

Siehe auch **en avoir jusque là, en avoir ras le bol, en avoir plein les bottes, en avoir sa claque, en avoir plein le dos, en avoir marre, en avoir par-dessus la tête.**

(1) **l'avoir dans le cul** [vulg.] (subir un échec) ▸ der Gelackmeierte sein

☞ Mit *l'* ist der Penis gemeint. Wörtlich bedeutet diese Redewendung also in den Arsch gefickt werden. Die politisch korrekte Version ist *l'avoir dans le dos.*

Si la police découvre la combine, *on l'a dans le cul!*

Siehe auch **l'avoir dans le baba, l'avoir dans le dos, l'avoir dans l'os.**

C

(1) **faire cul sec** (vider son verre d'un trait) ▸ ex trinken

☞ Gemeint ist: So, dass der Boden trocken ist.

Au baptême des étudiants, il fallait *faire cul sec* plusieurs fois de suite.

(3) **ils sont comme cul et chemise** (ils sont très liés et très complices) ▸ sie sind ein Herz und eine Seele

☞ Wörtlich: Sie sind sich so nahe wie der Hintern und das Hemd.

Tu ne parviendras pas à séparer ces deux-là, *ils sont comme cul et chemise.*

Siehe auch **être copains comme cochons, être comme les deux doigts de la main, les deux font la paire, avoir partie liée.**

(3) **péter plus haut que son cul** (1. être prétentieux, 2. vouloir faire plus que ce dont on est capable) ▸ 1. anmaßend sein, 2. zu hoch hinaus wollen | **péter** = furzen

1. Elle croit être la meilleure actrice française, mais je pense qu'*elle pète plus haut que son cul.*

2. Si *on pète plus haut que son cul,* on va de désillusion en désillusion.

Siehe auch (zu 1.) **ne pas se moucher du coude, se croire sorti de la cuisse de Jupiter, le prendre de haut, ne pas se moucher du pied, le roi n'est pas son cousin, avoir la science infuse, avoir la grosse tête.**

(3) **parle à mon cul, ma tête est malade!** [vulg.] (pourquoi tu ne m'écoutes pas?) ▸ hörst du mir überhaupt zu? Man könnte genauso gut mit der Wand reden!

Parle à mon cul, ma tête est malade! – Mais je t'écoute! Je ne fais que ça!

culotte

* **porter la culotte** ▸ die Hose*n* anhaben.

cure

(3) **je n'en ai cure!** (je ne m'en soucie pas!) ▸ das kümmert/interessiert mich nicht!

☞ Das lateinische *cura* bedeutet sowohl ‚Amt' als auch ‚Sorge'.

Qu'il soit satisfait ou non, *je n'en ai cure!*

Siehe auch **c'est le cadet de mes soucis, cause toujours, ça ne me fait ni chaud ni froid, je m'en fous comme de l'an quarante, je m'en bats l'œil, je m'en tamponne, vous m'en direz tant, je m'en tape.**

cuti

(3) **virer sa cuti** (1. changer radicalement d'avis politique, 2. devenir homosexuel) ▸ 1. sich politisch um 180° drehen, 2. andersherum werden
☞ Im eigentlichen Sinn handelt es sich um den Tuberkulintest.

1. En passant des socialistes aux libéraux *il a* fameusement *viré sa cuti.*

2. Quand je vois les gens qu'il fréquente maintenant, je pense qu'*il a viré sa cuti.*

Siehe auch **tourner casaque, retourner sa veste.**

D

dada

(3) **enfourcher son dada** (parler de son idée ou de son occupation favorite) ▸ sein Steckenpferd reiten, über sein Lieblingsthema reden
☞ Pferd heißt in der Kindersprache *dada.*

Elle parle de nouveau de féminisme, mais chaque fois qu'*elle enfourche son dada*, je n'ai plus envie de l'écouter.

dalle

(1) **que dalle!** (rien du tout!) ▸ 1. nichts kriegen, Pustekuchen! 2. nichts (verstehen)
☞ Dieses *dalle* kommt wahrscheinlich aus *dail*, das in der Zigeunersprache *nichts* bedeutet.

1. Encore te prêter 1.000 euros? *Que dalle!*

2. Il parlait et parlait et moi, je ne comprenais *que dalle*!

Siehe auch (zu 1.) **pouvoir se l'accrocher, pouvoir se brosser, des clous, tu peux toujours courir, des nèfles, tu auras peau de balle;** (zu 2.) **n'y comprendre goutte, y perdre son latin.**

(3) **se rincer la dalle** (boire de l'alcool) ▸ die Gurgel spülen
☞ *la dalle* bedeutete früher auch die Rinne. Wörtlich also: Sich die Rinne spülen.

J'en ai assez de rester seul à la maison. Ce soir j'irai au café *me rincer la dalle.*

Siehe auch **s'en jeter un derrière la cravate.**

(3) **avoir la dalle en pente** (boire souvent de l'alcool) ▸ eine trockene Kehle haben, ein Schluckspecht sein

☞ *dalle*: siehe oben.

Cela ne m'étonne pas qu'il soit mort d'une cirrhose du foie. Il a toujours eu *la dalle en pente.*

Siehe auch **avoir le gosier en pente.**

D

dam

(3) **au grand dam de quelqu'un** (à son détriment) ▸ zum Leidwesen von jdm

☞ Aus dem lateinischen *damnum*, aus dem *dommage* (Schaden) entstanden ist.

Le gouvernement grec a encore diminué les pensions, *au grand dam de* la population la plus pauvre.

danse

(2) **mener la danse** (diriger une action) ▸ den Ton angeben, das Sagen haben

Dans l'OTAN, ce sont les Américains qui *mènent la danse.*

(2) **flanquer une danse à quelqu'un** (le rouer de coups) ▸ jdn verprügeln

☞ Gemeint ist: Jdn so stark verprügeln, dass er hin und her tanzt.

Quand il s'est attaqué aux policiers, ceux-ci lui ont *flanqué une danse* qu'il n'oubliera jamais.

dare

(1) **dare-dare** (tout de suite, très vite) ▸ in aller Eile, schnellstens

☞ Wahrscheinlich eine Verdopplung von *dare*, das aus dem Verb *se darer* (auf jdn losrücken) entstanden ist; daher der Gedanke an die Schnelligkeit, mit der etwas geschieht.

Apportez-moi *dare-dare* un café bien serré!

Siehe auch **en deux coups de cuillère à pot, en moins de deux, en deux temps, trois mouvements, en quatrième vitesse.**

date

(2) **faire date** (être un évènement important qui marque les esprits) ▸ in die Geschichte eingehen, Geschichte schreiben

La dernière réunion de l'OTAN *fera date* dans l'histoire de cette organisation.

D

(3) **prendre date avec quelqu'un** (fixer un jour pour un rendez-vous) ▸ einen Termin mit jdm vereinbaren

J'ai déjà *pris date* avec le président pour lui parler de ton problème.

débotté

(3) **au débotté** (à l'improviste) ▸ überraschend, völlig unerwartet | **se débotter** = sich die Stiefel ausziehen

☞ Gemeint ist: Gerade, wenn man zu Hause angekommen, seine Stiefel auszieht und erwartet, in Ruhe gelassen zu werden.

Il a débarqué *au débotté*, alors que je ne m'attendais pas du tout à sa visite.

décoffrage

(3) **brut de décoffrage** (sans finition, sans nuances) ▸ ungehobelt, ungeschliffen | **décoffrer** = die Schalung einer Konstruktion entfernen

☞ Nach dem Ausschalen sieht die Konstruktion noch „ungeschliffen" aus.

Les revendications du syndicat sont un peu *bruts de décoffrage.*

décor

(1) **se retrouver dans le décor** (quitter la route accidentellement) ▸ im Graben landen oder gegen einen Baum fahren

Pendant un instant, Jean a regardé son smartphone et *on s'est retrouvés dans le décor.*

dedans

(1) **mettre quelqu'un dedans** (le tromper) ▸ jdn reinlegen

☞ Mit *dedans* meint man *dans des difficultés.*

Avec cette question difficile, le jury a cru pouvoir *me mettre dedans.*

défaut

(3) **le défaut de la cuirasse** (le point faible) ▸ die Schwachstelle | **la cuirasse** = die Rüstung

Le défaut de la cuirasse de l'EU est sa politique monétaire.

D

défendre

(1) **ça se défend** (c'est plausible) ▸ das macht Sinn, das hat was für sich

☞ Wörtlich: Das lässt sich verteidigen.

Beaucoup de membres pensent qu'il ne faut pas, pour le moment, élargir l'UE et *cela se défend.*

défi

(3) **un défi au bon sens** (une idée absurde) ▸ das ist aberwitzig | **le défi** = die Herausforderung

Qu'un pays tout seul puisse se défendre contre le terrorisme international est *un défi au bon sens.*

dégoûté

(2) **faire le dégoûté** (se montrer trop exigeant) ▸ die Nase rümpfen, wählerisch sein | **être dégoûté** = angeekelt sein

On lui a procuré un bel appartement et voilà qu'*il fait le dégoûté*!

délicatesse

(3) **être en délicatesse avec quelqu'un** (être en mauvais termes avec lui) ▸ mit jdm nicht auf gutem Fuß stehen, zerstritten sein

☞ Gemeint ist: Sich in einer delikaten Situation befinden; *délicatesse* bedeutet nicht nur Zartheit, Feinheit, sondern auch Schwierigkeit. Gemeint ist also: Sich in einer schwierigen Lage gegenüber jdm befinden.

Depuis que cet ancien député n'a pas été réélu, *il est en délicatesse avec* son parti.

délices

(3) **faire les délices de quelqu'un** (plaire beaucoup à quelqu'un) ▸ eine wahre Wonne für jdn sein

Les jardins du Château de Versailles *ont fait les délices* de Louis XIV.

délier

(3) **les langues se délient** (on se met à parler) ▸ die Leute fangen an, zu reden | **se delier** = sich lösen

Depuis que la presse a commencé à parler de ce scandale, *les langues se délient.*

D

demain

(1) **ce n'est pas demain la veille** (cela n'est pas près d'arriver) ▸ das wird noch eine Weile dauern

☞ Wörtlich: Morgen ist nicht der Vortag des Geschehens.

Le gouvernement nous a promis une nouvelle loi, mais *ce n'est pas demain la veille.*

demander

(1) **ne pas demander mieux** (consentir à faire quelque chose) ▸ sich nichts mehr wünschen als das

Je ne demande pas mieux que de me réconcilier avec le président de notre parti.

démon(s)

(2) **le démon de midi** (les tentations sexuelles de l'homme qui atteint la quarantaine) ▸ der zweite Frühling

☞ Mit *midi* ist hier nicht der Mittag gemeint, sondern die Hälfte des Lebens.

La relation de ce quadragénaire avec cette jeune fille n'est rien d'autre que la manifestation du *démon de midi.*

* **le *réveil* des vieux démons** ▸ die alten Dämonen *werden wieder wach*

dent (siehe auch dents)

(1) **n'avoir rien à se mettre sous la dent** (n'avoir rien à manger) ▸ nichts zu beißen haben

Pendant la guerre, beaucoup de gens *n'avaient rien à se mettre sous la dent.*

(1) **avoir une dent contre quelqu'un** (lui en vouloir) ▸ einen Groll gegen jdn hegen

☞ Die Zähne waren schon immer ein Symbol der Angriffslust. Man denke an *die Zähne zeigen.*

Pourquoi tu me critiques tout le temps? Je crois que *tu as une dent contre moi!*

Siehe auch **tu me cherches, chercher des crosses à quelqu'un, être à couteaux tirés avec quelqu'un, prendre quelqu'un en grippe, avoir maille à partir avec quelqu'un, avoir quelqu'un dans le nez.**

(3) **avoir la dent dure** (être sévère dans sa critique) ▸ hart in seiner Kritik sein

Les députés *ont la dent dure* à l'égard du gouvernement.

dentelle

(3) **ne pas faire dans la dentelle** (faire quelque chose sans délicatesse, brutalement) ▸ etwas grob anpacken | **la dentelle** = die Spitze (wie im Spitzenkragen)

Quand il a fallu licencier la moitié du personnel, cette entreprise *n'a pas fait dans la dentelle.*

D

dents (siehe auch dent)

* **se** *casser* **les dents** *sur* **quelque chose** ▸ sich die Zähne *an* etwas *ausbeißen*

(2) **croquer / dévorer à belles dents** (manger avec un grand appétit) ▸ mit gesundem Appetit essen

Je vois qu'il aime bien mes pommes! Il vient d'en *croquer une à belles dents.*

(2) **avoir les dents longues** (être très ambitieux) ▸ sehr ehrgeizig sein, die langen Zähne deuten daraufhin, dass man alles fressen will.

Le nouveau président de notre parti *a les dents longues.* Je parie qu'il veut aussi devenir ministre.

(3) **ne pas désserrer les dents** (ne rien dire) ▸ nicht den Mund aufmachen

Tu es fâché? Pendant toute la soirée, *tu n'as pas désserré les dents.*

(3) **être sur les dents** (être dans une attente fébrile) ▸ die Nerven blank liegen haben

☞ Die Herkunft ist nicht geklärt.

On a été sur les dents toute la soirée, car personne ne pouvait nous donner des renseignements sur ton accident.

Siehe auch **se mettre martel en tête, se faire du mouron, se faire du mauvais sang, se faire un sang d'encre, se prendre la tête.**

dés

* **les dés sont** *jetés* ▸ die Würfel sind *gefallen*

(3) **les dés sont pipés** (ils sont truqués, il y a une tromperie) ▸ die Karten sind gezinkt, das ist ein abgekartetes Spiel

☞ *la pipe* (später *pipeau*) war eine Lockpfeife, mit der man die Vögel täuschte, um sie zu fangen. Diese Idee der Täuschung findet sich auch in *pipé.*

Les élections ont été une farce et le gouvernement sait bien que *les dés ont été pipés.*

D

dessous

(3) **être dans le 36e dessous** (être dans une situation catastrophique) ▸ sich in einer katastrophalen Lage befinden

☞ *les dessous* sind die unteren Etagen eines Theaters. Normalerweise gab es in den Pariser Theatern drei *dessous*, wovon eine für die Bühnenarbeiter bestimmt war. Nach einer schlechten Vorstellung konnten die Schauspieler sich nur noch auf den unteren Etagen verstecken. Aus 3 wurde dann durch Übertreibung 36.

Avec tous ces feux de forêt, l'Australie *est dans le 36e dessous.*

Siehe auch **être mal barré, en voir de toutes les couleurs, être dans de beaux draps, être dans la panade / le pétrin / la purée.**

détente

(3) **être dur à la détente** (1. être avare, 2. mettre du temps à comprendre) ▸ 1. geizig sein, 2. eine lange Leitung haben

☞ *la détente* ist der Abzug einer Schusswaffe. Wenn dieser zu hart ist, geht der Schuss nicht los.

1. Mon frère a toujours été *dur à la détente.* Il n'aime pas beaucoup dépenser de l'argent.

2. J'ai dû répéter plusieurs fois ce que j'attendais de lui, tellement il est *dur à la détente.*

Siehe auch (zu 1.) **il est un peu radin sur les bords, les lâcher avec un élastique, être près de ses sous.**

deuil

(2) **faire son deuil de quelque chose** (se résigner à être privé de quelque chose) ▸ sich mit etwas abfinden, etwas in den Schornstein schreiben

☞ *le deuil* (die Trauer) geht zurück auf das lateinische *dolus*, das ‚Schmerz' bedeutete. Gemeint ist: Auf etwas verzichten, auch wenn es schmerzt.

On t'a volé ta voiture? Et bien, mon vieux, *tu peux faire le deuil de* ta belle Mercedes, car à l'heure qu'il est, elle est déjà à l'étranger.

deux

(1) **en moins de deux** (en un rien de temps) ▸ in Null Komma nichts
☞ Gemeint ist: *en moins de deux secondes.*
En moins de deux j'avais grimpé les trois étages.

Siehe auch **en deux coups de cuillère à pot, en deux temps trois mouvements, en quatrième vitesse.**

D

dévolu

(3) **jeter son dévolu sur quelqu'un/quelque chose** (fixer son choix sur quelqu'un / quelque chose) ▸ es auf jdn/etwas abgesehen haben
☞ *le dévolu* war ursprünglich ein Benefizium, das dem Papst zukam, weil der rechtmäßige Besitzer entweder verstorben war oder das Gut/Amt nicht mehr verwalten konnte.
J'ai bien vu qu'*elle avait jeté son dévolu sur moi.*

diable

(1) **ce n'est pas le diable!** (ce n'est pas difficile!) ▸ so schwer ist das nicht!
☞ Man denke an *teuflisch schwer* (diablement difficile).
Venir à l'heure au travail, *ce n'est* quand même *pas le diable*!

Siehe auch **à l'aise Blaise, c'est du tout cuit, les doigts dans le nez, c'est l'enfance de l'art, c'est du gâteau, ce n'est pas la mer à boire, ce n'est pas sorcier.**

(1) **tirer le diable par la queue** (avoir des difficultés d'argent) ▸ am Hungertuch nagen
☞ Die Herkunft dieser Redewendung ist umstritten. Einige Etymologen denken an eine alte Fabel, in der ein armer Mann den Teufel um Hilfe bittet. Als dieser seine Hilfe verweigert, weil der Arme ihm seine Seele nicht verkaufen will, versucht dieser ihn am Schwanz zurückzuhalten.
Depuis que papa est au chômage, *nous tirons le diable par la queue.*

Siehe auch **bouffer de la vache enragée.**

(3) **au diable vauvert** (extrêmement loin) ▸ weiß der Kuckuck, wie weit von etwas entfernt
☞ Der Ursprung dieser Redewendung ist nicht ganz deutlich: Es handelt sich wahrscheinlich um eine Verschmelzung von *aller au diable* (sich zum Teufel scheren) und *aller à Vauvert*: *Vauvert* ist der Name verschiedener Schlösser oder Abteien, von denen einige ziemlich weit entfernt von Paris waren.
Le village dans lequel tu veux te rendre, se trouve *au diable vauvert.*

D

diapason

(3) **se mettre au diapason de quelque chose** (se mettre en conformité avec la situation) ▸ sich anpassen | **le diapason** = die Stimmgabel

L'esprit de notre entreprise est un peu spécial, mais le nouvel employé s'est vite *mis au diapason.*

dieu

(2) **on lui donnerait le bon dieu sans confession** (il a l'air plus innocent, plus honnête qu'il n'est en réalité) ▸ er sieht aus, als ob ihn kein Wässerchen trüben könnte

☞ Wörtlich: Man würde ihn zur Kommunion lassen ohne vorherige Beichte.

Je sais bien qu'*on lui donnerait le bon dieu sans confession*, mais raison de plus de te méfier de lui.

dindon

(2) être le dindon de la farce (être le dupé dans une affaire) ▸ der Dumme, der Gelackmeierte sein

☞ Es gibt zwei sehr verschiedene Erklärungen: 1. Seit dem Mittelalter gab es in Frankreich sogenannte *farces* (Luststücke), in denen man oft den Spott trieb mit dummen Leuten, die *dindons* (Truthähne) genannt wurden. 2. Im 18. Jh. gab es auf französischen Jahrmärkten eine eigenartige Darbietung: Auf eine langsam angeheizte Blechplatte stellte man Truthähne, die anfingen, zu „tanzen", d. h. von einer Pfote auf die andere zu treten, wenn die Platte heiß wurde. Die Zuschauer lachten sich tot über diese '*farce*'.

Tout le monde s'en est bien sorti, sauf moi. Moi, j'ai été *le dindon de la farce.*

Siehe auch **l'avoir dans le baba, être chocolat, l'avoir dans le cul / dans le dos / dans l'os, il a été refait, être de la revue.**

dire

* **cela en dit *long* sur ...** ▸ das sagt *viel* über ...

(1) **cela va sans dire!** (ça va de soi!) ▸ das versteht sich von selbst

☞ Wenn jemand sagt *Cela va sans dire*! ist die Antwort meistens *Mais cela va encore mieux en le disant*!

Ça va sans dire que je ne suis pas resté longtemps à cette réunion ennuyeuse!

(1) **(il y avait là des gens / il y avait là un embouteillage) je ne te dis que ça!** (énormément) ▸ es gab da einen Haufen Leute / ein Verkehrschaos, das kannst du dir nicht vorstellen!

À cause de la grève du métro à Paris, il y avait là un embouteillage, *je ne te dis que ça*!

(1) **je ne te le fais pas dire!** (tu le vois toi-même!) ▸ siehst du!

Mais alors, je me serais trompé? – *Je ne te le fais pas dire*!

(1) **soit dit en passant** (pour ne pas s'appesantir sur ce sujet) ▸ nebenbei gesagt

Soit dit en passant, je n'ai pas très envie de participer à cette expédition.

(2) **dire pis que pendre de quelqu'un** (en dire beaucoup de mal) ▸ kein gutes Haar an jdm lassen

☞ Wörtlich: Schlimmeres (*pire*) von jdm sagen, als das, was schon genügen würde, ihn zum Strang zu verurteilen.

Le directeur n'aime pas son adjoint. *Il dit* même *pis que pendre de lui.*

distances

* **garder *ses* distances** ▸ Abstand halten

doigt(s)

(1) **toucher du doigt** (approcher de la solution) ▸ genau den Punkt treffen

Il a touché du doigt la solution à son problème.

(1) **obéir au doigt et à l'œil** (obéir sans discussion) ▸ aufs Wort gehorchen

☞ Wörtlich: Ein Wink oder ein Blick genügt schon, um jdn gehorchen zu lassen.

Avec mon père, il s'agissait d'*obéir au doigt et à l'œil.*

Siehe auch **marcher à la baguette.**

(1) **se mettre le doigt dans l'œil (jusqu'au coude)** (se tromper grossièrement) ▸ auf dem Holzweg sein, schief gewickelt sein

☞ *l'œil* ist hier nicht das Auge, sondern Argot für Anus. Der Irrtum bezieht sich auf den Gebrauch des Fingers statt des männlichen Gliedes.

Si tu crois que je vais te prêter ma belle voiture, *tu te mets le doigt dans l'œil*!

Siehe auch **avoir la berlue, se monter le bourrichon, être loin du compte, se tromper dans les grandes largeurs, être à côté de la plaque, faire fausse route.**

(2) **mettre le doigt dans l'engrenage** (s'engager imprudemment dans quelque chose dont on ne pourra plus sortir) ▸ sich auf etwas einlassen

☞ Wörtlich: Den Finger in das Zahnradgetriebe stecken.

Une fois qu'*on a mis le doigt dans l'engrenage*, il n'est plus possible de sortir de la mafia.

(1) **être à deux doigts de faire quelque chose** (être très près de faire quelque chose) ▸ drauf und dran sein, etwas zu tun

J'étais à deux doigts de le licencier, quand le directeur m'a demandé de lui redonner une chance.

(1) **pouvoir faire quelque chose les doigts dans le nez** (pouvoir le faire très facilement, sans effort) ▸ etwas mit links machen können

☞ Diese Redewendung stammt wahrscheinlich aus dem Pferdesport: Wenn ein Jockey spielend (mit links) als erster das Ziel erreichte, hatte er sogar noch Zeit, sich wie ein Kind die Finger in die Nase zu stecken, als Zeichen der Überlegenheit.

Ce mathématicien est tellement fort, qu'il résout les intégrales *les doigts dans le nez.*

Siehe auch **à l'aise Blaise, c'est du tout cuit, ce n'est pas le diable, c'est l'enfance de l'art, c'est du gâteau, ce n'est pas la mer à boire, ce n'est pas sorcier; gagner dans un fauteuil, haut la main.**

(1) **croiser les doigts** (se fait ou se dit quand on fait un vœu ou pour conjurer le mauvais sort) ▸ toi! toi! toi!

☞ Die Daumen drücken; dies ist eine wörtliche Übersetzung des englischen *to cross one's fingers.* Man kreuzte die Finger, um sich im Zeichen des Kreuzes vor Unglück zu schützen.

Croisons les doigts pour qu'il ne fasse pas un accident avec sa nouvelle voiture de sport!

(2) **ils sont comme les (deux) doigts de la main** (ils sont très liés et inséparables) ▸ sie sind ein Herz und eine Seele

☞ Eigenartig, dass hier von zwei Fingern die Rede ist. Wahrscheinlich hat man den Gedanken an die zwei Personen auf zwei Finger übertragen.

On les voit partout ensemble: *ils sont comme les deux doigts de la main.*

Siehe auch **être copains comme cochons, être comme cul et chemise, les deux font la paire, avoir partie liée.**

(2) **se mordre les doigts de quelque chose** (le regretter amèrement) ▸ etwas bitter bereuen
☞ Wörtlich: Sich auf die Finger beißen.
Malheureusement je lui ai donné mon autorisation. Maintenant, *je m'en mords les doigts.*

D

d'ores

(1) **d'ores et déjà** (dès maintenant, désormais) ▸ schon jetzt
☞ *d'ores* gibt es nur noch in dieser Redewendung. Der Ursprung von *ores* ist das lateinische *hac ora*, zu dieser Stunde, jetzt.
Devant les plans de retraite du gouvernement les syndicats ont *d'ores et déjà* annoncé une grève au finish.

dormir

* **ne dormir que *d'un* œil** ▸ nur *mit halbem* Auge schlafen

(1) **dormir sur ses deux oreilles** (être / se sentir en sécurité) ▸ ganz beruhigt sein
☞ Die Herkunft dieser eigenartigen Redewendung (die ja praktisch unmöglich ist) ist nicht geklärt. Ein Gedanke könnte sein, dass man, wenn man nicht schlafen kann, auf dem Rücken liegt. Schläft man jedoch richtig, dann liegt man auf einem Ohr. *Deux oreilles* wäre dann nur eine Intensivierung von *une oreille.*
Il ne t'arrivera rien, tu peux *dormir sur tes deux oreilles*!

(1) **dormir à poings fermés** (dormir profondément) ▸ fest schlafen
☞ Wörtlich: Mit geballten Fäusten. Man denkt wahrscheinlich an ein fest schlafendes Baby.
Comme *je dormais à poings fermés*, je n'ai pas entendu que le cambrioleur cassait une vitre au garage.

(1) **une histoire / un conte à dormir debout** (une histoire incroyable, absurde) ▸ ein Ammenmärchen
☞ Wörtlich: Eine solch unglaubliche Geschichte, dass man jedes Interesse daran verliert und stehenden Fußes dabei einschläft.
Son excuse pour ne pas venir travailler est *une histoire à dormir debout.*

Siehe auch **non mais, je rêve.**

dos

(1) **en avoir plein le dos** (en avoir plus qu'assez) ▸ die Nase gestrichen voll haben
☞ *dos* steht hier für *cul* (Arsch).
J'en ai plein le dos de toutes tes histoires farfelues!

D

Siehe auch **en avoir jusque là, en avoir ras le bol, en avoir plein les bottes, en avoir sa claque, en avoir plein le cul, en avoir marre, en avoir par-dessus la tête.**

(1) **l'avoir dans le dos** (siehe **l'avoir dans le cul**)

(1) **avoir bon dos** (supporter injustement la responsabilité d'une faute) ▸ für etwas herhalten müssen
☞ Gemeint ist: Einen guten Rücken haben, auf den man schlagen kann.
La faute aux médias? Oui, les médias *ont bon dos!*

(1) **faire le gros dos** (attendre prudemment que la situation s'améliore) ▸ den Kopf einziehen, sich ducken, das Gewitter vorüberziehen lassen
☞ Vielleicht ist diese Redewendung zurückzuführen auf das Bild der Katze, die, wenn sie sich bedroht fühlt, einen Buckel macht, um dem Gegner zu imponieren und so die Gefahr vorbeigehen zu lassen.
Les critiques pleuvent, mais en attendant, le ministre *fait le gros dos.*

(1) **se mettre quelqu'un à dos** (s'en faire un ennemi) ▸ es sich mit jdm verderben
☞ Gemeint ist, dass man jdn 'auf dem Rücken hat'.
Si *tu te mets le directeur à dos*, tu ne resteras pas longtemps dans cette entreprise.

(2) **ne pas y aller avec le dos de la cuillère** (parler ou agir sans ménagement) ▸ nicht gerade zimperlich sein
☞ Wenn man etwas mit der Rückseite des Löffels essen will, wird das schwierig sein und auf jeden Fall länger dauern.
Avec ces nouveaux impôts, le gouvernement n'y est *pas allé avec le dos de la cuillère.*

Siehe auch **avoir la main lourde, ne pas y aller de main morte.**

douche

(2) **une douche écossaise** (une douche alternativement chaude et froide) ▸ ein Wechselbad

☞ Im 19. Jh. wurde das Wechselbad hauptsächlich in Schottland praktiziert. Jetzt kommt diese Redewendung nur noch in der übertragenen Bedeutung vor.

D'abord on a promis d'embaucher du personnel, et maintenant on veut licencier une centaine de collaborateurs, *une vraie douche écossaise* pour les syndicats!

D

dragée

(3) **tenir la dragée haute à quelqu'un** (lui faire sentir son pouvoir en le faisant attendre, avant de lui donner ce qu'il veut) ▸ jdm den Brotkorb höher hängen, jdn zappeln lassen

☞ Einige Etymologen denken an ein Spiel, bei dem Kinder nach einem an einer Kordel befestigten Dragee springen mussten. Andere sehen in *dragée* '*la dragée de cheval*', eine Mischung aus Weizen und Buchweizen, die man dem Pferd hochhielt und die es nur bekam, wenn es einen Dressurakt vollführt hatte.

Jusqu'au dernier moment, Al Gore *avait tenu la dragée haute* à George Bush.

draps

(1) **on est dans de beaux draps!** (on est dans une situation désagréable!) ▸ da haben wir die Bescherung!

☞ Im 18. Jh. lautete diese Redewendung: *être dans de beaux draps blancs*, eine Antiphrase. *Les draps* sind hier keine Bettlaken, sondern die Kleider. Ironischerweise wurden Sünder in weiße Gewänder gekleidet.

Comme la situation financière ne s'améliore pas, notre entreprise *est dans de beaux draps.*

Siehe auch **être mal barré, en baver, être dans le / au creux de la vague, être dans le 36e dessous, être dans la mouise / la panade / la purée.**

droit

(2) **on va y avoir droit!** (nous devrons subir les conséquences!) ▸ das wird uns treffen (z. B. das Gewitter, neue Steuern ...)

☞ Eine Antiphrase, denn aus dem Recht wird ja eine Pflicht.

Les nouveaux impôts? Tu vas voir, les indépendants vont *y avoir droit!*

durite

(3) **péter une durite** (craquer, commettre subitement des actes incompréhensibles) ▸ durchdrehen

☞ *Durit* (ein eingetragenes Warenzeichen), später *durite* geschrieben, ist ein Zufuhrschlauch im Motor. Wenn solch ein Schlauch (z. B. einer mit Kühlwasser) platzt, entsteht großer Schaden.

Retiens-moi, ou *je pète une durite.*

Siehe auch **péter un câble, péter un plomb.**

D

E

eau(x)

* *apporter* **de l'eau** *au* **moulin de quelqu'un** ▸ Wasser *auf* jds Mühle *sein*

* **tomber** *à* **l'eau** ▸ *in*s Wasser fallen

* *mettre* **de l'eau dans** *son* **vin** ▸ Wasser in den Wein *gießen*

* **jusque là, il coulera encore de l'eau** *sous les ponts* ▸ bis dahin fließt noch viel Wasser *den Rhein hinunter*

(1) **mettre l'eau à la bouche de quelqu'un** (exciter sa curiosité) ▸ jdm den Mund wässerig machen

La bande de lancement du film nous a déjà *mis l'eau à la bouche.*

(1) **être en eau** (transpirer abondamment) ▸ in Schweiß gebadet sein

Après cet ultime effort, toute l'équipe *était en eau.*

(1) **il y a de l'eau dans le gaz** (il y a des tensions, une dispute qui se prépare) ▸ es gibt Spannungen, der Haussegen hängt schief

☞ Früher befand sich im Stadtgas eine gewisse Menge Wasserdampf. Wenn dieser sich verdichtete, erlosch das Gas im Gasbrenner und dann hatte die Hausfrau ein Problem.

Entre les syndicats et la direction *il y a de l'eau dans le gaz.*

Siehe auch **ça va barder, avoir maille à partir avec quelqu'un, chercher des noises à quelqu'un, avoir un œuf à peler avec quelqu'un, prendre quelqu'un à partie, le torchon brûle.**

(3) **porter de l'eau à la rivière** (faire quelque chose d'inutile) ▸ Eulen nach Athen tragen.

Augmenter les allocations familiales pour les riches, c'est *porter de l'eau à la rivière.*

(3) **de la même eau** (de la même espèce) ▸ von der gleichen Art, vom selben Schlag.

Les solutions proposées par les socialistes et par les sociaux-démocrates *sont de la même eau.*

Siehe auch **de la même trempe.**

(3) **s'en aller en eau de boudin** (finir par un échec) ▸ mit einem Misserfolg enden | **le boudin** = die Blutwurst

☞ Gemeint ist hier das Wasser, in dem man die Blutwurst kocht und das man wegschüttet, weil es zu nichts zu gebrauchen ist.

Le débat au parlement *s'en est allé en eau de boudin.*

(2) **dans ces eaux-là** (à peu près de ce niveau-là) ▸ ungefähr so viel

☞ *eaux* steht hier für *niveaux d'eau.* Man vergleicht zwei ähnliche Wasserspiegel.

Cette maison vaut 250.000 euros ou *dans ces eaux-là.*

Siehe auch **dans ce goût-là, à vue de nez.**

(3) **nager entre deux eaux** (ménager adroitement deux partis opposés, refuser de s'engager franchement) ▸ es mit keinem verderben wollen

☞ *nager* bedeutet hier nicht ‚schwimmen', sondern *naviguer* (zur See fahren). Die ursprüngliche Bedeutung war: Zwischen zwei Strömungen fahren, ohne vom Kurs abzukommen.

Pour faire carrière en politique, il faut savoir n*ager entre deux eaux.*

Siehe auch **vouloir ménager la chèvre et le chou.**

écart

(3) **faire le grand écart** (tenter de concilier deux nécessités contradictoires) ▸ einen Spagat machen

Comment le gouvernement réussira-t-il de *faire le grand écart* entre la croissance et les mesures pour l'environnement?

échange

(3) **un échange de bons procédés** (le fait de faire plaisir à quelqu'un qui nous fait plaisir) ▸ sich gegenseitig einen Dienst erweisen; eine Hand wäscht die andere

Si vous donnez des cours de français à un anglophone en échange de cours d'anglais, c'est *un échange de bons procédés.*

Siehe auch **renvoyer l'ascenseur.**

échapper

(2) **l'échapper belle** (échapper de peu à un danger) ▸ gerade noch mal Glück gehabt haben

☞ *belle/beau* bedeutete früher auch *bon, opportun* (günstig, geeignet).

On a failli être arrêtés par la police, mais cette fois-ci encore, *on l'a échappé belle.*

échelle

(2) **faire la courte échelle à quelqu'un** (l'aider à s'élever en formant un échelon avec ses mains imbriquées) ▸ für jdn die Räuberleiter machen

☞ *courte échelle*, weil diese Leiter ja nur aus einer Sprosse besteht.

Si le mur est trop haut, tu devras me *faire la courte échelle.*

(3) **il n'y a plus qu'à tirer l'échelle!** (tout est perdu!) ▸ da geht gar nichts mehr!

☞ Gemeint ist: Jetzt brauchen wir auch keine Leiter mehr.

Maintenant que nous avons aussi perdu ce dernier match important, *il n'y a plus qu'à tirer l'échelle!*

échine

(3) **courber l'échine devant quelqu'un** (se soumettre à lui) ▸ vor jdm katzbuckeln | **l'échine** = das Rückgrat

Je n'aime pas ta façon de *courber l'échine* devant le patron.

éclat

* *faire* **un éclat** ▸ einen Eklat *verursachen*

école

(2) **un cas d'école** (un exemple qui fait référence) ▸ ein Beispiel wie aus dem Lehrbuch

La façon dont cette grande entreprise a négocié le licenciement de 300 employés avec les syndicats est *un cas d'école.*

(2) **avoir été à bonne école** (avoir été bien entouré pour progresser) ▸ eine gute Lehre gehabt haben

Bien sûr que j'ai été sévère avec votre fils! C'est vous qui m'avez formé. *J'ai* donc *été à bonne école*!

(2) **faire l'école buissonière** (aller se promener au lieu d'aller en classe) ▸ die Schule schwänzen
☞ *les buissons* sind die Sträucher oder das Gebüsch, in dem die Schüler sich verbargen oder in dem sie spazieren gingen, statt in die Schule zu gehen.

Quand il fait beau, les élèves ont plus tendance à *faire l'école buissonière.*

E

économies

(2) **faire des économies de bouts de chandelle** (faire des économies trop petites pour être utiles) ▸ am falschen Ende sparen; an lächerlichen Kleinigkeiten sparen
☞ Früher wurden aus Kerzenstümpfen neue Kerzen gemacht.

Vouloir épargner sur les subsides à la culture, c'est *faire des économies de bouts de chandelle.*

écoute

(2) **être / rester à l'écoute** (être attentif à ce qui se passe ou se dit) ▸ am Ball bleiben

Je ne me désintéresse pas du tout de la situation. Au contraire, *je reste à l'écoute.*

écouter

* **si je m'écoutais ...** ▸ wenn ich *auf* mich hörte ...

écran

(2) **un écran de fumée** (une action pour occulter la réalité) ▸ eine Verschleierung, ein Ablenkungsmanöver | **un écran** = ein Schutzschirm

Les dernières propositions du gouvernement ne sont qu'*un écran de fumée* pour camoufler ses vraies intentions.

effets

(3) **faire des effets de manches** (prendre des attitudes pour attirer l'attention) ▸ Theater machen, um sein Publikum zu beeindrucken (meistens von Rechtsanwälten gesagt) | **la manche** = der Ärmel

Ce grand avocat est connu pour *ses effets de manches* devant le banc des jurés.

E

élastique

(3) **les lâcher avec un élastique** (ne pas donner ou prêter facilement son argent) ▸ auf seinem Geld sitzen
☞ Wörtlich: Sein Geld nur geben, wenn es mit einem Gummiband versehen ist, womit man es eventuell zurückziehen kann.
Ton frère est un peu avare. Je dirais même qu'*il les lâche avec un élastique.*

Siehe auch **être un peu radin sur les bords, être dur à la détente, être près de ses sous.**

emballez

(3) **emballez, c'est pesé!** (1. nous sommes d'accord, 2. se dit lorsqu'on est débarrassé d'une affaire encombrante) ▸ 1. abgemacht! 2. das hätten wir! Das wär's!
☞ Wörtlich: Einpacken, es ist schon gewogen!
1. On se verra le 20 alors? D'accord, *emballez, c'est pesé*!

2. On en a enfin terminé avec cette affaire, *emballez, c'est pesé*!

émeri

(2) **être bouché à l'émeri** (être borné, être incapable de comprendre) ▸ ein Brett vor dem Kopf haben
☞ *l'émeri* ist das Schmirgelpapier, mit dem man sowohl den Stopfen als den Flaschenhals polierte. So passte der Stopfen genau und war die Flasche fest verschlossen.
Quand il s'agit de mathématiques, ce garçon est *bouché à l'émeri.*

emmerder

(1) **il ne s'emmerde pas!** (vulg.) (il mène la belle vie) ▸ der hat's gut! | **s'emmerder** = sich langweilen
À son âge, avoir trouvé une jolie fille de vingt ans, *il ne s'emmerde pas*!

Siehe auch **avoir du bol, avoir une chance de cocu / de pendu, avoir du pot, avoir une veine de cocu, être verni.**

empêcheur

(3) **un empêcheur de tourner en rond** (un gêneur, un rabat-joie) ▸ ein Spielverderber
☞ *tourner en rond* steht für *danser.*
Tu ne veux jamais nous accompagner à une fête, tu n'es rien d'autre qu'*un empêcheur de tourner en rond.*

emporte-pièce

(3) **à l'emporte-pièce** (de façon trop hâtive, sans réfléchir) ▸ überstürzt

☞ Im 17. Jh. war *l'emporte-pièce* ein scharfes Werkzeug zum Schneiden oder zum Lochen.

Je refuse de porter sur ce livre un jugement *à l'emporte-pièce.*

E

encadrer

(3) **ne pas pouvoir encadrer quelqu'un** (le détester) ▸ jdn nicht riechen können | **encadrer** = einrahmen

☞ Gemeint ist, dass man noch nicht mal sein Bild an der Wand ertragen könnte.

Il n'y a rien à faire, *je ne peux pas encadrer ton ami*!

Siehe auch **encaisser.**

encaisser

(3) **ne pas pouvoir encaisser quelqu'un** (ne pas le supporter) ▸ jdn nicht verknusen können

☞ *encaisser* bedeutet nicht nur *kassieren,* sondern auch *subir* (hinnehmen).

Je ne peux pas encaisser notre nouveau patron.

Siehe auch **encadrer.**

encre

(2) **cela a fait couler beaucoup d'encre** (cela a suscité de nombreux commentaires écrits) ▸ das hat viele Reaktionen verursacht, darüber ist schon viel Tinte verspritzt worden

Le compte suisse du premier ministre *a fait couler beaucoup d'encre.*

Siehe auch **faire les gorges chaudes.**

enfance

(2) **c'est l'enfance de l'art** (c'est très facile) ▸ das ist kinderleicht

☞ Wörtlich: Die Kinderjahre der Kunst.

Le fonctionnement et l'entretien de notre machine, *c'est l'enfance de l'art.*

Siehe auch **à l'aise Blaise, c'est du tout cuit, ce n'est pas le diable, les doigts dans le nez, c'est du gâteau, ce n'est pas la mer à boire, ce n'est pas sorcier.**

enfant

(3) **un enfant de la balle** (un comédien, un artiste de cirque, dont les parents faisaient déjà ce métier) ▸ ein Kind aus dem Zirkusmilieu, welches das Fach von seinen Eltern gelernt hat

☞ Für diese Redewendung gibt es verschiedene Erklärungen: 1. *balle* könnte der Ball des *Jeu de paume* (einer Art Vorstadium des Tennis) sein; 2. *balle* könnte ein Ballen sein, den die Kinder der fahrenden Gesellen tragen mussten; 3. *balle* könnte eine Art Stempelkissen sein, mit dem die Druckergehilfen die Druckplatten schwärzten.

Ce n'est pas étonnant qu'il soit la star du cirque, c'est *un enfant de la balle.*

E

enfers

(3) **une descente aux enfers** (un effondrement total) ▸ der absolute Tiefpunkt

☞ Wörtlich: Eine Höllenfahrt, ein Abstieg in die Hölle.

Cette année, notre société a connu *une* véritable *descente aux enfers.*

enseigne

(2) **nous sommes tous logés à la même enseigne** (nous sommes tous dans le même cas) ▸ wir sitzen alle im gleichen Boot

☞ *l'enseigne* ist das Aushängeschild, z. B. einer Herberge oder eines Wirtshauses.

Il faut que nous restions unis, car *nous sommes tous logés à la même enseigne.*

Siehe auch **on est tous dans le même bain.**

(3) **à telle enseigne que ...** (à tel point que ...) ▸ das geht so weit, dass ... umso mehr als ...

☞ Hier ist *enseigne* nicht das Aushängeschild, sondern das Zeichen, die Marke.

La situation économique est devenue mauvaise, *à telle enseigne que* le Fonds monétaire international devra intervenir.

entendeur

(3) **à bon entendeur, salut!** (1. que celui qui comprend en tire profit!, 2. je vous aurai / je t'aurai averti!) ▸ 1. jetzt wissen Sie / weißt du Bescheid!, 2. jetzt sind Sie / bist du gewarnt!

☞ *salut* ist hier nicht der Gruß, sondern die Rettung. Wörtlich also: Wer gut zugehört und verstanden hat, wird gerettet werden.

1. Vous savez maintenant à quoi vous en tenir avec lui, *à bon entendeur, salut!*

2. Quand vous traitez avec la Chine, pensez à l'espionnage industriel, *à bon entendeur, salut!*

entendre

(1) **cela s'entend!** (cela va de soi!) ▸ selbstverständlich!
☞ *entendre* hat hier die frühere Bedeutung von verstehen, wie z. B. in *entendre le français.*
J'attends de vous un engagement total! – *Cela s'entend!*

E

enterrer

(2) **enterrer sa vie de garçon** (fêter sa dernière journée de célibataire) ▸ Junggesellenabschied feiern | **enterrer** = begraben
J'espère que tu viendras quand je vais *enterrer ma vie de garçon.*

entrée

(2) **d'entrée de jeu** (directement au début) ▸ gleich zu Beginn
☞ Wörtlich: Am Anfang des Spiels.
D'entrée de jeu le directeur me dit qu'il attendait quelqu'un d'autre que moi pour la nouvelle place de professeur.

envers

(1) **envers et contre tout** (en dépit de toute résistance) ▸ allem und jedem zum Trotz
☞ *envers* hat hier die gleiche Bedeutung wie *contre.* Es handelt sich also um eine Tautologie.
Malgré tout ce qu'il a fait, je défendrai mon fils *envers et contre tout.*

envi

(3) **à l'envi** (à qui mieux mieux, en rivalisant avec d'autres) ▸ um die Wette
☞ *envi* stammt aus dem lateinischen *invitare* (einladen). Die ursprüngliche Bedeutung von *à l'envi* war, einen Rivalen zum Spiel oder zum Kampf auffordern. Daher früher *jouer à l'envi* (*à l'invitation*) *de quelqu'un.*
Tous les partis nous répètent *à l'envi* qu'ils n'augmenteront pas les impôts.

épine

(2) **enlever une épine du pied à quelqu'un** (tirer quelqu'un de l'embarras) ▸ jdn aus einer ziemlichen Notlage helfen

☞ Wörtlich: Jdm einen Dorn aus dem Fuß ziehen.

Que ce problème soit enfin résolu m'*enlève une épine du pied.*

E

épingle(s)

(2) **(re)tirer son épingle du jeu** (se tirer adroitement d'une affaire difficile) ▸ sich geschickt aus der Affäre ziehen

☞ Einige Etymologen sehen den Ursprung dieser Redewendung in einem Kinderspiel, in dem man eine Nadel mit einem Ball aus einem Kreidekreis herausschießen (*tirer*) musste. Andere denken an eine erotische Deutung: *l'épingle* wäre dann das männliche Glied, das man zeitig zurückziehen musste, um die Partnerin nicht zu schwängern.

Dans le conflit entre les Etats-Unis et la Chine, le Canada a réussi à *tirer son épingle du jeu.*

(3) **monter quelque chose en épingle** (donner une importance excessive à quelque chose) ▸ etwas aufbauschen

☞ Früher wurden Krawattennadeln (hier *épingle*) mit einem Edelstein verziert.

Cet incident a été *monté en épingle* par les médias.

(2) **être tiré à quatre épingles** (être habillé avec beaucoup de soin) ▸ wie aus dem Ei gepellt sein, geschniegelt und gestriegelt sein

☞ Wörtlich: Mit einer Nadel an jeder der vier Ecken festgesteckt, damit keine Falte entsteht.

Quand il va au théâtre, il est toujours *tiré à quatre épingles.*

éponge

* *passons* **l'éponge!** ▸ Schwamm *drüber*!

(1) **jeter l'éponge** (renoncer, abandonner) ▸ das Handtuch werfen

☞ Während ein deutscher Boxmanager das Handtuch wirft, wenn sein Boxer am Ende ist, wirft der französische Kollege den Schwamm, mit dem er sonst seinem Schützling den Schweiß abwischt, in den Ring.

C'est bon, j'abandonne, *je jette l'éponge*!

épreuve

(2) **à toute épreuve** (capable de résister à tout) ▸ sicher, bewährt | **épreuve** = Prüfung, Test

Un pompier doit avoir un courage *à toute épreuve.*

équipe

(1) **quelle équipe!** (qu'ils sont mauvais!) ▸ das sind mir vielleicht welche!

Ils viennent de perdre pour la cinquième fois de suite, *quelle équipe*!

ergots

(3) **se dresser sur ses ergots** (prendre une attitude hautaine et menaçante) ▸ sich aufplustern, aggressiv werden | **l'ergot** = der Sporn des Hahns

Quand j'ai voulu protester, *il s'est dressé sur ses ergots* et a quitté la pièce.

E

escient

(3) **à bon escient** (de manière appropriée, en pleine connaissance de la situation) ▸ zu Recht

☞ wissentlich; aus dem lateinischen *scire* (wissen).

Il faut utiliser les réseaux sociaux, tels que Facebook ou Twitter, *à bon escient*.

espèces

(2) **payer en espèces sonnantes et trébuchantes** (payer en liquide) ▸ bar bezahlen

☞ Ursprünglich bezog sich diese Redewendung ausschließlich auf Geldstücke. *Sonnantes* ist deutlich: Man kann fallende Geldstücke klingen hören. Am Klang konnte man schon feststellen, dass es keine Fälschungen waren. *Trébuchantes* hat jedoch nichts mit *stolpern* (*trébucher*) zu tun: *le trébuchet* war im 14. Jh. (u. a.) eine kleine Geldwaage. *Des espèces trébuchantes* waren also Gold- oder Silbermünzen, die das richtige Gewicht hatten. Man musste das kontrollieren, denn es gab immer wieder Leute, die etwas Gold von den Münzen abfeilten.

En Suède, il faut absolument une carte de banque, car on ne peut presque plus nulle part *payer en espèces sonnantes et trébuchantes*.

esprit(s)

(1) **avoir l'esprit mal tourné** (interpréter quelque chose de façon scabreuse) ▸ eine schmutzige Phantasie haben

Tout ce que je disais, il l'interprétait de façon érotique: *il avait* vraiment *l'esprit mal tourné*!

(1) **reprendre ses esprits** (retrouver son sang-froid) ▸ sich wieder fassen

Après m'être évanoui, il n'a fallu que quelques minutes pour que *je reprenne mes esprits.*

essor

E

(2) **prendre son essor** (commencer à se développer) ▸ aufblühen (Wirtschaft) | **essor** = *développement, expansion*

Depuis la crise de 2008, la bourse a de nouveau *pris son essor.*

estomac

* **avoir l'estomac dans les** ***talons*** ▸ den Magen in den *Kniekehlen hängen* haben | **talons** = Absätze

étapes

(1) **brûler les étapes** (aller trop vite) ▸ einige Stufen/Etappen überspringen

N'allons pas trop vite! Il ne sert à rien de *brûler les étapes*!

état

(2) **faire état de quelque chose** (le mentionner, mettre en avant) ▸ sich auf etwas berufen | **état** = Status, Bezug

J'ai fait état de mon expérience, mais on ne m'a quand même pas engagé.

excuser

(2) **excusez du peu!** (je trouve que ce n'est déjà pas mal!) ▸ das ist schon alles!

☞ Wörtlich: Entschuldigen Sie, dass es so wenig ist! Eine ironische Antiphrase.

Ce savant a deux doctorats et trois doctorats honoris causa, *excusez du peu!*

F

F

façon

(1) **non merci, sans façons!** (sans faire de manières) ▸ nein, danke, wirklich nicht!

Vous voulez encore du café? – *Non merci, sans façons*!

facultés

(2) **ne pas jouir de toutes ses facultés** (être un peu fou) ▸ nicht im Vollbesitz seiner geistigen Kräfte sein

☞ Gemeint sind *ses facultés mentales.*

Depuis que j'ai entendu ses propositions, je suis persuadé qu'*il ne jouit pas de toutes ses facultés.*

Siehe auch **avoir une araignée au plafond, perdre la boule, battre la campagne, avoir une case en moins, il lui manque une case, travailler du chapeau, avoir un grain, être à la masse, tu devrais te faire soigner, ça ne va pas la tête.**

fagots

(3) **de derrière les fagots** (d'une qualité exceptionnelle) ▸ erlesen, edel (meistens von Weinen)

☞ *le fagot* ist das Reisigbündel. Früher versteckte man seinen besten Wein im Keller hinter Reisigbündeln oder hinter einem Holzstapel.

Tu vas me goûter ce Saint-Émilion *de derrière les fagots*!

Siehe auch **vous m'en direz des nouvelles.**

faim

(2) **rester sur sa faim** (être insatisfait) ▸ in seinen Erwartungen enttäuscht sein

☞ Wörtlich: Noch nicht gesättigt sein.

On m'avait dit que ce film était extraordinaire, mais *je suis resté sur ma faim.*

(3) **laisser quelqu'un sur sa faim** (ne pas satisfaire les attentes de quelqu'un) ▸ jds Erwartungen nicht erfüllen

Ce livre tellement vanté *m'a laissé sur ma faim.*

faire

(1) **il faut le faire!** (vivre une semaine sous les ruines, il faut pouvoir le supporter!) ▸ wer steht sowas durch? Stellen sie sich das mal vor!

Courir le marathon avec une jambe artificielle, *il faut le faire*!

(1) **ne pas s'en faire pour quelqu'un** (ne pas se faire de soucis) ▸ sich keine Sorgen um jdn machen

Ne t'en fais pas pour lui, il est assez grand pour savoir ce qu'il fait!

F

(1) **être fait (comme un rat)** (ne plus pouvoir s'enfuir) ▸ geliefert sein

☞ Gemeint ist: Er sitzt wie eine Ratte in der Falle; im Argot bedeutete *faire* auch ‚fangen'.

La police encercle sa maison, *il est fait comme un rat*!

(1) **ça le fait!** (ça marche) ▸ das klappt, das geht; einverstanden!

☞ Wahrscheinlich eine Übersetzung des englischen *that does it!*

On se voit ce week-end? – Je pense que *ça le fait*!

(1) **on ne me la fait pas!** (on ne me fera pas croire ça!) ▸ nicht mit mir! Das glaube ich nicht!

☞ Wörtlich: Das kann man mit mir nicht machen!

Ce serait techniquement impossible? *On ne me la fait pas*!

Siehe auch **tu parles, Charles.**

(1) **je vais me le faire, celui-là!** (je vais lui dire ce que je pense de lui) ▸ den werd' ich mir vorknöpfen!

C'est ça qu'il dit de moi? *Je vais me le faire, celui-là*!

(1) **je me le/la suis fait(e)!** (vulg.) (j'ai couché avec lui / elle) ▸ mit dem/der habe ich geschlafen!

Elle prétend ne pas me connaître? Mais *je me la suis faite* pas plus tard que la semaine passée!

(1) **il faut faire avec!** (il faut accepter ce qu'on ne peut pas changer) ▸ man muss sich damit abfinden!

☞ Gemeint ist: *avec cela.*

Encore une augmentation du prix de l'essence, mais *il faut faire avec*!

(1) **c'est bien fait pour lui!** (il mérite ce qui lui arrive) ▸ geschieht ihm recht!

Il a conduit en ayant bu et maintenant, on lui a retiré son permis de conduire, *c'est bien fait pour lui*!

(1) **ça commence à bien faire!** (maintenant, c'est assez! tu exagères!) ▸ jetzt ist es aber genug! Das Maß ist voll.

Comme je demandais une nouvelle augmentation à mon patron, il m'a dit: '*Maintenant, ça commence à bien faire*!'

Siehe auch **ne pas manquer d'air, comme vous y allez, y aller fort, charrier dans les bégonias, dépasser les bornes, pousser le bouchon un peu loin, arrête ton char, tirer sur la corde, tirer sur la ficelle, être gonflé, faut pas pousser grand-mère dans les orties, ne pas manquer de souffle.**

F

fait

(2) **aller droit au fait** (aller à l'essentiel) ▸ ohne Umschweife zur Sache kommen

Ne vous perdez pas dans des détails, mais *allez droit au fait*!

(2) **prendre quelqu'un sur le fait** (le surprendre au moment où il fait quelque chose) ▸ jdn auf frischer Tat ertappen

Il a toujours nié avoir pris de l'argent dans la caisse, mais ce matin, *je l'ai pris sur le fait*.

(2) **être au fait de quelque chose** (être informé) ▸ über etwas Bescheid wissen

Quand j'ai engagé cet employé, *je n'étais* pas *au fait de* son séjour en prison.

(3) **dire son fait à quelqu'un** (le dire sans ménagement) ▸ jdm gründlich die Meinung sagen

Quand il a de nouveau parlé de cette affaire, *je lui ai dit son fait*.

Siehe auch **rentrer dans le lard de quelqu'un, dire ses quatre vérités à quelqu'un.**

(3) **le fait du prince** (une décision arbitraire d'un pouvoir autoritaire) ▸ Ein Eingriff des Staates

☞ Wörtlich: Ein willkürlicher Akt des Prinzen, der Regierenden.

Le gouvernement n'a consulté personne et a tout simplement diminué les allocations sociales: c'est un bel exemple du *fait du prince*.

falloir

(3) **il s'en faut de beaucoup / de peu que ...** (on est loin / près du résultat) ▸ bei weitem noch nicht / es fehlt(e) nicht viel ...

Il s'en faut de beaucoup que je finisse mes études.

Il s'en est fallu de peu que je ne heurte un arbre avec ma nouvelle voiture.

farcir (se)

(2) **il faut se le / la farcir!** (c'est une personne difficile à supporter) ▸ der/die geht einem ganz schön auf den Geist!
☞ *se farcir quelque chose* bedeutet hier *faire une corvée* (eine lästige Pflicht erfüllen).
Ton ami, *il faut se le farcir*, il n'est vraiment pas très gai!

F

fard

(3) **piquer un fard** (rougir brusquement d'émotion ou de confusion) ▸ einen roten Kopf bekommen | **le fard** = die Schminke
☞ *piquer*, das hier für eine plötzliche Handlung steht, findet man auch in *piquer une crise de larmes* (in Tränen ausbrechen).
Lorsque toute la salle se leva pour l'applaudir, *elle piqua un fard.*

farine

(2) **rouler quelqu'un dans la farine** (le duper par des arguments trompeurs) ▸ jdn übers Ohr hauen
☞ *rouler* bedeutet hier ‚täuschen'. *Farine* ist das Mehl, das die Schauspieler als Maske benutzten, um nicht erkannt zu werden und so die Zuschauer über ihre wahre Identität zu täuschen.
Le gouvernement essaye de nouveau de *rouler* les citoyens *dans la farine.*

Siehe auch **balader quelqu'un, mener quelqu'un en bateau, monter un bateau à quelqu'un, jouer au plus fin avec quelqu'un, faire des pieds de nez à quelqu'un, jouer avec les pieds de quelqu'un, jeter de la poudre aux yeux, se payer la tête de quelqu'un, jouer un tour à quelqu'un, faire prendre à quelqu'un des vessies pour des lanternes.**

faute

(1) **sans faute!** (certainement!) ▸ ganz sicher!
☞ Gemeint ist: Ohne Schuld meinerseits.
Tu viendras à 8h précises? – *Sans faute*!

(3) **c'est la faute à pas de chance!** (c'est ce qui s'appelle ne pas avoir de chance!) ▸ das ist ganz einfach Pech!
Crever un pneu pendant une tempête, *c'est la faute à pas de chance*!

Siehe auch **manque de bol, jouer de malchance, manque de pot, c'est bien ma veine.**

fauteuil

(2) gagner dans un fauteuil (gagner facilement, sans effort) ▸ spielend / mit links gewinnen

☞ Man denkt an einen Wettkampf, den man so leicht gewinnen kann, als sei man in seinem Sessel sitzen geblieben.

Le no 1 du tennis mondial a de nouveau *gagné dans un fauteuil.*

Siehe auch **pouvoir faire quelque chose les doigts dans le nez, haut la main.**

F

faux

(3) **s'inscrire en faux contre quelque chose** (nier quelque chose, ne pas être d'accord avec quelque chose) ▸ etwas bestreiten

☞ Die erste Bedeutung war: *soutenir devant le tribunal qu'un document présenté est un faux*, die Echtheit einer Urkunde anfechten.

Tous les hommes politiques, des pourris? *Je m'inscris en faux contre* ce préjugé!

fer(s)

(2) **le fer de lance** (l'élément le plus efficace) ▸ das Zugpferd

☞ Wörtlich: Die Speerspitze.

Le Fonds monétaire a été *le fer de lance* néolibéral mis en place par les États-Unis.

(1) **les quatre fers en l'air** (à la renverse) ▸ auf den Rücken fallen | **les fers** = die beschlagenen Hufe des Pferdes

Quand il a glissé sur la plaque de glace, il est tombé *les quatre fers en l'air.*

férir

(3) sans coup férir (sans difficulté) ▸ widerstandslos | **férir** = frapper

Nos ennemis se sont rendus *sans coup férir.*

férule

(3) **être sous la férule de quelqu'un** (être sous son autorité sévère) ▸ unter jds Fuchtel stehen

☞ *la férule* war eine Art Schläger aus Holz oder aus Leder, eine Art Lineal, mit dem der Lehrer widerspenstigen Schülern auf die Finger schlug.

Ce pays a vécu des décennies *sous la férule* d'un dictateur sanguinaire.

fête

(1) **ça va être ta fête!** (tu vas être réprimandé ou malmené!) ▸ jetzt kannst du was erleben!

☞ Eine Antiphrase.

Si tu dis encore un seul mot, *ça va être ta fête*!

Siehe auch **passer un mauvais quart d'heure, recevoir un savon.**

F

feu (siehe auch feux)

* **être tout feu, tout flamme** ▸ ganz Feuer *und* Flamme sein

(1) **il n'y a pas le feu (au lac)!** (il n'y a aucune urgence!) ▸ immer mit der Ruhe! So schnell schießen die Preußen nicht!

☞ Die Zufügung *au lac* macht die Dringlichkeit noch unwahrscheinlicher, genau so unwahrscheinlich wie ein See, der Feuer fängt.

Tu n'as pas besoin de te dépêcher, *il n'y a pas le feu*!

(1) **brûler un feu** (passer au rouge) ▸ bei Rot durchfahren

Si *tu brûles un feu*, l'amende est de 250 euros.

(1) **péter le feu** (déborder d'énergie) ▸ vor Energie sprühen

☞ Wörtlich: Feuer furzen.

Je croyais que tu étais malade, mais je vois que *tu pètes le feu.*

Siehe auch **péter des flammes.**

(1) **avoir le feu au cul / au derrière** (1. être très pressé, 2. avoir des besoins sexuels intenses) ▸ 1. es brandeilig haben, 2. geil sein

1. Je l'ai vu courir comme s'*il avait le feu au cul.*

Siehe auch (zu 2.) **s'envoyer en l'air, être porté sur la chose, tirer un coup, remettre le couvert, une partie carrée, une partie de jambes en l'air, prendre son pied, croquer la pomme.**

(2) **avoir le feu sacré** (être enthousiasmé par son travail, sa passion) ▸ voller Begeisterung für etwas sein

☞ *le feu sacré* bezog sich zuerst auf das heilige Feuer in den Tempeln der Antike.

Mon fils étudie son violon huit heures par jour; *il a* vraiment *le feu sacré!*

(2) **n'y voir que du feu** (ne s'apercevoir de rien, ne rien comprendre) ▸ etwas nicht merken oder verstehen

☞ Als ob man einen Schlag auf den Kopf bekommen hätte und nur noch Sterne sieht.

On va simuler une élection à la présidence du parti et l'électeur *n'y verra que du feu.*

(2) **mettre un pays à feu et à sang** (saccager un pays) ▸ ein Land in Schutt und Asche legen

La guerre en Syrie *a mis le pays à feu et à sang.*

Siehe auch **mettre en coupe réglée.**

F

(3) **mettre le feu aux poudres** (déclencher un conflit) ▸ das Pulverfass zum Explodieren bringen, den Funken ins Pulverfass schleudern

La motion de l'opposition *a* évidemment *mis le feu aux poudres.*

(3) **faire long feu** (ne pas réussir [dit d'une chose]) ▸ zu nichts führen

☞ Früher, als man noch das Pulver auf der Pfanne des Steinschlossgewehrs zünden musste, konnte es passieren, dass der Schuss nicht sofort losging, weil das Pulver nass war. Auch wenn die Zündschnur einer Sprengladung zu lang war oder schlecht zündete, sprach man von *long feu.*

Les réformes promises par le gouvernement *ont fait long feu.*

(3) **faire feu de tout bois** (utiliser toutes les possibilités) ▸ alle Mittel einsetzen

☞ Wörtlich: Mit jedem Holz ein Feuer machen.

On ne peut pas se contenter de demi-mesures, il faut *faire feu de tout bois*!

feuille

(2) **être dur de la feuille** (entendre mal, être dur d'oreille) ▸ Dreck in den Ohren haben

☞ Bei *feuille* denkt man an *feuille de chou,* Kohlblatt, mit dem man hier das Ohr vergleicht.

Mon grand-père aurait besoin d'un appareil auditif, car il devient de plus en plus *dur de la feuille.*

Siehe auch **avoir les portuguaises ensablées.**

feux (siehe auch feu)

* *être* **sous les feux de la rampe** ▸ im Rampenlicht *stehen*

(2) **être pris entre deux feux** (être attaqué de deux côtés) ▸ in der Klemme sitzen

On était pris entre deux feux: d'un côté la police et de l'autre une bande rivale.

fi

(3) **faire fi de quelque chose** (mépriser, dédaigner) ▸ etwas verachten, verschmähen

☞ *fi*, aus dem lateinischen *fimus* (Mist), bedeutet *pfui.*

Les autres partis *ont fait fi* de ma proposition de compromis.

F

ficelé

(2) **être mal ficelé** (être mal habillé) ▸ schlecht angezogen sein

☞ Wörtlich: Schlecht verschnürt.

Je n'irai pas au théâtre avec quelqu'un qui est si *mal ficelé.*

Siehe auch **être habillé comme l'as de pique, être ficelé comme un saucisson.**

ficelle(s)

(3) **la ficelle est un peu grosse!** (le procédé est grossier et très visible) ▸ das sieht/merkt doch ein Blinder mit dem Krückstock!

☞ *ficelle* ist eine Schnur, die deutlich sichtbar ist, wenn sie zu dick ist. Das bezieht sich auf den Puppenspieler.

Je n'arrive pas à te croire, car *la ficelle est un peu grosse.*

(3) **tirer (trop) sur la ficelle** (profiter sans mesure d'une situation, de la patience de quelqu'un) ▸ den Bogen überspannen

Quand je lui ai demandé de nouveau de me prêter de l'argent, j'ai vu à sa mine que *j'avais trop tiré sur la ficelle.*

Siehe auch **ne pas manquer d'air, comme vous y allez, y aller fort, charrier dans les bégonias, dépasser les bornes, pousser le bouchon un peu loin, arrête ton char, tirer sur la corde, ça commence à bien faire, être gonflé, faut pas pousser grand-mère dans les orties, ne pas manquer de souffle.**

(1) **tirer les ficelles** (faire agir les autres sans se montrer, agir dans l'ombre) ▸ der Drahtzieher sein

☞ Hier ist der Puppenspieler gemeint.

Derrière le gouvernement, ce sont les lobbys qui *tirent les ficelles.*

fifrelin

(3) **ne pas valoir un fifrelin** (ça ne vaut rien) ▸ kein Pfifferling wert sein

☞ Im Gegensatz zum deutschen Pfifferling war das im 19. Jh. daraus entstandene *fifrelin* kein Pilz, sondern eine kleine Münze von sehr geringem Wert.

Le projet que tu nous proposes *ne vaut pas un fifrelin.*

Siehe auch **ne pas valoir un clou, de la crotte de bique, à la gomme, à la noix, ne pas valoir un pet de lapin, ne pas valoir tripette, ça ne vole pas très haut.**

F

figue

(3) **mi-figue, mi-raisin** (ambigu, à la fois satisfait / satisfaisant et mécontent / décevant) ▸ sauersüß; halb gut und halb schlecht

☞ Früher wurden Feigen, im Gegensatz zu Trauben, mit etwas Negativem assoziiert. Sie ersetzten zum Beispiel das Fleisch während der Fastenzeit. Vielleicht hat man auch nur an den Gegensatz süß (Feigen) / sauer (manchmal Trauben) gedacht.

Il a accepté ma proposition *mi-figue, mi-raisin.*

Le bilan est **mi-figue, mi-raisin.**

figure

* **faire bonne figure** ▸ *eine* gute Figur machen

fil

(2) **de fil en aiguille** (en passant progressivement d'une idée, d'une parole à l'autre) ▸ im Laufe des Gepräches

☞ Man denkt an das Einfädeln der Nadel: Der Faden kommt zur Nadel und so führt eins zum anderen.

De fil en aiguille on en est arrivés à parler de ma situation financière.

(2) **donner du fil à retordre à quelqu'un** (lui causer beaucoup de problèmes, d'ennuis) ▸ jdm sehr zu schaffen machen

☞ Fäden verzwirnen war eine mühselige Arbeit.

Tu m'as *donné du fil à retordre*, mais je ne t'en veux pas.

Siehe auch **en faire voir à quelqu'un de toutes les couleurs.**

(3) **cousu de fil blanc** (très grossier et visible, très prévisible) ▸ fadenscheinig, leicht zu durchschauen

☞ Im Französischen ist diese Redewendung noch deutlicher als im Deutschen: Durch den weißen Faden sieht man, wo genäht worden ist.
L'intrigue de ce film est *cousue de fil blanc.*

(3) **ne pas avoir inventé le fil à couper le beurre** (ne pas être très intelligent) ▸ nicht das Pulver erfunden haben
☞ Weil es Messer gibt, braucht man keinen Draht, um Butter zu schneiden.
Non seulement il est fainéant, mais en plus il *n'a pas inventé le fil à couper le beurre.*

(3) **être sur le fil du rasoir** (être dans une situation désespérée) ▸ auf der Kippe stehen | **le fil** = (hier:) die Klinge
Je savais que ma relation avec Kate était *sur le fil du rasoir.*

(3) **au fil de l'eau** (au long de l'eau) ▸ flussabwärts
Le linge qui était tombé dans la rivière s'en allait *au fil de l'eau.*

file

(1) **en file indienne** (l'un derrière l'autre) ▸ im Gänsemarsch
☞ Wörtlich: In einer Linie, wie die Indianer.
Les soldats marchaient *en file indienne* derrière leur caporal.

Siehe auch **à la queue leu leu, en rang d'oignons.**

filer

(2) **filer doux** (se soumettre, obéir sans résistance) ▸ klein beigeben, sich fügen | **doux** = sanft
☞ Im 15. Jh. bedeutete *filer* auch ‚sich verhalten'. Wer sich sanft verhält, rebelliert nicht.
Je ne peux pas me permettre n'importe quoi avec ma femme. Plus d'une fois, je dois *filer doux.*

fille(s)

(3) **jouer la fille de l'air** (partir sans prévenir) ▸ heimlich verschwinden
☞ Aus einem Theaterstück des 19. Jhs, in dem die Tochter eines Elfenkönigs aus dem Himmel zur Erde hinabsteigt, jedoch nach einer enttäuschten Liebe wieder heimlich verschwindet.
Notre chien a de nouveau *joué la fille de l'air.*

Siehe auch **filer à l'anglaise, déménager à la cloche de bois, partir sans tambour ni trompette.**

(2) **aller voir les filles** (fréquenter des prostituées) ▸ in den Puff gehen

Je n'ai pas assez d'argent pour vivre et tu crois que j'ai de l'argent pour *aller voir les filles*?

fin

(1) **c'est la fin des haricots** (c'est la fin de tout) ▸ jetzt ist alles aus

☞ Bohnen waren früher ein billiges Nahrungsmittel. Wenn man nicht einmal mehr Bohnen zu essen hatte, war alles aus.

Si cette usine ferme, ce sera *la fin des haricots* pour la plupart des ouvriers.

F

flammes

(2) **péter des flammes** (siehe péter le feu)

flanc

(1) **tirer au flanc** (chercher à éviter de participer à un travail commun) ▸ sich drücken

☞ Wer nicht in einem frontalen Angriff getötet werden wollte, blieb lieber an der Flanke der Armee, wo die Gefahr geringer war. *Tirer* bedeutet hier jedoch nicht ‚schießen', sondern *se tirer* (weglaufen).

Dans mon entreprise, il n'est pas question de *tirer au flanc*.

flèche

(3) **il fait flèche de tout bois** (il emploie tous les moyens pour arriver à ses fins) ▸ ihm sind alle Mittel recht

☞ Wörtlich: Aus jedem Holz Pfeile machen.

Le directeur *fait flèche de tout bois* pour sauver notre entreprise.

fleur

* **dans la fleur de *l'âge*** ▸ in der Blüte seines/ihres *Lebens*

(1) **faire une fleur à quelqu'un** (lui faire une faveur) ▸ jdm entgegenkommen, jdm einen Gefallen tun.

Je ne suis pas entièrement satisfait de ton travail, mais je vais te *faire une fleur* et te donner quand même un satisfecit.

(3) **la fine fleur de la nation** (ce qu'il y a de meilleur dans un pays) ▸ die Besten der Nation, die Elite; aus *fine fleur de farine* (sehr fein gemahlener Weizen).

Dans une guerre, même *la fine fleur de la nation* doit payer son tribut.

(3) **être fleur bleue** (être sentimental ou naïf) ▸ romantisch sentimental sein

☞ Diese Redewendung ist zurückzuführen auf Novalis' Blaue Blume. Im Französischen ist aus dem hehren Ideal etwas Negatives geworden.

Cette fille est très gentille, mais elle est un peu *fleur bleue.*

(3) **avoir les nerfs à fleur de peau** (être facilement irritable) ▸ ein schwaches Nervenkostüm haben

F

☞ *fleur* bedeutet hier nicht Blume, sondern die Oberfläche. Wörtlich also: Die Nerven liegen so dicht an der Oberfläche, dass sie auf jede Berührung sofort reagieren.

Je voyais que ce n'était pas le moment de lui demander une faveur, car *il avait les nerfs à fleur de peau.*

Siehe auch **avoir les nerfs en boule.**

fleurets

(3) **(une discussion) à fleurets mouchetés** ([une discussion] tendant à épargner l'adversaire, sans agressivité exagérée) ▸ mit verhalterner Aggressivität

☞ *la mouche* ist der Spitzenaufsatz am Florett, der es unmöglich macht, den Gegner zu verletzen.

Poutine et Macron ont eu une discussion *à fleurets mouchetés.*

fleurette

(3) **conter fleurette à quelqu'un** (lui faire la cour) ▸ Süßholz raspeln

☞ *conter fleurette* oder *florette* bedeutete im 16. Jh. galante Geschichten erzählen. Im 15. Jh. war *florette* jedoch auch eine Münze, auf der eine Lilie abgebildet war. Es kann sich demnach auch um ein Wortspiel mit *compter fleurette* handeln, was bedeuten würde: Für die Liebe bezahlen müssen. Findet man noch bei La Fontaine.

Au lieu de *conter fleurette* à ta voisine, tu ferais mieux de préparer tes examens!

Siehe auch **faire du charme à quelqu'un, faire du genou à quelqu'un, faire du gringue à quelqu'un, avoir la main baladeuse, faire de l'œil à quelqu'un, faire du pied à quelqu'un, faire du plat à quelqu'un, avoir une touche.**

florès

(3) **faire florès** (être à la mode; obtenir un succès éclatant) ▸ in sein, einen großen Erfolg haben

☞ *florès*, das nur noch in dieser Redewendung vorkommt, ist ein altes französisches Wort, das aus dem provenzalischen *faire fiori* stammt und ‚Wohlstand genießen' bedeutete. *Florès* selbst ist aus dem lateinischen *floridus* (mit Blumen bedeckt) entstanden.

La vente aux enchères de biens ayant appartenu à des meurtriers en série *fait* toujours *florès.*

F

flot

(2) **remettre quelque chose à flot** (le renflouer) ▸ etwas wieder auf die Beine bringen | **à flot** = über Wasser

Ce nouvel investisseur a promis de *remettre* notre entreprise *à flot.*

flou

(3) **un flou artistique** (un flou délibéré) ▸ eine gewollte Unklarheit, eine künstlerische Unschärfe; eine Doppelbödigkeit

☞ Aus der Filmsprache.

Il y a *un* certain *flou artistique* dans les projets du gouvernement concernant la réforme des retraites.

foi

(2) **faire foi** (prouver d'une façon indiscutable) ▸ maßgebend sein | **la foi** = der Glaube

Le courrier doit nous parvenir avant le 1er janvier, le cachet de la poste *faisant foi.*

(2) **sans foi ni loi** (sans croire en dieu, ni respecter la loi de l'homme) ▸ weder Gott noch Gebot kennen

Ces atrocités ont été commises par des hommes *sans foi ni loi.*

(3) **avoir la foi du charbonnier** (avoir une foi naïve) ▸ einen naiven Glauben haben, leichtgläubig sein

☞ In einer Legende aus dem 17. Jh. fragt der Teufel einen einfachen Köhler: Was glaubst du? – Das, was die Kirche glaubt. – Und was glaubt die Kirche? – Das, was ich glaube! Mehr konnte der Teufel nicht aus ihm herausholen.

Ma grand-mère était très catholique, mais elle avait *la foi du charbonnier.*

F

foies

(3) **avoir les foies** (avoir peur) ▸ Schiss haben

☞ Ursprünglich lautete diese Redewendung: *avoir les foies blancs.* Wenn die (an sich rote oder braune) Leber ihr Blut verlor, dachte man, dass sie weiß würde. Das Blut wurde schon immer mit Kraft und Mut assoziiert.

Je me suis enfui, parce que *j'avais les foies.*

Siehe auch **ça me fout les boules, avoir les jetons.**

foin

(3) **avoir du foin dans les bottes** (être riche) ▸ betucht sein

☞ Wörtlich: Heu in den Stiefeln haben. Wenn es kalt war, stopften die Bauern Stroh in ihre Holzschuhe. Die Reichen trugen Stiefel, in die sie das teurere Heu legten. Übrigens waren Stiefel auch geeignet, um Geld darin zu verstecken.

Ne t'en fais pas pour lui, *il a du foin dans les bottes.*

Siehe auch **être plein aux as, faire son beurre, rouler carrosse, doré sur tranches, avoir son pain cuit, avoir les reins solides.**

foire

(3) **c'est la foire d'empoigne** (une situation où chacun lutte contre chacun) ▸ ein Gerangel, ein Hexenkessel

☞ Wörtlich: Ein Jahrmarkt, auf dem man sich die Waren aus der Hand reißt.

L'élaboration de la directive a donné lieu à *une foire d'empoigne* entre les états membres de l'UE.

fois

(1) **des fois que ...** (au cas où ...) ▸ für den Fall, dass ...

Achète une bouteille de vin, *des fois qu'*il viendrait quand même!

(1) **non mais des fois!** (maintenant ça suffit!) ▸ jetzt reicht es aber!

Tu veux me dire ce que je dois faire? *Non mais des fois*!

Siehe auch **ne pas manquer d'air, comme vous y allez, dépasser les bornes, pousser le bouchon un peu loin, arrête ton char, charrier dans les bégonias, tirer sur la corde, tirer sur la ficelle, faut pas pousser grand-mère dans les orties, ne pas manquer de souffle.**

folle

(3) **la folle du logis** (la fantaisie) ▸ die Fantasie
☞ Wörtlich: Die Verrückte in der Wohnung. Diese Formulierung stammt von Nicolas de Malebranche (1638–1715), der damit den irrationellen Charakter der Fantasie ausdrücken wollte.
J'ai perdu le contrôle de la situation et c'est *la folle du logis* qui mène la danse.

F

fond(s)

(1) **rouler à fond de caisse** (rouler très vite) ▸ einen Affenzahn draufhaben | **rouler à fond** = (hier:) das Gaspedal eindrücken | **caisse** = Karre, Auto
Il prétend avoir respecté les limitations de vitesse, mais d'après les témoins *il roulait à fond de caisse.*

Siehe auch **rouler sur les chapeaux de roues / pied au plancher / plein pot / pleins tubes / à tombeau ouvert.**

(3) **à fonds perdus** (sans pouvoir récupérer le capital) ▸ ohne Aussicht oder Verpflichtung zur Rückzahlung
J'ai obtenu du gouvernement une bourse *à fonds perdus.*

force

(2) **un cas de force majeure** (un évènement imprévisible et irrésistible) ▸ ein Fall höherer Gewalt
Lorsqu'un travailleur est définitivement incapable d'accomplir le travail convenu, l'employeur peut mettre fin à son contrat de travail parce que c'est un *cas de force majeure.*

fort

(1) **c'est plus fort que moi!** (je ne peux pas faire autrement!) ▸ ich kann nicht anders!
J'aurais dû me taire, mais *c'était plus fort que moi,* j'ai dit que je n'étais pas d'accord.

(2) **au plus fort de l'été, de l'hiver ...** (en plein été, hiver ...) ▸ im Hochsommer, mitten im Winter
Au plus fort de l'été, il fait trop chaud pour aller dans le Midi.

(2) **se faire fort de quelque chose** (se déclarer capable) ▸ sich zutrauen, etwas zu tun
Je me fais fort de régler cette question en moins d'une semaine.

fortune

(2) **à la fortune du pot** (on mangera ce qu'il y a) ▸ es wird gegessen, was auf den Tisch kommt

Vous êtes les bienvenus, mais ce sera *à la fortune du pot!*

Siehe auch **à la bonne franquette.**

(3) **faire contre mauvaise fortune bon cœur** (supporter la malchance avec courage) ▸ sich nicht unterkriegen lassen | **fortune** = (hier:) Glück | **cœur** = *courage*

F

Cela m'ennuye que tu aies invité mon ex-femme, mais *je ferai contre mauvaise fortune bon cœur.*

fou

(1) **être fou à lier** (être complètement fou) ▸ vollkommen verrückt sein

☞ Wörtlich: So verrückt, dass man den Patienten festbinden muss, weil er eine Gefahr für andere ist. Man denke an die Zwangsjacke.

On dit que l'empereur romain Caligula était *fou à lier.*

Siehe auch **avoir une araignée au plafond, battre la campagne, avoir une case en moins, il lui manque une case, travailler du chapeau, ne pas jouir de toutes ses facultés, avoir un grain, être à la masse, tu devrais te faire soigner, ça ne va pas la tête.**

foudre(s)

(3) **ce n'est pas un foudre de guerre** (ce n'est pas quelqu'un de grand dans son domaine) ▸ er ist keine Koryphäe

☞ Wörtlich: Kein Kriegsheld.

Il a certainement des mérites, mais *ce n'est pas un foudre de guerre.*

(2) **s'attirer les foudres de quelqu'un** (s'attirer sa colère, ses reproches) ▸ sich jds Zorn zuziehen

☞ Der Blitz galt in der Antike als der Zorn Jupiters.

Si tu continues à jouer si mal, *tu vas t'attirer les foudres de l'entraîneur.*

Siehe auch **en prendre pour son grade, se faire ramasser par quelqu'un.**

fouet

(3) **de plein fouet** (de face et violemment) ▸ frontal und mit voller Wucht

☞ Wörtlich: Wie mit einem frontal geführten Peitschenhieb.

La plupart des banques ont reçu la crise de 2008 *de plein fouet.*

four

(2) **ne pas pouvoir être (à la fois) au four et au moulin** (ne pas pouvoir faire deux choses à la fois) ▸ nicht auf zwei Hochzeiten gleichzeitig tanzen können | **le four** = der Backofen | **le moulin** = die Mühle

Arrête un peu de me harceler! Je ne peux pas *être en même temps au four et au moulin!*

Siehe auch **courir deux lièvres à la fois.**

F

(2) **faire un four** (essuyer un échec [dit d'un spectacle]) ▸ ein Fiasko, einen Reinfall erleben

☞ Der Ursprung dieser Redewendung ist nicht ganz geklärt: Einige Etymologen glauben, sie sei verwandt mit *noir comme dans un four* (stockdunkel). Wenn ein Theaterstück keinen Erfolg hatte, machte man das Licht aus, wenn die Zuschauer vor dem Ende den Saal verließen. Andere verweisen auf die Gaunersprache, in der *faire un four* bedeutete, dass man keine Beute gemacht hatte. Im Argot des 16. Jhs bedeutete *éclairer quelqu'un* (jdm leuchten) nämlich Geld einbringen, wahrscheinlich wegen des Glanzes der Goldstücke. Das Gegenteil von *éclairer* war deshalb *faire un four*, d. h., die finanzielle Lage der Diebesbande war so schwarz wie ein Ofen.

Sa première pièce a été un grand succès, mais la deuxième *a fait un four.*

Siehe auch **faire un bide, boire un bouillon, faire chou blanc, un coup d'épée dans l'eau, ramasser une pelle, boire la tasse, l'affaire a tourné court, prendre une veste.**

fourches

(3) **passer sous les fourches Caudines** (être contraint de subir des conditions humiliantes) ▸ sich unter das kaudinische Joch beugen müssen

La Commission Européenne a été obligée de *passer sous les fourches Caudines* du Parlement Européen.

fourmis

(1) **avoir des fourmis dans les jambes** (1. sentir des picotements dans les jambes, 2. avoir envie de bouger, de partir, de voyager) ▸ 1. meine Beine sind eingeschlafen, 2. Hummeln unterm Hintern haben

☞ Das Kribbeln erinnert an Ameisen.

1. Après trois heures dans un avion, *j'ai des fourmis dans les jambes.*

2. Quand les vacances approchent, ma femme *a* de nouveau *des fourmis dans les jambes.*

foutre

(1) **je m'en fous comme de l'an quarante** (ça ne m'intéresse pas du tout, ça me laisse froid) ▸ das interessiert mich nicht die Bohne, das lässt mich kalt

☞ Die Herkunft dieser Redewendung ist umstritten: Mit dem Jahr 1940 hat sie jedenfalls nichts zu tun, denn sie war schon lange vorher bekannt. *L'an quarante* ist vielleicht eine Verballhornung von *Alcoran* (der Koran), mit anderen Worten: Der Koran interessiert mich nicht!

La politique économique de notre gouvernement, *je m'en fous comme de l'an quarante.*

Siehe auch **c'est le cadet de mes soucis, cause toujours, ça ne me fait ni chaud, ni froid, je n'en ai cure, je m'en bats l'œil, je m'en tamponne, vous m'en direz tant, je m'en tape.**

(2) **ça la fout mal** (vulg.) (cela fait mauvais effet) ▸ das macht sich schlecht, das macht einen schlechten Eindruck

Un ministre de l'intérieur raciste, *ça la fout mal*!

Siehe auch **ça fait mauvais genre.**

foutu(e)

(1) **elle est bien foutue** (vulg.) (elle est bien de sa personne) ▸ sie hat eine gute Figur

☞ *bien foutue* steht hier für *bien faite.*

On peut dire ce qu'on veut, mais ta nouvelle amie *est bien foutue.*

Siehe auch **avoir du chien, avoir de beaux restes.**

(1) **il/elle est foutu/foutue de ...** (il/elle est capable de ...) ▸ er/sie kriegt es fertig ...

Ne la mettons pas sur la liste des candidats, *elle est foutue de* se faire élire!

frais

(1) **faire les frais de quelque chose** (en supporter les conséquences fâcheuses) ▸ für etwas bezahlen müssen

☞ Wörtlich: Für die Unkosten aufkomen.

C'est nous, les ouvriers, qui allons *faire les frais* de la mauvaise gestion de la firme.

(2) **en être pour ses frais** (s'être donné de la peine pour rien) ▸ sich vergeblich bemüht haben

☞ Gemeint ist: *avoir fait des frais pour rien.*

L'ONU a eu beau protester auprès du Myanmar, *elle en a été pour ses frais.*

Siehe auch **en être pour sa peine.**

(2) **arrêter les frais** (ne plus faire d'efforts pour obtenir quelque chose) ▸ sich die Mühe sparen

Tu vois bien que nos efforts ne mènent à rien! On va *arrêter les frais!*

(2) **aux frais de la princesse** (gratuitement; aux frais du gouvernement) ▸ umsonst, auf Staatskosten

☞ In den adligen Salons des 19. Jhs konnte man, wenn man dort eingeladen war, umsonst tafeln.

Chaque année, ce professeur fait une série de voyages *aux frais de la princesse.*

Siehe auch **à l'œil.**

(3) **se mettre en frais** (faire des dépenses) ▸ sich in Unkosten stürzen

Je ne vais pas *me mettre en frais* pour quelque chose qui n'en vaut pas la peine.

fraise(s)

(3) **ramener sa fraise** (dit d'une personne qui arrive) ▸ auftauchen (meist negativ) | **la fraise** = (hier:) der Kopf

☞ Vielleicht dachte man auch an *fraise* im Sinne von ‚Halskrause'.

D'abord, on ne le voit pas pendant des mois et puis, subitement, *il ramène sa fraise.*

Siehe auch **la ramener.**

(3) **sucrer les fraises** (être agité d'un tremblement nerveux) ▸ zittrig sein, tattern

☞ Man denkt an die zitternde Handbewegung eines Tattergreises, der Zucker auf die Erdbeeren streut.

Ma grand-mère se mit à *sucrer les fraises* deux ans avant de mourir.

France

(3) **de France et de Navarre** (de partout) ▸ von überall her

☞ Bis ins 16. Jh. war Navarre ein unabhängiges Königreich. Später wurde der französische König auch König von Navarre. Erst nach der französischen Revolution wurde Navarre ein Teil Frankreichs. Jetzt ist es ein Teil des Département des Pyrénées Atlantiques.

Ils arrivèrent de partout: d'Allemagne, d'Italie, d'Espagne et même *de France et de Navarre.*

franquette

(2) **à la bonne franquette** (simplement, sans cérémonie [se dit d'une invitation à manger]) ▸ ohne Umstände, ganz einfach

☞ *franquette* ist abgeleitet von *franc* (ungezwungen).

Ce soir, on ne va pas faire un grand banquet, ce sera plutôt *à la bonne franquette.*

Siehe auch **à la fortune du pot.**

frein

(2) **ronger son frein** (contenir avec peine son impatience ou son dépit) ▸ vor Ungeduld fast vergehen | **le frein** = (hier:) die Gebissstange des Pferdes

☞ Wörtlich: Auf der Gebissstange kauen. Das Pferd möchte sich losreißen, wird jedoch an die Kandare gehalten.

Juste avant la proclamation des résultats, on le voyait assis là, à *ronger son frein.*

Siehe auch **être sur les dents, se mettre martel en tête, se faire du mouron, se faire un sang d'encre, se faire du mauvais sang, n'y plus tenir, se prendre la tête.**

freiner

(2) **freiner des quatre fers** (freiner très fort) ▸ scharf bremsen (meistens im übertragenen Sinn)

☞ Gemeint sind die vier beschlagenen Pferdehufe.

Le parlement *a freiné des quatre fers* pour que le projet de loi du gouvernement ne passe pas.

frère

(1) **vieux frère** (vieil ami) ▸ altes Haus

Alors *vieux frère*, comment ça va?

Siehe auch **vieille branche.**

(1) **un faux frère** (un hypocrite, capable de trahir ses amis) ▸ ein falscher Fuffziger

Je t'ai toujours pris pour mon ami, mais je vois que tu n'es qu'*un faux frère.*

froid

(1) **un froid de canard** (un très grand froid) ▸ eine Hundekälte
☞ Man denkt an die Entenjagd im Winter, wo sie auf dem Eis gut zu sehen und deshalb gut zu schießen sind.
Il faisait *un froid de canard* et moi, je ne portais qu'une veste légère.

F

(1) **être en froid avec quelqu'un** (ne plus être son ami) ▸ Streit, Krach mit jdm haben, ein unterkühltes Verhältnis zu jdm haben
On a été amis pendant quarante ans, mais depuis quelques mois, *nous sommes en froid.*

Siehe auch **être à couteaux tirés avec quelqu'un, avoir une dent contre quelqu'un, avoir maille à partir avec quelqu'un.**

(2) **jeter un froid** (faire naître un malaise) ▸ eine frostige Stimmung verbreiten
La dernière remarque du président *a jeté un froid* dans l'assemblée.

fromage

(2) **en faire tout un fromage** (faire toute une histoire pour pas grand-chose) ▸ eine Staatsaktion aus etwas machen, etwas aufbauschen
☞ Man denkt an den Aufwand, den man betreiben muss, um aus Milch Käse zu machen.
Je sais bien que je suis de nouveau en retard, mais on ne va pas *en faire tout un fromage*!

Siehe auch **en faire tout un plat, en faire des tonnes.**

fur

(1) **au fur et à mesure que / de quelque chose** (au même rythme) ▸ nach und nach
☞ *fur*, das nur noch in dieser Redewendung vorkommt, bedeutete zuerst *prix*, nachher *mesure*. Es handelt sich hier also um einen Pleonasmus.
Il dépense son argent *au fur et à mesure* qu'il le gagne.

fusil

(2) **changer son fusil d'épaule** (adopter une autre façon d'agir) ▸ seine Taktik ändern, umsatteln

☞ Wörtlich: Sein Gewehr auf die andere Schulter legen.

Comme le premier médicament ne m'a pas aidé, je vais *changer mon fusil d'épaule.*

F

G

gaffe

(1) **faire gaffe** (faire attention) ▸ aufpassen, auf der Hut sein

☞ Dieses *gaffe* hat nichts zu tun mit *faire une gaffe* (einen Schnitzer machen, einen Bock schießen); es stammt aus dem Argot *gaffer* (die Augen aufhalten), verwandt mit angaffen, anstarren.

L'ennemi n'est peut-être pas loin. Dis à la sentinelle de *faire gaffe!*

Siehe auch **être sur ses gardes, veiller au grain, jouer serré, être sur le qui-vive.**

gagné

(1) **c'est toujours ça de gagné!** (on a au moins quelque chose!) ▸ das ist immerhin etwas!

Je devais rembourser le prêt dans le mois, maintenant, on me laisse six mois. *C'est toujours ça de gagné!*

galère

(2) **c'est la galère!** (c'est difficile) ▸ das ist ätzend

☞ Ursprünglich bezog sich diese Redewendung auf die schwere Arbeit der Galeerenhäftlinge.

Travailler avec toi, *c'est la galère!*

Siehe auch **c'est coton, c'est la croix et la bannière, ce n'est pas une sinécure, ce n'est pas de la tarte.**

(3) **et vogue la galère!** (arrive ce qui pourra!) ▸ lassen wir den Dingen ihren Lauf!

☞ Wörtlich: Lass das Schiff nur treiben!

Je me désintéresse de ce problème *et vogue la galère!*

(3) **mais qu'allait-il faire dans cette galère?** (comment s'est-il fourré dans cette situation pénible?) ▸ wie, um Himmels willen ist er da hineingeraten?

☞ Aus Molières Komödie *Les Fourberies de Scapin*, in der es jedoch heißt *sur cette galère.*

Il a eu un accident de voiture avec trois de ses amis qui étaient soûls? *Mais qu'allait-il faire dans cette galère?*

galerie

(2) **pour la galerie** (pour se faire remarquer) ▸ nur Show

☞ Man denkt an das Publikum, das auf der Galerie eines Theaters sitzt.

Son discours sur l'égalité des sexes, c'était *pour la galerie.*

Siehe auch **épater la galerie.**

(3) **amuser la galerie** (amuser le public) ▸ für Unterhaltung sorgen

Laisse-le faire, il aime bien *amuser la galerie*!

(3) **épater la galerie** (tenter de se mettre en avant) ▸ eine Show abziehen | **épater** = Eindruck schinden

À son âge, cet acteur, autrefois célèbre, veut encore *épater la galerie.*

Siehe auch **pour la galerie.**

gant(s)

* **jeter le *gant*** ▸ das *Handtuch* werfen

* **jeter le gant à quelqu'un** ▸ jdm den *Fehde*handschuh *hin*werfen

* **relever le gant** ▸ den *Fehde*handschuh aufheben

(1) **mettre/prendre des gants (avec quelqu'un)** (agir envers lui avec ménagement) ▸ jdn mit Glacéhandschuhen anfassen

Si tu veux dire ça au président, il faudra *prendre des gants*!

garde(s)

(1) **monter la garde** (être de faction) ▸ Wache stehen; aufpassen

Je ne crains pas les cambrioleurs, notre chien *monte la garde.*

(2) **baisser la garde** (relâcher la vigilance) ▸ unvorsichtig werden, weniger wachsam sein

Le danger n'est pas encore passé, ce n'est pas le moment de *baisser la garde.*

(1) **être sur ses gardes** (se méfier) ▸ auf der Hut sein

Avec des individus de cette sorte, il faut toujours *être sur ses gardes.*

Siehe auch **faire gaffe, veiller au grain, jouer serré, être sur le qui-vive.**

gâteau

(1) **c'est du gâteau!** (c'est très facile!) ▸ das ist das reinste Kinderspiel!
☞ Mit *gâteau* ist hier gemeint: So einfach wie Kuchen essen.
Je n'ai pas peur de cet examen, *c'est du gâteau* pour moi!

Siehe auch **à l'aise Blaise, c'est du tout cuit, l'enfance de l'art, ce n'est pas le diable, les doigts dans le nez, ce n'est pas la mer à boire, ce n'est pas sorcier.**

G

gauche

(3) **en mettre à gauche** (mettre de l'argent de côté) ▸ Geld auf die Seite legen
☞ Im 17. Jh. verbarg man sein Geld in einer kleinen Börse unter der linken Achselhöhle, die für einen Rechtshänder besser zu erreichen war als die rechte. Links war deshalb auch die Seite, an der man das Schwert trug.
Je n'ai jamais gagné assez d'argent pour pouvoir *en mettre à gauche.*

gémonies

(3) **vouer aux gémonies** (livrer au mépris public) ▸ öffentlich anprangern
☞ Die *scalae gemoniae* war die Treppe des Stöhnens (in der Nähe des Kapitols), auf der im alten Rom die Leichen der Gemarterten zur Schau gestellt wurden, bevor man sie in den Tiber warf.
Depuis qu'on sait que ce ministre a un compte en Suisse, il a été *voué aux gémonies.*

Siehe auch **crier haro sur le baudet, tirer à boulets rouges sur quelqu'un.**

gencives

(2) **envoyer quelque chose (par ex. une injure) dans les gencives de quelqu'un** (insulter quelqu'un violemment) ▸ jdm etwas (eine Beleidigung) an den Kopf werfen | **gencives** = Zahnfleisch, (hier:) Kopf
Après les insultes qu'il m'a *envoyées dans les gencives*, je ne suis plus prêt à l'aider financièrement.

Siehe auch **donner des noms d'oiseaux à quelqu'un.**

gêne

(1) **être sans gêne** (agir sans se préoccuper des autres) ▸ keine Hemmungen kennen

Mettre les pieds sur la table quand on a des invités, c'est vraiment *être sans gêne*!

(2) **être dans la gêne** (avoir des problèmes d'argent) ▸ in Geldverlegenheit sein

Cela m'ennuye de te demander de l'argent, mais *je suis* vraiment *dans la gêne.*

G

gêner (se)

(1) **je vais me gêner!** (je ne vais pas me gêner!) ▸ ich werde mir keinen Zwang antun! Genau das mach ich!

☞ Eine Antiphrase, aus *ne crois pas que je vais me gêner!*

Tu ne vas quand même pas lui réclamer l'argent que tu lui as prêté? – *Je vais me gêner*!

genou(x)

(1) **faire du genou à quelqu'un** (lui toucher le genou avec son propre genou pour attirer son attention ou pour flirter) ▸ füßeln

Tu as fini de *faire du genou* à ma fiancée?!

Siehe auch **faire du charme à quelqu'un, conter fleurette à quelqu'un, faire du gringue à quelqu'un, jeux de mains, jeux de vilains, avoir la main baladeuse, faire de l'œil à quelqu'un, faire du pied à quelqu'un, faire du plat à quelqu'un, avoir une touche.**

(2) **être sur les genoux** (être très fatigué) ▸ auf dem Zahnfleisch gehen

Ne me demande plus rien aujourd'hui, *je suis sur les genoux!*

Siehe auch **être sur les rotules.**

genre

(2) **ça fait mauvais genre!** (ça ne fait pas bien) ▸ das macht sich schlecht!

Dans ce pays, avoir les cheveux trop longs, *ça fait mauvais genre*!

Siehe auch **ça la fout mal.**

(3) **se donner un genre** (avoir des manières affectées) ▸ unbedingt auffallen wollen

Cette barbe, qu'il porte maintenant, c'est juste pour *se donner un genre.*

girafe

(3) **peigner la girafe** (ne rien faire d'utile) ▸ seine Zeit vertrödeln

☞ Ursprünglich bezog sich diese Redewendung auf jdn, der masturbiert, wobei der Penis mit dem Hals der Giraffe verglichen wird. Später assoziierte man diese Handlung mit ‚nichts Nützliches' tun.

G

Je n'ai pas pitié de ce fainéant, il passe ses journées à *peigner la girafe.*

Siehe auch **enfiler des perles, avoir un poil dans la main, se les rouler.**

glas

(3) **sonner le glas de quelque chose** (annoncer sa fin) ▸ das Ende einer Sache ankündigen | **le glas** = das Totengeläut

Si, après le Royaume Uni, d'autres pays quittaient l'UE, cela pourrait *sonner le glas* de l'Union.

gloire

(3) **tirer gloire de quelque chose** (en tirer vanité) ▸ sich einer Sache rühmen

C'était le premier homme à atteindre l'antarctique, mais il n'*a* jamais *tiré gloire de* son succès.

go

(1) **tout de go** (d'un seul coup, directement) ▸ ohne Weiteres, mir nichts, dir nichts

☞ *go* hat hier nichts mit dem englischen *go* zu tun: Es kommt von *gober* (in einem Zug austrinken).

Hier, elle m'a dit *tout de go:* 'Je vais te quitter pour un autre homme.'

gogo

(1) **à gogo** (abondamment, à profusion [se dit de choses agréables à posséder, comme du vin ou de l'argent]) ▸ in rauhen Mengen

☞ Eine Verdopplung von *go*, einer Ableitung von *gogue*, das früher ‚Fröhlichkeit' bedeutete.

Tu peux aussi amener tes amis, il y a du vin *à gogo.*

Siehe auch **à bouche que veux-tu, à tire-larigot, à tour de bras, en veux-tu, en voilà.**

goguette

(3) **être en goguette** (1. être de bonne humeur, 2. être un peu ivre) ▸ 1. gut aufgelegt sein, 2. angeheitert sein

☞ *goguette* stammt aus dem altfranzösischen *gogue* (Freude, Festlichkeiten).

J'ai vu ton frère hier, à la fête foraine et il était *en goguette*.

Siehe auch (zu 1.) **être bien luné, se lever du bon pied, être de bon poil**; (zu 2.) **en tenir une bonne, avoir son compte, avoir un coup dans l'aile, avoir un coup / un verre dans le nez.**

G

gomme

(2) **mettre la gomme** (accélérer; utiliser toutes ses forces) ▸ voll Power geben

☞ Diese Redewendung kommt aus dem Rennsport: *gomme* (Gummi) ist die gummiartige Ablagerung auf den Ventilen eines Motors.

Si on veut arriver à temps, il faut *mettre la gomme*.

(2) **à la gomme** (de mauvaise qualité, sans importance) ▸ unbrauchbar, wertlos, schlecht

☞ Die Herkunft dieser Redewendung ist nicht bekannt.

J'ai toujours considéré Johnny Halliday comme un chanteur *à la gomme*.

Siehe auch **ne pas valoir un clou, de la crotte de bique, ne pas valoir un fifrelin, à la noix, ne pas valoir un pet de lapin, ne pas valoir tripette, ça ne vole pas très haut.**

gonds

(2) **sortir de ses gonds** (se mettre en colère) ▸ vor Wut außer sich geraten | **le gond** = die Türangel

☞ Gemeint ist, dass die Tür aus den Angeln gerät.

Lorsqu'on lui a dit que sa voiture était totalement démolie, *il est sorti de ses gonds*.

Siehe auch **n'écouter que sa colère, piquer une colère, et merde, la moutarde me monte au nez, se mettre en pétard, grimper aux rideaux, mon sang n'a fait qu'un tour, faire une sortie contre quelqu'un, être soupe au lait, avoir la tête près du bonnet.**

(2) **faire sortir quelqu'un de ses gonds** (mettre quelqu'un en colère) ▸ jdn zum Explodieren bringen | **gonds**: siehe oben

Encore une remarque comme celle-là et tu vas me *faire sortir de mes gonds*!

gonfler

(1) **gonflé** (être effronté) ▸ dreist sein

☞ Wörtlich: Aufgepumpt sein, *gonfler* bedeutete früher auch betäuben.

Tu es gonflé de me demander un nouveau congé!

Siehe auch **ne pas manquer d'air, comme vous y allez, y aller fort, dépasser les bornes, pousser le bouchon un peu loin, arrête ton char, charrier dans les bégonias, tirer sur la corde, tirer sur la ficelle, non mais des fois, faut pas pousser grand-mère dans les orties, ne pas manquer de souffle.**

G

(2) **ça me gonfle!** (ça m'énerve!) ▸ das nervt mich! Das geht mir auf die Nerven!

Des gens grossiers, comme toi, *ça me gonfle*!

Siehe auch **pomper l'air, mettre quelqu'un en boule, courir sur le haricot, avoir les nerfs en boule, être sur les nerfs, taper sur le système.**

gorge(s)

(2) **ça m'est resté en travers de la gorge** (je ne peux pas l'oublier) ▸ das werde ich nicht vergessen

☞ Wörtlich: Das ist mir im Hals stecken geblieben.

Le fait que ce nouveau député n'ait pas voté avec le parti m'est *resté en travers de la gorge*.

(3) **ça a fait les gorges chaudes de ...** (cela a fait l'objet de commentaires ou de moqueries de la part de ...) ▸ darüber haben sich ... die Mäuler zerrissen | **la gorge** = die Kehle

☞ Die Kehle könnte sich erhitzen, wenn man viel (über andere Leute) spricht.

Le compte secret du secrétaire d'état *a fait les gorges chaudes de* tout le parlement.

Siehe auch **cela a fait couler beaucoup d'encre.**

gosier

(2) **avoir le gosier en pente** (être buveur) ▸ ein Säufer sein | **le gosier** = die Kehle

☞ Wörtlich: Eine schräge, abschüssige Kehle haben.

Cela ne m'étonne pas qu'il soit mort d'une cirrhose, car *il a* toujours eu *le gosier en pente*.

Siehe auch **en tenir une bonne, avoir son compte, avoir un coup dans l'aile, avoir un coup dans le nez, avoir la dalle en pente, avoir un verre dans le nez.**

goût

(1) **dans ce goût-là** (de ce type-là, qui ressemble à ça) ▸ in der Art
Ma femme voudrait un manteau bleu foncé ou noir ou quelque chose *dans ce goût-là.*

Siehe auch **dans ces eaux-là, à vue de nez.**

(3) **faire passer le goût de quelque chose à quelqu'un** (lui ôter l'envie de recommencer) ▸ jdm etwas austreiben
Celui-là, je vais lui *faire passer le goût de* se moquer des gens.

G

goutte(s)

* **la goutte qui fait déborder** *le vase* ▸ der Tropfen, der *das Fass* zum Überlaufen bringt

(1) **n'y comprendre / entendre goutte** (rien) ▸ kein Wort davon verstehen, nur Bahnhof verstehen | **goutte** = (hier:) eine sehr kleine Menge
J'ai bien entendu les propositions de l'opposition, mais *je n'y comprends goutte.*

Siehe auch **n'y comprendre que dalle, y perdre son latin.**

(1) **passer entre les gouttes** (éviter les difficultés de façon astucieuse) ▸ sich durchlavieren
☞ Wörtlich: Zwischen den Regentropfen durchlaufen, ohne nass zu werden.
On est *passés entre les gouttes,* d'autres n'ont pas eu cette chance.

gouverne

(3) **pour ta gouverne** (pour ton information) ▸ zu deiner Orientierung, damit du es weißt
☞ Die erste Bedeutung war: Damit du weißt, wie du dich zu benehmen hast. Im 18. Jh. bedeutete *gouverne* nämlich ‚Benimmregel'.
Pour ta gouverne, je ne suis pas ton serviteur!

grâce

(2) **faire quelque chose de bonne / mauvaise grâce** (de bonne ou de mauvaise volonté) ▸ etwas bereit-/widerwillig tun

Si tu le fais *de mauvaise grâce*, j'aime autant que tu ne le fasses pas du tout!

grade

(2) **en prendre pour son grade** (se faire violemment réprimander) ▸ eins aufs Dach kriegen | **grade** = (hier:) ein militärischer Rang

☞ Die unteren Dienstgrade können nur von den Ranghöheren bestraft werden.

Le directeur m'a fait appeler et *j'en ai pris pour mon grade.*

Siehe auch **s'attirer les foudres de quelqu'un, se faire ramasser par quelqu'un.**

G

grain

(1) **mettre son grain de sel** (intervenir dans une conversation, en général, mal à propos) ▸ seinen Senf dazu geben

☞ Gemeint ist wahrscheinlich, dass ein einziges Salzkörnchen dazugeben, auch nicht viel helfen würde.

Tu aurais mieux fait de te taire au lieu de vouloir à tout prix *mettre ton grain de sel.*

(2) **veiller au grain** (se méfier, être prudent) ▸ auf der Hut sein

☞ Aus der Seemannssprache: *grain* ist hier nicht das Korn, sondern die Bö.

Il faut *veiller au grain* et se méfier de ces gens-là!

Siehe auch **faire gaffe, être sur ses gardes, jouer serré, être sur le qui-vive.**

(3) **avoir un grain** (être un peu fou) ▸ einen Stich haben

☞ Eine der Bedeutungen von *grain* ist ‚Quäntchen'.

Ne le prends pas au sérieux, *il a un grain!*

Siehe auch **avoir une araignée au plafond, perdre la boule, battre la campagne, avoir une case en moins, il lui manque une case, travailler du chapeau, ne pas jouir de toutes ses facultés, être à la masse, tu devrais te faire soigner, ça ne va pas la tête.**

(3) **avoir du grain à moudre** (avoir matière à réflexion) ▸ Stoff zum Nachdenken haben

☞ Wörtlich: Korn zum Mahlen haben.

Avec les nouvelles propositions du gouvernement, l'opposition va *avoir du grain à moudre*.

(3) **donner du grain à moudre à quelqu'un** (lui donner matière à réflexion) ▸ jdm Stoff zum Nachdenken geben

La physique quantique a *donné du grain à moudre* à toute une génération de physiciens.

G

graine

(2) **prends en de la graine!** (tâche de prendre cela comme un exemple!) ▸ nimm dir ein Beispiel daran!

☞ *la graine* ist das Samenkorn, das „sich ein Beispiel nimmt" an der Pflanze, die es einmal werden wird.

Ton frère a brillamment réussi son examen. *Prends en de la graine*!

(2) **casser la graine (manger)** ▸ essen, Brotzeit machen

☞ Bei *graine* handelt es sich ursprünglich nicht um das Getreidekorn, sondern um das Weintraubenkorn (*grain de raisin*). Zuerst bedeutete *casser la graine* also ‚Wein trinken'.

Assez travaillé! Il est temps de *casser la graine*.

Siehe auch **casser la croûte.**

grand-mère

(2) **faut pas pousser grand-mère dans les orties!** (il ne faut pas dépasser les limites! il ne faut pas abuser!) ▸ nicht übertreiben!

☞ Wörtlich: Man soll die Oma nicht in die Nesseln stoßen! Diese Redewendung ist auf das kürzere *faut pas pousser*! (nicht überteiben!) zurückzuführen, das wahrscheinlich verwandt ist mit *faut pas pousser le bouchon trop loin*!

Tu veux encore une augmentation? *Faut pas pousser grand-mère dans les orties*!

Siehe auch **ne pas manquer d'air, comme vous y allez, y aller fort, charrier dans les bégonias, dépasser les bornes, pousser le bouchon un peu loin, arrête ton char, tirer sur la corde, ça commence à bien faire, tirer sur la ficelle, être gonflé, ne pas manquer de souffle.**

grappin

(1) **mettre le grappin sur quelque chose / quelqu'un** (s'emparer de quelque chose / quelqu'un, accaparer quelque chose / quelqu'un) ▸ Beschlag auf etwas/jdn legen | **le grappin** = der Enterhaken

Comme j'hésitais, c'est mon voisin qui *a mis le grappin* sur la belle Jaguar des années cinquante.

grenouille

G

(3) **une grenouille de bénitier (un bigot, une bigotte)** ▸ ein Betbruder, ein Frömmler, eine Betschwester, eine Frömmlerin

☞ Die fühlen sich im Weihwasser so wohl wie der Frosch im Teich.

Ma mère allait tous les jours à l'église. Elle était une vraie *grenouille de bénitier.*

gril

(2) **mettre quelqu'un sur le gril** (interroger quelqu'un de façon musclée) ▸ jdm auf den Zahn fühlen

☞ *le gril* ist tatsächlich der Grill zum Grillen; *mettre sur le gril* war eine Foltermethode, der 258 in Rom der heilige Lorenz zum Opfer fiel.

Pendant l'entretien d'embauche, j'ai été *mis sur le gril* pendant plus d'une heure.

grimper

(3) **grimper aux rideaux** (se mettre dans une grande colère) ▸ hochgehen

☞ Wörtlich: In die Vorhänge klettern.

Lorsque le chef du parti vit que le chef de groupe n'était pas présent, *il grimpa aux rideaux.*

Siehe auch **n'écouter que sa colère, piquer une colère, sortir de ses gonds, et merde, la moutarde me monte au nez, se mettre en pétard, mon sang n'a fait qu'un tour, faire une sortie contre quelqu'un, être soupe au lait, avoir la tête près du bonnet.**

gringue

(3) **faire du gringue à quelqu'un** (lui faire des avances, chercher à le séduire) ▸ Annäherungsversuche bei jdm machen

☞ Die Herkunft dieser Redewendung ist nicht bekannt; man weiß nur, dass *gringue* von *grignon* (Brot) herrührt, daher *grignoter* (knabbern), aber der Zusammenhang ist nicht geklärt.

S'il continue de *faire du gringue* à ma femme, il aura à faire à moi!

Siehe auch **faire du charme à quelqu'un, conter fleurette à quelqu'un, faire du genou à quelqu'un, jeux de mains, jeux de vilains, avoir la main baladeuse, faire de l'œil à quelqu'un, faire du pied à quelqu'un, faire du plat à quelqu'un, avoir une touche.**

grippe

G

(2) **prendre quelqu'un en grippe** (avoir de l'antipathie pour lui / pour elle) ▸ jdn nicht leiden können

☞ Die erste Bedeutung von *grippe* war im 14. Jh. ein ‚Haken' oder eine ‚Harpune', um etwas zu greifen. Danach etwas, das uns ergreift, wie z. B. Hass. Erst ab dem 18. Jh. bedeutete *grippe* eine Krankheit.

La première fois que je l'ai vu, *je l'ai* déjà *pris en grippe*.

Siehe auch **être à couteaux tirés avec quelqu'un, avoir une dent contre quelqu'un, avoir maille à partir avec quelqu'un, avoir quelqu'un dans le nez, avoir un œuf à peler avec quelqu'un.**

gros

(1) **c'est un peu gros!** (c'est invraisemblable!) ▸ das ist ganz schön dick aufgetragen!

Tu es un amateur et tu prétends avoir couru les 100 m en 10 secondes? *C'est un peu gros*!

Gros-Jean

(3) **être Gros-Jean comme devant** (ne pas être plus avancé) ▸ genau so klug sein wie zuvor

☞ *un Gros-Jean*, wahrscheinlich aus *grossier* (grob) war ein ungehobelter Klotz oder ein dummer Mensch, der auch nach einer Erklärung noch nichts verstand. *Devant* steht für *avant.* Diese Redewendung ist durch La Fontaines Fabel *La laitière et le pot au lait* bekannt geworden.

Après les soi-disantes explications de l'orateur *on était Gros-Jean comme devant.*

guêpe

(2) **pas folle, la guêpe!** (je suis malin! il est malin! elle est maligne!) ▸ ich bin / er/sie ist doch nicht blöd!

☞ Früher sagte man *Pas bête, la guêpe!*, denn die Wespe galt als ein schlaues Tier.

Te prêter ma toute nouvelle voiture? *Pas folle, la guêpe!*

Siehe auch **il y en a là-dedans.**

G

guerre

(3) **de bonne guerre** (se dit du comportement habile de l'adversaire considéré comme légitime) ▸ legitim

Qu'il essaye de se venger après ce qu'on lui a fait, *c'est de bonne guerre!*

Siehe auch **c'est de bonne politique.**

(3) **de guerre lasse** (en renonçant par lassitude) ▸ weil ich es einfach leid war

☞ Wörtlich: Weil ich den Krieg müde bin.

De guerre lasse, j'ai abandonné le projet.

gueule

(1) **faire la gueule** (vulg.) (bouder) ▸ schmollen

Depuis que je lui ai dit que sa robe ne lui allait pas, *elle fait la gueule.*

Siehe auch **prendre la mouche, prendre ombrage de quelque chose, faire la tête.**

(1) **avoir la gueule de bois** (avoir mal à la tête et la langue pâteuse après avoir trop bu) ▸ einen Kater haben

☞ Fast wörtlich zu verstehen: Einen sehr trockenen Mund haben (wie Holz), ein bekanntes Symptom nach übermäßigem Alkoholgenuss.

Ce n'est pas étonnant que *tu aies la gueule de bois*, car tu as trop bu hier soir.

Siehe auch **avoir mal aux cheveux.**

(1) **se jeter dans la gueule du loup** (se précipiter dans une situation très dangereuse) ▸ sich in die Höhle des Löwen wagen

En allant à la réunion du parti adverse, *tu es allé te jeter dans la gueule du loup.*

(2) **avoir de la gueule** (avoir de l'allure) ▸ toll aussehen, Spitze sein

Que dis-tu de ma nouvelle voiture? *Elle a de la gueule*, n'est-ce pas?

Siehe auch **avoir de l'allure, ça en jette.**

(3) **avoir la gueule de l'emploi** (siehe **avoir la tête de l'emploi**)

(3) **arriver la gueule enfarinée** (arriver avec une confiance niaise, ridicule) ▸ ahnungslos daherkommen

☞ Diese Redewendung stammt aus der Fabel *Le chat et le vieux rat* von La Fontaine, in der eine Katze, die sich ganz mit Mehl bedeckt hat, sich in einem Brotkorb versteckt, um so eine Ratte zu fangen. Die alte erfahrene Ratte riecht jedoch den Braten und lässt sich nicht in die naive Falle locken.

Le premier ministre, *avec sa gueule enfarinée*, veut nous faire croire que le pays va bien.

H

haleine

(2) **un travail de longue haleine** (un travail qui prend beaucoup de temps) ▸ eine langwierige Arbeit | **l'haleine** = der Atem

La construction de cette digue sera *un travail de longue haleine.*

hallebardes

(2) **il tombe / il pleut des hallebardes** (il pleut très fort) ▸ es gießt in Strömen, es regnet Bindfäden

☞ Früher sagte man auch *il pleut des lances.* Später hat man dann die Lanzen durch Hellebarden ersetzt.

Je ne peux pas aller en ville maintenant, *il pleut des hallebardes.*

Siehe auch **il pleut des cordes.**

hameçon

(2) **mordre à l'hameçon** (se laisser séduire par une apparence trompeuse) ▸ anbeißen | **l'hameçon** = der Köder

Notre proposition devrait lui plaire. Je suis curieux de voir s'il va *mordre à l'hameçon.*

hannetons

(3) **ce n'est pas piqué des hannetons** (siehe **ce n'est pas piqué des vers**)

haricot

(3) **courir sur le haricot de quelqu'un** (l'énerver) ▸ jdm auf den Wecker gehen

☞ *courir quelqu'un* bedeutete früher *importuner quelqu'un* (jdn belästigen) und *haricot* (Bohne) ist hier Argot für Zehe; wenn man jdm auf die Zehen tritt, wird das ihn ärgern.

Je ne veux plus voir ce type, *il me court sur le haricot.*

Siehe auch **pomper l'air, mettre en boule, casser les couilles, ça me gonfle, avoir les nerfs en boule, être sur les nerfs, casser les oreilles / les pieds, taper sur le système, il me sort par les yeux.**

H

harnais

(3) **blanchi sous le harnais** (ayant acquis une longue expérience dans un domaine) ▸ im Dienst ergraut

☞ Im 12. Jh. war *le harnais* die Rüstung der Soldaten. Wer so lange den Waffenrock getragen hatte, dass er ergraut war (oder, wie im Französischen, weiße Haare bekommen hatte), hatte natürlich viel Erfahrung gesammelt.

C'était un vieux domestique *blanchi sous le harnais.*

haut

(1) **ça ne vole pas (très) haut** (ça ne vaut pas grand-chose) ▸ das hat kein Niveau

Son dernier roman *ne vole pas haut.*

Siehe auch **ne pas valoir un clou, être de la crotte de bique, ne pas valoir un fifrelin, à la gomme, à la noix, ne pas valoir un pet de lapin, être du pipeau, de la roupie de sansonnet, ne pas valoir tripette.**

(2) **le prendre de haut** (être arrogant) ▸ hochnäsig sein

Quand je lui ai dit que je n'étais pas d'accord avec lui, *il l'a pris de haut.*

Siehe auch **ne pas se moucher du coude, se croire sorti de la cuisse de Jupiter, péter plus haut que son cul, ne pas se moucher du pied, le roi n'est pas son cousin, avoir la science infuse, avoir la grosse tête.**

hébreu

(3) **c'est de l'hébreu pour moi** (c'est incompréhensible) ▸ das sind böhmische Dörfer für mich

Je ne comprends rien à son projet, *c'est de l'hébreu pour moi.*

herbe

(1) **couper l'herbe sous les pieds de quelqu'un** (le supplanter en le devançant) ▸ jdm den Rang ablaufen

☞ Früher bedeutete *herbe* nicht nur ‚Gras', sondern auch ganz allgemein ‚Gemüse'. Wenn man also jdm das Gemüse aus dem Garten wegschnitt, nahm man ihm Lebensmittel weg, was seine Existenz bedrohen konnte.

Quand j'étais candidat à ce nouveau poste, tu as voulu me *couper l'herbe sous les pieds.*

(2) **... en herbe** (se dit de quelqu'un qui a des dispositions pour quelque chose) ▸ werdend, in spe

☞ Mit *en herbe* meint man, dass jemand noch wachsen wird.

Il n'est plus un violoniste *en herbe*, il fait déjà partie des grands.

heure

(1) **à la bonne heure!** (voilà qui est bien! tant mieux!) ▸ recht so! bravo!

☞ Ursprünglich bedeutete diese Redewendung *zur rechten Stunde.* Die Entwicklung zur heutigen Bedeutung ist nicht deutlich. Vielleicht meint man: Was du gut gemacht hast, kommt gerade zur rechten Zeit.

Tu as enfin réussi? *À la bonne heure*!

histoire

(1) **histoire de ...** (dans l'intention de ...) ▸ einfach nur, um ...

Je me suis assis dans un café, *histoire de* passer le temps.

holà

(2) **mettre le holà à quelque chose** (y mettre fin) ▸ einer Sache Einhalt gebieten

☞ *holà* ist das deutsche *holla*, ein Ruf, um das Pferd anhalten zu lassen.

Avant qu'il ne fasse encore plus de dégâts, *je vais mettre le holà à* ses initiatives malheureuses.

honte

(2) **faire honte à quelqu'un** (1. agir de telle sorte qu'un autre ait honte pour celui ou celle qui a agi, 2. lui en faire le reproche) ▸ 1. So handeln, dass ein anderer sich für uns schämt, 2. jdm ein schlechtes Gewissen machen

1. *Tu m'as fait honte* avec ta mauvaise conduite.

2. *Il m'a fait honte* de ma mauvaise conduite.

(3) **toute honte bue** (en étant sans scrupule) ▸ ohne jegliche Skrupel | **la honte** = die Schande, die Schmach

☞ Gemeint ist, dass man so oft gedemütigt (‚Schande getrunken hat') worden ist, dass man selbst keinerlei Skrupel mehr hat, etwas zu tun.

Toute honte bue, le président a exigé une augmentation de son bonus de 50%.

H

hôpital

(3) **c'est l'hôpital qui se moque de la charité** (se dit de quelqu'un qui a lui-même le défaut qu'il reproche à quelqu'un d'autre) ▸ ein Esel schimpft den anderen Langohr

☞ *charité* hat nicht direkt etwas zu tun mit der Berliner Charité, sondern mit der Konkurrenz zweier Krankenhäuser in Lyon, von denen eines die *Charité* (Barmherzigkeit) war, ein von barmherzigen Brüdern oder Schwestern geführtes Krankenhaus; *hôpital* ist abgeleitet von *hospitalité*, das Gastfreundschaft bedeutet.

Je ne me permets pas de critiquer votre orthographe, car ce serait *l'hôpital qui se moque de la charité.*

hue

(3) **tirer à hue et à dia** (aller dans des directions différentes, agir de façon contradictoire) ▸ mal nach links, dann wieder nach rechts wollen

☞ Bei Zugtieren ist *hue* nach rechts und *dia* nach links. Im Deutschen jedoch *hüh*, nach links und *hott*, nach rechts.

Le gouvernement n'est plus capable de diriger le pays, car les différents ministres *tirent à hue et à dia.*

huile

(1) **une huile** (un personnage haut placé, une personne influente) ▸ ein hohes Tier

☞ Vielleicht weil Öl oben schwimmt; einige Etymologen geben jedoch die folgende Erklärung: Früher sagte man in Militärkreisen *nager avec les huiles* (mit Vorgesetzten verkehren). Mit *huile* meinte man das Öl, in dem die Sardinen schwimmen und *sardines* sind die Tressen auf den Uniformen der Unteroffiziere. Je mehr Tressen, je höher der Rang.

Mon voisin a commencé comme simple ouvrier et maintenant, c'est *une huile* dans son entreprise.

Siehe auch **du beau linge, du beau monde, le dessus du panier, avoir pignon sur rue.**

(3) **user de l'huile de coude** (montrer de l'énergie pour faire quelque chose) ▸ die Ärmel hochkrempeln | **le coude** = der Ellbogen

Messieurs, on ne peut pas encore se reposer, il faut encore *user un peu d'huile de coude!*

Siehe auch **aller au charbon, mouiller sa chemise, mettre la main à la pâte, mettre les mains dans le cambouis, prendre le mors aux dents, payer de sa personne.**

huis

(2) **à huis clos** (toutes portes bien fermées; sans que le public soit admis) ▸ hinter/mit verschlossenen Türen

☞ Im Niederlatein war *ustium* die ‚Tür'. Daraus wurde später *us*, im Niederländischen ‚huis' und im Deutschen ‚Haus'. Im Französischen finden wir *huis* auch noch in *huissier* (Gerichtsvollzieher).

Le président du tribunal a décidé que le procès se tiendrait *à huis clos.*

I

idées

(1) **se faire des idées** (imaginer des choses fausses) ▸ sich unnütz Sorgen machen

Je pense que *tu te fais des idées*! Il viendra sûrement au rendez-vous.

île

(2) **l'île de beauté** (la Corse) ▸ Korsika

Pas mal de gens sur *l'île de beauté* aimeraient être indépendants de la France.

image

(3) **une Image d'Épinal** (depuis le 18e s. une gravure naïve faite à Épinal) ▸ (im übertragenen Sinn) ein naives Klischee

En France, on pensait que le peuple tunisien sous la dictature de Ben Ali était un peuple joyeux et attachant, mais c'était *une Image d'Épinal.*

informé

(2) **jusqu'à plus ample informé** (jusqu'à la découverte d'un fait nouveau) ▸ bis auf Weiteres

Jusqu'à plus ample informé, j'ai décidé de lui faire confiance, malgré les rumeurs à son sujet.

I

intérêt

(1) **il y a intérêt!** (il faut le faire!) ▸ und ob! Das will ich hoffen!

☞ Gemeint ist: *il y a intérêt à le faire.*

Je vais me mettre de suite au travail. – *Il y a intérêt!*

iota

(2) **ne pas changer d'un iota** (ne pas changer du tout) ▸ auch nicht das Geringste ändern

☞ Das Jota ist der kleinste Buchstabe des griechischen Alphabets: Es steht hier für etwas Geringes.

Le président a déclaré qu'*il ne changerait pas un iota* à son programme de gouvernement.

Jacques

(1) **faire le Jacques** (faire l'imbécile) ▸ Blödsinn machen

☞ Ende des 19. Jhs war *Jacques* einer der Vornamen, mit denen man einen einfältigen Menschen andeutete.

Arrête un peu de *faire le Jacques*, tu m'énerves.

Siehe auch **faire le zouave.**

jambe(s)

(1) **ça me fait une belle jambe!** (cela ne sert à rien) ▸ was nützt mir das schon? Das macht den Bock auch nicht fett!

☞ Im 17. Jh. verlangte die Mode, dass junge Adlige schöne mit Seide bekleidete Beine hatten. Wenn man etwas bekommen hatte, das einem nicht viel nützte, sagte man: „Das macht meine Beine auch nicht schöner"! Bis zu der ironischen Deutung war es dann nur noch ein kleiner Schritt.

S'il venait s'excuser, *ça me ferait une belle jambe*, parce que le mal est fait!

Siehe auch **ça ne fait pas avancer le schmilblick.**

(2) **prendre quelque chose par-dessus la jambe** (le prendre avec désinvolture) ▸ etwas auf die leichte Schulter nehmen

☞ Zuerst sagte man *par-dessous la jambe* und meinte damit, dass man im *jeu du volant* (Federballspiel) den Ball nicht von oben, sondern von unter dem Knie schlug, weil man sicher war, den Gegner auch so schlagen zu können.

Cette affaire est trop sérieuse pour être *prise par-dessus la jambe.*

(2) **traiter quelque chose par-dessus la jambe** (traiter une chose à la va-vite) ▸ etwas auf die Schnelle behandeln

☞ Herkunft siehe oben.

Cette proposition mérite réflexion, on ne peut pas la *traiter par-dessus la jambe.*

Siehe auch **six-quatre-deux.**

(3) **traiter quelqu'un par-dessus la jambe** (le traiter de haut) ▸ jdn von oben herab behandeln

☞ Herkunft siehe oben.

Le patron *traite* tous ses employés *par-dessus la jambe.*

(3) **tenir la jambe à quelqu'un** (l'importuner par de longs discours) ▸ jdm ein Ohr abreden

Je suis en retard, parce que la voisine *m'a tenu la jambe* pendant un quart d'heure.

* **prendre ses jambes** *à son cou* ▸ die Beine *in die Hand* nehmen (*in die Hand* ist genau so eigenartig wie *à son cou,* an den Hals)

(3) **tirer dans les jambes de quelqu'un** (l' attaquer de façon déloyale) ▸ jdm in den Rücken fallen

J

Je ne te pardonne pas de m'avoir *tiré dans les jambes* lors des dernières élections.

Siehe auch **faire un coup en douce à quelqu'un, un coup de Jarnac, le coup du Père François.**

jeter

* *jeter* **le bébé avec** *l'eau* **du bain** ▸ das Kind mit dem Bade *ausschütten*

(1) **s'en jeter un derrière la cravate** (boire un verre) ▸ einen heben
Je n'ai pas encore envie de partir, on a le temps de *s'en jeter un derrière la cravate.*

Siehe auch **en tenir une bonne, avoir son compte, avoir un coup dans l'aile, avoir le gosier en pente, avoir un verre dans le nez.**

J

(1) **ça en jette!** (cela impressionne, ça fait de l'effet) ▸ das ist was! Das macht was her!
☞ Es handelt sich hier um eine Verkürzung von *jeter son jus*, wobei *le jus* nicht der Saft, sondern die Essenz bedeutete. Gemeint war also: Sich von seiner besten Seite zeigen.
Ma nouvelle Jaguar, *ça en jette* n'est-ce pas?

Siehe auch **avoir de l'allure, avoir de la gueule.**

(1) **n'en jetez plus, la cour est pleine!** (assez de compliments!) ▸ lassen Sie es gut sein!
Gemeint ist: Werfen Sie keine Rosen mehr runter, der Hof ist voll!
Après tous les compliments que vous m'avez faits, je n'ai plus qu'une chose à dire: *N'en jetez plus, la cour est pleine!*

jetons

(1) **avoir les jetons** (avoir peur) ▸ Schiss haben
☞ *jeton* ist auf eine frühere Bedeutung des Verbs *jeter* zurückzuführen, nämlich ‚aus sich herausfließen lassen'. Man denkt hier an die Schließmuskeln, die man bei großer Angst nicht mehr kontrollieren kann. Dieser Gedanke liegt auch der deutschen Entsprechung zu Grunde.
Je l'avoue, *j'avais les jetons*, car mon adversaire était beaucoup plus fort que moi.

Siehe auch **ça me fout les boules, avoir les foies.**

jeu(x)

(1) **être vieux jeu** (ne pas être très à la mode) ▸ altmodisch sein
Il n'aime pas le rock, les jeunes, les réseaux sociaux, en un mot, *il est* très *vieux jeu*.

(2) **faire le jeu de quelqu'un** (l'avantager, parfois de façon involontaire) ▸ jdm in die Hände arbeiten
Tu ne vois pas qu'avec ton attitude *tu fais le jeu de* nos ennemis?

(2) **le jeu n'en vaut pas la chandelle** (cela n'en vaut pas la peine) ▸ das lohnt sich nicht, das ist nicht der Mühe wert
☞ Beim abendlichen Kartenspiel mussten die Spieler ihr Scherflein beitragen, um die Kerzen zu bezahlen. Manchmal war ihr Gewinn zu gering und das Spiel hatte sich also nicht gelohnt.
Je ne vais pas investir dans cette sociéte, car elle paye trop peu de dividendes; *le jeu n'en vaut pas la chandelle*.

J

(2) **ce n'est pas du / de jeu!** (ce n'est pas conforme aux règles!) ▸ das ist unfair! das gilt nicht!
D'abord dire que tu me soutiens et puis voter contre moi, *ce n'est pas du jeu*!

(2) **il a beau jeu de ...** (c'est facile pour lui de ...) ▸ er kann leicht ..., er hat leichtes Spiel
Il a beau jeu de s'excuser, le mal est fait!

(3) **jouer le grand jeu** (mettre en jeu toutes ses ressources pour réussir) ▸ alle Register ziehen
☞ Ursprünglich bezog sich diese Redewendung, wie auch die deutsche Entsprechung, auf das Orgelspiel.
Pour impressionner la presse, nous allons *jouer le grand jeu*.

(3) **se prendre à son propre jeu** (tomber dans son propre piège) ▸ in die eigene Falle gehen
Il a tellement menti qu'il *s'est* finalement *pris à son propre jeu*.

(2) **les jeux sont faits!** (tout est décidé!) ▸ die Würfel sind gefallen
☞ Bekannt aus der Kasinosprache.
Il n'y a plus rien à faire, *les jeux sont faits*!

(3) **jeux de mains, jeux de vilains!** (1. ça va finir mal!, 2. se dit, lorsqu'un homme veut caresser une femme contre son gré) ▸ 1. das Spiel wird noch böse enden! 2. sagt man, wenn ein Mann einer Frau an die Wäsche will

☞ Zu 1.: Mit *vilains* meinte man im Mittelalter Bauern, die sich nicht, wie Edelleute mit dem Degen, sondern mit den Fäusten bekämpften. Gemeint ist: So etwas tut nur ein ungehobelter Klotz.

1. Quand je me chamaillais avec mon frère, ma mère disait toujours: *jeux de mains, jeux de vilains!*

2. Quand j'ai vu que mon voisin avait mis sa main sur la jambe de mon amie, je lui ai dit: *jeux de mains, jeux de vilains!*

Siehe auch (zu 2.) **faire du charme à quelqu'un, conter fleurette à quelqu'un, faire du genou à quelqu'un, faire du gringue à quelqu'un, avoir la main baladeuse, faire de l'œil à quelqu'un, faire du pied à quelqu'un, faire du plat à quelqu'un, avoir une touche.**

J

joli

(1) **c'est du joli!** (c'est mal!) ▸ das ist ja reizend! schöne Bescherung!
☞ In beiden Sprachen eine Antiphrase.

Tu me ramènes ma voiture pleine de bosses? *C'est du joli!*

Siehe auch **c'est du beau.**

joue

(1) **mettre quelqu'un en joue** (le viser avec une arme à feu) ▸ anlegen | **la joue** = die Wange, an die das Gewehr gedrückt wird.

Comme je faisais mine de m'enfuir, le policier *me mit en joue.*

jouer

(1) **jouer au plus fin avec quelqu'un** (chercher à duper quelqu'un) ▸ versuchen, jdn zu überlisten, schlauer sein wollen als jd anders

N'essaye pas de *jouer au plus fin avec moi*, tu es sûr de perdre!

Siehe auch **balader quelqu'un, mener quelqu'un en bateau, monter un bateau à quelqu'un, mettre quelqu'un en boîte, rouler quelqu'un dans la farine, jeter de la poudre aux yeux, se payer la tête de quelqu'un, faire prendre à quelqu'un des vessies pour des lanternes.**

(2) **jouer serré** (se méfier) ▸ höllisch aufpassen
☞ Gemeint ist: Eng, ohne viel Spielraum zu lassen.

Avec les députés de l'opposition, il faut *jouer serré.*

Siehe auch **faire gaffe, être sur ses gardes, veiller au grain, être sur le qui-vive.**

(3) **se la jouer** (se comporter d'une certaine façon, faire semblant d'être autre chose) ▸ jdn spielen, jdn/etwas nachahmen, sich hinstellen als etwas

☞ Gemeint ist: *se jouer à soi-même la comédie de ...*

Avec ses lunettes solaires noires et son chapeau cowboy, *il se la joue* à l'américaine.

jours

(1) **couler/filer des jours heureux** (vivre des jours heureux) ▸ glückliche Tage verleben

J'ai vécu dans ce village quand j'étais adolescent et j'y ai *coulé des jours heureux.*

Siehe auch **être comme un coq en pâte, se la couler douce, mener une vie de père peinard.**

J

juge

(2) **être juge et partie** (juger sa propre cause) ▸ Richter in eigener Sache sein

La police veut enquêter sur un policier? Mais ce serait *être juge et partie*!

jus

(1) **c'est du jus de chaussette!** (c'est du café fade et insipide) ▸ das ist der reinste Blümchenkaffee!

☞ Wörtlich: Sockensaft.

Ce que tu m'as servi là est *du jus de chaussette*! Fais-moi plutôt un expresso!

K

kif

(1) **c'est kif-kif** (cela revient au même) ▸ das ist gehupft wie gesprungen, das ist Jacke wie Hose

☞ Französische Soldaten haben diese Redewendung aus Nordafrika mitgebracht. Im Arabischen bedeutet *kif* '*comme*' (wie). Wörtlich also: *c'est comme comme.*

Qu'on aille en train ou en voiture, *c'est kif-kif*, on n'arrivera pas plus tôt avec l'un qu'avec l'autre.

Siehe auch **c'est bonnet blanc et blanc bonnet, c'est tout comme, ça se vaut.**

là

(2) **(il faut savoir partir à temps) tout est là!** (c'est l'essentiel!) ▸ das ist die Hauptsache!

Il faut savoir arrêter une grève à temps, *tout est là*!

(2) **(comme violoniste, ...) il est un peu là!** (on ne fait pas mieux!) ▸ er kann sich sehen lassen

☞ Eine Antiphrase, denn mit *peu* meint man ja das Gegenteil, nämlich *beaucoup.*

Comme architecte, *il est un peu là*!

lambda

(1) **le citoyen / le consommateur lambda** (le citoyen / le consommateur moyen) ▸ der Durchschnittsbürger, der Durchschnittsverbraucher

☞ Lambda ist der 11. Buchstabe im griechischen Alphabet, steht also nicht an prominenter Stelle, wie Alpha oder Omega. Gemeint ist jemand, der nicht auffällt.

Le citoyen lambda ne comprend rien aux propositions du gouvernement.

langue

(1) **tenir sa langue** (garder un secret) ▸ seine Zunge im Zaum halten
Avec moi, le secret sera bien gardé, je sais *tenir ma langue.*

Siehe auch **motus et bouche cousue.**

(1) **il a avalé sa langue** (il garde le silence) ▸ es hat ihm die Sprache verschlagen | **avaler** = runterschlucken
Pourquoi tu ne dis rien? *Tu as avalé ta langue*?

(2) **ne pas avoir sa langue en poche** (ne pas avoir peur de répliquer) ▸ nicht auf den Mund gefallen sein.
Fais attention à ce que tu lui dis! C'est quelqu'un qui n'*a pas sa langue en poche!*

(2) **la langue de bois** (une manière rigide de s'exprimer avec des formules stéréotypées, sans révéler le fond de sa pensée, surtout en politique) ▸ leere Phrasen, Phrasendrescherei
☞ Diese Redewendung ist russischen Ursprungs: In der Zarenzeit wurde die Sprache der Bürokraten als Eichensprache bezeichnet.
On veut que le gouvernement dise clairement ce qu'il compte faire; on en a assez de *la langue de bois!*

Siehe auch **tourner autour du pot.**

(2) **donner sa langue au chat** (siehe **chat**)

(3) **avoir la langue bien pendue** (parler beaucoup) ▸ ein gutes Mundwerk haben
☞ Zuerst sagte man *avoir la langue bien affilée*, eine scharfe Zunge haben.
Lui ne dit pas grand-chose, mais sa femme *a la langue bien pendue.*

(3) **prendre langue avec quelqu'un** (entrer en pourparlers avec lui) ▸ Rücksprache mit jdm nehmen
J'ai déjà *pris langue avec* le ministre, pour lui parler de ton problème.

Siehe auch **en toucher un mot à quelqu'un.**

lanterne

(2) **éclairer la lanterne de quelqu'un** (le renseigner) ▸ jdn aufklären
☞ Aus einer Fabel des 18. Jhs, in der ein Affe anderen Tieren eine Laterna Magica zeigen will, jedoch vergisst, diese anzuzünden. Deshalb lautete diese Redewendung früher *oublier d'allumer sa lanterne.* Von da bis zur heutigen Redewendung war es nur ein kleiner Schritt.

Je ne comprends pas ce qui s'est passé entre toi et le directeur; tu pourrais *éclairer ma lanterne?*

lapin

(1) **un chaud lapin** (un homme porté sur les plaisirs sexuels) ▸ ein geiler Bock

☞ Eine Anlehnung an dieses Verhalten der Kaninchen findet sich in der Redewendung *sich vermehren wie die Karnickel.*

On sait que Casanova était *un chaud lapin.*

Siehe auch **être porté sur la chose.**

(1) **poser un lapin à quelqu'un** (ne pas aller à un rendez-vous) ▸ jdn versetzen

☞ Früher bedeutete diese Redewendung ‚Waren schmuggeln'. Danach wandelte sich die Bedeutung von ‚etwas Illegales tun' in ‚sein Versprechen nicht halten'.

Elle avait promis de venir au rendez-vous, mais *elle m'a posé un lapin.*

L

Siehe auch *faire faux bond.*

lard

(3) **rentrer dans le lard de quelqu'un** (lui dire brutalement ce qu'on pense de lui) ▸ jdn fertigmachen

☞ Wörtlich: In jds Speck reingehen; gemeint ist ‚ihm zu Leibe gehen'.

S'il ose encore une fois me demander quelque chose, *je vais lui rentrer dans le lard.*

Siehe auch **clouer le bec à quelqu'un, remonter les bretelles à quelqu'un, sonner les cloches à quelqu'un, river son clou à quelqu'un, dire son fait à quelqu'un, tirer les oreilles à quelqu'un, remettre quelqu'un à sa place, voler dans les plumes de quelqu'un, secouer les puces à quelqu'un, passer un savon à quelqu'un, couper le sifflet à quelqu'un, dire ses quatre vérités à quelqu'un, donner une volée de bois vert à quelqu'un.**

large

(2) **prendre le large (s'enfuir)** ▸ das Weite suchen, die Flucht ergreifen | **le large** = das offene Meer

Quand la police arriva enfin, le cambrioleur *avait* depuis longtemps *pris le large.*

Siehe auch **se faire la belle, mettre les bouts, fausser compagnie à quelqu'un, jouer la fille de l'air, se faire la malle, se faire la paire, prendre la poudre d'escampette, partir sans demander son reste, tirer sa révérence, prendre la tangente, mettre les voiles.**

(2) **ne pas en mener large (être très inquiet)** ▸ es mit der Angst zu tun kriegen

☞ Aus der Reitersprache: Gemeint war ursprünglich: *lors du dressage, le cavalier ne devait pas s'écarter du sentier tracé, il ne devait pas mener son cheval au large* (der Reiter durfte bei der Dressur nicht vom Pfad abweichen).

Extérieurement, je donnais l'impression d'être calme, mais en réalité *je n'en menais pas large.*

Siehe auch **être dans ses petits souliers.**

largeurs

(2) **se tromper dans les grandes largeurs** (se tromper fortement) ▸ sich gewaltig irren | **dans les grandes largeurs** = im weitesten Sinn

Tu crois toujours avoir raison, mais cette fois-ci, tu t'es trompé *dans les grandes largeurs!*

Siehe auch **avoir la berlue, se monter le bourrichon, être loin du compte, se mettre le doigt dans l'œil, être à côté de la plaque, faire fausse route.**

L

larron

(3) **le troisième larron** (celui qui profite de la querelle de deux autres) ▸ der lachende Dritte

☞ Nach La Fontaines Fabel *Die Diebe und der Esel.*

Si les USA et la Chine se disputent, *le troisième larron*, la Russie, en tirera profit.

latin

(3) **j'y perds mon latin (je n'y comprends plus rien)** ▸ ich verstehe überhaupt nichts mehr

☞ Nicht zu verwechseln mit ‚mit seinem Latein am Ende sein', das dem französischen *ne plus savoir quoi essayer* entspricht.

Avec toutes ces propositions et contre-propositions, *j'y perds mon latin.*

Siehe auch **je n'y comprends que dalle / goutte.**

lèche-vitrine

(1) **du lèche-vitrine** (flâner le long des magasins en regardant les vitrines, sans nécessairement acheter) ▸ einen Schaufensterbummel machen | **lècher** = lecken

☞ Man steht so nahe am Schaufenster, dass man den Eindruck erwecken könnte, man würde es streifen.

Tous les samedis ma femme et ma fille vont *faire du lèche-vitrine.*

lendemains

(3) **des lendemains qui chant**ent (un meilleur avenir) ▸ eine bessere Zukunft

Les communistes nous ont toujours promis *des lendemains qui chantent.*

lest

(3) **lâcher du lest** (faire des concessions) ▸ Zugeständnisse machen

☞ Im eigentlichen Sinn: Ballast abwerfen.

L

Si on veut que notre projet soit adopté, il faudra *lâcher du lest* sur des aspects moins importants.

lettre

(3) **rester lettre morte** (ne pas être suivi d'effet) ▸ keine Folgen haben

☞ Zuerst sagte man *rester lettre close* (geschlossen) und meinte damit anfangs etwas Unverständliches, dann veraltete juristische Regeln, die deshalb nicht von Taten gefolgt werden konnten.

Les promesses du gouvernement *sont restées lettre morte.*

levée

(2) **une levée de boucliers contre quelque chose** (une protestation générale) ▸ eine Welle des Protests gegen etwas

☞ Im alten Rom erhoben die Soldaten ihre Schilde, wenn sie mit ihrem Anführer nicht einverstanden waren.

On a assisté à *une levée de boucliers* contre la nouvelle loi.

lézard

(2) **y a pas de lézard!** (y a pas de problème!) ▸ alles in Butter! Kein Problem!

☞ Eine Eidechse pfeift. Daher wird bei Tonaufnahmen ein störendes Pfeifen als *un lézard*, also ein Problem, bezeichnet.

Tout se passe bien chez vous? – *Y a pas de lézard!*

Siehe auch **ça / tout baigne, la situation est au beau fixe, ça roule, ça va comme sur des roulettes / sur du velours.**

libertés

(3) **prendre des libertés avec quelqu'un** (agir avec désinvolture avec lui) ▸ sich gegenüber jdm Freiheiten herausnehmen

Tu ne peux pas *prendre de telles libertés avec lui*, c'est quand même ton chef!

(3) **prendre des libertés avec un texte** (ne pas citer ou traduire exactement) ▸ es nicht so genau nehmen mit einem Zitat oder einer Übersetzung

Le traducteur *a pris quelques libertés* avec mon roman.

lice

(3) **entrer en lice** (s'engager dans une compétition) ▸ in Aktion treten | **la lice** = der umzäunte Platz, auf dem Wettkämpfe stattfanden

L'opérateur historique de téléphone mobile veut empêcher les nouveaux opérateurs d'*entrer en lice.*

L

lieu

* **en haut lieu** ▸ höh*eren* Ortes

lièvre(s)

(2) **(sou)lever un lièvre** (attirer l'attention sur une difficulté que d'autres n'ont pas vue) ▸ ein heikles Thema anschneiden

☞ Wörtlich: Einen Hasen, der sich im Gras versteckt, dazu bringen, sich aufzurichten, so dass man ihn schießen kann.

Ce député de l'opposition a *soulevé un lièvre* dont on n'a pas fini de parler.

(2) **courir deux / plusieurs lièvres à la fois** (mener de front plusieurs activités, au risque de n'en faire aucune convenablement) ▸ auf zwei/mehreren Hochzeiten zugleich tanzen wollen

☞ Wörtlich: Zwei/mehrere Hasen zugleich jagen (was meistens in die Hose geht).

Celui qui veut *courir deux lièvres à la fois* n'en attrape généralement aucun.

Siehe auch **être au four et au moulin.**

ligne

(3) **franchir la ligne jaune** (franchir une limite interdite) ▸ zu weit gehen

☞ In Frankreich markiert ein gelber Streifen die Grenze zwischen Straße und Bankette.

Exiger que le gouvernement démissionne, ce serait *franchir la ligne jaune.*

Siehe auch **dépasser les bornes.**

linge

(3) **du beau linge** (des gens de la haute société) ▸ vornehme Leute

☞ Vornehme Leute tragen teure Wäsche.

À la réunion, il n'y avait que *du beau linge.*

Siehe auch **une huile, du beau monde, le dessus du panier, avoir pignon sur rue.**

L

lion

(1) **manger / bouffer du lion** (avoir beaucoup d'énergie, être agressif) ▸ vor Energie bersten, nicht zu halten sein

☞ Im Volksglauben konnte sich die Kraft eines verspeisten Tieres auf den Menschen übertragen.

Qu'est-ce que tu as aujourd'hui? *Tu as bouffé du lion*?

lit

(2) **faire le lit de quelqu'un** (préparer le terrain de quelque chose de négatif) ▸ etwas Negatives begünstigen

☞ Wörtlich: Das Bett für jdn machen.

De telles remarques *font le lit de* l'extrème droite.

long

* *en* **long et** *en* **large** ▸ lang und breit

lorgnette

(3) **regarder par le petit bout de la lorgnette** (ne s'intéresser qu'aux détails d'une chose, ne voir que le côté mesquin) ▸ etwas zu einseitig sehen | **la lorgnette** = das Opernglas

☞ Wenn man verkehrt herum reinschaut, wird alles kleiner statt größer.

Les gens étaient contre la limitation à 80 km/h, parce qu'*ils regardaient* le problème *par le petit bout de la lorgnette.*

Siehe auch **c'est l'arbre qui cache la forêt.**

longueur

* *être* **sur la même longueur d'onde** ▸ auf der gleichen Wellenlänge *liegen*

louche

(3) **à la (grosse) louche** (approximativement) ▸ grob geschätzt | **la louche** = die Schöpfkelle

Ce ne sera pas le chiffre définitif; il s'agit plutôt d'une estimation *à la grosse louche.*

loup

(2) **à force de crier au loup** (à force de donner de fausses alertes, l'alerte réelle n'est plus écoutée) ▸ nach wiederholtem falschen Alarm reagiert man nicht mehr

☞ Nach einer Fabel des Äsop, in der ein junger Hirte wiederholt Alarm schlägt, weil der Wolf seine Schafe angegriffen habe. Als der Wolf dann wirklich kommt, eilt ihm keiner zu Hilfe.

À force de crier au loup, les gens ne viendront plus vous aider quand vous aurez vraiment besoin d'aide.

(3) **laisser entrer / enfermer le loup dans la bergerie** (introduire quelqu'un dans un endroit où il peut être nuisible) ▸ den Fuchs im Hühnerstall einsperren

☞ Im Französischen ist es der Wolf im Schafstall.

Si vous avez des problèmes aux intestins, il vaut mieux que tout soit évacué, pour ne pas *enfermer le loup dans la bergerie.*

(3) **avoir vu le loup** (pour une jeune fille, avoir eu ses premières relations sexuelles) ▸ erste sexuelle Erfahrungen gemacht haben (von einem jungen Mädchen gesagt)

☞ *la danse du loup* deutete im 16. Jh. auf den Geschlechtsakt. Man denkt hier an eine Gefahr für ein junges Mädchen, die symbolisiert wird durch den Wolf, der als ein gefährliches Tier galt.

Ses parents ne savaient pas qu'à 15 ans, *elle avait* déjà *vu le loup.*

lourd

(2) **c'est du lourd** (c'est très important) ▸ das ist etwas Schwerwiegendes, das man ernst nehmen sollte

Le projet climatique de la Commission, *c'est du lourd.*

lumière

* **ce n'est pas une lumière** ▸ er ist kein *großes* Licht

lune

(1) **être dans la lune** (être distrait, être perdu dans ses pensées) ▸ nicht bei der Sache sein

☞ Der Mond wird schon lange mit Geistesabwesenheit assoziiert.

Excuse-moi, je n'ai pas entendu, *j'étais dans la lune.*

Siehe auch **être dans les nuages.**

(1) **promettre la lune** (promettre l'impossible) ▸ das Blaue vom Himmel herunter versprechen.

L

Avant les élections, les politiciens nous *promettent* toujours *la lune.*

Sieh auch **promettre monts et merveilles.**

(2) **demander la lune** (demander l'impossible) ▸ Unmögliches verlangen

Je veux bien t'aider, mais tu ne peux quand même pas me *demander la lune*!

luné

(1) **être bien / mal luné** (être de bonne / de mauvaise humeur) ▸ gut/ schlecht gelaunt sein

☞ Man hat lange geglaubt, der Mond habe einen Einfluss auf die Stimmung der Menschen. *Laune* ist übrigens von *luna* abgeleitet.

Aujourd'hui, *il est bien luné*; c'est le moment de lui demander de t'aider financièrement.

Siehe auch **être de bon / de mauvais poil, se lever du bon pied.**

lurette

(2) **depuis belle lurette** (depuis très longtemps) ▸ schon seit ewigen Zeiten

☞ *lurette* (aus mundartlich *heurette, petite heure*) kommt nur noch in dieser Redewendung, einer Antiphrase, vor.

J'ai fait ma demande *il y a belle lurette*, mais je n'ai jamais eu de réponse.

Siehe auch **ça fait un bail, cela fait des lustres, ça fait une paie.**

lustres

(3) **cela fait des lustres** (cela fait très longtemps) ▸ seit einer Ewigkeit
☞ Ursprünglich bedeutete *lustre* eine Zeitspanne von fünf Jahren.

Cela fait des lustres que je ne l'ai pas vu.

Siehe auch **ça fait un bail, depuis belle lurette, ça fait une paie.**

M

machine

(1) **faire machine arrière** (revenir sur ce qu'on a dit) ▸ einen Rückzieher machen | **machine** = Lokomotive

Le conseil avait promis de revenir à une structure plus traditionnelle, mais devant l'opposition du personnel et de son syndicat, il a dû *faire machine arrière.*

M

magner

(1) **se magner le cul / le popotin / le train** (se dépêcher) ▸ einen Zahn zulegen | **se magner** = sich beeilen
☞ *train* steht hier für *arrière-train* (Hintern); *train*, *cul* und *popotin* sind Synonyme.

Magne-toi le cul, on est déjà en retard!

maille(s)

(3) **avoir maille à partir avec quelqu'un** (avoir une dispute, un différend avec lui / elle) ▸ mit jdm Streit haben, mit jdm aneinandergeraten
☞ *maille* war im Mittelalter die kleinste Münze, die im Umlauf war. *Partir* ist abgeleitet von *départir*, d. h. *partager* (teilen). Wenn man mit jdm Streit hatte, wollte man ihm auch nicht die kleinste Münze überlassen.

Ce n'est pas étonnant que Jean ait été licencié, il a eu *maille à partir* avec le directeur.

Siehe auch **tu me cherches, se crêper le chignon, être à couteaux tirés avec quelqu'un, chercher des crosses à quelqu'un, tailler des croupières à quelqu'un, chercher des noises à quelqu'un, avoir un œuf à peler avec quelqu'un, prendre quelqu'un à partie, le torchon brûle.**

* **passer** *entre* **les** *mailles* **du filet** ▸ *durchs* Netz schlüpfen (*la maille* ist die Masche)

main(s)

* **avoir** *sous* **la main** ▸ *bei* der Hand haben

(2) **forcer la main à quelqu'un** (l'obliger à faire quelque chose) ▸ jdn zwingen, etwas zu tun

Je ne voulais pas participer à ce cambriolage, mais *on m'a forcé la main.*

(2) **prendre quelqu'un la main dans le sac** (le prendre en flagrant délit) ▸ jdn auf frischer Tat ertappen

Le policier a réussi à *prendre* le voleur *la main dans le sac.*

(2) **perdre la main** (perdre l'habitude de faire quelque chose) ▸ aus der Übung kommen, nicht mehr die Fingerfertigkeit haben

M

Je publie de temps en temps un petit article, afin de ne pas *perdre la main.*

(2) **se faire la main à / avec quelque chose** (s'essayer à quelque chose) ▸ sich in etwas üben

Avant d'écrire un roman, j'ai d'abord voulu *me faire la main* avec quelques nouvelles.

(2) **haut la main** (sans effort, sans peine) ▸ mit Leichtigkeit

☞ Einige Etymologen glauben, dass diese Redewendung aus *avoir la haute main sur* (siehe dort) zurückgeht. Daraus habe sich dann die Bedeutung *faire sans effort* entwickelt. Andere Etymologen bezweifeln diesen Ursprung, bieten jedoch keine Alternative.

Je suis sûr que tu vas réussir tes examens *haut la main.*

Siehe auch **les doigts dans le nez, gagner dans un fauteuil.**

(2) **avoir la main baladeuse** (aimer peloter les femmes) ▸ gerne Frauen betatschen | **se balader** = spazieren gehen

☞ Hier ist es, als ob die Hände über den Körper einer Frau spazieren gehen.

Chaque femme devrait se méfier de cet homme: *il a la main baladeuse.*

Siehe auch **faire du charme à quelqu'un, conter fleurette à quelqu'un, faire du genou à quelqu'un, faire du gringue à quelqu'un, jeux de mains, jeux de vilains, faire de l'œil à quelqu'un, faire du pied à quelqu'un, faire du plat à quelqu'un, avoir une touche.**

(2) **avoir la main lourde** (1. frapper rudement, 2. verser en trop grande quantité) ▸ 1. hart zuschlagen, 2. mit etwas nicht gerade sparsam umgehen

1. Mon père *avait* toujours *la main lourde* avec nous.

2. Maman, j'ai l'impression que *tu as eu la main lourde* sur le sel!

Siehe auch **ne pas y aller avec le dos de la cuillère, ne pas y aller de main morte.**

(2) **une main de fer dans un gant de velours** (une autorité ferme sous une apparence douce) ▸ ein sanftes aber bestimmtes Auftreten

Notre nouveau directeur, c'est *une main de fer dans un gant de velours.*

(2) **de main de maître** (très habilement) ▸ meisterhaft | **le maître** = (hier:) der Meister seines Fachs

Félicitations! Tu as réussi à résoudre ce problème *de main de maître*!

(2) **passer la main** (déléguer une activité) ▸ die Verantwortung an einen anderen übergeben

☞ Diese Redewendung ist auf das Kartenspiel zurückzuführen, bei dem *passer la main* ‚passen' bedeutet.

Le directeur veut *passer la main* à son adjoint, car il est dépassé par la nouvelle technologie.

(3) **prêter main-forte** (donner de l'aide) ▸ helfen | **main-forte** = (hier:) mit bewaffneter Hand

J'ai besoin d'aide, vous pouvez me *prêter main-forte*?

Siehe auch **donner un coup de main / un coup de pouce.**

(3) **mettre la main à la pâte** (participer au travail qui doit être fait) ▸ selbst Hand anlegen | **la pâte** = der Teig, der geknetet werden muss

Tu me laisses tout faire tout seul, tu pourrais aussi un peu *mettre la main à la pâte*!

Siehe auch **aller au charbon, mouiller sa chemise, user de l'huile de coude, mettre la main dans le cambouis, prendre le mors aux dents, payer de sa personne.**

(3) **ne pas y aller de main morte** (agir avec brutalité) ▸ ganz schön rangehen

☞ Wörtlich: Nicht mit einer leblosen Hand zuschlagen

Après la grève, le patron a renvoyé la moitié du personnel. *Il n'y est pas allé de main morte!*

Siehe auch **ne pas y aller avec le dos de la cuillère, avoir la main lourde.**

(3) **avoir la haute main sur quelque chose** (être aux commandes) ▸ etwas fest in der Hand haben

Le ministre *a la haute main* sur son administration.

(3) **faire main basse sur quelque chose** (s'emparer indûment de quelque chose) ▸ sich über etwas hermachen

Les soldats ont envahi la maison et *ont fait main basse* sur tous les objets de valeur.

(3) **mettre la main au collet de quelqu'un** (l'arrêter) ▸ jdn dingfest machen | **le collet** = das Schlafittchen

Après des mois d'enquête, la police a réussi à *mettre la main au collet* du cambrioleur.

M

Siehe auch **prendre quelqu'un au collet.**

* *s'en* **laver les mains** ▸ seine Hände *in Unschuld* waschen

(1) **en venir aux mains** (se battre) ▸ handgreiflich werden

Encore un peu et on allait *en venir aux mains*!

(3) **mettre les mains dans le cambouis** (se salir les mains en travaillant) ▸ sich an eine schwere Arbeit machen | **le cambouis** = das Schmieröl

☞ Gemeint ist: Sich die Hände schmutzig machen.

Fini les belles théories! Maintenant, il s'agit de *mettre les mains dans le cambouis*!

Siehe auch **aller au charbon, mouiller sa chemise, user de l'huile de coude, prendre le mors aux dents, mettre la main à la pâte, payer de sa personne.**

mais

(2) **mais encore?** (vous pouvez être plus précis?) ▸ geht es auch etwas präziser?

On a fait tout ce qu'il fallait. – *Mais encore*?

maison

(1) **je suis de la maison** (je fais partie du même corps) ▸ ich bin einer von euch (z. B. von der Polizei)

Comme *je suis de la maison*, je n'ai pas eu de procès verbal pour excès de vitesse. De plus, j'étais en mission.

majeur

(3) **être majeur et vacciné** (être adulte, ne plus se laisser traiter comme un enfant) ▸ kein kleines Kind mehr sein

☞ Wörtlich: Volljährig und geimpft sein.

Je n'ai pas besoin de tes sermons, *je suis majeur et vacciné*!

mal

(1) **non sans mal** (non sans peine) ▸ nicht ohne Mühe

J'ai réussi à terminer la course, mais *non sans mal*.

(1) **il n'y a pas de mal!** (ne vous en faites pas! ne vous excusez pas!) ▸ das macht nichts!

Veuillez m'excuser de ne pas vous avoir prévenus. – *Il n'y a pas de mal*!

(1) **se donner du mal** (faire des efforts) ▸ sich Mühe geben

Je n'ai pas pu résoudre le problème et pourtant *je me suis donné du mal*.

(1) **aller de mal en pis** (aller de plus en plus mal) ▸ vom Regen in die Traufe kommen

☞ *pis* (auch noch in *tant pis*! dann sollte es wohl nicht sein!) ist die Komparativform von *mal*. Siehe auch *dire pis que pendre de quelqu'un*. Im normalen Sprachgebrauch sagt man *pire*.

L'économie de notre pays *va de mal en pis*.

(2) **prendre son mal en patience** (s'efforcer de supporter une situation pénible sans se plaindre) ▸ sich mit Geduld wappnen

Je sais que je vous demande beaucoup, mais il faut *prendre son mal en patience*.

(2) **mettre à mal** (malmener) ▸ übel mit etwas/jdm umspringen

L'initiative de ce député *a mis à mal* tout le plan du gouvernement.

maladie

(1) **si ... il en fera une maladie** (il en fera un drame) ▸ wenn ... dann wäre das für ihn ein Drama

S'il n'obtient pas cette place, *il en fera une maladie*.

malchance

(2) **jouer de malchance** (ne pas avoir de chance) ▸ Pech haben

Dans ce match, qu'on aurait dû gagner, *on a* simplement *joué de malchance.*

Siehe auch **manque de bol, c'est la faute à pas de chance, c'est bien ma veine.**

malheur

(1) **faire un malheur** (avoir beaucoup de succès) ▸ einen Riesenerfolg haben

☞ Eine Antiphrase, wie z. B. Hals- und Beinbruch.

Avec ta nouvelle pièce de théâtre, *on a fait un malheur.*

Siehe auch **casser la baraque, faire un tabac.**

(1) **attention / retenez-moi ou je fais un malheur!** (attention ou je vais devenir violent!) ▸ pass auf, oder es gibt Ärger!

Maintenant, tu en as dit assez! *Attention ou je fais un malheur*!

M

(1) **ne parlez pas de malheur!** (ne prévoyez pas le pire!) ▸ malen Sie den Teufel nicht an die Wand!

La Commission ne trouvera jamais la solution au problème climatique! – *Ne parlez pas de malheur*!

malle

(2) **se faire la malle** (partir, s'enfuir) ▸ sich aus dem Staub machen | **la malle** = der (Übersee-)Koffer

Mon locataire *s'est fait la malle*, sans payer son dernier loyer.

Siehe auch **filer à l'anglaise, plier bagage, mettre les bouts, déménager à la cloche de bois, fausser compagnie à quelqu'un, jouer la fille de l'air, prendre le large, se faire la paire, prendre la poudre d'escampette, partir sans demander son reste, tirer sa révérence, partir sans tambour ni trompette, prendre la tangente, mettre les voiles.**

manche (le)

(2) **faire quelque chose comme un manche** (le faire maladroitement) ▸ etwas ungeschickt machen

☞ *manche* ist hier auf *manchot* (Einarmiger) zurückzuführen.

Je ne suis pas satisfait de ton travail. Tu as encore fait ça *comme un manche!*

Siehe auch **manchot.**

(3) **être du côté du manche** (être du côté du plus fort) ▸ auf der Seite des Stärkeren sein | **le manche** = (hier:) der Stiel einer Axt
☞ Der Stiel führt den Schwung aus und das Eisen der Axt „erduldet" ihn.
Crois-moi, dans cette affaire, il vaut mieux *être du côté du manche!*

(3) **jeter le manche après la cognée** (renoncer à quelque chose par découragement) ▸ die Flinte ins Korn werfen
☞ *la cognée* (aus *cogner* ‚zuschlagen') ist das Eisen der Axt. Wenn man das verloren hat, nutzt einem der Stiel auch nichts mehr.
Après cette nouvelle défaite, l'entraîneur *a jété le manche après la cognée.*

manche (la)

(1) **faire la manche** (mendier) ▸ betteln
☞ Früher bedeutete *manche* (jetzt ‚Ärmel') auch ‚Geschenk'. Nach einem Turnier gaben die adligen Damen dem Ritter, der sich für sie geschlagen hatte, einen Ärmel ihres Kleides.
Jean a tout perdu au casino. Maintenant, *il fait la manche* devant un grand magasin.

(3) **être dans la manche de quelqu'un** (être dans ses bonnes grâces) ▸ bei jdm einen Stein im Brett haben.
Depuis le premier jour, le nouvel employé *est dans la manche du directeur.*

Siehe auch **être dans les petits papiers de quelqu'un.**

(3) **avoir quelqu'un dans sa manche** (l'avoir à son service, pouvoir disposer de sa protection) ▸ jdn in der Tasche haben
☞ Früher dienten weite Ärmel auch als Taschen, in denen oft wertvolle Gegenstände versteckt wurden.
Ne t'en fais pas pour le directeur, *je l'ai dans ma manche*!

manchot

(3) **ne pas être manchot** (être habile) ▸ nicht ungeschickt sein | **manchot** = Einarmiger
Mon frère peut t'aider à réparer ton aspirateur, *ce n'est pas un manchot.*

Siehe auch **comme un manche.**

manières

(1) **faire des manières** (se faire prier) ▸ sich zieren

Ne fais pas de manières et prends encore un morceau de gâteau!

manque

(1) **manque de bol / de pot** (pas de chance!) ▸ so ein Pech!

☞ *bol* (Schale, Schüssel) und *pot* (Topf) bedeuten hier beide Nachttopf, stehen jedoch für *cul* (Arsch).

On voulait acheter un ticket pour le concert, mais *manque de bol*, on est arrivé trop tard.

Siehe auch **c'est la faute à pas de chance, jouer de malchance, c'est bien ma veine.**

manquer

(1) **je n'y manquerai pas!** (je le ferai certainement!) ▸ du kannst dich darauf verlassen

☞ Gemeint ist: *je ne manquerai pas à ma parole* (ich werde mein Wort halten).

M

Salue ton père de ma part! – *Je n'y manquerai pas*!

manteau

(2) **sous le manteau** (en secret, en dehors des formes légales) ▸ unter der Theke

☞ Wörtlich: Unter dem Mantel.

C'est un livre qui se vend *sous le manteau*.

marché

(1) **par-dessus le marché** (en plus de tout le reste) ▸ obendrein; zu allem Überfluss

☞ *marché* hat hier nichts mit dem Markt zu tun, sondern mit *marcher* (gehen, schreiten). Man denkt an jdn, der noch einen Schritt weiter gegangen ist.

Il n'est pas venu aujourd'hui et *par-dessus le marché*, il ne m'a pas prévenu.

Siehe auch **pour faire bonne mesure.**

(3) **faire bon marché de quelque chose** (ne pas lui donner beaucoup d'importance) ▸ etwas wenig Beachtung schenken

☞ Wörtlich: Etwas als zu billig, zu unwichtig betrachten.

Je trouve que le gouvernement *a fait bon marché* des arguments de l'opposition.

Siehe auch **ne faire aucun cas.**

marcher

(1) **faire marcher quelqu'un** (abuser de sa crédulité) ▸ jdn auf den Arm nehmen

Le directeur m'a promis une augmentation, mais je crois qu'*il me fait marcher.*

Siehe auch **mener quelqu'un en bateau, monter un bateau à quelqu'un, mettre quelqu'un en boîte, rouler quelqu'un dans la farine, se payer la tête de quelqu'un, jouer un tour à quelqu'un, faire prendre à quelqu'un des vessies pour des lanternes.**

(2) **marcher droit** (avoir une conduite irréprochable) ▸ einen mustergültigen Lebenswandel haben

Si tu veux garder ta place, il faudra *marcher droit.*

marguerite

M

(3) effeuiller la marguerite (enlever un à un les pétales d'une marguerite en disant: 'Il/elle m'aime un peu, beaucoup, à la folie, pas du tout …') ▸ auszählen: Sie/er liebt mich, sie/er liebt mich nicht …

Je n'ai pas besoin d'*effeuiller la marguerite* pour savoir qu'elle m'aime à la folie.

marquer

(3) **marquer le pas** (cesser de progresser) ▸ auf der Stelle treten

En économie, *marquer le pas* veut dire régresser.

marques

(2) **prendre ses marques** (se mettre sur la ligne de départ) ▸ Startvorbereitungen treffen

L'arbitre cria '*Prenez vos marques*!' et tout le monde se mit en position.

(3) **retrouver ses marques** (retrouver ses repères) ▸ sich wieder zurechtfinden

Après cette longue absence, il m'a été difficile de *retrouver mes marques.*

marre

(1) **j'en ai marre!** (j'en ai assez!) ▸ jetzt hab ich aber genug! Jetzt reicht's

☞ Diese Redewendung ist auf die Gaunersprache des 19. Jhs zurückzuführen. *Le mar* war der Teil der Beute, die jedem Mitglied einer Diebesbande zukam. *Avoir son mar* bedeutete also seinen Teil bekommen haben, genug bekommen haben.

Maintenant, *j'en ai marre*! Prends tes affaires et va-t-en!

Siehe auch **en avoir jusque là, en avoir ras le bol, en avoir plein les bottes, en avoir sa claque, en avoir plein le cul, en avoir plein le dos, en avoir par-dessus la tête.**

marrons

* *tirer* **les marrons du feu** ▸ die Kastanien aus dem Feuer *holen*

marteau

(3) être entre le marteau et l'enclume (se trouver entre deux camps adverses dont on peut recevoir des coups) ▸ zwischen zwei Stühlen sitzen

☞ Wörtlich: Zwischen Hammer und Amboss.

M

On n'est pas dans une situation confortable, on est plutôt *entre le marteau et l'enclume.*

martel

(3) **se mettre martel en tête** (se faire du souci) ▸ sich Sorgen machen, sich verrückt machen

☞ *martel* ist eine alte Form von *marteau* (Hammer). Man denkt hier an ein fortwährendes Hämmern im Gehirn.

Ne te mets pas martel en tête, la situation va finir par s'arranger!

Siehe auch **se faire du mouron, se faire du mauvais sang, se faire un sang d'encre, se ronger les sangs, se prendre la tête.**

masse

(2) **être à la masse** (être un peu fou ou déphasé) ▸ nicht ganz dicht sein

☞ Einige Etymologen glauben, dass *masse* der große Hammer ist, mit dem man einen Schlag auf den Kopf bekommen hat; andere verstehen *masse* im Sinne von ‚Strom' (Masse), als ob man einen Stromschlag bekommen hätte.

N'écoute pas ses histoires à dormir debout, *il est* complètement *à la masse.*

Siehe auch **avoir une araignée au plafond, perdre la boule, battre la campagne, il lui manque une case, avoir une case en moins, travailler du chapeau, ne pas jouir de toutes ses facultés, avoir un grain, tu devrais te faire soigner, ça ne va pas la tête.**

matinée

(1) **faire la grasse matinée** (dormir longtemps, rester tard au lit) ▸ bis in die Puppen schlafen

☞ *gras* stammt wahrscheinlich aus dem lateinischen *crassus* (dicht, dick). Durch das lange Schlafen wird der Morgen verdichtet.

Je suis tellement fatigué qu'aujourd'hui, je vais *faire la grasse matinée.*

mécanique

(2) **rouler les mécaniques** (avoir une attitude agressive pour impressionner quelqu'un) ▸ den starken Mann spielen, sich aufplustern | **les mécaniques** = (hier:) die Schultergelenke

Cela ne te sert à rien de *rouler les mécaniques*, je n'ai pas peur de toi!

Siehe auch **jouer les terreurs.**

M

mèche

(1) **être de mèche avec quelqu'un** (être de connivence avec lui) ▸ mit jdm unter einer Decke stecken

☞ Einige Etymologen sehen in *mèche* das italienische *mezzo* (die Hälfte). Im 18. Jh. bedeutete es u. a., dass man etwas mit jdm teilte.

Tu ne vois pas que ces deux-là *sont de mèche*?

Siehe auch **être en cheville avec quelqu'un.**

(2) **vendre la mèche** (trahir le secret) ▸ das Geheimnis verraten

☞ Hier handelt es sich bei *mèche* um die Lunte eines Pulverfasses, mit dem man die Mauer einer Festung sprengen wollte. Wenn man dem Feind, gegen Bezahlung, verriet, wo sich die Lunte befand, konnte dieser Gegenmaßnahmen ergreifen.

La police est sur nos traces, car notre ami, qui a été arrêté, *a vendu la mèche.*

meilleur(e)

(1) pour le meilleur et pour le pire (pour les bons et les mauvais moments de la vie) ▸ auf Gedeih und Verderb

Dans cette alliance, nous allons travailler ensemble *pour le meilleur et pour le pire.*

(2) **prendre le meilleur sur quelqu'un** (l'emporter sur lui) ▸ jdm überlegen sein, ihn besiegen

Federer a de nouveau *pris le meilleur sur* Nadal.

(1) **c'est la meilleure!** (c'est la chose la plus incroyable!) ▸ das ist ja ein Ding!

Tu as gagné au loto? *C'est la meilleure*!

ménage

(1) **faire le ménage** (sens fig. réorganiser quelque chose en éliminant ce qui est inutile) ▸ Ordnung in eine Sache bringen, rein Schiff machen

Le nouveau directeur a décidé de *faire le ménage* dans l'entreprise.

(2) **ne pas faire bon ménage avec quelque chose** (ne pas bien aller ensemble) ▸ sich nicht gut mit etwas vertragen

☞ Wörtlich: Nicht im selben Haus zusammenleben können.

Les propositions de l'opposition *ne* vont *pas faire bon ménage avec* les plans du gouvernement.

méninges

M

(2) **se creuser les méninges** (réfléchir longtemps pour trouver une solution à quelque chose) ▸ sich das Hirn zermartern | **les méninges** = die Hirnhaut

Je me suis creusé les méninges, mais je n'arrive pas à me souvenir de son nom.

Siehe auch **se creuser la cervelle / la nénette / la tête.**

mer

(1) **ce n'est pas la mer à boire!** (ce n'est pas si difficile!) ▸ das ist doch nicht die Welt!

☞ Wörtlich: Es geht nicht darum, das Meer leerzutrinken.

Faire quelques heures supplémentaires, *ce n'est pas la mer à boire*!

Siehe auch **à l'aise Blaise, c'est du tout cuit, ce n'est pas le diable, les doigts dans le nez, c'est l'enfance de l'art, c'est du gâteau, ce n'est pas sorcier.**

merci

(2) **être à la merci de quelqu'un** (dépendre totalement de lui) ▸ jdm ausgeliefert sein

☞ *merci* bedeutete früher auch Erbarmen.

Si le gouvernement ne réagit pas très vite, *il sera à la merci du* moindre problème boursier.

merde

(1) **être dans la merde** (vulg.) (siehe **être dans le pétrin**)

(1) **avoir de la merde dans les yeux** (vulg.) (ne pas voir quelque chose d'évident) ▸ Tomaten auf den Augen haben | **merde** = Scheiße

Tu ne vois pas clair, mon ami, je dirai même que *tu as de la merde dans les yeux!*

(1) **semer, foutre la merde** (vulg.) (causer du désordre) ▸ ein Chaos veranstalten

Tout ce que tu sais faire, c'est *foutre la merde*!

(1) **merde alors!** (vulg.) (1. exprime la colère, 2. exprime la surprise) ▸ 1. verdammt noch mal! 2. ach, du Schande!

1. *Merde alors*! Tu ne sais pas travailler un peu plus vite?

2. *Merde alors!* Je ne m'attendais pas à te voir!

Siehe auch (zu 2.) **en rester baba, les bras m'en tombent, couper la chique à quelqu'un, en boucher un coin à quelqu'un, tu me la coupes, mince alors, en rester comme deux ronds de flan, je n'en reviens pas, en baver des ronds de chapeau.**

M

(1) **et merde!** (vulg.) (marque la colère ou l'indignation) ▸ verdammter Mist!

Et merde! Voilà que je ne retrouve pas mes clés!

Siehe auch **n'écouter que sa colère, piquer une colère, sortir de ses gonds, la moutarde me monte au nez, se mettre en pétard, grimper aux rideaux, faire une sortie contre quelqu'un, être soupe au lait, avoir la tête près du bonnet.**

(3) **ne pas se prendre pour de la merde** (vulg.) (être très imbu de soi-même) ▸ sich für etwas Besonderes halten.

Le nouveau directeur *ne se prend pas pour de la merde.*

Siehe auch **ne pas se moucher du coude, se croire sorti de la cuisse de Jupiter, péter plus haut que son cul, le prendre de haut, ne pas se moucher du pied, le roi n'est pas son cousin, avoir la science infuse, avoir la grosse tête.**

mérinos

(3) laisser pisser le mérinos (laisser aller les choses) ▸ den Dingen ihren Lauf lassen

☞ Früher sagte man *laisser pisser la bête*, d. h., man musste manchmal eine kleine Pause einlegen, damit das Pferd, das den Wagen zog, pissen konnte. Man durfte sich also nicht zu sehr beeilen, sonst konnte das Pferd nervös werden. Später ersetzte man *la bête* durch *le mouton* (das Schaf) und danach durch *mérinos* (das Merinoschaf).

Ne vous en faites pas! *Laissez pisser le mérinos* et les choses vont finir par s'arranger.

Siehe auch **laisser courir, laisser pisser.**

merle

* **un** *merle* **blanc** ▸ ein weißer *Rabe* | **le merle** = die Amsel

messes

(3) **dire des messes basses** (parler à quelqu'un à voix basse pour que d'autres n'entendent pas la conversation) ▸ tuscheln

M

☞ *une messe basse* ist eine Messe, in der nicht, wie im Hochamt, gesungen wird. Man denkt an das Murmeln des Priesters.

Vous avez fini, vous deux, avec vos *messes basses*?

mesure

(2) **pour faire bonne mesure** (et en plus de tout cela) ▸ um das Maß voll zu machen

Je suis arrivé en retard au bureau et *pour faire bonne mesure*, j'avais oublié ma clé.

Siehe auch **par-dessus le marché.**

mettre

(1) **y mettre du sien** (faire un effort pour aplanir une difficulté) ▸ seinen Teil zu etwas beitragen

☞ Gemeint ist: *y mettre de son effort.*

Si tu veux te réconcilier avec ton frère, il faudra *y mettre du tien!*

(1) **ne plus savoir où se mettre** (avoir tellement honte qu'on voudrait se cacher) ▸ am liebsten im Erdboden versinken wollen

Quand je lui ai dit que je savais ce qu'il avait fait, *il ne savait plus où se mettre.*

(1) **qu'est-ce qu'on leur a mis!** (on leur a infligé une sévère défaite) ▸ denen haben wir's gegeben!

Les adversaires croyaient qu'ils pouvaient nous battre, mais *qu'est-ce qu'on leur a mis*!

Siehe auch **battre à plate couture.**

meubles

(1) **sauver les meubles** (sauver ce qui peut encore être sauvé) ▸ retten, was noch zu retten ist

☞ Mit *meubles* ist hier der Hausrat gemeint. Den will man noch retten, wenn das Haus brennt.

Après l'échec de la conférence sur le climat, il s'agit maintenant de *sauver les meubles.*

midi

(2) **chercher midi à quatorze heures** (compliquer inutilement une chose simple) ▸ den Wald vor lauter Bäumen nicht sehen

☞ Wenn man mittags um 14.00 Uhr sucht, sucht man etwas an einer Stelle, wo man wissen müsste, dass man es nicht finden wird.

Il est incapable de vous raconter les choses simplement, *il cherche* toujours *midi à quatorze heures.*

(3) **chacun voit midi à sa porte** (on juge toujours selon son propre point de vue) ▸ jeder sieht die Dinge so, wie er sie sehen möchte

☞ Früher zeigten Sonnenuhren, die meistens über der Haustür angebracht waren, die Zeit an. Da sie aber ungenau waren, sahen die Leute im Dorf nicht alle Mittag um genau die gleiche Zeit.

C'est peut-être ton avis! Moi, j'en ai un autre, *chacun voit midi à sa porte*!

milieu

(2) **au milieu de nulle part** (dans un endroit perdu) ▸ mitten im Nirgendwo

Avant, il habitait en ville. Maintenant, il habite la campagne, *au milieu de nulle part.*

mille

(1) **mettre dans le mille** (toucher la cible en plein milieu) ▸ ins Schwarze treffen

☞ Tausend war die Zahl in der Mitte der Zielscheibe.

Avec cette remarque, *tu as mis dans le mille*!

Siehe auch **faire un carton, faire mouche.**

(1) **je vous le donne en mille!** (je vous mets au défi de le deviner) ▸ das erraten Sie nie!
☞ Diese Redewendung ist eine Verkürzung von *je vous le donne à deviner, mais vous n'avez qu'une chance sur mille de trouver la réponse.*
Devinez où j'ai passé mes vacances! *Je vous le donne en mille*, à Bornéo!

(3) **coûter des mille et des cents** (coûter une fortune) ▸ ein Vermögen kosten
Avoir deux enfants en même temps aux études, *ça coûte des mille et des cents.*

Siehe auch **coûter un bras, coûter la peau des fesses, coûter les yeux de la tête.**

mince

(1) **mince alors!** (une altération moins vulgaire de merde alors!) ▸ so ein Mist!
Tu as de nouveau oublié ta montre? *Mince alors*!

M

Siehe auch **merde alors.**

mine

(1) **mine de rien** (sans en avoir l'air) ▸ als wäre nichts gewesen, als ob nichts wäre
☞ *la mine* ist die Miene, der Gesichtsausdruck, der hier nicht erraten lässt, was man im Schilde führt.
Mine de rien, elle m'a annoncé que cette année, elle partirait seule en vacances.

(2) **ne pas payer de mine** (n'avoir l'air de rien) ▸ unauffällig aussehen
☞ Im 17. Jh. bedeutete *payer de bonne mine* ‚gut aussehen'.
Il ne paye pas de mine, mais c'est un grand monsieur!

Siehe auch **avec l'air de ne pas y toucher.**

minute

(1) **minute papillon!** (pas si vite!) ▸ Augenblick! Moment mal!
☞ Diese Redewendung ist erst kurz vor dem 2. Weltkrieg entstanden: In einem bekannten Pariser Kaffeehaus gab es einen Kellner namens

Papillon, der, jedes mal wenn er gerufen wurde, rief: *Minute, je viens!* Dadurch erhielt er den Spitznamen *Minute, papillon!*

Minute papillon! Tu devras payer comme tout le monde!

miroir

(3) **le miroir aux alouettes** (un leurre, un piège) ▸ eine Täuschung, ein Blendwerk

☞ Es handelt sich um eine Lockvorrichtung, um mithilfe von an Stöcken befestigten Spiegeln Lerchen zu fangen.

Les belles propositions du gouvernement, c'est *le miroir aux alouettes.*

mise

(2) **sauver la mise à quelqu'un** (le tirer d'une situation où il risque de tout perdre) ▸ jdm aus der Patsche helfen | **la mise** = der Einsatz bei einem Spiel

Tu pourrais être un peu plus reconnaissant! Ce n'est pas la première fois que *je te sauve la mise.*

(2) **la mise à pied** (la suspension ou le renvoi) ▸ die Suspendierung, die Beurlaubung

☞ Das betraf einen Reiter, der zum Fußvolk degradiert wurde.

Ce scandale a entraîné *la mise à pied* du ministre.

(2) **ce n'est pas de mise!** (cela ne se fait pas!) ▸ das ist nicht angebracht!

Dans le domaine des machines-outils l'approximation *n'est pas de mise.*

moelle

(3) **la substantifique moelle** (l'essentiel) ▸ die Quintessenz, das Wesentliche | **la moelle** = das Knochenmark

☞ Diese Redewendung wurde popularisiert durch Rabelais' *Gargantua.*

Le bon interprète doit extraire du discours *la substantifique moelle.*

moins

(1) **à tout le moins** (en tout cas) ▸ wenigstens

Je veux bien admettre la raison de ton retard, mais *à tout le moins*, tu aurais pu me prévenir.

moment

(1) **à mes moments perdus** (quand je n'ai rien de spécial à faire) ▸ wenn ich etwas Zeit habe

À mes moments perdus, il m'arrive de reprendre mon violon et de jouer quelques mélodies.

monde

(1) **du beau monde** (la bonne société) ▸ die bessere Gesellschaft

À cette soirée, il n'y avait que *du beau monde.*

Siehe auch **une huile, du beau linge, le dessus du panier, avoir pignon sur rue.**

(2) **il y a du monde au balcon!** (elle a de gros seins!) ▸ sie hat ganz schön viel Holz vor der Tür!

Chez Sofia Loren, *il y avait du monde au balcon*!

(3) **il faut de tout pour faire un monde!** (il y a des gens bizarres!) ▸ es gibt eben solche und solche!

Je sais que tous mes amis ne te plaisent pas, mais *il faut de tout pour faire un monde!*

M

monnaie

(1) **être monnaie courante** (être une chose habituelle) ▸ das ist gang und gäbe

☞ *courante* bedeutet hier *qui a cours*, Geld also, das im Umlauf ist.

Ne pas tenir parole, *c'est monnaie courante* chez ces gens-là.

(2) **rendre à quelqu'un la monnaie de sa pièce** (se venger de quelqu'un) ▸ jdm etwas mit gleicher Münze heimzahlen

Il a cru qu'il pourrait me rouler, mais *je lui ai rendu la monnaie de sa pièce.*

Siehe auch **attendre quelqu'un au tournant.**

(3) **payer en monnaie de singe** (payer en belles paroles, au lieu de payer réellement) ▸ mit leeren Versprechungen abspeisen

☞ Im 12. Jh. gab es in Paris noch Brückenzoll. Schausteller, die einen Affen besaßen, konnten, statt zu zahlen, ihren Affen ein Kunststück vorführen lassen.

Si le ministre croit qu'on va accepter d'*être payé en monnaie de singe*, il se trompe.

montre

(3) **jouer la montre** (essayer de gagner du temps) ▸ auf Zeit spielen
Comme l'équipe adverse menait 1-0 à la 85e minute, *ils ont joué la montre* en gardant le ballon le plus longtemps possible dans leur camp.

monts

* *par* **monts et** *par vaux* ▸ *über* Berg und Tal

(2) **promettre monts et merveilles** (promettre des choses extraordinaires, difficilement réalisables) ▸ das Blaue vom Himmel herunter versprechen | **monts** = (hier:) eine große Menge
☞ Die Alliteration spielt natürlich auch eine Rolle in der Wahl der Worte.
Tu m'avais *promis monts et merveilles*, mais tu n'as tenu aucune de tes promesses.

Siehe auch **promettre la lune.**

morceau

(2) **manger le morceau** (faire des aveux complets) ▸ auspacken, ein Geständnis ablegen
☞ Aus dem Argot des 19. Jhs. Der festgenommene Dieb oder Verbrecher bekam erst etwas zu essen, wenn er gestanden hatte.
Pendant des heures, il a nié, mais il a fini par *manger le morceau.*

Siehe auch **se mettre à table.**

mordicus

(2) **affirmer quelque chose mordicus** (affirmer quelque chose avec obstination) ▸ etwas steif und fest behaupten
☞ Im eigentlichen Sinn ist *mordicus* verwandt mit *mordre* (beißen), aber im übertragenen Sinn bedeutet es *sans en démordre* (nicht von etwas abzubringen sein).
Le cambrioleur *affirma mordicus* qu'au moment des faits il était chez lui.

mors

(3) **prendre le mors aux dents** (se mettre au travail avec beaucoup d'énergie) ▸ sich ins Zeug legen | **le mors** = die Gebissstange des Pferdes
☞ Zeug ist hier das Pferdegeschirr. Das Bild ist also fast das gleiche.

On ne peut plus se reposer sur nos lauriers, maintenant, il faut *prendre le mors aux dents.*

Siehe auch **aller au charbon, mouiller sa chemise, user de l'huile de coude, mettre la main à la pâte, mettre les mains dans le cambouis, payer de sa personne.**

mort

(1) **mort aux vaches!** (vulg.) (mort à la police!) ▸ Scheißbullen!
Pendant la manifestation, les étudiants criaient '*Mort aux vaches*!'

(2) **la place du mort** (la place à côté du conducteur) ▸ der Beifahrersitz
☞ Bei einem Unfall gilt der Beifahrer als besonders gefährdet.
Je n'aime pas être assis à *la place du mort*, je préfère m'asseoir derrière.

mot(s)

* **prendre quelqu'un *au* mot** ▸ jdn *beim* Wort nehmen

(1) **au bas mot** (en évaluant au plus bas) ▸ mindestens
Cette villa vaut *au bas mot* un million d'euros.

M

(2) **en toucher un mot à quelqu'un** (lui en parler brièvement) ▸ etwas bei jdm zur Sprache bringen
Si tu veux, je peux *en toucher un mot à* ton directeur.

Siehe auch **prendre langue avec quelqu'un.**

(2) **en un mot comme en cent** (bref) ▸ langer Rede kurzer Sinn
En un mot comme en cent, tu n'as plus ma confiance!

(3) **se donner le mot** (se mettre d'accord sur ce qu'il faut dire ou faire) ▸ etwas absprechen
☞ Gemeint ist hier *le mot de passe* (das Losungswort).
Le complice ne dira rien d'autre que le voleur lui-même: *ils se sont donnés le mot.*

(3) **le fin mot de l'histoire** (la façon réelle dont cela s'est passé) ▸ der wahre Sachverhalt der Geschichte
Pour le meurtre de Kennedy, on ne saura probablement jamais *le fin mot de l'histoire.*

* dire *deux mots* à quelqu'un ▸ mit jdm *ein Wörtchen* reden

(1) **ne pas mâcher ses mots** (dire franchement ce qu'on a à dire) ▸ kein Blatt vor den Mund nehmen | **mâcher** = kauen

☞ Man sagt also geradeheraus, was man denkt, ohne lang über seine Worte nachzudenken.

Quand je le verrai, je lui dirai ce que je pense de lui et je ne vais pas *mâcher mes mots.*

Siehe auch **ne pas y aller par quatre chemins.**

(1) **jouer sur les mots** (tirer parti des équivoques) ▸ sich zweideutig ausdrücken

Les conservateurs sont passés maîtres dans l'art de *jouer sur les mots.*

(3) **se payer de mots** (parler au lieu d'agir) ▸ leeres Zeug von sich geben

Au lieu d'agir, *vous vous payez de mots*!

motus

(2) **motus et bouche cousue!** (il faut garder le secret!) ▸ Mund halten und nichts verraten!

☞ *motus* ist abgeleitet vom lateinischen *mutus* (stumm); *bouche cousue* bedeutet wörtlich ‚mit zugenähtem Mund'.

Je vais te montrer le cadeau que j'ai acheté pour maman, mais *motus et bouche cousue!*

Siehe auch **tenir sa langue.**

M

mouche(s)

(1) **prendre la mouche** (être fâché, vexé) ▸ einschnappen, etwas in den falschen Hals kriegen

☞ *prendre* bedeutet hier ‚gestochen werden' und *mouche* bedeutete früher nicht nur die ‚Fliege', sondern auch allerlei andere Insekten, wie Stechmücken oder Hornissen.

Comme je ne l'ai pas invité à mon anniversaire, *il a pris la mouche* et ne me parle plus.

Siehe auch **faire la gueule, prendre ombrage de quelque chose, faire la tête.**

(1) **quelle mouche t'a piqué?** (qu'est-ce qui t'a pris?) ▸ was ist denn in dich gefahren?

☞ Zur Bedeutung von *mouche* siehe oben.

Je ne comprends pas sa réaction irritée. Je me demande *quelle mouche l'a piqué.*

(2) **faire mouche** (1. toucher la cible au centre, 2. toucher le point sensible de quelqu'un) ▸ 1. ins Schwarze treffen, 2. jds wunden Punkt berühren | **la mouche** = der schwarze Mittelpunkt einer Zielscheibe

1. Avec ce pistolet, j'arrive à *faire mouche* à 50 mètres.

2. Lorsque tu lui a parlé de l'héritage, *tu as fait mouche.*

Siehe auch **faire un carton, mettre dans le mille.**

(3) **c'est la mouche du coche** (se dit de quelqu'un qui montre un zèle intempestif mais inutile) ▸ sagt man von jdm, der sich aufspielt / sich wichtig macht

☞ Diese Redewendung stammt aus der gleichnamigen Fabel von La Fontaine: Eine Fliege setzt sich auf eine Kutsche, die von sechs Pferden mit größter Mühe einen Berg hinaufgezogen wird. Als es den Pferden dann endlich gelungen ist, behauptet die Fliege, es sei ausschließlich ihr Verdienst.

D'après Jean, c'est à lui que nous devons notre réussite, alors qu'il n'est que *la mouche du coche.*

(3) **une fine mouche** (une personne très rusée) ▸ jd, der gerissen ist

M

☞ Eine der Bedeutungen von *mouche* war früher ‚Spion' im Dienste eines Mächtigen, daher *mouchard* (Verräter). Später nannte man auch Polizisten, die Diebe beschatteten, *des mouches. Une fine mouche* war also ein besonders gerissener Polizist, der mit Finesse zu Werke ging.

Le tueur en série n'échappera pas à notre commissaire, *une fine mouche.*

(3) **enculer les mouches** (vulg.) (s'attacher à des détails sans importance) ▸ ein Korinthenkacker, ein Erbsenzähler sein, Haarspalterei betreiben

☞ Wörtlich: Fliegen ficken.

Voyons, ce sont des détails sans importance, on ne va pas passer notre temps à *enculer des mouches!*

Siehe auch **couper les cheveux en quatre.**

moucher

(2) **moucher quelqu'un** (le remettre à sa place) ▸ jdn zusammenstauchen

☞ Aus *moucher une chandelle* (eine Kerze ausmachen).

Lorsqu'il a commencé à être grossier, *je l'ai mouché* en moins de deux.

Siehe auch **clouer le bec à quelqu'un, remonter les bretelles à quelqu'un, sonner les cloches à quelqu'un, river son clou à quelqu'un, rentrer dans le lard de quelqu'un, tirer les oreilles à quelqu'un, remettre quelqu'un à sa place, voler dans les plumes de quelqu'un, secouer les puces à quelqu'un, passer un savon à quelqu'un, couper le sifflet à quelqu'un, dire ses quatre vérités à quelqu'un, donner une volée de bois vert à quelqu'un.**

mouchoir

(2) **arriver dans un mouchoir** (arriver à très peu de distance l'un de l'autre) ▸ knapp hintereinander durchs Ziel gehen | **le mouchoir** = das Taschentuch

☞ Gemeint ist, dass der Abstand nicht größer ist als ein Taschentuch.

Dans la première étape du Tour de France, tout le peloton *est arrivé dans un mouchoir.*

mouise

(3) **être dans la mouise** (être dans la misère) ▸ im Schlamassel stecken

☞ Das mit dem deutschen Mus verwandte *mouise* bedeutete zuerst eine dickflüssige Marmelade, dann eine dicke Suppe, dann sogar Exkremente (siehe auch *être dans la merde*) und heute das Elend, die Misere. Der den vier Redewendungen *être dans la mouise / la panade / le pétrin / la purée* gemeinsame Gedanke ist, dass man aus etwas Dickflüssigem nicht mehr herauskommt.

Maintenant que *nous sommes dans la mouise*, personne ne veut nous aider.

Siehe auch **être dans la merde / la panade / le pétrin / la purée.**

M

moulin

(2) **être un moulin à parole** (être très bavard) ▸ wie ein Wasserfall reden

☞ Man denkt hier an eine Mühle, die sich immerfort dreht.

Le chef de l'opposition est *un* vrai *moulin à paroles*, mais il ne dit rien de sensé

Siehe auch **je n'arrivais pas à en placer une.**

mourir

(2) **mourir de sa belle mort** (mourir de mort naturelle) ▸ eines natürlichen Todes sterben

Mon père est *mort de sa belle mort*, à 102 ans.

Siehe auch **passer l'arme à gauche, être à l'article de la mort, ne pas faire de vieux os, partir les pieds devant, casser sa pipe, manger les pissenlits par la racine, sentir le sapin.**

(2) **plus fort, bête, fou … tu meurs!** (il n'y a pas plus fort, bête, fou …) ▸ stärker, dümmer, verrückter geht nicht

Mon cousin est un grand bêta, *plus bête, tu meurs*!

mouron

(3) **se faire du mouron** (se faire du souci) ▸ sich große Sorgen machen

☞ Im Argot des 19. Jhs bedeutete *le mouron* ‚das Haar'. Man denke an ‚sich die Haare raufen'.

Tu aurais quand même pu donner de tes nouvelles, *on s'est fait du mouron!*

M

Siehe auch **se mettre martel en tête, se faire du mauvais sang, se faire un sang d'encre, se prendre la tête.**

mousser

(2) **se faire mousser** (se mettre en valeur, se vanter) ▸ sich aufspielen

☞ Man denkt hier an das zugenommene Volumen, wenn etwas schäumt.

Ne le prends pas au sérieux, il veut juste *se faire mousser*!

moutarde

(1) **la moutarde me monte au nez** (je sens la colère me gagner) ▸ die Wut steigt in mir hoch

☞ Man denkt hier an das Reizen der Nasenschleimhaut, wenn sie mit Senf in Berührung kommt.

Quand j'entends des bêtises pareilles, *la moutarde me monte au nez.*

Siehe auch **n'écouter que sa colère, piquer une colère, sortir de ses gonds, et merde, se mettre en pétard, grimper aux rideaux, mon sang n'a fait qu'un tour, faire une sortie contre quelqu'un, être soupe au lait, avoir la tête près du bonnet.**

mouton(s)

(3) **un mouton à cinq pattes** (une chose, une personne très rare) ▸ ein weißer Rabe, etwas ganz Seltenes

Si vous cherchez *un mouton à cinq pattes*, je ne suis pas le bon candidat pour votre entreprise.

(2) **revenons à nos moutons!** (revenons à notre sujet!) ▸ zurück zum Thema! Zurück zur Sache!

☞ In der mittelalterlichen *Farce de Maître Pathelin* geht es um einen verworrenen Prozess, in dem von einem Tuchhändler die Rede ist, dem von verschiedenen Personen sowohl Tuche wie Schafe gestohlen worden sind. Der Richter, der nicht versteht, wann von dem einen oder dem anderen die Rede ist, sagt immer wieder: *Revenons à nos moutons*!

Tout ce que tu me dis là est fort intéressant, mais *revenons à nos moutons*!

(3) **ce sont les moutons de Panurge** (des gens qui suivent la masse ou se conforment à une idée dominante) ▸ das sind Herdentiere

☞ *Panurge* ist eine Figur aus Rabelais' *Pantagruel*. Um sich an einem Grundbesitzer zu rächen, kauft er ihm auf einer Schifffahrt den Leithammel seiner Schafherde ab und wirft ihn über Bord, wobei ihm dann alle anderen Schafe folgen.

Il ne faut pas t'attendre à ce que ces gens-là aient une opinion personnelle, *ce sont les moutons de Panurge!*

M

mouvement

(1) **allez, un bon mouvement!** (soyez généreux! faites un geste!) ▸ seien Sie großzügig!

Ma voiture est en panne. *Allez, un bon mouvement*, prête-moi la tienne!

muet

(3) **voilà pourquoi votre fille est muette!** (voilà la vraie raison!) ▸ deshalb also, das ist der Grund!

☞ Aus Molières Komödie *Le médecin malgré lui*. Sganarelle, der Arzt, der Lucind, Gerontes Tochter von der vorgetäuschten Stummheit heilen soll, erklärt die Stummheit mit allerlei völlig irrelevanten pseudo-lateinischen Vokabeln. Am Schluss der langwierigen, abstrusen Erklärung sagt er dann den berühmten Satz.

Le gouvernement n'a pas d'argent, *voilà pourquoi votre fille est muette*, voilà pourquoi votre pension de retraite ne sera pas augmentée!

mur

* **aller droit dans le mur** ▸ gegen die Wand *fahren*

(1) **faire le mur** (partir sans permission) ▸ heimlich abhauen (ursprünglich über eine Mauer)

Quand j'étais au pensionnat, il m'est arrivé plus d'une fois de *faire le mur.*

Siehe auch **filer à l'anglaise, partir sans tambour ni trompette.**

muscade

(3) **passez, muscade!** (l'affaire est faite! [se dit de quelque chose qui passe presque inaperçu]) ▸ Hokuspokus verschwindibus!

☞ Im Jargon der Gaukler sagte man zuerst *Partez, muscade*! Damit waren die kleinen Kugeln aus Korken gemeint, die Muskatnüssen glichen und die sie bei ihren Tricks beim Hütchenspiel verschwinden ließen.

D'abord, il y avait un projet de loi, maintenant, subitement, il n'y en a plus, *passez, muscade!*

M

musique

(2) **connaître la musique** (1. savoir de quoi il s'agit, 2. bien connaître son sujet) ▸ 1. im Bilde sein, 2. sein Fach kennen

1. Inutile de m'expliquer tout cela, *je connais la musique.*

2. Malgré son manque de diplôme, ce technicien *connaît la musique.*

Siehe auch (zu 2.) **en connaître un bout, connaître sur le bout des doigts, être en pays de connaissance, en connaître un rayon.**

mystère

(3) **mystère et boule de gomme** (c'est très mystérieux) ▸ das ist ein großes Geheimnis | **boule de gomme** = eine runde Hustenpille

☞ Vielleicht dachte man zuerst an die *boule de cristal* (die Kristallkugel), in der die Wahrsagerin die Zukunft sieht. Wenn sie stattdessen in eine undurchsichtige *boule de gomme* schaut, wird sie nichts sehen können.

Pourquoi Trump a finalement été élu, *c'est mystère et boule de gomme.*

N

nage

(1) **être en nage** (être en sueur) ▸ schweißgebadet sein

☞ Wörtlich: am Schwimmen sein.

Après avoir couru 100 mètres, j'étais déjà *en nage.*

navet

(1) **c'est un navet** (c'est une œuvre sans valeur) ▸ das ist Mist (Buch, Film ...) | **navet** = weiße Rübe

☞ Gemeint ist ein billiges Gemüse.

Le dernier film de Woody Allen est considéré par beaucoup de critiques comme *un navet.*

Siehe auch **ne pas valoir un clou, de la crotte de bique, ne pas valoir un fifrelin, ne pas valoir un pet de lapin, de la roupie de sansonnet.**

né

***ne pas être né d'hier** ▸ nicht von gestern *sein*

N

(1) **ne pas être né de la dernière pluie** (avoir assez d'expérience pour ne pas se laisser abuser) ▸ nicht von gestern sein

N'essaye pas de me faire croire que tu es innocent, *je ne suis pas né de la dernière pluie!*

Siehe auch **ne pas être né d'hier.**

nèfles

(2) **des nèfles!** (rien du tout!) ▸ Pustekuchen! | **La nèfle** = die Mispel, eine Frucht von geringem Wert

On me dit de cliquer sur 'oui'; *des nèfles!* Ça ne fonctionne pas non plus!

Siehe auch **tu peux te l'accrocher, tu peux te brosser, des clous, tu peux toujours courir, que dalle, tu auras peau de balle.**

nénette

(2) **se casser la nénette** (chercher à comprendre quelque chose) ▸ sich den Kopf über etwas zerbrechen

☞ *la nénette* (aus *bobine, bobinette* ‚Spule, Rolle') bedeutet hier der Kopf.

Pendant deux heures, *je me suis cassé la nénette* pour résoudre les mots croisés.

Siehe auch **se creuser la cervelle / les méninges / la tête.**

nerf(s)

(2) **le nerf de la guerre** (l'argent) ▸ das Geld

☞ Die treibende Kraft, ohne die nichts geht; das lateinische *nervus* bedeutete nicht nur Nerv, sondern auch Sehne, Band, etwas, das dem Körper seine Stärke gibt.

C'est toujours la même chose: ce qui manque à tous les gouvernements, c'est *le nerf de la guerre.*

(3) **un peu de nerf!** (un peu de courage! un peu plus d'énergie!) ▸ streng dich mal an! Reiß dich zusammen!

Allons, il ne faut pas déjà abandonner! *Un peu de nerf!*

* **taper sur les nerfs** ▸ auf die Nerven *gehen*

(1) **avoir les nerfs en boule** (être très énervé) ▸ sehr nervös sein

Pendant tout l'examen, *j'avais les nerfs en boule.*

N

Siehe auch **tu me pompes l'air, casser les couilles à quelqu'un, courir sur le haricot, avoir les nerfs à fleur de peau, casser les oreilles à quelqu'un, casser les pieds à quelqu'un, tu me tapes sur le système, il me sort par les yeux.**

(1) **être sur les nerfs** (être nerveux) ▸ nervös, unruhig sein

Ne le dérange pas maintenant, *il est sur les nerfs.*

Siehe auch **avoir les nerfs en boule.**

net

(2) **ne pas être net** (être louche) ▸ zwielichtig, dubios sein

☞ Gemeint ist *nicht ganz klar sein.*

Je ne sais pas très bien ce que je dois penser de cet homme, *il n'est pas net.*

nez

* **nez à nez** ▸ *Auge* in *Auge*

* **mener quelqu'un par le bout de son nez** ▸ jdn an der Nase *herum*führen

(1) **montrer / pointer le bout de son nez** (commencer à apparaître, aussi de quelque chose qui était caché) ▸ erscheinen, sich kurz blicken lassen | **le bout du nez** = die Nasenspitze

Hier, on a vu que l'hiver *a montré le bout de son nez.*

(1) **ne pas voir plus loin que le bout de son nez** (manquer de prévoyance, de clairvoyance) ▸ nicht über den eigenen Tellerrand hinaussehen

Ceux qui font grève pour ne pas devoir travailler un peu plus longtemps dans leur carrière, *ne voient pas plus loin que le bout de leur nez.*

(1) **cela te pend au nez** (tu dois t'attendre à quelque chose de désagréable) ▸ das steht dir bevor

Tu ne crois pas à la démission du ministre? Mais, *cela lui pend au nez!*

(2) **au nez et à la barbe de quelqu'un** (en présence et en dépit de quelqu'un) ▸ direkt vor jds Nase, unter jds Augen

Les cambrioleurs ont réussi à entrer dans la maison *au nez et à la barbe* de la police.

(2) **se casser le nez** (subir un échec) ▸ auf die Nase fallen

Avec ce projet de loi, le gouvernement va *se casser le nez.*

(2) **se bouffer le nez** (se disputer) ▸ sich in den Haaren liegen

☞ Wörtlich: Sich gegenseitig die Nase auffressen.

Essayez un peu de vous réconcilier, au lieu de *vous bouffer le nez* toute la journée!

Siehe auch **se crêper le chignon, avoir une prise de bec.**

(2) **avoir quelqu'un dans le nez** (ne pas pouvoir le supporter) ▸ jdn nicht riechen können

☞ Man denkt hier an den unangenehmen Geruch desjenigen, den man nicht riechen kann.

C'est quelqu'un que *j'ai dans le nez* depuis longtemps, il m'a toujours énervé.

Siehe auch **courir sur le haricot, ne pas pouvoir voir quelqu'un en peinture, ne pas pouvoir sacquer quelqu'un, taper sur le système de quelqu'un, il me sort par les yeux.**

(2) **passer sous le nez de quelqu'un** (ne pas obtenir ce qu'on voulait) ▸ jdm durch die Lappen gehen

Tu as vu que la promotion que j'espérais *m'est passée sous le nez.*

niaque

(3) **avoir la niaque** (avoir la rage de réussir) ▸ Biss haben
Un bon vendeur doit *avoir la niaque.*

Siehe auch **avoir la pêche.**

nickel

(1) **c'est nickel** (1. d'une propreté impeccable, 2. parfait) ▸ 1. blitzsauber, 2. tipp-topp
☞ Man denkt an den Glanz des Nickels.
1. Dans la cuisine, tout était impeccable, *tout était nickel.*

2. Je n'aurais pas pu mieux le faire que toi, *c'était nickel.*

noce(s)

(2) **faire la noce** (faire la fête) ▸ wilde Partys feiern, die Nächte durchmachen | **la noce** = die Hochzeit
Au lieu de *faire la noce* tous les samedis soir, tu ferais mieux d'étudier pour tes examens!

Siehe auch **faire la bombe / la bringue / les 400 coups / la nouba / la tournée des grands-ducs, s'en payer une tranche.**

N

(3) **convoler en justes noces** (se marier) ▸ in den Hafen der Ehe einlaufen
☞ *convoler*, aus dem lateinischen *convolare* (heiraten), kommt nur noch in dieser Redewendung vor. *Juste* bedeutet hier *légitime.*
Il y a quelques années, le prince Harry et Kate ont *convolé en justes noces.*

noir

(1) **broyer du noir** (être triste et mélancolique) ▸ Trübsal blasen
Depuis des heures, tu es là à ne rien faire et à *broyer du noir*

Siehe auch **ne pas être dans son assiette, être mal barré, en baver, se faire de la bile, avoir le cafard, se sentir tout chose, en avoir gros sur le cœur, en voir de toutes les couleurs, être dans le / au creux de la vague, être dans le 36e dessous, être dans de beaux draps, être dans la panade / le pétrin / la purée, ne pas tourner rond, du vague à l'âme.**

noises

(3) **chercher des noises à quelqu'un** (chercher la dispute, chercher à embêter quelqu'un) ▸ Streit mit jdm suchen

☞ *noises* bedeutete zuerst Lärm (siehe auch das englische *noise*); jetzt findet man es nur mehr in dieser Redewendung.

Mon nouveau voisin ne cesse pas de me *chercher des noises* à propos de tout et de rien.

Siehe auch **ça va chauffer, tu me cherches, chercher des crosses à quelqu'un, tailler des croupières à quelqu'un, avoir maille à partir avec quelqu'un, avoir un œuf à peler avec quelqu'un, prendre quelqu'un à partie.**

noix

(1) **à la noix** (nul, sans valeur, de mauvaise qualité) ▸ wertlos

☞ Schon im 14. Jh. stand die Nuss für etwas, das nicht viel Wert hatte.

Il nous a encore une fois raconté une de ses histoires *à la noix.*

Siehe auch **ne pas valoir un clou, de la crotte de bique, ne pas valoir un fifrelin, à la gomme, ne pas voler haut, ne pas valoir un pet de lapin, être du pipeau, de la roupie de sansonnet, ne pas valoir tripette.**

N

nom(s)

(3) **avoir un nom à coucher dehors** (avoir un nom difficile à prononcer ou à retenir) ▸ einen unaussprechlichen Namen haben | **coucher dehors** = draußen schlafen

☞ Wenn man einen fremden Namen hatte, konnte es passieren, dass der Gastwirt misstrauisch wurde und dem ungebetenen Gast kein Zimmer gab.

Pour nos oreilles occidentales, les Chinois ont souvent *un nom à coucher dehors.*

(3) **donner des noms d'oiseaux à quelqu'un** (l'insulter) ▸ jdn mit Schimpfwörtern überhäufen

☞ Vogelnamen kommen in vielen Schimpfwörtern vor: *une bécasse* (Schnepfe) ist eine dumme Gans, une *vieille chouette* (Eule) ist eine alte Hexe, *un butor* (Rohrdommel) ist ein Rüpel.

Hier, au parlement, cela a dégénéré: des députés de l'opposition ont donné *des noms d'oiseaux* aux députés de la majorité.

Siehe auch **envoyer quelque chose dans les gencives de quelqu'un.**

nord

(1) **perdre le nord** (être désorienté, être troublé) ▸ nicht mehr wissen, wo man dran ist

Je constate que le gouvernement ne sait plus où il va. Il a complètement *perdu le nord.*

Siehe auch **perdre la boussole.**

nouba

(1) **faire la nouba** (faire la fête) ▸ eine Fete machen

☞ Aus dem arabischen *nuba* (festliche Musik).

Bien sûr que je suis fatigué! *On a fait la nouba* jusqu'à 4h du matin.

Siehe auch **faire la bringue, les 400 coups, la noce, la tournée des grands-ducs, s'en payer une tranche.**

nouvelle(s)

(2) **première nouvelle!** (ça, je ne le savais pas du tout!) ▸ das ist ja ganz was Neues!

Tu t'es remarié? *Première nouvelle*!

(1) **vous aurez de mes nouvelles!** (vous n'en avez pas fini avec moi!) ▸ Sie werden noch von mir hören!

S'il ne s'excuse pas, *il aura de mes nouvelles*!

(2) **vous m'en direz des nouvelles!** (vous en serez content!) ▸ das wird Ihnen gefallen!

Voici un Bordeau, premier cru classé, *vous m'en direz des nouvelles*!

Siehe auch **de derrière les fagots.**

nuage

(1) **être sur un petit nuage** (être parfaitement heureux, être comblé) ▸ wunschlos glücklich sein; der Himmel hängt voller Geigen

Le professeur, à qui on venait de remettre les insignes de docteur honoris causa *était sur un petit nuage.*

Siehe auch **tout baigne, la situation est au beau fixe, boire du petit-lait, y a pas de lézard, ça roule, ça va comme sur des roulettes / sur du velours**

(1) **être dans les nuages** (être distrait) ▸ im Geiste ganz woanders sein

Tu m'écoutes? J'ai l'impression que *tu es dans les nuages.*

Siehe auch **être dans la lune.**

nues

(3) *porter* **aux** *nues* ▸ in den *Himmel heben*

☞ *nues* ist die poetische Form von *nuages.*

Ce professeur est *porté aux nues* par ses élèves.

nuit

(1) **une nuit blanche** (une nuit sans dormir) ▸ eine schlaflose Nacht

☞ Bevor im Mittelalter ein zukünftiger Ritter den Ritterschlag erhielt, musste er eine ganze Nacht, ohne zu schlafen und weiß gekleidet, über das Rittertum nachdenken.

J'ai passé *une nuit blanche*, parce que je n'arrêtais pas de penser à ce qui était arrivé à mon ami.

numéro

(1) **un sacré numéro** (quelqu'un d'original, un type bizarre) ▸ eine komische Nummer, ein komischer Kauz

☞ Es handelt sich hier ursprünglich nicht um ein Lotterielos, sondern um eine Zirkusnummer.

Louis de Funès, c'était *un sacré numéro!*

Siehe auch **c'est un cas, un drôle de paroissien.**

O

occuper

(1) **t'occupe!** (ne t'occupe pas de ça!) ▸ halt dich da raus!

☞ Die scheinbar positive Formulierung kann nicht mit einem echten Positiv verwechselt werden, denn die wäre *occupe-toi …!*

Je peux t'aider à résoudre ce problème? – *T'occupe*!

odeur

(2) **ne pas être en odeur de sainteté auprès de quelqu'un** (ne pas être apprécié par lui) ▸ bei jdm nicht gut angeschrieben sein

☞ Heilige standen in dem Ruf, einen angenehmen (Rosen-)Duft zu verbreiten. Im 17. Jh. glaubte man, dass der angenehme Geruch des Körpers eines Verstorbenen auf seine mögliche Heiligsprechung deutete.

Je sais que je ne suis pas *en odeur de sainteté* auprès du directeur.

œil (siehe auch yeux)

* **avoir / tenir *à* l'œil** ▸ *im* Auge behalten

* **avoir le mauvais *œil*** ▸ den bösen *Blick* haben

(1) **à l'œil** (gratuitement, sans payer) ▸ umsonst
☞ Früher bedeutete *à l'œil* ‚auf Pump'. Ein Kaufmann gab nur jdm Kredit, den er kannte oder schon oft gesehen hatte. Vielleicht findet die heutige Bedeutung ihre Erklärung in der Tatsache, dass einige Kunden dann doch nicht zahlten und dass sie ihre Ware also *à l'œil* (nur weil man sie schon gesehen hatte) bekommen hatten.
Si on peut voyager *à l'œil*, on aurait tort de s'en priver.

Siehe auch **aux frais de la princesse.**

(1) **mon œil!** (je n'en crois rien!) ▸ das machst du mir nicht weis! Wer's glaubt, wird selig!
☞ Hier ist œ*il* nicht das Auge, sondern der After. Eine Variante ist *mon cul*!
Il viendrait travailler sans être payé? *Mon œil*!

O

Siehe auch **allons donc, ça ne prend pas.**

(1) **faire de l'œil à quelqu'un** (aguicher quelqu'un) ▸ jdm zuzwinkern, jdn anmachen
Tu as fini de *faire de l'œil* à ma femme?

Siehe auch **faire du charme à quelqu'un, conter fleurette à quelqu'un, faire du genou à quelqu'un, faire du gringue à quelqu'un, jeux de mains, jeux de vilains, avoir la main baladeuse, faire du pied à quelqu'un, faire du plat à quelqu'un, avoir une touche.**

(1) **ça lui a tapé dans l'œil** (il a été conquis par cela) ▸ das hat es ihm angetan
Cette voiture m'a directement *tapé dans l'œil.*

(1) **se rincer l'œil** (regarder avec plaisir une personne attrayante ou un spectacle érotique) ▸ sich was fürs Auge gönnen | **rincer** = spülen
☞ Gemeint ist: Das Auge spülen, damit es besser sehen kann.
J'ai été à un défilé de mode et *je me suis rincé l'œil.*

(1) **un œil au beurre noir** (un œil entouré d'une ecchymose) ▸ ein blaues Auge

☞ Man denkt an ein Ei, dessen Rand, in Butter gebraten, sich schwarz färbt.

C'est mon frère qui m'a fait cet œ*il au beurre noir*.

(2) **avoir l'œil** (être futé) ▸ clever sein

Rien ne lui échappe, car *il a l'œil*!

(2) **avoir un œil qui dit merde à l'autre** (vulg.) (loucher) ▸ schielen

Il ne sait pas me regarder droit dans les yeux, car *il a un œil qui dit merde à l'autre*.

(2) **tourner de l'œil** (s'évanouir) ▸ umkippen, aus den Latschen kippen

Il avait l'air tellement pâle qu'on aurait pu croire qu'il allait *tourner de l'œil*.

Siehe auch **tomber dans les pommes.**

(3) **je m'en bats l'œil!** (je m'en moque complètement, cela m'est égal) ▸ das ist mir piepegal, das ist mir schnuppe

☞ *l'œil* ist hier wieder (wie in *mon œil*!) der After.

Tes problèmes, *je m'en bats l'œil*!

Siehe auch **c'est le cadet de mes soucis, cause toujours, ça ne me fait ni chaud ni froid, je n'en ai cure, je m'en fous comme de l'an quarante, je m'en tamponne, vous m'en direz tant, je m'en tape.**

O

œuf(s)

* **étouffer dans *l'œuf*** ▸ im *Keim* ersticken

(1) **va te faire cuire un œuf!** (va au diable!) ▸ rutsch mir den Buckel runter!

☞ Der Ursprung dieser Redewendung ist nicht geklärt. Dass die Hausfrau das zu ihrem Mann gesagt habe, wenn er ihr Essen kritisiert habe, um ihn darauf hinzuweisen, dass dies das Einzige sei, was er zubereiten könne, gehört zur Volksetymologie.

Quand je lui ai demandé de m'aider, il m'a dit d'aller *me faire cuire un œuf*.

Siehe auch **envoyer balader quelqu'un, du balai, fiche / fous le camp, envoyer paître / promener quelqu'un, rembarrer quelqu'un, envoyer valser quelqu'un, bon vent, aller se faire voir, va voir ailleurs si j'y suis.**

* **marcher sur des œufs** ▸ *wie* auf Eiern gehen

(2) **ne pas mettre tous les œufs dans le même panier** (répartir les risques) ▸ nicht alles auf eine Karte setzen; wörtlich: Nicht alle Eier in den selben Korb legen.

Quand on veut jouer à la bourse, il ne faut *pas mettre tous les œufs dans le même panier.*

oie

* **une oie** *blanche* ▸ eine *dumme* Gans

oignons

(1) **occupe-toi de tes oignons!** (mêle-toi de tes affaires!) ▸ kümmere dich um deine eigenen Angelegenheiten! Das ist nicht dein Bier!

☞ Der Ursprung dieser Redewendung ist umstritten: Manche sehen darin das alte Wort *oigne*, das *cul* (Hintern) bedeutete. Man denke hier an *occupe-toi de tes fesses*! Andere sehen in *oignon* einfach die Zwiebel: Wenn eine Frau ihrem Mann dazwischenreden wollte, sagte der *occupe-toi de tes oignons*! (kümmere dich um deine Zwiebeln, d. h. um deinen Kram). Dann stünde *les oignons* für das ganze Essen.

Ne te mêle pas de mes affaires et *occupe-toi de tes oignons!*

(2) **aux petits oignons** (avec beaucoup de soin) ▸ großartig, fabelhaft

☞ Aus der Kochkunst, wörtlich: Mit Zwiebelchen zubereitet.

Ma famille d'accueil *a été aux petits oignons* avec moi.

O

Siehe auch **être aux petits soins avec / pour quelqu'un.**

oiseau

(1) **à vol d'oiseau** (en ligne droite) ▸ Luftlinie

À vol d'oiseau, ce n'est que 100 km, mais par la route, il faut compter 180 km.

(3) **être comme l'oiseau sur la branche** (être dans l'incertitude) ▸ im Ungewissen schweben

☞ Man denkt an die instabile Situation des Vogels auf dem Ast.

On ne sait pas ce qui va se passer, *on est comme l'oiseau sur la branche.*

(3) **un oiseau de mauvaise augure** (quelqu'un qui présage une issue malheureuse) ▸ ein Unglücksprophet

☞ Die Auguren waren altrömische Priester und Wahrsager.

N'écoute pas cet homme! *C'est un oiseau de mauvaise augure.*

ombrage

(3) **prendre ombrage de quelque chose** (s'offenser de quelque chose) ▸ Anstoß an etwas nehmen

☞ *ombrage* ist abgeleitet von *ombre*, ein Schatten, der ein Pferd ohne Scheuklappen erschrecken kann.

S'il ne veut plus me recevoir, c'est qu'*il a pris ombrage* de mes remarques sur son projet.

Siehe auch **faire la gueule, prendre la mouche, faire la tête.**

ombre

(2) **faire de l'ombre à quelqu'un** (prendre trop d'importance par rapport à lui) ▸ jdn in den Schatten stellen

Ce professeur est jaloux de son assistant, parce qu'*il lui fait de l'ombre.*

(3) **mettre à l'ombre** (mettre en prison) ▸ hinter Schloss und Riegel bringen

On a enfin réussi à *mettre* définitivement *à l'ombre* ce multirécidiviste.

(3) **marcher à l'ombre** (se faire discret) ▸ sich im Hintergrund halten | **ombre** = Schatten

Ne te fais surtout pas remarquer et *marche à l'ombre*!

(3) **il y a une ombre au tableau** (il y a un élément négatif dans cette affaire) ▸ die Sache hat einen Haken

Le projet paraît formidable, mais *il y a une ombre au tableau:* on ne sait pas comment le financer.

Siehe auch **il y a anguille sous roche.**

O

opiner

(3) **opiner du chef, de la tête, du bonnet** (faire signe que oui) ▸ zustimmend nicken | **chef** und **bonnet** = (hier:) Kopf

Lorsque je lui ai demandé si je pouvais partir plus tôt, *il a opiné du chef.*

oranges

(2) **apporter des oranges à quelqu'un** (aller rendre visite à quelqu'un en prison) ▸ jdn im Gefängnis besuchen

☞ Diese Redewendung findet ihren Ursprung in einem Gedicht vom Ende des 19. Jhs: *Oh Sara Brown! Si on t'emprisonne, pauvre ange, le dimanche, j'irai t'apporter des oranges.*

Si on te met en prison, *je t'apporterai des oranges.*

oreille(s)

(1) **dresser / tendre l'oreille** (être attentif) ▸ die Ohren spitzen
Quand il entendit le mot 'récompense', je vis qu'*il dressait l'oreille.*

(1) **se faire tirer l'oreille** (se faire prier) ▸ sich lange bitten lassen
☞ Nicht zu verwechseln mit *se faire tirer les oreilles* (siehe dort).
Il paraît qu'il veut bien nous aider, mais je trouve qu'*il se fait tirer l'oreille.*

(2) **prêter l'oreille à quelqu'un / quelque chose** (l'écouter, prêter attention à) ▸ jdm zuhören; sich etwas anhören
☞ Wörtlich: Sein Ohr leihen.
Je ne *prête* pas *l'oreille* à de tels racontars.

(2) **faire la sourde oreille** (faire celui qui n'entend pas, ne pas vouloir écouter) ▸ sich taub stellen
Le ministre *a fait la sourde oreille* à toutes nos demandes d'interview.

(2) **ce n'est pas tombé dans l'oreille d'un sourd!** (cela, je m'en souviendrai!) ▸ das ist nicht auf taube Ohren gestoßen!
Ce que tu viens de dire là *n'est pas tombé dans l'oreille d'un sourd!*

(3) **ne pas l'entendre de cette oreille** (ne pas vouloir entendre quelque chose) ▸ auf diesem Ohr taub sein
Arrêter l'exploitation du charbon? La Pologne *ne l'entend pas de cette oreille!*

(3) **montrer le bout de l'oreille** (laisser deviner ses vraies intentions) ▸ sich verraten
☞ Aus der Fabel *L'âne vêtu de la peau de lion* von La Fontaine, in der ein Esel die anderen Tiere zu erschrecken versucht, indem er in ein Löwenfell schlüpft. Sein langes Ohr, das hervorlugt, verrät ihn jedoch.
Lors de cette conférence, la politique anti-immigration des USA *a montré le bout de l'oreille.*

(1) **casser, (é)chauffer les oreilles de quelqu'un** (l'énerver) ▸ jdm auf die Nerven gehen
Tu me casses les oreilles avec tes jérémiades!

Siehe auch **pomper l'air, mettre quelqu'un en boule, casser les couilles à quelqu'un, ça me gonfle, courir sur le haricot, avoir les nerfs en boule, être sur les nerfs, casser les pieds à quelqu'un, taper sur le système, il me sort par les yeux.**

(1) **pouvoir dormir sur ses deux oreilles** (siehe **dormir**)

(2) **frotter / tirer les oreilles à quelqu'un** (le réprimander) ▸ jdm eine Rüge erteilen

☞ Bei den alten Römern wurden Leute, die ihre Schulden nicht bezahlen konnten, an den Ohren zum Gericht geschleppt.

S'il ne paye pas sa cotisation, je vais lui *tirer les oreilles.*

Siehe auch **remonter les bretelles à quelqu'un, sonner les cloches à quelqu'un, river son clou à quelqu'un, rentrer dans le lard de quelqu'un, frotter les oreilles à quelqu'un, voler dans les plumes de quelqu'un, secouer les puces à quelqu'un, passer un savon à quelqu'un, dire ses quatre vérités à quelqu'un, donner une volée de bois vert à quelqu'un.**

(2) **se faire tirer les oreilles** (se faire réprimander) ▸ einen Rüffel bekommen

☞ Nicht zu verwechseln mit *se faire tirer l'oreille* (siehe dort).

Comme j'étais de nouveau en retard, *je me suis fait tirer les oreilles.*

Siehe auch oben: **se faire remonter les bretelles, se faire sonner les cloches usw**.

(3) **rebattre les oreilles à quelqu'un de quelque chose** (lui répéter constamment quelque chose) ▸ jdm mit etwas dauernd in den Ohren liegen

☞ Wenn man mit seinem Hund schimpft, legt dieser seine Ohren zurück.

Voilà des semaines qu'il me *rebat les oreilles* avec ses problèmes de couple.

(3) **avoir les oreilles en feuilles de chou** (avoir les oreilles décollées) ▸ abstehende Ohren haben

☞ Wörtlich: Ohren wie Kohlblätter haben.

On ne peut pas dire que c'est un bel homme: *il a les oreilles en feuilles de chou.*

os

(1) **tomber sur un os** (rencontrer une difficulté imprévue) ▸ auf ein unerwartetes Hindernis stoßen

☞ Wörtlich: Auf einen Knochen (statt auf Fleisch) stoßen.

On croyait que tout allait se passer sans problème et puis *on est tombés sur un os.*

(1) **l'avoir dans l'os** (vulg.) (subir un échec, se faire berner) ▸ der Gelackmeierte sein | **l'os** = (hier:) das Kreuzbein

☞ Gemeint ist aber *l'avoir dans le cul* (siehe dort).

On pensait qu'on pouvait compter sur son aide, mais *on l'a eu dans l'os.*

Siehe auch **l'avoir dans le baba / le cul.**

(2) **ne pas faire de vieux os** (ne pas vivre longtemps) ▸ nicht alt werden

Si je continue à travailler dans cette atmosphère malsaine, *je ne ferai pas de vieux os.*

Siehe auch **rendre l'âme, passer l'arme à gauche, être à l'article de la mort, mourir de sa belle mort, partir les pieds devant, casser sa pipe, manger les pissenlits par la racine, sentir le sapin.**

(3) **donner un os à ronger à quelqu'un** (lui faire une maigre faveur) ▸ jdn mit einem Trostpflaster abspeisen

☞ Wörtlich: Jdm einen Knochen zum Abnagen geben.

Avec cette concession, le gouvernement *a donné un os à ronger* à l'opposition.

oui

O

(1) **oui ou merde?** (vulg.) (oui ou non?) ▸ ja oder nein?

Tu vas le faire, *oui ou merde*?

ours

(3) **un ours mal léché** (un être grossier, mal élevé) ▸ ein ungehobelter Klotz

☞ Wörtlich: Ein Bär, der schlecht geleckt worden ist. Die Bärenjungen werden von der Bärin geleckt.

Le moins qu'on puisse dire, c'est qu'il n'est pas aimable. C'est plutôt *un ours mal léché.*

P

page

(1) **être à la page** (être au fait de l'actualité) ▸ auf dem Laufenden sein
☞ Man denkt an die wichtige erste Seite einer Zeitung.
Depuis que tu ne lis plus le journal, je me demande comment tu peux encore *être à la page.*

(2) **tourner la page** (passer à autre chose après un épisode douloureux ou une dispute) ▸ ein neues Kapitel aufschlagen
Assez de disputes, maintenant, il faut *tourner la page*!

paie

(1) **ça fait une paie!** (ça fait longtemps!) ▸ das ist lange her!
☞ *la paie* ist der Zahltag. Es muss sich nicht um den Lohn handeln; es kann auch die Pacht sein, die ja nur einmal im Jahr bezahlt wurde.
Ça fait une paie que je n'ai plus vu mon frère.

Siehe auch **ça fait un bail, depuis belle lurette, ça fait des lustres.**

paille

* **tirer *à* la *courte* paille** ▸ Hälm*chen* ziehen

(2) **c'est une paille** (c'est peu de chose) ▸ das ist eine Lappalie; ein Strohhalm ist nicht viel wert.
Ce qu'il nous offre pour notre collaboration, *c'est une paille.*

(2) **être sur la paille** (être dans la misère) ▸ bettelarm sein | **la paille** = (hier:) das Stroh, das einem Armen als Bett dienen musste
Si tu continues de jouer au casino, *tu seras* bientôt *sur la paille.*

(2) **mettre quelqu'un sur la paille** (le ruiner) ▸ jdn an den Bettelstab bringen
☞ Wer auf Stroh schlafen musste, war am Ende.
La perte de ce bon client risque de *mettre* l'entreprise *sur la paille.*

pain

(1) **avoir du pain sur la planche** (avoir beaucoup de travail) ▸ viel am Hals, viel um die Ohren haben
☞ Ursprünglich bedeutete diese Redewendung noch genug Brot auf der hohen Kante haben, noch genug Vorrat haben.

Der Bedeutungswandel ist auf die Gaunersprache zurückzuführen: Der höher gelegene Richterstuhl wurde mit der *planche à pain* assoziiert und *manger le pain du roi* war die Zeit, die man im Gefängnis absitzen musste. *Avoir du pain sur la planche* hieß dann, dass man einige unangenehme Jahre vor sich hatte. Daher der Gedanke an etwas Unangenehmes, an eine unangenehme Arbeit.

On ne peut pas encore se reposer, car on a pas mal *de pain sur la planche.*

(2) **je ne mange pas de ce pain-là!** (je n'use pas de ces procédés malhonnêtes!) ▸ so etwas tu ich nicht! das ist nicht mein Fall!

Trahir un ami? *Je ne mange pas de ce pain-là!*

(2) **ça ne mange pas de pain** (ça ne coûte rien, ça ne demande pas de gros efforts) ▸ das kostet ja nichts

☞ *pas de pain* (kein Brot) steht hier für ‚nichts'.

Un bon conseil, c'est toujours utile et *ça ne mange pas de pain.*

(2) **ôter à quelqu'un le pain de la bouche** (le priver de ses moyens de subsistance) ▸ jdn ruinieren

Renvoyer un ouvrier, c'est lui *ôter le pain de la bouche.*

(2) **c'est du pain béni** (c'est un don du ciel) ▸ das ist ein Geschenk des Himmels

☞ Wörtlich: Gesegnetes Brot.

La procédure d'impeachment a été *du pain béni* pour Trump.

(3) **avoir son pain cuit** (avoir fait fortune) ▸ seine Schäfchen im Trockenen haben

☞ Wörtlich: Sein Brot gebacken haben.

Après avoir tenu ce restaurant pendant dix ans, *il a son pain cuit.*

Siehe auch **être plein aux as, faire son beurre, rouler carrosse, avoir du foin dans les bottes, avoir les reins solides, doré sur tranches.**

(3) **avoir mangé son pain blanc** (ne plus être dans une période prospère) ▸ das Beste schon hinter sich haben

☞ Früher aßen die Armen Schwarzbrot und die Reichen Weißbrot.

Depuis quelques années déjà, l'Europe *a mangé son pain blanc.*

(3) **coller un pain à quelqu'un** (lui donner une gifle) ▸ jdm eine kleben

☞ *pain* kann auch Ohrfeige bedeuten

Quand il m'a traité de menteur, *je lui ai collé un pain*, dont il se souviendra longtemps.

Siehe auch **passer quelqu'un à tabac, faire une grosse tête à quelqu'un, mettre à quelqu'un la tête au carré.**

paire

(1) **c'est une autre paire de manches** (c'est quelque chose de complètement différent) ▸ das sind zwei Paar Stiefel | **la manche** = der Ärmel
☞ Im Mittelalter waren die Ärmel eines Festgewandes manchmal abnehmbar. Man konnte sie also austauschen und so etwas Neues tragen.
S'abstenir, d'accord! Mais voter la confiance au gouvernement, *c'est une autre paire de manches.*

(2) **les deux font la paire** (ces deux-là sont faits l'un pour l'autre) ▸ die zwei haben sich gesucht und gefunden
Hitler et Staline *font la paire.*

Siehe auch **être copains comme cochons, être comme cul et chemise, être comme les deux doigts de la main, avoir partie liée.**

(3) **se faire la paire** (s'enfuir) ▸ sich aus dem Staub machen
☞ Zuerst sagte man *se faire une paire de pattes* (sich zwei Beine machen). Von da war es nur ein kurzer Schritt zur heutigen Bedeutung.
Quand la police est arrivée, le voleur *s'était fait la paire.*

P

Siehe auch **filer à l'anglaise, plier bagage, mettre les bouts, prendre ses cliques et ses claques, déménager à la cloche de bois, jouer la fille de l'air, prendre ses jambes à son cou, prendre le large, se faire la malle, prendre la poudre d'escampette, partir sans demander son reste, tirer sa révérence, partir sans tambour ni trompette, prendre la tangente, mettre les voiles.**

paître

(2) **envoyer paître quelqu'un** (le renvoyer, sans vouloir le voir) ▸ jdn fortschicken
☞ Früher war *paître* transitiv und bedeutete seinen Schafen oder Kühen zu Fressen geben. Wenn die Weide nicht in der Nähe lag, musste man dorthin gehen; deshalb *envoyer.*

Comme je n'avais pas le temps de m'occuper de lui, *je l'ai envoyé paître.*

Siehe auch **envoyer balader quelqu'un, du balai, fiche / fous le camp, envoyer promener quelqu'un, rembarrer quelqu'un, envoyer valser quelqu'un, bon vent, va te faire voir, va voir ailleurs si j'y suis.**

pâle

(2) **se faire porter pâle** (se faire porter malade) ▸ sich krankmelden | **pâle** = bleich

C'est déjà la deuxième fois, cette semaine, qu'*il se fait porter pâle.*

panade

(3) **être dans la panade** (être dans la misère) ▸ im Schlamassel stecken

☞ *la panade* (aus dem lateinischen *panis*) ist eine dicke Brotsuppe.

On croyait que les problèmes étaient résolus, mais *on est* toujours *dans la panade.*

Siehe auch **en baver, en voir de toutes les couleurs, être dans la merde / la mouise / le pétrin / la purée.**

panier

(1) **mettre au panier** (jeter aux ordures) ▸ wegwerfen | **panier** = (hier:) Papierkorb

Les propositions de l'opposition sont à *mettre au panier.*

(2) **un panier de crabes** (un ensemble de personnes qui se détestent et cherchent à se nuire) ▸ ein Wespennest, eine Schlangengrube

Le comité de direction du parti est *un* vrai *panier de crabes.*

(2) **le panier à salade** (la voiture cellulaire) ▸ die grüne Minna

☞ Man denkt hier an das Gitter der Salatschleuder.

Lorsque le policier eut attrapé le voleur, il appela directement *le panier à salade.*

(2) **mettre tout, tout le monde dans le même panier** (juger tout, tout le monde de la même façon défavorable) ▸ alles, alle über einen Kamm scheren

Tous les membres du parti sont des profiteurs! – Mais tu ne peux quand même pas *mettre tout le monde dans le même panier!*

(2) **le dessus du panier** (ce qu'il y a de meilleur) ▸ das Allerbeste, das Allerfeinste

☞ Das Schönste und Beste lag gewöhnlich oben im Korb, um damit die Käufer zu locken.

À la soirée, il n'y avait que *le dessus du panier.*

Siehe auch **une huile, du beau linge, du beau monde, avoir pignon sur rue.**

(3) **un panier percé** (une personne très dépensière) ▸ ein(e) Verschwender(in)

☞ Wörtlich: Ein durchlöcherter Korb, aus dem alles herausfällt.

Cela ne m'étonne pas que ton frère n'ait plus un sou, il a toujours été *un panier percé.*

panneau

(1) **tomber dans le panneau** (tomber dans le piège) ▸ sich reinlegen lassen, auf etwas reinfallen | **le panneau** = (hier:) das Fangnetz

Le directeur m'a fait croire qu'il me donnerait une promotion et moi, *je suis tombé dans le panneau.*

papiers

(3) **être dans les petits papiers de quelqu'un** (jouir de sa faveur) ▸ bei jdm einen Stein im Brett haben

☞ Im 18. Jh. sagte man noch *être dans les papiers de quelqu'un*, d. h., dass man über ihn Bescheid wusste, weil es eine Akte über ihn gab. Später, mit der Ergänzung durch *petits*, erhielt diese Redewendung ihre heutige Bedeutung.

Je croyais *être dans les petits papiers* du patron, mais je me suis lourdement trompé.

Siehe auch **être dans la manche de quelqu'un.**

Pâques

(3) **à Pâques ou à la Trinité** (jamais) ▸ wenn Ostern und Pfingsten auf einen Tag fallen

☞ Der Ursprung dieser Redewendung findet sich in einem französischen Spottlied auf den englischen Feldherrn Marlborough (einen Vorfahren Churchills): *Malbrouck s'en va-t-en guerre* (das auch heute noch bekannt ist), in dem es heißt: *Il reviendra à Pâques ou à la Trinité* (Dreifaltigkeitsfest) ... *La Trinité se passe, Malbrouck ne revient pas.*

Notre augmentation de salaire, on l'aura *à Pâques ou à la Trinité.*

Siehe auch **quand les poules auront des dents, à la saint-glinglin, la semaine des quatre jeudis.**

paquet

(1) **mettre le paquet** (employer tous les moyens dont on dispose) ▸ alles dran setzen

Maintenant, c'est la phase finale et il faudra *mettre le paquet.*

parapluie

(2) **ouvrir le parapluie** (se protéger des conséquences fâcheuses d'une décision d'autrui) ▸ sich vor den Folgen von etwas schützen

☞ Wörtlich: Den Schirm aufspannen.

Quand le scandale a été découvert, la première chose que le ministre a faite, c'est *ouvrir son parapluie.*

parcours

(2) **le parcours du combattant** (un parcours semé d'embûches; des démarches administratives très longues) ▸ der reinste Hindernislauf, ein Leidensweg

☞ Ursprünglich der Hindernislauf bei der soldatischen Ausbildung.

Pour un réfugié, être reconnu par l'Office des Étrangers, c'est *le parcours du combattant.*

P

parier

(2) **il y a gros à parier que ...** (je suis prêt à parier n'importe quoi que ...) ▸ ich wette hundert zu eins, dass ...

Mon frère a émigré au Canada. *Il y a gros à parier qu'*on ne le verra plus jamais.

parler

(1) **parler en l'air** (parler sans réfléchir) ▸ ins Blaue hineinreden

Quand il dit ces choses-là, il n'est pas sérieux, *il parle en l'air.*

(1) **parle pour toi!** (c'est peut-être vrai pour toi, mais pas pour moi) ▸ du vielleicht!

Que veux-tu, nous sommes vieux tous les deux. – *Parle pour toi!*

(1) **tu parles! (Charles)** (se dit pour marquer l'incrédulité) ▸ von wegen!

☞ *Charles* wird manchmal zugefügt des Reimes wegen.

Je pense qu'on va être augmentés de 10%. – *Tu parles, Charles*!

Siehe auch **on ne me la fait pas; à l'aise Blaise, cool Raoul, un peu mon neveu, relax Max.**

(2) **trouver à qui parler** (avoir affaire à un adversaire de taille) ▸ es mit einem ebenbürtigen Gegner zu tun haben, es mit jdm zu tun kriegen

S'il m'accuse encore de vol, *il trouvera à qui parler.*

(3) **savoir ce que parler veut dire** (comprendre à demi-mot) ▸ etwas auch ohne viel Worte verstehen

On n'avait pas besoin de lui expliquer longuement, car De Gaulle *savait ce que parler veut dire.*

paroissien

(3) **un drôle de paroissien** (un type bizarre) ▸ ein komischer Kauz | **paroissien** = Mitglied der Pfarrgemeinde

Ton ami est *un drôle de paroissien*, mais on l'aime quand même.

Siehe auch **c'est un cas, un drôle de numéro.**

parole

(1) **une parole en l'air** (siehe **parler en l'air**)

(1) **ma parole!** (1. je le jure!, 2. ce n'est pas possible!) ▸ 1. ich schwörs! 2. das gibt es doch nicht!

☞ Gemeint ist: *ma parole d'honneur.*

1. Je viendrai vous aider, *ma parole*!

2. *Ma parole*! Tu t'es marié pour la troisième fois!

part

(3) **faire la part des choses** (tenir compte de tous les aspects, positifs et négatifs d'un problème) ▸ allen Faktoren Rechnung tragen

On ne peut pas l'accuser de tout et de n'importe quoi. Il faut *faire la part des choses*!

partie

* **être de la partie** ▸ *mit* von der Partie sein

(2) **une partie de jambes en l'air** (l'acte sexuel) ▸ ein Nümmerchen

Casanova était toujours prêt pour *une partie de jambes en l'air.*

P

Siehe auch **s'envoyer en l'air, être porté sur la chose, tirer un coup, remettre le couvert, avoir le feu au cul, une partie carrée, prendre son pied, croquer la pomme.**

(3) **une partie carrée** (l'acte sexuel à quatre avec un échange de partenaire) ▸ ein Schäferstündchen zu viert
Non, je n'ai jamais pris part à *une partie carrée.*

Siehe auch **s'envoyer en l'air, être porté sur la chose, tirer un coup, remettre le couvert, avoir le feu au cul, une partie de jambes en l'air, prendre son pied, croquer la pomme.**

(3) **avoir partie liée** (être de connivence) ▸ unter einer Decke stecken
Les deux escrocs *avaient partie liée.*

Siehe auch **être copains comme cochons, être comme cul et chemise, être comme les doigts de la main, les deux font la paire.**

(3) **prendre quelqu'un à partie** (s'attaquer à lui, s'en prendre à lui) ▸ jdn (mit Worten) angreifen | **la partie** = (hier:) die Partei vor Gericht
Quand j'ai fait ma proposition, le président m'a *pris à partie.*

Siehe auch **tirer à boulets rouges sur quelqu'un, sonner les cloches à quelqu'un, river son clou à quelqu'un, rentrer dans le lard de quelqu'un, voler dans les plumes de quelqu'un, secouer les puces à quelqu'un, passer un savon à quelqu'un, dire ses quatre vérités à quelqu'un, donner une volée de bois vert à quelqu'un.**

P

partir

(1) **c'est parti (mon kiki)!** (on y va! en route! on s'y met!) ▸ es geht los!, ab geht die Post!
☞ In der Prostituiertensprache des 20. Jhs bedeutet *kiki* ‚Freier'.
Tout le monde est prêt? *C'est parti, mon kiki!*

pas

(1) **c'est à deux pas** (c'est tout près) ▸ es ist ganz in der Nähe
J'habite *à deux pas* de la gare.

(2) **à pas de loup** (sans bruit) ▸ ganz leise
☞ Wörtlich: Wie auf Wolfspfoten.
Il descendit l'escalier *à pas de loup* pour ne pas me réveiller.

(2) **se tirer d'un mauvais pas** (se dégager d'une situation difficile) ▸ sich aus der Klemme ziehen

J'ai de gros ennuis et j'ai besoin de toi pour me *tirer de ce mauvais pas.*

(3) **sauter le pas** (se décider à faire quelque chose) ▸ den Sprung wagen

On ne peut plus hésiter maintenant, il faut *sauter le pas.*

passe

(3) **être en passe de ...** (être sur le point de ...) ▸ auf dem besten Weg sein, etwas zu tun

On *était en passe de* franchir la rivière, quand on nous a tiré dessus depuis la berge opposée.

passer

(1) **passe encore que ...** (je veux bien encore admettre que ...) ▸ es mag noch angehen, dass ...

☞ Gemeint ist: Das kann man noch gerade passieren lassen.

Passe encore que tu viennes en retard, mais tu pourrais au moins t'excuser!

(1) **j'en passe et des meilleures!** (et je ne raconte même pas tout!) ▸ ich kann nicht alles aufzählen! Ich könnte noch viel schlimmere Sachen erzählen!

Il a été condamné pour vol à main armée, attaque de banque, meurtre avec préméditation, *j'en passe et des meilleures*!

(1) **ça passe ou ça casse!** (ce sera tout ou rien!) ▸ alles oder nichts!

Maintenant, il faut se lancer, *ça passe ou ça casse*!

(1) **j'ai failli y passer!** (j'ai failli mourir!) ▸ ich habe fast dran glauben müssen!

Tu crois que je n'étais pas en danger? Mais *j'ai failli y passer*!

(3) **passer quelqu'un au fil de l'épée** (tuer quelqu'un) ▸ jdn über die Klinge springen lassen | **le fil** = die Klinge

Tous les prisonniers de Daech ont été *passés au fil de l'épée.*

patate

(1) **refiler la patate chaude à quelqu'un** (se débarrasser sur quelqu'un d'autre d'une affaire embarrassante ou délicate) ▸ jdm den schwarzen Peter zuschieben | **la patate chaude** = die heiße Kartoffel

Le gouvernement a *refilé la patate chaude* à une commission parlementaire.

(2) **en avoir gros sur la patate** (éprouver une profonde tristesse) ▸ bedrückt, betrübt sein | **la patate** = (hier:) der Kopf oder das Herz

Il avait l'air abattu et on voyait qu'*il en avait gros sur la patate.*

patati

(1) **et patati et patata** (et cetera) ▸ und so geht/ging das weiter

☞ *patati* ist ein lautmalendes Wort, das das Aufschlagen der Hufe eines trabenden Pferdes nachahmen sollte.

Il nous a parlé de ses voyages en Inde, au Pakistan, au Sri Lanka *et patati et patata.*

pâte

(1) **une bonne pâte** (un caractère facile) ▸ ein guter, umgänglicher Mensch | **la pâte** = der Teig (aus dem man Brot macht)

Il est un peu bête, mais c'est *une bonne pâte.*

patraque

(2) **être patraque** (être très fatigué, ne pas se sentir bien) ▸ angeschlagen sein, sich nicht ganz wohl fühlen

☞ Aus dem lateinischen *pataca* (einer Münze von geringem Wert). Später sagte man *ma montre est patraque*, d. h., dass das Laufwerk nicht mehr richtig funktionierte.

P

Je dois arrêter de travailler maintenant, car *je suis patraque.*

Siehe auch **battre de l'aile, être au bout du rouleau, être mal en point.**

patte(s)

(1) **graisser la patte de quelqu'un** (soudoyer quelqu'un) ▸ jdn bestechen, schmieren | **la patte** = (hier:) die Hand

☞ Was geschmiert wird, läuft besser.

À Palerme, il est presque impossible d'ouvrir un commerce sans *graisser la patte* de la mafia.

(3) **montrer patte blanche** (donner un signe de reconnaissance pour être admis quelque part) ▸ sich ausweisen

☞ Aus einer Fabel von La Fontaine *Der Wolf, die Ziege und die sieben Zicklein*: Die Ziege hat ihren zu Hause allein gebliebenen Zicklein eingeschärft, nur jdm aufzumachen, der, wie sie selbst, eine weiße Pfote vorzeigen kann.

S'il veut devenir membre de notre parti, il devra *montrer patte blanche.*

(3) **faire patte de velours** (cacher de mauvaises intentions sous des dehors gentils) ▸ katzbuckeln, katzenfreundlich sein

☞ Das bezieht sich auf eine Katze, die ihre Krallen einzieht.

Si on veut gagner ses faveurs, il faudra *faire patte de velours.*

* **retomber sur ses pattes** ▸ wieder auf die Beine *kommen*

* **bas les pattes!** ▸ Pfoten *weg*!

(2) **tirer dans les pattes de quelqu'un** (lui causer sournoisement des difficultés) ▸ jdm ein Bein stellen

On ne peut plus lui faire confiance. Il ne fait que nous *tirer dans les pattes.*

pavé

(2) **battre le pavé** (se promener dans les rues) ▸ durch die Straßen schlendern | **le pavé** = der Pflasterstein

☞ Früher nannte man einen Vagabunden auch *un batteur de pavé.*

Voilà deux heures qu'*on bat le pavé* et on ne le voit toujours pas arriver.

Siehe auch **faire le pied de grue, battre la semelle.**

(2) **jeter un pavé dans la mare** (provoquer un scandale, troubler une situation bien tranquille) ▸ für Wirbel sorgen | **pavé** = Pflasterstein | **la mare** = der Tümpel, die Pfütze

La révélation du compte secret du président a *jeté un pavé dans la mare.*

Siehe auch **ça va faire du bruit dans le landerneau, ça va chier.**

(3) **tenir le haut du pavé** (jouir d'une situation sociale élevée) ▸ zu den oberen Zehntausend gehören

☞ Früher waren die Straßen nicht gleichmäßig, sondern zu den Seiten hin gewölbt. In der Mitte konnte dann das Abfallwasser ablaufen. Man zog es also vor, nicht in der Mitte, sondern an den Häusern entlang zu gehen. Wenn nun ein Adliger einem gewöhnlichen Sterblichen begegnete, musste dieser weichen und in der Mitte gehen.

Je n'ai jamais fait partie de ceux qui *tiennent le haut du pavé.*

pavillon

(3) **baisser pavillon** (s'avouer vaincu, renoncer) ▸ die Segel streichen, nachgeben | **le pavillon** = die Flagge

Devant tant de violence, nous avons dû *baisser pavillon.*

payer

(1) **être payé pour le savoir** (avoir dû l'apprendre à ses dépens) ▸ durch Schaden klug geworden sein

C'est un directeur qui n'admet pas le moindre retard, *je suis payé pour le savoir!*

(2) **payer de sa personne** (s'engager personnellement) ▸ sich persönlich engagieren, sich voll und ganz einsetzen

Non seulement je vais t'aider, je vais même *payer de ma personne.*

Siehe auch **aller au charbon, mouiller sa chemise, user de l'huile de coude, mettre la main à la pâte, mettre ses mains dans le cambouis, prendre le mors aux dents.**

pays

(3) **être en pays de connaissance** (être en présence de choses qu'on connaît bien) ▸ gut Bescheid wissen

Dans le parlement, cet ancien ministre est *en pays de connaissance.*

Siehe auch **en connaître un bout, connaître quelque chose sur le bout des doigts, connaître la musique, en connaître un rayon.**

peau

(1) **une peau de vache** (quelqu'un de méchant, de dur) ▸ ein gemeiner Kerl, ein gemeines Stück, ein Biest

☞ Die Kuh gilt manchmal als ein hinterlistiges Tier, das einem ganz unerwartet einen Tritt versetzen kann. *Peau* ist hier eine Verstärkung, wie in *une vieille peau* (ein altes Weib).

À l'université, beaucoup d'étudiants pensent que les professeurs sont *des peaux de vaches.*

(1) **tu auras peau de balle!** (tu n'auras rien!) ▸ du kriegst nichts!

☞ Es handelt sich um eine Tautologie: *balle* bedeutete früher nämlich auch ‚Haut' oder ‚Schale eines Korns', also etwas von geringem Wert.

Te prêter mille euros? Même pas cent! *Tu auras peau de balle!*

Siehe auch **tu peux te l'accrocher, tu peux te brosser, des clous, tu peux toujours courir, que dalle, des nèfles.**

(1) **coûter la peau des fesses** (être très cher) ▸ ein Heidengeld kosten

☞ Die ursprüngliche Form war wahrscheinlich *coûter la peau* (die Haut, das Fell kosten).

Faire des études supérieures aux Etats Unis, *ça coûte la peau des fesses.*

Siehe auch **coûter un bras, coûter des mille et des cents, coûter les yeux de la tête.**

(1) **avoir quelqu'un dans la peau** (être fou amoureux de quelqu'un) ▸ verrückt nach jdm sein
Mon frère sait que ça va mal finir avec cette femme, mais il n'y a rien à faire, *il l'a dans la peau.*

Siehe auch **avoir le béguin pour quelqu'un, en pincer pour quelqu'un.**

(2) **faire la peau à quelqu'un, avoir la peau de quelqu'un** (le tuer) ▸ jdn kaltmachen
☞ Um das Fell eines Tieres zu bekommen, muss man es zuerst töten.
Celui-là, il ne perd rien pour attendre, je vais *lui faire la peau.*

pêche

(2) **avoir la pêche** (se sentir plein de dynamisme) ▸ in Bombenform sein
☞ Erst im 20. Jh. entstanden. Einige führen diese Redewendung auf den Pfirsich als das chinesische Symbol der Unsterblichkeit zurück; andere denken an den Boxsport, wo *avoir la pêche* bedeutet ‚in Form sein'.
Pour être un bon vendeur, il faut *avoir la pêche.*

Siehe auch **avoir la niaque.**

(3) **se fendre la pêche** (rire aux éclats) ▸ sich schief lachen | **la pêche** (der Pfirsich) = (hier:) der Mund.
Quand il eut raconté sa blague, tout le monde *se fendit la pêche.*

Siehe auch **se fendre la poire.**

P

pédale(s)

(2) **être une / de la pédale** (vulg.) (être homosexuel) ▸ vom anderen Ufer sein
☞ Diese Redewendung stammt aus dem Jargon der Radsportler in Anlehnung an *pédéraste.*
Dans certains pays de l'est, il vaut mieux ne pas *être de la pédale.*

Siehe auch **des amitiés particulières, à voile et à vapeur.**

(3) **mettre la pédale douce** (baisser le ton, se calmer) ▸ halblang machen
☞ Dieses Pedal ist nicht das Gaspedal, sondern das Pedal eines Klaviers.

Ne vous énervez pas comme ça! Il faut que tout le monde *mette la pédale douce.*

Siehe auch **mettre un bémol, mettre la sourdine, la mettre en veilleuse.**

(1) **perdre les pédales** (ne plus savoir ce qu'on doit dire ou faire) ▸ ins Schleudern geraten (im übertragenen Sinn)
☞ Man denkt an ein Fahrrad, dessen Pedalen man nicht mehr beherrscht.
On dirait que le ministre a complètement *perdu les pédales.*

peine

(3) **en être pour sa peine** (siehe **en être pour ses frais**)

peinture

(2) **ne pas pouvoir voir quelqu'un en peinture** (ne pas pouvoir le supporter) ▸ jdn nicht ausstehen können
☞ Gemeint ist, dass man jdn selbst auf einem Bild nicht ertragen könnte.
Je sais que cet acteur est célèbre, mais *je ne peux pas le voir en peinture.*

Siehe auch **avoir quelqu'un dans le nez, ne pas pouvoir sacquer quelqu'un, taper sur le système, sortir par les yeux.**

P

pelés

(1) **il y avait trois / quatre pelés et un tondu** (il y avait très peu de monde) ▸ es waren nur ein paar Männeken da
☞ *pelé* war früher jd, der eine Hautkrankheit hatte (*peler* = schälen) und *tondu* ist jd, dem der Kopf geschoren worden ist, vermutlich, weil er ein Verbrecher ist. Diese Redewendung hatte also früher deutlich eine pejorative Bedeutung.
À la conférence, il y avait *trois pelés et un tondu.*

pelle

(3) **rouler une pelle à quelqu'un** (donner un baiser langue en bouche à quelqu'un) ▸ jdm einen Zungenkuss geben
☞ Wörtlich: Eine Schaufel rollen. Rollen, weil die Zunge sich im Mund des anderen dreht, und Schaufel nach der Form, welche die Zunge dabei hat.
Dans ce film, on voyait une gamine de douze ans qui *roulait une pelle* à un homme de quarante ans.

(3) **ramasser une pelle** (essuyer un échec) ▸ auf die Nase fallen
☞ Diese Redewendung stammt aus dem Radsportjargon des 20. Jhs. Sie bedeutete zuerst ‚vom Rad fallen', wurde dann auch im übertragenen Sinn gebraucht. Weshalb es *pelle* (Schaufel) ist, ist nicht geklärt.
Il faut bien admettre que cette tentative a échoué et que personnellement, *j'ai ramassé une pelle.*

Siehe auch **boire un bouillon, faire chou blanc, un coup d'épée dans l'eau, faire un four, boire la tasse, l'affaire a tourné court, prendre une veste.**

pénates

(3) **regagner ses pénates** (retourner à son domicile) ▸ ins traute Heim zurückkehren
☞ *les pénates* waren die römischen Hausgötter.
Les amis, encore un dernier verre, puis il est temps de *regagner nos pénates.*

pendre

(2) **dire pis que pendre de quelqu'un** (en dire le plus grand mal) ▸ kein gutes Haar an jdn lassen
☞ Gemeint ist: Noch Schlimmeres von jdm sagen, als etwas, das ihn an den Galgen bringen würde.
Ne crois pas que c'est ton ami, il dit *pis que pendre* de toi!

P

pendules

(1) **remettre les pendules à l'heure** (rétablir la vérité, dire ce qu'il en est réellement) ▸ eine Sache richtigstellen, die Dinge zurechtrücken | **la pendule** = die Stand-, Pendel- oder Wanduhr
Après tout ce qu'on a raconté sur moi, il est temps de *remettre les pendules à l'heure.*

pente

(2) **il / elle est sur la / une mauvaise pente** (il / elle s'est engagé(e) sur une mauvaise voie, il / elle évolue de la mauvaise façon) ▸ es geht bergab mit ihm / ihr
Je ne suis pas naïf, je sais que *tu es sur la mauvaise pente.*

Siehe auch **battre de l'aile, être aux abois, être dans la mouise / la panade / le pétrin / la purée.**

(2) **remonter la pente** (se relever d'une situation difficile) ▸ aus der Talsohle herauskommen

Après une mauvaise année, notre entreprise est en train de *remonter la pente.*

perche

(3) **tendre la perche à quelqu'un** (le tirer de l'embarras) ▸ jdm aus der Patsche helfen | **la perche** = (hier:) die Stange, der Stab, den man einem Ertrinkenden hinhält

Je n'oublierai jamais que cet homme m'a *tendu la perche* quand j'étais dans l'embarras.

perdre

(1) **tu ne perds rien pour attendre!** (tu auras tôt ou tard le châtiment que tu mérites!) ▸ so leicht kommst du mir nicht davon!

Il m'a échappé cette fois-ci, mais *il ne perd rien pour attendre*!

père

(3) **mener une vie / une existence de père peinard** (mener une vie tranquille) ▸ ein gemütliches Leben führen | **peinard** = keinem Risiko ausgesetzt sein

Depuis que mon père a été admis à la retraite, *il mène une vie de père peinard.*

Siehe auch **être comme un coq en pâte, couler des jours heureux, se la couler douce.**

péril

(1) **au péril de sa vie** (au risque de perdre la vie) ▸ unter Einsatz seines/ihres Lebens

Quand il a vu que l'enfant allait se noyer, il a sauté à l'eau *au péril de sa vie.*

(3) **il n'y a pas péril en la demeure** (on ne risque rien à attendre) ▸ es besteht kein Grund zur Panik

☞ *demeure* bedeutet hier nicht Wohnung, sondern stammt von *demeurer* (bleiben, warten).

Il ne sert à rien de paniquer, *il n'y a pas péril en la demeure.*

perles

(3) **enfiler des perles** (perdre son temps à des futilités) ▸ seine Zeit vertrödeln

☞ Perlen auffädeln war eine Beschäftigung, die Frauen vorbehalten war.

Nous ne sommes pas ici pour *enfiler des perles.*

Siehe auch **peigner la girafe, avoir un poil dans la main, se les rouler.**

Pérou

(2) **ce n'est pas le Pérou** (ce n'est pas grand-chose, ça ne rapporte pas beaucoup) ▸ damit kann man keine großen Sprünge machen

☞ Seit der Eroberung Südamerikas durch die spanischen Conquistadores galt Peru als das Eldorado.

Ce que je gagne avec mes droits d'auteur, *ce n'est pas le Pérou*!

persister

(3) **persister et signer** (ne pas changer d'avis) ▸ bei seinem Entschluss bleiben

☞ Im eigentlichen Sinn ist dies eine Rechtsformel. Wörtlich: beharren und unterschreiben.

L'opposition *persiste et signe:* elle n'approuvera jamais le plan du gouvernement.

P

perte(s)

(1) **à perte de vue** (aussi loin qu'on puisse voir) ▸ so weit das Auge reicht

☞ Wörtlich: So weit, dass die Sicht sich verliert.

Derrière la maison s'étendaient des dunes *à perte de vue.*

(3) **avec perte(s) et fracas** (sans ménagement et avec éclat) ▸ schonungslos (z. B. jdn rauswerfen) | **la perte** = der Verlust | **le fracas** = das Getöse, der Lärm

Il a été renvoyé *avec pertes et fracas.*

(3) **passer quelque chose par pertes et profits** (accepter de l'abandonner) ▸ etwas abschreiben, etwas in den Kamin schreiben

☞ Gemeint ist: Mit Verlust und Gewinn verrechnen.

La banque *a passé par pertes et profits* 3 milliards de prêts douteux.

pet

(3) **ne pas valoir un pet de lapin** (n'avoir aucune valeur) ▸ keinen Pfifferling wert sein

☞ Wörtlich: Noch weniger wert sein als ein Kaninchenfurz.

Ta contribution à notre projet *ne vaut pas un pet de lapin.*

Siehe auch **ne pas valoir un clou, de la crotte de bique, ne pas valoir un fifrelin, à la gomme, à la noix, c'est de la roupie de sansonnet, ne pas valoir tripette, ça ne vole pas très haut.**

pétard

(2) **un pétard mouillé** (une action qui devrait être sensationnelle, mais qui ne mène à rien) ▸ ein Schlag ins Wasser

☞ Gemeint ist ein nasser Knallkörper, der nicht explodiert.

Le plan du gouvernement s'est révélé être *un pétard mouillé.*

Siehe auch **finir en queue de poisson, tourner court.**

(2) **se mettre en pétard** (devenir furieux) ▸ fuchsteufelswild werden | **le pétard** = ein Knallkörper

☞ Man denke an *vor Wut explodieren.*

Si tu lui dis que tu ne pourras pas venir, il va *se mettre en pétard.*

Siehe auch **n'écouter que sa colère, piquer une colère, sortir de ses gonds, et merde, la moutarde me monte au nez, grimper aux rideaux, mon sang n'a fait qu'un tour, faire une sortie contre quelqu'un, être soupe au lait, avoir la tête près du bonnet.**

P

petit-lait

(2) **boire du petit-lait** (être content, être satisfait) ▸ sichtlich zufrieden sein | **le petit-lait** = die Molke

☞ Man denkt an ein Baby, das Muttermilch trinkt. *Petit* ist dann später dazugekommen; wieso, ist nicht geklärt.

Pendant qu'on faisait son éloge, le président *buvait du petit-lait.*

Siehe auch **ça baigne, tout baigne, la situation est au beau fixe, être un coq en pâte, y a pas de lézard, mener une vie de père peinard, ça roule, ça va comme sur des roulettes / sur du velours**

pétrin

(1) **être dans le pétrin** (être dans une situation délicate) ▸ in der Patsche sitzen | **le pétrin** = der Backtrog

☞ Wer in der klebrigen Teigmasse läge, käme nicht so schnell wieder heraus.

Tu vois bien qu'*on est dans le pétrin* et tu ne fais rien pour nous aider.

Siehe auch **battre de l'aile, être dans la mouise / la panade / la purée.**

peu

(1) **avant / sous peu** (dans peu de temps) ▸ bald, in Kürze

Sous peu nous connaîtrons les résultats des élections.

(1) **très peu pour moi!** (je n'en veux pas!) ▸ das ist nichts für mich!

Travailler la nuit? *Très peu pour moi*!

(2) **un tant soit peu** (à un degré infime) ▸ ein ganz klein wenig

La situation économique s'est améliorée *un tant soit peu.*

(2) **un peu, mon neveu!** (ça va de soi!) ▸ klar!

☞ *neveu* (Neffe) ist nur wegen des Reimes zugefügt worden.

Tu viendras faire la fête avec nous? *Un peu, mon neveu*!

Siehe auch **à l'aise Blaise, cool Raoul, tu parles Charles, relax Max.**

(3) **peu ou prou** (plus ou moins) ▸ mehr oder weniger

☞ *prou*, das jetzt nur noch in dieser Redewendung vorkommt, bedeutete früher ‚viel'.

Cette banque vous donne *peu ou prou* les mêmes avantages que toutes les autres banques.

P

peur

(2) **en être quitte pour la peur** (s'en tirer sans dommage après avoir craint le pire) ▸ mit dem Schrecken davonkommen

☞ Wörtlich: Quitt sein, wenn auch mit Schrecken.

J'avais perdu mon porte-feuille, mais quelqu'un l'a retrouvé et *j'en étais quitte pour la peur.*

photo

(1) **il n'y a pas photo!** (il n'y a aucun doute) ▸ die Sache ist klar!

☞ Wenn klar ist, wer der Sieger ist (beim Hundertmeterlauf oder beim Pferderennen), braucht man kein Zielfoto.

C'est le film français qui va emporter la palme, *il n'y a pas photo*!

(1) **tu veux ma photo?** (qu'est ce que tu me veux?) ▸ was glotzt du mich so an?

Pourquoi me regardes-tu comme ça? *Tu veux ma photo?*

pianiste

(3) **ne tirez pas sur le pianiste!** (ne vous attaquez pas à quelqu'un qui n'est pas responsable!) ▸ ich bin dafür nicht verantwortlich!

☞ Diese Redewendung kommt aus dem Wilden Westen. In den Saloons hing über dem Klavier ein Schild, auf dem stand ‚Please, don't shoot the pianist!' Der Pianist war ja nicht verantwortlich für Krawalle, bei denen lustig drauflos geballert wurde.

Ne tirez pas sur le pianiste, je n'y suis pour rien dans cette affaire!

pic

(1) **tomber à pic** (arriver au bon moment) ▸ wie gerufen kommen

☞ Aus dem Paumespiel: *le pic* war ein bestimmter Punkt im Feld; wenn der Ball genau dort fiel, gewann man einen Punkt.

Je suis arrivé au moment où on allait voter. C'est ce qu'on appelle *tomber à pic*!

Siehe auch **tomber bien / pile / à point nommé.**

pied(s)

P

* **de pied *en* cap** ▸ von Kopf *bis* Fuß

☞ *cap* steht für Kopf. (Man achte auf die Umkehrung!)

* **mettre quelque chose sur *pied*** ▸ etwas auf die *Beine* stellen

* **être sur *pied*** ▸ *wieder* auf den *Beinen* sein

(1) **se lever du bon pied** (se réveiller de bonne humeur) ▸ gut aufgelegt aufstehen

Tu peux aller demander un jour de congé au chef, je crois qu'*il s'est levé du bon pied.*

Siehe auch **être en goguette, être bien luné, être de bon poil.**

(1) **au pied levé** (sans préparation) ▸ stehenden Fußes, aus dem Stegreif, unvorbereitet

Comme le soliste prévu est tombé malade, il a fallu le remplacer *au pied levé.*

(1) **ne pas savoir sur quel pied danser** (ne pas savoir ce qu'il faut faire) ▸ nicht recht wissen, woran man ist

Avec lui, *on ne sait jamais sur quel pied danser.*

(1) **c'est le pied!** (c'est le summum!) ▸ das ist echt geil!
☞ Siehe die Erklärung bei **prendre son pied**.
Pouvoir se permettre une Rolls Royce, *c'est le pied!*

(1) **perdre pied** (1. ne plus toucher le fond de l'eau, 2. ne plus savoir comment se tirer d'affaire) ▸ 1. den Boden unter den Füßen verlieren, 2. keinen Halt mehr haben
1. Si tu avances encore d'un mètre, *tu perdras pied.*

2. Il faut espérer que suite à la baisse du dollar, les marchés ne vont pas *perdre pied.*

(1) **lâcher pied** (perdre du terrain) ▸ aufgeben
Après quelques échanges de tir, l'ennemi *a lâché pied.*

(1) **faire du pied à quelqu'un** (toucher le pied de quelqu'un pour lui faire des avances discrètes) ▸ jdn füßeln
Lors du banquet, j'ai vu que le président *faisait du pied* à la femme de son premier ministre.

Siehe auch **faire du charme à quelqu'un, conter fleurette à quelqu'un, faire du genou à quelqu'un, faire du gringue à quelqu'un, jeux de mains, jeux de vilains, avoir la main baladeuse, faire de l'œil à quelqu'un, faire du plat à quelqu'un, avoir une touche.**

(1) **lever le pied** (rouler moins vite; faire quelque chose moins vite) ▸ den Fuß vom Gaspedal nehmen; den Schongang einlegen
Tu travailles trop, tu ferais bien de *lever le pied.*

P

(1) **rouler pied au plancher** (rouler très vite) ▸ einen Affenzahn draufhaben
☞ Wörtlich: Mit dem Fuß das Gaspedal ganz nach unten drücken.
Sur certaines autoroutes allemandes, on peut encore *rouler pied au plancher.*

Siehe auch **à fond de caisse, sur les chapeaux de roues, plein pot, à tombeau ouvert, pleins tubes.**

(2) **être au pied du mur** (devoir prendre une décision) ▸ zu einer Entscheidung gezwungen sein
☞ Gemeint ist, dass man gegen eine Mauer gedrängt ist, keine Fluchtmöglichkeit mehr hat und sich der Gefahr stellen muss.
Les amis, *nous sommes au pied du mur*, il faut maintenant se décider rapidement.

(2) **mettre quelqu'un au pied du mur** (l'obliger à prendre une décision) ▸ jdn zu einer Entscheidung zwingen
☞ Erklärung siehe oben.

Le gouvernement *a été mis au pied du mur*: ou bien retirer le projet de loi ou être mis en minorité.

(2) **prendre son pied** (1. prendre beaucoup de plaisir à faire quelque chose, 2. avoir un orgasme) ▸ 1. seinen Spaß bei etwas haben, 2. einen Orgasmus haben
☞ Im Argot des 19. Jhs bedeutete *pied* der Teil der Beute einer Diebesbande, der jedem Mitglied zukam. Hatte er den bekommen, war er zufrieden. Daraus entwickelte sich dann die sexuelle Bedeutung: Eine Frau / ein Mann bekommt ihren/seinen Teil des Vergnügens.

1. Il y a des gens qui *prennent leur pied* à faire souffrir d'autres gens.

2. Il y a déjà longtemps que je n'ai pas *pris mon pied.*

Siehe auch (zu 2.) **s'envoyer en l'air, être porté sur la chose, tirer un coup, remettre le couvert, avoir le feu au cul, une partie de jambes en l'air, une partie carrée, croquer la pomme.**

(2) **avoir bon pied bon œil** (être en bonne santé [se dit de personnes âgées]) ▸ noch sehr rüstig sein

Mon grand-père a 80 ans, mais il a encore *bon pied bon œil.*

(2) **attendre quelqu'un de pied ferme** (l'attendre de façon déterminée) ▸ jdn unerschrocken erwarten
☞ Wörtlich: Festen Fußes, d. h. ohne zurückzuweichen.

L'opposition veut attaquer le gouvernement, mais celui-ci l'*attend de pied ferme.*

(2) **ne pas se moucher du pied** (se croire très important, être très imbu de soi-même) ▸ große Ansprüche stellen
☞ Gaukler, die als gemeines Volk galten, waren im Stande, ihre Beine so zu verrenken, dass sie mit dem Fuß bis unter die Nase kamen. Dann sah es aus, als ob sie sich mit dem Fuß die Nase putzen würden. Es kann sich aber auch ganz einfach um eine Variante von *ne pas se moucher du coude* (siehe dort) handeln: Niederes Volk schnäuzte sich in den Ellbogen, Adlige dagegen in ein Taschentuch.

Il demande une rémunération d'un million d'euros? *Il ne se mouche pas du pied!*

Siehe auch **se croire sorti de la cuisse de Jupiter, péter plus haut que son cul, le prendre de haut, le roi n'est pas son cousin, avoir la science infuse, avoir la grosse tête.**

(2) **prendre quelque chose au pied de la lettre** (le prendre dans le sens strict des mots) ▸ etwas wörtlich nehmen

Il ne faut pas *prendre* tout ce que je dis *au pied de la lettre.*

(2) **mettre quelqu'un à pied** (le renvoyer, le congédier) ▸ jdn entlassen

☞ Ursprünglich bezog sich diese Redewendung auf jdn, dem zur Strafe das Pferd abgenommen wurde und der dann zu Fuß gehen musste.

Après avoir été reconnu coupable de vol, l'employé *fut mis à pied.*

(3) **au petit pied** (un auteur, un musicien ...) (sans grandeur) ▸ im Kleinformat | **pied** = (hier:) das Längenmaß Fuß

☞ Wörtlich bedeutet diese Redewendung also ‚nur einen Fuß lang'.

Malgré le succès de son dernier roman, il reste un auteur *au petit pied.*

Siehe auch **au ras des pâquerettes, ce n'est pas terrible, ça ne vole pas haut.**

(3) **faire le pied de grue** (attendre pendant un certain temps à la même place) ▸ sich die Beine in den Bauch stehen | **la grue** = (hier:) der Kranich, ein Vogel, der auf einem Bein stehen kann

☞ Daher heißen die Prostituierten in Frankreich auch *grues*, weil sie auf der Straße, mit einem Bein gegen eine Hauswand gelehnt, auf die Freier warten.

J'ai fait le pied de grue pendant deux heures, mais elle n'est jamais venue.

Siehe auch **battre le pavé, battre la semelle.**

(3) **mettre à quelqu'un le pied à l'étrier** (l'aider au début de sa carrière) ▸ jdm in den Sattel helfen | **l'étrier** = der Steigbügel

☞ Das Bild ist also das gleiche.

Je n'ai jamais oublié que cet homme m'a *mis le pied à l'étrier.*

(3) **être à pied d'œuvre** (être prêt à commencer le travail; être sur le lieu du travail) ▸ an Ort und Stelle sein | **un œuvre** = (hier:) der Rohbau eines Gebäudes

☞ Diese Redewendung bezog sich früher auf den Maurer.

À peine installée, la nouvelle Commission est déjà *à pied d'œuvre.*

(3) **avoir le pied marin** (ne pas être sujet au mal de mer) ▸ nicht schnell seekrank werden, seefest sein

J'ai le pied marin et donc, je n'ai jamais été malade sur un bateau.

* **avoir les deux *pieds* sur terre** ▸ mit beiden *Beinen fest* auf der Erde stehen

* **pieds et poings liés** ▸ *an* Händen und Füßen gebunden (man beachte die Umkehrung!)

(1) **casser les pieds à quelqu'un** (l'énerver) ▸ jdm auf den Geist gehen
☞ Zuerst sagte man *casser les oreilles. Casser* bedeutet hier *écraser*, als ob man auf jds Zehen stehen würde.
Je ne veux plus le voir, il y a déjà longtemps qu'*il me casse les pieds.*

Siehe auch **tu me pompes l'air, mettre quelqu'un en boule, casser les couilles à quelqu'un, courir sur le haricot, avoir les nerfs en boule, être sur les nerfs, casser les oreilles / chauffer les oreilles à quelqu'un, tu me tapes sur le système, il me sort par les yeux.**

(1) **ça te fera les pieds!** (ça te servira de leçon!) ▸ das wird dir eine Lehre sein!
☞ Das sagte man den Soldaten, die einen langen Fußmarsch vor sich hatten. Der Marsch sollte ihre Füße stärken.
Tu as été renvoyé parce que tu es tout le temps en retard? *Ça te fera les pieds*!

(1) **faire des pieds et des mains pour obtenir quelque chose** (faire tout pour l'obtenir) ▸ alle Hebel in Bewegung setzen
☞ Wörtlich: Mit Füßen und Händen etwas erreichen wollen.
J'ai fait des pieds et des mains pour obtenir cette promotion, mais je ne l'ai quand même pas obtenue.

(2) **sauter à pieds joints sur une occasion** (la saisir sans hésiter) ▸ eine Gelegenheit beim Schopf fassen/packen
☞ Gemeint ist: mit geschlossenen Füßen, wie eine Katze, die auf eine Maus springt.
J'ai sauté à pieds joints sur cette occasion, car elle ne se présentera plus jamais.

(2) **mettre les pieds dans le plat** (intervenir de manière maladroite ou brutale; commettre un grave impair) ▸ ins Fettnäpfchen treten | **le plat** = (hier:) wahrscheinlich das Fettnäpfchen
Comme je n'avais pas envie de tourner autour du pot, *j'ai mis les pieds dans le plat.*

(2) **partir les pieds devant** (mourir) ▸ den Geist aufgeben
☞ Gemeint ist: Mit den Füßen zuerst.

P

Je ne quitterai jamais notre maison, sauf *les pieds devant.*

Siehe auch **rendre l'âme, passer l'arme à gauche, être à l'article de la mort, mourir de sa belle mort, ne pas faire de vieux os, casser sa pipe, manger les pissenlits par la racine, sentir le sapin.**

(3) **faire un pied / des pieds de nez à quelqu'un** (lui faire des grimaces) ▸ jdm eine lange Nase drehen
☞ *le pied* (der Fuß) war ein altes Längenmaß von ungefähr 30–40 Zentimetern. Gemeint ist: Seine Nase mit der Hand um einiges länger machen, wie wenn man eine lange Nase dreht.

Notre petit Paul a été puni, parce qu'il a fait *un pied de nez* à son instituteur.

pierre

(1) **jeter la pierre à quelqu'un** (le blâmer) ▸ den Stab über jdn brechen
☞ Aus der Bibel: „... der werfe den ersten Stein".

Tout le monde *jette la pierre* à mon frère, alors qu'il n'est pour rien dans cette affaire.

(2) **faire d'une pierre deux coups** (obtenir deux résultats avec une seule action) ▸ zwei Fliegen mit einer Klappe schlagen
☞ Wörtlich: Mit einem Stein zwei verschiedene Ziele (Vögel?) treffen.

L'achat de cette maison nous a permis de *faire d'une pierre deux coups*: on a emménagé au rez-de-chaussée et on a loué le premier étage.

(3) **apporter sa pierre à l'édifice** (contribuer) ▸ seinen Teil beitragen
☞ Wörtlich: Seinen Stein zum Bau eines Gebäudes beitragen.

Chacun doit *apporter sa pierre à l'édifice* de la grande réforme scolaire.

(3) **c'est une pierre dans son jardin** (c'est une critique à son égard) ▸ das ist auf ihn gemünzt
☞ Wörtlich: Ein Stein in seinem Garten, also etwas, das die Harmonie des Gartens stört.

La critique des plans du gouvernement, *c'est une pierre dans le jardin* du premier ministre.

(3) **marquer quelque chose d'une pierre blanche** (noter quelque chose de positif de façon à s'en souvenir longtemps) ▸ etwas rot im Kalender anstreichen
☞ Weiß (im Gegenteil zu Schwarz) ist schon immer mit etwas Positivem assoziiert worden. In der Antike wurde mit weißen und

schwarzen Steinen über Unschuld oder Schuld eines Angeklagten abgestimmt.

Ce matin, il est arrivé à l'heure, c'est à *marquer d'une pierre blanche.*

Siehe auch **noter quelque chose sur ses tablettes.**

pignon

(3) **avoir pignon sur rue** (se dit d'une firme, d'un commerce bien établi) ▸ alteingesessen sein | **le pignon** = der Giebel

☞ Reiche Hausbesitzer hatten einen reichverzierten Giebel

Tu peux faire confiance à cette firme, *elle a pignon sur rue.*

Siehe auch **une huile, du beau linge, du beau monde, le dessus du panier.**

pile

(1) **ça tombe pile!** (ça tombe au bon moment!) ▸ das trifft sich gut!

L'augmentation de la prime de fin d'année *tombe pile* au moment où j'ai le plus besoin d'argent.

Siehe auch **tomber bien / à pic / à point nommé.**

pilori

* *mettre* **quelqu'un au pilori** ▸ jdn an den Pranger *stellen*

P

pilule

* *dorer* **la pilule** ▸ die *bittere* Pille *versüßen*

☞ Da Pillen oft bitter waren, wurden sie mit bräunlichem, goldähnlichem Zucker überzogen.

pinceaux

(2) **s'emmêler les pinceaux** (1. trébucher sur quelque chose, 2. ne plus savoir où on en est dans une explication) ▸ 1. über etwas stolpern, 2. sich in einer Erklärung verstricken | **les pinceaux** = die Malpinsel, in 1. jedoch sind die Beine gemeint

1. *Je me suis emmêlé les pinceaux* et je suis tombé dans l'escalier.

2. Le conférencier *s'est emmêlé les pinceaux* et ne savait plus quoi répondre.

pincer

(2) **en pincer pour quelqu'un** (être amoureux de lui / d'elle) ▸ in jdn verknallt sein | **pincer** = (hier:) eine Saite zupfen

☞ Wahrscheinlich aus *pincer la guitare pour quelqu'un.*

Je vois bien que *tu en pinces pour* ma soeur!

Siehe auch **avoir le béguin pour quelqu'un, avoir quelqu'un dans la peau.**

pincettes

(3) **il n'est pas à prendre avec des pincettes** (il est de très mauvaise humeur) ▸ er ist mit Vorsicht zu genießen

☞ *pincette* ist hier keine Pinzette, sondern eine Feuerzange. Wörtlich bedeutet diese Redewendung also: Er ist so schlecht gelaunt (früher dachte man eher an schmutzig), dass man ihn auch nicht mit einer Feuerzange anfassen würde.

Attention, il est mal luné! Ce matin, *il n'est pas à prendre avec des pincettes.*

pion

(3) **damer le pion à quelqu'un** (l'emporter nettement sur lui) ▸ jdn ausstechen

☞ Wenn man im Schachspiel den Bauern zur Dame machen kann, kann man den Gegner leichter besiegen.

Je croyais obtenir la promotion, mais mon voisin *m'a damé le pion.*

P

pipe

(1) **nom d'une pipe!** (un juron) ▸ verdammt noch mal!

☞ Es handelt sich um einen abgemilderten Fluch für *nom de dieu!*

Nom d'une pipe, j'ai de nouveau raté le bus!

Siehe auch **merde alors**

(1) **casser sa pipe** (mourir) ▸ abkratzen

☞ Früher bedeutete diese Redewendung ‚in Rage geraten und dabei seine Pfeife kaputt schlagen'. Der Übergang zu sterben ist nicht ganz geklärt; vielleicht aber ganz einfach, weil der Verstorbene die Pfeife ja nicht mehr brauchte.

Bien que j'ai quatre-vingt dix ans, je n'ai pas encore l'intention de *casser ma pipe.*

Siehe auch **rendre l'âme, passer l'arme à gauche, être à l'article de la mort, mourir de sa belle mort, ne pas faire de vieux os, partir les pieds devant, manger les pissenlits par la racine, sentir le sapin.**

(3) **se fendre la pipe** (siehe **se fendre la poire**) | **pipe** = (hier:) für Mund

(3) **faire/tailler une pipe à quelqu'un** (sucer le sexe d'un homme) ▸ jdm einen blasen

☞ *se faire une pipe* bedeutete früher ‚sich eine Zigarette rollen', wobei man das Zigarettenpapier mit den Lippen befeuchtete. *Tailler* (spitzen) bezieht sich auf *tailler une plume* (Feder), eine veraltete Redewendung mit der gleichen Bedeutung.

Il y a des femmes qui refusent catégoriquement de *tailler une pipe* à leur mari.

pipeau

(3) **c'est du pipeau** (c'est faux; ça ne vaut rien) ▸ das ist nur nepp | **le pipeau** = die Lockpfeife

Les propositions de Macron, *c'est du pipeau*, dit l'opposition.

Siehe auch **ne pas valoir un clou, de la crotte de bique, ça ne vaut pas un fifrelin, à la gomme, à la noix, ça ne vaut pas un pet de lapin, de la roupie de sansonnet, ne pas valoir tripette, ne pas voler très haut.**

P

pissenlits

(2) **manger les pissenlits par la racine** (être mort et enterré) ▸ sich die Radieschen von unten ansehen

☞ Wörtlich: Den Löwenzahn von der Wurzel her essen.

À quatre-vingts ans, nombre de mes collègues *mangent* déjà *les pissenlits par la racine.*

Siehe auch **rendre l'âme, passer l'arme à gauche, être à l'article de la mort, mourir de sa belle mort, ne pas faire de vieux os, partir les pieds devant, casser sa pipe, sentir le sapin.**

pisser

(1) **laisse pisser!** (vulg.) (oublie ça, ne t'en occupe pas, laisse faire!) ▸ vergiss es!

Ne t'en fais plus pour cette affaire, *laisse pisser*!

Siehe auch **laisser courir, laisser pisser le mérinos.**

piston

(1) **obtenir quelque chose par piston** (l'obtenir grâce à de bonnes relations avec un haut placé) ▸ etwas durch gute Beziehungen bekommen | **le piston** = der Kolben eines Motors

☞ Der Gedanke ist, dass man nach oben gedrückt wird.

Ne crois pas que j'ai *obtenu* cette promotion *par piston!*

place (siehe auch places)

(1) **remettre quelqu'un à sa place** (le réprimander) ▸ jdn in seine Schranken verweisen, jdn zurechtweisen

Quand il est devenu grossier, j'ai dû *le remettre à sa place.*

Siehe auch **clouer le bec à quelqu'un, remonter les bretelles à quelqu'un, rabattre le caquet à quelqu'un, sonner les cloches à quelqu'un, river son clou à quelqu'un, rentrer dans le lard de quelqu'un, moucher quelqu'un, frotter les oreilles, tirer les oreilles à quelqu'un, voler dans les plumes de quelqu'un, secouer les puces à quelqu'un, passer un savon à quelqu'un, dire ses quatre vérités à quelqu'un, donner une volée de bois vert à quelqu'un.**

(2) **faire place nette** (se débarrasser de tout ce / de tous ceux dont on ne veut plus) ▸ gründlich aufräumen, Ordnung schaffen

Le nouveau directeur *a fait place nette* dans toute son équipe.

placer

(2) **je n'arrivais pas à en placer une** (je n'arrivais pas à dire le moindre mot) ▸ ich kam nicht zu Wort

☞ Gemeint ist hier *placer une parole, un mot.*

Il était tellement bavard que *je n'arrivais pas à en placer une.*

Siehe auch **un moulin à paroles.**

places

(2) **les places sont chères** (il n'y a pas mal de concurrence) ▸ die Konkurrenz ist groß

Pour la fonction de directeur *les places sont chères.*

plaie

(1) **quelle plaie!** (quel personnage embêtant!) ▸ so eine Nervensäge! | **la plaie** = die Wunde

Quelle plaie, ton frère! J'ai rarement vu quelqu'un d'aussi énervant!

plaisir

(3) **ne pas bouder son plaisir** (ne pas se priver de se réjouir de quelque chose, même si tout n'est pas positif) ▸ sich nicht die Freude verderben lassen | **bouder** = schmollen

On a gagné avec beaucoup de peine, mais *on ne va pas bouder notre plaisir.*

plan (siehe auch plans)

(1) **laisser en plan** (abandonner) ▸ im Stich lassen

☞ Zuerst sagte man *laisser en plant* (Pflanze) und meinte damit eine einmal eingepflanzte Pflanze einfach stehen lassen.

Quand la police est arrivée, il s'est sauvé en courant et *nous a laissés en plan.*

planche

(2) **une planche de salut** (un dernier espoir dans une situation désespérée) ▸ ein Rettungsanker | **la planche** = das Brett, an dem sich ein Ertrinkender klammert

L'aide européenne a été *la planche de salut* pour notre entreprise.

plancher

(1) **débarrasser le plancher** (partir après avoir été chassé de quelque part) ▸ Leine ziehen

☞ Wörtlich: Den Fußboden räumen

Il est enfin parti? Eh bien, je suis content qu'*il ait débarrassé le plancher!*

Siehe auch **plier bagage, se faire la belle, mettre les bouts, prendre ses cliques et ses claques, jouer la fille de l'air, prendre ses jambes à son cou, prendre le large, se faire la malle, se faire la paire, prendre la poudre d'escampette, partir sans demander son reste, tirer sa révérence, partir sans tambour ni trompette, prendre la tangente, mettre les voiles.**

(3) **le plancher des vaches** (la terre ferme) ▸ der feste Boden, das Festland

Après trois semaines en mer, nous étions contents de retrouver *le plancher des vaches.*

P

plans (siehe auch plan)

(3) **tirer des plans sur la comète** (faire des projets sur des hypothèses peu probables) ▸ Luftschlösser bauen

☞ Früher dachte man, dass man die Bahn eines Kometen nicht genau berechnen konnte.

Tenons-nous en aux faits! Il ne sert à rien de *tirer des plans sur la comète*!

plaque

(1) **être à côté de la plaque** (se tromper) ▸ auf dem Holzweg sein, falsch liegen

☞ Diese Redewendung ist wahrscheinlich auf eine ältere Bedeutung von *plaque*, nämlich ‚Zielscheibe', zurückzuführen. Wenn man daneben geschossen hatte, war man *à côté de la plaque.*

Si tu crois vraiment ce que tu dis, *tu es à côté de la plaque.*

Siehe auch **avoir la berlue, se monter le bourrichon, être loin du compte, se mettre le doigt dans l'œil, se tromper dans les grandes largeurs, faire fausse route.**

plat (siehe auch plats)

(2) **en faire tout un plat** (donner une importance exagérée à quelque chose) ▸ viel Aufhebens von etwas machen

☞ Der Gedanke ist, dass man aus verschiedenen Zutaten ein ganzes Essen macht.

Je sais que le nouvel employé ne remplit pas toutes les exigences, mais *n'en fais pas tout un plat*!

Siehe auch **en faire tout un fromage, en faire des tonnes.**

(2) **(re)mettre quelque chose à plat** (en reconsidérer un à un tous les éléments) ▸ etwas neu aufrollen

☞ Wörtlich: Flachlegen, sodass man alles besser sieht.

Le nouveau directeur veut tout *remettre à plat* et tout recommencer à zéro.

(2) **faire du plat à quelqu'un** (1. flatter quelqu'un, 2. le draguer) ▸ jdm schmeicheln, 2. plumpe Annäherungsversuche machen

☞ *le plat / la platine* bedeutete früher auch die ‚Zunge'. *Avoir une fière platine* bedeutete im 19. Jh. ‚noch gut reden/lügen können'.

P

1. Depuis que j'ai été nommé directeur, tout le monde commence à *me faire du plat.*

2. Chaque fois qu'il voit ma femme, il essaye de lui *faire du plat.*

Siehe auch (zu 1.) **pommade, pompes;** (zu 2.) **faire du charme à quelqu'un, conter fleurette à quelqu'un, faire du genou à quelqu'un, faire du gringue à quelqu'un, jeux de mains, jeux de vilains, avoir la main baladeuse, faire de l'œil à quelqu'un, faire du pied à quelqu'un, avoir une touche.**

(2) **tomber à plat** (être en échec) ▸ nicht ankommen

☞ Man denke an *flach*fallen

Comme personne n'avait envie de rire, sa blague *est tombée à plat.*

plates-bandes

(2) **marcher / venir sur les plates-bandes de quelqu'un** (empiéter sur son terrain) ▸ jdm ins Gehege kommen | **les plates-bandes** = die Beete

Je veux bien être tolérant, mais s'*il vient sur mes plates-bandes*, il m'entendra.

plâtres

(2) **essuyer les plâtres** (subir les désagréments d'une situation nouvelle où tout n'est pas encore rodé) ▸ eine Sache ausbaden müssen, als erster die Unannehmlichkeiten einer neuen Situation erfahren | **plâtre** = Gips

☞ Wörtlich: Sich an dem noch nassen Verputz schmutzig machen.

Les premiers qui ont acheté Vista ont dû *essuyer les plâtres.*

plats (siehe auch plat)

(2) **mettre les petits plats dans les grands** (1. préparer un repas très soigné, 2. faire des frais pour plaire) ▸ 1. ein Festessen zubereiten, 2. sich in Unkosten stürzen, um zu gefallen

☞ *les petits plats* sind die kleinen Leckerbissen, die in kleinen Schüsseln gereicht werden. *Les grands plats* sind die kostbaren Schüsseln. Diese Redewendung bedeutet also wörtlich ‚Leckerbissen in großen Mengen zubereiten'.

1. Quand la famille vient à Noël, ma femme *met les petits plats dans les grands.*

2. Demain soir, mon chef vient dîner chez nous. Il faudra *mettre les petits plats dans les grands.*

plein

(2) **battre son plein** (être au moment où il y a le plus d'animation) ▸ in vollem Gange sein

☞ Ursprünglich bezog sich diese Redewendung auf einen Wellenkamm, der seinen höchsten Punkt erreicht hat.

Lorsque nous sommes arrivés, la fête *battait* déjà *son plein.*

pli

(1) **ne pas faire un pli** (ne faire aucun doute) ▸ todsicher sein

☞ Ein perfekt geschnittenes Gewand durfte keine unnötigen Falten werfen.

Il ne fait pas un pli que c'est l'homme qu'il nous faut pour le nouveau job.

(2) **prendre un mauvais pli** (prendre de mauvaises habitudes) ▸ eine schlechte Gewohnheit annehmen | **un mauvais pli** = eine schlechte Falte

Ton frère *a pris un mauvais pli*: il arrive de plus en plus tard au travail.

plié

(1) **être plié en deux / en quatre** (se tordre de rire) ▸ sich vor Lachen biegen

On était *plié en deux*, tellement sa blague était savoureuse.

Siehe auch **se fendre la pipe, se fendre la poire.**

P

plomb

(1) **péter un plomb** (craquer, commettre subitement des actes incompréhensibles) ▸ durchdrehen | **le plomb** = (hier:) die Sicherung, die durchbrennt

Lorsqu'on lui annonça que son fils avait démoli sa belle voiture, le père *péta un plomb.*

Siehe auch **péter un câble, péter une durite.**

(2) **avoir du plomb dans l'aile** (être atteint dans sa santé, sa réputation ...) ▸ schwer angeschlagen sein | **un plomb** = ein Schrotkügelchen

☞ Im eigentlichen Sinn bezieht sich diese Redewendung also auf einen angeschossenen Vogel.

Le plan d'investissement de notre banque *a du plomb dans l'aile.*

(3) **les années de plomb** (les années 1970–1980, caractérisées par le terrorisme en Allemagne et en Italie) ▸ bedrückende, vom Terrorismus geplagte Jahre in Deutschland und in Italien
☞ Wörtlich: Die bleiernen Jahre.
Beaucoup d'Italiens n'ont pas encore oublié *les années de plomb.*

pluie

(1) **faire la pluie et le beau temps** (avoir tous les pouvoirs, décider de tout) ▸ das Sagen haben
☞ Wer, im übertragenen Sinn, über schönes oder schlechtes Wetter entscheiden kann, wie die Götter in der Antike, ist tatsächlich allmächtig
En France, ce n'est pas le premier ministre mais le président qui *fait la pluie et le beau temps.*

plumes

(2) **voler dans les plumes de quelqu'un** (l'attaquer ou le critiquer) ▸ auf jdn losgehen
☞ Wie zwei Hühner, die sich in die Federn fliegen.
À peine avait-il terminé son discours, que l'assemblée *lui vola dans les plumes.*

Siehe auch **crier haro sur le baudet, tirer à boulets rouges sur quelqu'un, remonter les bretelles à quelqu'un, sonner les cloches à quelqu'un, river son clou à quelqu'un, rentrer dans le lard de quelqu'un, moucher quelqu'un, frotter les oreilles à quelqu'un, secouer les puces à quelqu'un, passer un savon à quelqu'un, dire ses quatre vérités à quelqu'un, donner une volée de bois vert à quelqu'un.**

P

poche

(1) **c'est dans la poche** (la réussite est assurée) ▸ das ist unter Dach und Fach
La phase 1 de notre plan *est dans la poche.*

Siehe auch **le tour est joué, et voilà le travail.**

(2) **en être / y aller de sa poche** (devoir payer quelque chose de sa propre poche, alors que normalement on n'aurait pas dû payer) ▸ für etwas blechen müssen
Comme le subside alloué n'était pas suffisant, j'ai dû *y aller de ma propre poche.*

pochette surprise

(3) **trouver quelque chose dans une pochette surprise** (ne pas avoir mérité ce qu'on reçoit) ▸ etwas in einer Wundertüte finden

En Belgique, les médecins *trouvent* à la fin de leurs études, le titre de docteur *dans une pochette surprise*, ç.à.d. sans avoir fait de thèse.

poids

(1) **ne pas faire le poids** (ne pas avoir les qualités requises) ▸ nicht das nötige Format haben

☞ Könnte aus dem Boxsport kommen (nicht in der richtigen Gewichtsklasse boxen) oder sich auf untergewichtiges Brot beziehen, für das es früher empfindliche Strafen gab.

Ne te mesure pas à cet homme, *tu ne fais pas le poids*!

(2) **avoir deux poids, deux mesures** (juger quelque chose différemment suivant la personne ou les circonstances) ▸ mit zweierlei Maß messen

☞ Im Französischen kommen noch zwei verschiedene Gewichte dazu.

La justice ne peut pas se permettre d'*avoir deux poids, deux mesures.*

poil

(1) **au poil!** (très bien!) ▸ super, prima, toll!

☞ Vielleicht aus *avoir le poil à quelqu'un*, das früher ‚übertreffen' bedeutete; vielleicht aber auch aus der Maltechnik, in der es galt, etwas haarfein zu malen.

Dans cet hôtel, tout était *au poil.*

(1) **être de bon / de mauvais poil** (être de bonne / de mauvaise humeur) ▸ gut/schlecht gelaunt sein

☞ Vielleicht denkt man hier an die Haare, die sich sträuben, wenn einem etwas Unangenehmes passiert.

Je vois que le directeur *est* de nouveau *de mauvais poil* ce matin.

Siehe auch **être bien / mal luné.**

(1) **avoir un poil dans la main** (être très paresseux) ▸ stinkfaul sein

☞ Jd ist so faul, dass ihm ein Haar auf der ungebrauchten Handfläche wachsen kann.

Ce n'est pas *un poil* qu'il a *dans la main*, c'est un baobab!

Siehe auch **peigner la girafe, enfiler des perles, se les rouler.**

P

(2) **de tout poil** (de toute espèce) ▸ aller Art
☞ Man denkt an verschiedentlich behaarte Tiere.
Il y avait à cette réunion des extrémistes *de tout poil.*

(2) **reprendre du poil de la b**ête (1. reprendre des forces, du courage, 2. reprendre l'avantage) ▸ 1. wieder zu Kräften kommen; wieder Mut schöpfen, 2. sich wieder fangen
☞ Früher glaubte man, dass die Haare des Tieres, das jdn gebissen hatte, die Wunde heilen konnte.
1. Tu dois absolument te reposer et *reprendre du poil de la bête*!

2. La croissance économique européenne commence à *reprendre du poil de la bête.*

(2) **caresser quelqu'un dans le sens du poil** (le flatter) ▸ jdm schmeicheln
☞ Wörtlich: Jdn streicheln in der Richtung, in der die Haare liegen.
Si tu veux obtenir quelque chose de lui, tu dois *le caresser dans le sens du poil.*

Siehe auch **faire du plat à quelqu'un, passer de la pommade à quelqu'un, cirer les pompes de quelqu'un.**

point (siehe auch points)

(1) **être mal en point** (être en mauvaise santé, ne pas se sentir bien) ▸ in schlechter körperlicher Verfassung sein
☞ Im 12. Jh. bedeutete *em boen poent* ‚in guter Verfassung'. Daher das spätere *embonpoint* (Leibesfülle).
Je devais partir en croisière avec mes amis, mais *j'étais* trop *mal en point.*

Siehe auch **battre de l'aile, être dans la merde / la mouise / la panade / le pétrin / la purée.**

(1) **tomber à point (nommé)** (arriver, venir au bon moment) ▸ wie gerufen kommen
☞ Früher meinte man damit à *l'endroit désigné.* Die räumliche Bedeutung wandelte sich dann in eine zeitliche.
Tu es *tombé à point nommé*, j'allais justement te téléphoner.

Siehe auch **tomber bien / à pic / pile**

P

(1) **point barre!** (marque la fin définitive d'une discussion ou d'une décision) ▸ basta, Punktum, Punkt, Schluss!

☞ Früher sagte man *point à la ligne* (neuer Absatz). Für *barre* gibt es zwei mögliche Erklärungen: 1. Die Leertaste (*barre d'espacement*) nach einem Punkt, 2. Der Schrägstrich am Ende einer Telexmeldung.

Nous ferons ce que j'ai dit, *point barre*!

(1) **faire le point** (faire un bilan) ▸ Bilanz ziehen, eine Bestandsaufnahme machen

☞ Gemeint ist: Die Position eines Schiffes auf einer Karte bestimmen.

Réunion à 10 h. Nous avons besoin de *faire le point*!

point d'honneur

(2) **mettre un point d'honneur à faire quelque chose** (faire de quelque chose une question d'honneur) ▸ es als eine Ehrensache betrachten, etwas zu tun

Je mets un point d'honneur à toujours tenir mes promesses.

pointe

(1) **pousser une pointe jusque ...** (poursuivre sa route jusque ...) ▸ einen Abstecher nach ... machen.

Si on a le temps, *on poussera une pointe jusqu'à* Paris.

points (siehe auch point)

(3) **compter les points** (assister à quelque chose en tant que spectateur sans intervenir) ▸ sich mit der Rolle des Zuschauers begnügen

☞ Wörtlich: Die Punkte zählen, ohne mitzuspielen, um daraus Vorteil zu ziehen.

Le monde est aux prises avec l'Iran et la Chine *compte les points.*

poire

(1) **ça va encore être pour ma poire!** (c'est encore moi qui devrai le faire / payer!) ▸ ich werde wohl wieder dran glauben müssen! | **la poire** = (hier:) das Gesicht, der Kopf

Aucun de vous n'a de l'argent? Alors, *ce sera* de nouveau *pour ma poire*!

Siehe auch **porter le chapeau, ça va encore être pour ma pomme.**

P

(1) **être une bonne poire** (être trop bon) ▸ eine gutmütige Seele sein
☞ *poire* steht hier wieder für den Kopf und daher für den ganzen Menschen.

C'est bon, je vais payer pour vous. Vous avez de la chance que je sois *une bonne poire*!

(1) **couper la poire en deux** (faire un compromis) ▸ halbe-halbe machen
☞ Gemeint ist, dass jeder die Hälfte der Birne bekommen soll.

Coupons la poire en deux et payons chacun la moitié de l'addition!

(2) **garder une poire pour la soif** (économiser, garder quelque chose pour plus tard) ▸ eine eiserne Reserve haben
☞ Wörtlich: Sich eine (saftige) Birne für den Durst aufheben.

On ne peut pas se permettre de dépenser le tout, il faut *garder une poire pour la soif.*

(3) **se fendre la poire** (rire aux éclats) ▸ laut lachen | **la poire** = (hier:) der Kopf
☞ *se fendre* (sich spalten) bezieht sich auf die beim Lachen geöffneten Lippen.

Je suis tombé dans l'escalier et alors que j'avais très mal, tout le monde était là à *se fendre la poire.*

Siehe auch **se fendre la pipe, plié en deux.**

P

(3) **entre la poire et le fromage** (à la fin du repas ou à un moment perdu) ▸ zwischendurch
☞ Früher aß man den Käse erst nach den Früchten.

Entre la poire et le fromage, il me dit subitement qu'il n'allait plus participer à notre projet.

poisse

(2) **avoir la poisse** (être malchanceux de façon durable) ▸ fortwährend Pech haben
☞ *poisse* ist verwandt mit *poix* (Pech), das an den Händen klebt und das man nicht mehr leicht loswird. Im Deutschen hat sich das gleiche Bild entwickelt.

Comment se fait-il que c'est toujours moi qui *ai la poisse*?

Siehe auch **être dans la merde / la mouise / la panade / le pétrin / la purée.**

poisson

(2) **noyer le poisson** (embrouiller une question pour ne pas devoir répondre franchement) ▸ ausweichen
☞ Ein Angler lässt den Fisch an der Leine abwechselnd den Kopf aus dem Wasser und dann wieder ins Wasser stecken, um ihn zu erschöpfen. Das sieht aus, als wolle er den Fisch ertränken.
Tu n'obtiendras jamais une réponse claire de sa part. Il a l'art de *noyer le poisson.*

Siehe auch **une réponse de Normand, botter en touche.**

poivre

(3) **avoir les cheveux poivre et sel** (avoir les cheveux grisonnants) ▸ grau meliert sein | **poivre** = Pfeffer | **sel** = Salz
Il avait les cheveux poivre et sel et pourtant il n'avait que trente ans.

polichinelle

(2) **un secret de Polichinelle** (un prétendu secret mais qui en réalité est connu de tous) ▸ ein offenes Geheimnis
☞ Die Spatzen pfeifen es von den Dächern; die Marionette *Polichinelle* (aus *Pulcinella* der *Commedia dell'arte*) redet viel und verrät alle Geheimnisse.
La fille cachée du président Mitterand était *un secret de Polichinelle.*

(3) **avoir un polichinelle dans le tiroir** (être enceinte) ▸ einen Braten in der Röhre haben
☞ *polichinelle*, aus *pulcinella* (siehe oben) wurde hier mit *pulcina* (Küken) verwechselt. Gemeint ist also ein Küken oder ein Junges in der Schublade (im Bauch) haben.
Je ne suis pas sûr, mais je crois qu'*elle a un polichinelle dans le tiroir.*

P

politesse

(3) **brûler la politesse à quelqu'un** (partir sans dire ‘au revoir') ▸ sich auf Französisch empfehlen
☞ Warum es *brûler* (brennen) ist, ist nicht geklärt.
Ce professeur a comme habitude de *brûler la politesse* à ses élèves.

Siehe auch **filer à l'anglaise, fausser compagnie à quelqu'un, déménager à la cloche de bois, partir sans demander son reste, partir sans tambour ni trompette.**

politique

(3) **c'est de bonne politique** (c'est ce qu'il fallait faire; tout le monde ferait ça dans ces conditions) ▸ das ist / war taktisch klug, legitim
L'opposition a critiqué sévèrement les plans du gouvernement, *c'est de bonne politique.*

Siehe auch **c'est de bonne guerre.**

pommade

(3) **passer de la pommade à quelqu'un** (le flatter) ▸ jdm schmeicheln
J'ai essayé de lui *passer de la pommade* pour obtenir ma promotion, mais cela n'a servi à rien.

Siehe auch **caresser quelqu'un dans le sens du poil, faire du plat à quelqu'un, cirer les pompes de quelqu'un.**

pomme(s)

(1) **ça va encore être pour ma pomme!** (ça va encore être pour moi!) ▸ ich werde wohl wieder dran glauben müssen! | **la pomme** (der Apfel) = (hier:) Kopf
Travailler le jour de Noël, *ça va encore être pour ma pomme!*

Siehe auch **porter le chapeau, ça va encore être pour ma poire.**

(3) **croquer la pomme (faire l'amour)** ▸ eine Nummer / ein Nümmerchen machen
☞ Man denkt hier an den Apfel, in den Eva im Paradies gebissen hat.
Je n'avais pas compris qu'elle voulait *croquer la pomme* avec moi.

Siehe auch **s'envoyer en l'air, être porté sur la chose, remettre le couvert, tirer un coup, avoir le feu au cul, une partie de jambes en l'air, une partie carrée, prendre son pied.**

P

(1) **tomber dans les pommes** (s'évanouir) ▸ ohnmächtig werden, umkippen
☞ Warum es gerade Äpfel sind, ist nicht ganz geklärt. Einige glauben jedoch, dass diese Redewendung der Schriftstellerin Georges Sand zu danken ist, die schrieb, *je suis dans les pommes cuites* (ich fühle mich wie in gebackenen Äpfeln), wenn sie sagen wollte, dass sie sehr müde und kraftlos war. *Être cuit* bedeutet übrigens ‚am Ende sein'.
Je me sentais tellement mal, que je pensais *tomber dans les pommes.*

Siehe auch **tourner de l'œil.**

pompe(s)

(2) **en grande pompe** (en grande cérémonie) ▸ mit großem Prunk
Le mariage princier a eu lieu *en grande pompe.*

(1) **marcher / être à côté de ses pompes** (ne pas être dans son état normal) ▸ völlig daneben sein
☞ *les pompes* ist Argot für die Schuhe. Wörtlich bedeutet diese Redewendung also ‚neben seinen Schuhen laufen'.
Il n' a pas seulement l'air bizarre, mais *il marche* aussi *à côté de ses pompes.*

(2) **cirer les pompes à quelqu'un** (le flatter) ▸ jdm schmeicheln
☞ Wörtlich: Jdm die Schuhe wichsen.
Le recteur n'aime pas que les professeurs viennent lui *cirer les pompes.*

Siehe auch **caresser quelqu'un dans le sens du poil, faire du plat à quelqu'un, passer de la pommade à quelqu'un.**

pont (siehe auch ponts)

(1) **faire le pont** (ne pas travailler un jour entre deux jours fériés) ▸ ein verlängertes Wochenende haben, an einem Werktag zwischen zwei Feiertagen nicht arbeiten
☞ Wörtlich: Die Brücke machen.
Comme mercredi et vendredi sont des jours de congé, *on fera le pont* jeudi.

(2) **être sur le pont** (être à son poste) ▸ auf seinem Posten sein
☞ Mit *le pont* ist die Brücke des Schiffes gemeint.
Chaque fois que la situation l'exigeait, *j'étais sur le pont.*

Pontoise

(3) **avoir l'air de revenir de Pontoise** (avoir l'air perdu, ne pas saisir ce qui se passe) ▸ blöd aus der Wäsche gucken
☞ Die Etymologie ist nicht ganz geklärt. Es könnte sich um ein Wortspiel mit *pantois* (verdutzt, verblüfft) handeln. *Pontoise* ist eine kleine Stadt nördlich von Paris; also von Paris aus gesehen die Provinz und Provinzler gelten ja nicht gerade als aufgeweckt.
Il ne comprenait manifestement pas ce que je disais et *avait l'air de revenir de Pontoise.*

ponts (siehe auch **pont**)

(1) **couper les ponts avec quelqu'un** (interrompre toute relation avec lui) ▸ mit jdm brechen

☞ Die Bildsprache ist hier deutlich. Im Deutschen gibt es eine ähnliche Redewendung: „Alle Brücken hinter sich abbrechen", die aber dem französischen *brûler ses vaisseaux* (seine Schiffe verbrennen) entspricht.

Je me suis rendu compte que Robert n'était pas un véritable ami et donc, *j'ai coupé les ponts avec lui.*

porte(s)

(2) **se ménager une porte de sortie** (se réserver un moyen d'échapper à une situation difficile) ▸ (sich) eine Hintertür offenhalten

Pour le délai de publication de son rapport, le ministre est en train de *se ménager une porte de sortie.*

(3) **trouver porte de bois** (trouver porte close) ▸ vor verschlossener Tür stehen

On a sonné plusieurs fois, mais *on a trouvé porte de bois.*

(2) **entre deux portes** (très rapidement, sans accorder beaucoup d'attention) ▸ zwischen Tür und Angel

Entre deux portes, il m'a dit qu'il ne pouvait pas m'aider.

P

portillon

(3) **cela / on se bouscule au portillon** (il arrive un grand nombre de gens en désordre) ▸ es herrscht großer Andrang | **le portillon** = ein Türchen oder eine Bahnsteigsperre

Lorsqu'il s'agit de trouver des volontaires, je vois qu'*on ne se bouscule pas au portillon.*

portion

(3) **la portion congrue** (une quantité insuffisante) ▸ der kleinstmögliche Teil, das strikte Minimum

☞ Früher musste man der Kirche ein Zehntel (das Zehnt) seines Einkommens abtragen. Davon gaben die Kirchenfürsten dem niederen Klerus nur einen kleinen Teil: *la portion congrue*. Das lateinische *congruus* bedeutete ‚noch genügend', weil man sich darauf geeinigt hatte. Was dem Bischof als genügend erschien, empfand der Priester jedoch als ungenügend.

Avec un président omniprésent, la mission du ministre des affaires étrangères a été réduite à *la portion congrue.*

portrait

(3) **abîmer le portrait de quelqu'un** (lui casser la figure) ▸ jdm die Visage polieren | **abîmer** = beschädigen

S'il ose encore m'accuser de vol, je vais *lui abîmer le portrait!*

Siehe auch **numérote tes abattis.**

portugaises

(3) **avoir les portugaises ensablées** (entendre mal, être dur d'oreille) ▸ Dreck in den Ohren haben

☞ Mit *les portugaises* sind hier portugiesische Austern gemeint, die eine gewisse Ähnlichkeit mit der Form eines Ohrs haben.

Tu as les portugaises ensablées et il serait temps d'acheter une aide auditive!

pot(s)

(1) **tourner autour du pot** (user de détours inutiles) ▸ um den heißen Brei herumreden

☞ *le pot* ist der Topf mit Essen, um den jd herumschleicht, um sich etwas zu holen, das ihm nicht zusteht. Aus dem zögerlichen Herumschleichen hat sich dann der Gedanke an ‚etwas zögerlich sagen' entwickelt.

Je dis les choses telles qu'elles sont, je n'aime pas *tourner autour du pot.*

Siehe auch **la langue de bois.**

(1) **c'est un pot de colle** (c'est quelqu'un dont on ne peut pas se débarrasser facilement) ▸ das ist eine Klette | **la colle** = der Klebstoff

Je ne veux plus voir ton frère, c'est *un* véritable *pot de colle.*

(1) **plein pot** (à toute vitesse) ▸ mit Karacho

☞ *pot* steht für *pot d'échappement* (Auspuff).

Le peloton est parti *plein pot.*

Siehe auch **sur les chapeaux de roues, dare-dare, rouler à fond de caisse, pied au plancher, en deux temps, trois mouvements, à tombeau ouvert, pleins tubes, en quatrième vitesse.**

P

(1) **avoir du pot** (siehe **avoir du bol**) ▸ Schwein haben
☞ Im Argot bedeutet *pot* (das auch noch in *popotin* ‚Hintern' vorkommt) *cul* (Arsch).

J'ai roulé trop vite. Heureusement que la police au carrefour ne m'a pas vu, *j'ai eu du pot*!

Siehe auch **avoir du bol, avoir une chance de cocu / de pendu, il ne s'emmerde pas, avoir une veine de cocu, avoir le vent en poupe, être verni.**

(3) **découvrir le pot aux roses** (découvrir un secret bien gardé) ▸ ein Geheimnis entdecken; hinter die Schliche kommen
☞ Die Herkunft dieser Redewendung ist nicht ganz geklärt: Einige glauben, es handele sich um ein Gefäß, in dem adlige Damen neben Schminke (mit Rosenduft) auch geheime Liebesbriefe aufbewahrten. *Découvrir* bedeutete früher wörtlich auch *ouvrir le couvercle*, also ‚öffnen'.

Le président croyait que le secret de sa fille cachée était bien gardé, mais la presse a *découvert le pot aux roses.*

(3) **c'est le pot de terre contre le pot de fer** (c'est le faible contre le fort) ▸ das ist David gegen Goliath
☞ Aus der gleichnamigen Fabel von La Fontaine.

Tu veux t'attaquer à un ministre? Ce sera *le pot de terre contre le pot de fer!*

P

(1) **payer les pots cassés** (payer pour le dommage causé) ▸ die Suppe auslöffeln müssen

Pourquoi c'est toujours moi qui dois *payer les pots cassés* pour les autres?

poteau

(2) **être coiffé au / sur le poteau** (être battu de justesse) ▸ ganz knapp besiegt werden
☞ Hier bedeutet *coiffer* ‚jdn um eine Kopflänge besiegen'. *Le poteau* ist der Pfahl, der beim Pferderennen das Ziel markierte.

Pendant 200 km j'ai roulé en tête du peloton, mais *j'ai été coiffé au poteau* par mon plus grand rival.

Siehe auch **prendre quelqu'un de vitesse.**

potron-minet

(3) **dès potron-minet** (dès l'aube) ▸ in aller Frühe

☞ Ursprünglich lautete diese Redewendung *dès potron-jacquet*, in der *jacquet* das Eichhörnchen war und *potron* auf das lateinische *posterio* zurückgeht. Wörtlich also: Frühmorgens, nachdem das Eichhörnchen sein Nest verlassen hat. Als man *jacquet* (jetzt écureuil) nicht mehr verstand, hat man es durch *minet* (Kosewort für Katze) ersetzt.

Pour être sûr d'arriver sur l'autoroute avant les bouchons, nous partirons *dès potron-minet.*

pouce(s)

(1) **manger quelque chose sur le pouce** (manger quelque chose en hâte, sans s'asseoir) ▸ etwas im Stehen essen | **le pouce** = der Daumen

On n'a pas le temps d'aller au restaurant, on va donc, pour une fois, *manger sur le pouce.*

* *se* **tourner les pouces** ▸ Däum*chen* drehen

(1) **mettre les pouces** (cesser de résister, s'avouer vaincu) ▸ sich geschlagen geben

☞ Der Ursprung dieser Redewendung ist umstritten: Einige glauben, sie bedeute die Daumen, die keine Waffe mehr halten, in die Hand zurücklegen. Andere denken an *poucettes*, die Daumenschrauben, die man Gefangenen anlegte, damit sie sich nicht mehr wehren konnten, oder um sie zu foltern.

Quand la police est arrivée, *on a mis les pouces.*

poudre

(3) **jeter de la poudre aux yeux de quelqu'un** (chercher à faire illusion) ▸ jdm Sand in die Augen streuen

☞ *la poudre* ist hier der Staub, den ein Läufer oder ein Pferd aufwirbelt und dem folgenden Läufer oder Pferd in die Augen fliegt und ihn so daran hindert, zu gewinnen.

Vous ne voyez pas que le gouvernement veut nous *jeter de la poudre aux yeux?*

Siehe auch **mener quelqu'un en bateau, monter un bateau à quelqu'un, rouler quelqu'un dans la farine, se payer la tête de quelqu'un, jouer un tour à quelqu'un, faire prendre à quelqu'un des vessies pour des lanternes.**

P

(3) **prendre la poudre d'escampette** (s'enfuir) ▸ sich aus dem Staub machen

☞ *escampette*, das nur noch in dieser Redewendung vorkommt, ist die Diminutivform von *escampe*, das Flucht bedeutete. *La poudre* ist nicht das Pulver, sondern der Staub, den man bei der Flucht aufwirbelt.

Quand le cambrioleur vit que le propriétaire de la maison était armé, *il prit la poudre d'escampette.*

Siehe auch **se faire la belle, mettre les bouts, prendre ses cliques et ses claques, jouer la fille de l'air, prendre ses jambes à son cou, prendre le large, se faire la malle, se faire la paire, débarrasser le plancher, partir sans demander son reste, partir sans tambour ni trompette, prendre la tangente, mettre les voiles.**

(3) **de la poudre de perlimpinpin** (un remède soi-disant miraculeux mais totalement inefficace) ▸ ein Wunderpülverchen

☞ Die Herkunft von *perlimpinpin* ist nicht geklärt.

La plupart des scientifiques pensent que l'homéopathie, c'est *de la poudre de perlimpinpin.*

poule(s)

(1) **une poule mouillée** (quelqu'un de peureux) ▸ ein Angsthase

☞ Das Huhn gilt als ein ängstliches Tier; wenn es auch noch nass ist, sieht es noch armseliger aus.

Il ne faut pas attendre un acte de courage de cet homme, c'est *une poule mouillée.*

(1) **quand les poules auront des dents** (jamais) ▸ wenn Ostern und Pfingsten auf einen Tag fallen

Crois-tu qu'il va te rembourser un jour? – Oui, *quand les poules auront des dents*!

Siehe auch **à Pâques ou à la Trinité, à la saint-glinglin, la semaine des quatre jeudis.**

poussière(s)

(2) **mordre la poussière** (être vaincu) ▸ auf die Nase fallen; besiegt werden

☞ Wer im Kampf besiegt wurde, fiel in den Staub.

Aux prochaines élections, on va *mordre la poussière.*

(1) **... et des poussières** (... et un peu plus) ▸ ... und ein paar Zerquetschte.
Le trajet m'a coûté cent euros *et des poussières.*

poux

(2) **chercher des poux à quelqu'un** (lui chercher querelle à propos de rien) ▸ wegen Kleinigkeiten Streit mit jdm suchen | **le pou** = die Laus
Je n'aime pas cet homme! Il y a déjà longtemps qu'*il me cherche des poux.*

pré carré

(3) **défendre son pré carré** (défendre son domaine, son territoire, ses prérogatives) ▸ seine Interessen verteidigen
☞ Wörtlich: Sein Stück Wiese verteidigen; mit *pré carré* meinte Vauban, der im 17. Jh. die Grenzen Frankreichs verstärkt und begradigt hat, ganz Frankreich. Heute bedeutet es das Interessengebiet eines Einzelnen oder einer Gruppe.

Les affaires étrangères sont *le pré carré* du président de la république.

première

(1) **ça va faire la première** (ça va être publié à la première page des journaux) ▸ das wird Schlagzeilen machen
Ce nouveau scandale financier va *faire la première* de tous les journaux.

Siehe auch **occuper le devant de la scène, ça va faire la une.**

P

prendre

(1) **qu'est ce qui te prend?** (qu'as-tu subitement d'agir de la sorte?) ▸ was ist in dich gefahren?
Qu'est ce qui te prend d'être si subitement de mauvaise humeur?

(1) **ça ne prend pas!** (je ne te crois pas) ▸ darauf fall ich nicht rein!
Me faire croire que tu seras ministre, *ça ne prend pas!*

Siehe auch **allons donc, mon œil**

(2) **à tout prendre** (si on tient compte de tout) ▸ alles in allem
À tout prendre, je préfère encore ne pas participer au projet.

Siehe auch **tout compte fait, l'un dans l'autre.**

preuves

(1) **faire ses preuves** (montrer ses capacités) ▸ sich bewähren

Vous pouvez engager cet ingénieur, *il a* déjà *fait ses preuves.*

prince

(2) **être bon prince** (se montrer accomodant) ▸ großmütig, tolerant sein

Je vais *être bon prince* et te pardonner pour cette fois.

prise(s)

(1) **avoir une prise de bec avec quelqu'un** (avoir une dispute avec lui) ▸ einen Wortwechsel mit jdm haben

☞ Wörtlich: Ein Schnabelgefecht.

Hier, *j'ai eu une prise de bec* avec le directeur à propos des heures supplémentaires.

Siehe auch **se crêper le chignon, se bouffer le nez.**

(2) **lâcher prise** (1. cesser de serrer ce que l'on a en main, 2. abandonner un projet) ▸ 1. loslassen, 2. aufgeben

1. Je tenais l'alpiniste fermement par la main, mais subitement, j'ai dû *lâcher prise* et il est tombé.

2. Comme notre projet n'a plus aucune chance d'aboutir, il faudra bien *lâcher prise.*

P

(2) **se trouver aux prises avec quelque chose** (lutter contre quelque chose) ▸ sich mit etwas herumschlagen, mit etwas ringen

Les banques *se sont trouvées aux prises avec* la pire crise financière de ces dernières années.

prix

(2) **mettre la tête de quelqu'un à prix** (promettre une somme d'argent à celui qui le capture) ▸ einen Preis auf jdn aussetzen

La tête des caricaturistes danois *a été mise à prix* par les djihadistes.

procès

(2) **sans autre forme de procès** (sans respecter les formes) ▸ kurzerhand

Après avoir été pris la main dans le sac, le voleur a été licencié *sans autre forme de procès.*

profil

(2) **faire profil bas** (ne pas se faire remarquer) ▸ sich im Hintergrund halten

☞ Wörtlich: Ein kleines Profil zeigen, also das Gegenteil von ‚sich profilieren'.

Après l'échec qu'on a connu, on a intérêt à *faire profil bas.*

proie

(3) **lâcher la proie pour l'ombre** (abandonner un avantage réel pour un profit incertain) ▸ Schimären nachjagen

☞ Aus einer Fabel von La Fontaine, in der ein Hund das Stück Fleisch, das er im Maul hat, fallen lässt, weil dessen Spiegelbild im Wasser ihm größer erscheint.

Dans une carrière politique, il arrive parfois qu'*on lâche la proie pour l'ombre.*

promener

(1) **envoyer promener quelqu'un** (le renvoyer, ne pas vouloir le voir) ▸ jdn fortschicken

Quand il est venu me demander une promotion, *je l'ai envoyé promener.*

Siehe auch **envoyer balader quelqu'un, du balai, fiche / fous le camp, va te faire cuire un œuf, envoyer paître quelqu'un, rembarrer quelqu'un, envoyer valser quelqu'un, bon vent, va te faire voir, va voir ailleurs si j'y suis.**

P

propre

* *c'est du* **propre!** ▸ sauber!

☞ Eine Antiphrase.

Province

(3) **la Belle Province** (la province de Québec) ▸ die Provinz Québec

Les Québecois sont très fiers de leur *Belle Province.*

prune(s)

(3) **prendre une prune** (avoir / recevoir une contravention) ▸ einen Strafzettel bekommen

☞ Früher bedeutete *une prune* ‚ein Schlag'. Ein Strafzettel ist ja ein Schlag für die Brieftasche. Diesen Gedanken an einen Schlag findet man auch in einer anderen Bedeutung von *prune*, nämlich ,ein Geschoss' / ,eine Kugel'.

Dès que vous dépassez la vitesse maximale permise de 10 km, *vous prenez une prune.*

(1) **pour des prunes** (pour rien) ▸ für nichts und wieder nichts

☞ Früher galten Pflaumen als Früchte ohne viel Wert.

Donc, mon travail ne sert à rien et j'ai travaillé *pour des prunes?*

Siehe auch **travailler pour le roi de Prusse.**

puce(s)

(2) **mettre la puce à l'oreille de quelqu'un** (éveiller sa méfiance, ses soupçons) ▸ jdn hellhörig machen, jds Misstrauen erregen

☞ Diese Redewendung hat also nicht die gleiche Bedeutung wie ,jdm einen Floh ins Ohr setzen'. Früher sagte man *mettre la puche à l'oreille*, d. h., bei Verliebten ein Kribbeln im Ohr verursachen, wenn man an den Geliebten / die Geliebte denkt. Die Ohrmuschel steht hier im übertragenen Sinn für die Vagina, im Argot *la moule* (die Muschel). Dann wandelte sich die Bedeutung in ,unruhig werden'. Später kreuzte sich dies mit *mes oreilles me sifflent* (meine Ohren klingeln), wenn man glaubt, dass jd über einen redet.

Je ne savais pas que ma femme me trompait. Ce sont ses nombreux coups de fil qui m'ont *mis la puce à l'oreille.*

P

(2) **secouer les puces à quelqu'un** (le réprimander) ▸ jdm den Kopf waschen

☞ Wörtlich: Die Flöhe durcheinander schütteln.

Je crois qu'il est grand temps de *secouer les puces* à ce fainéant.

Siehe auch **crier haro sur le baudet, tirer à boulets rouges sur quelqu'un, remonter les bretelles à quelqu'un, sonner les cloches à quelqu'un, river son clou à quelqu'un, vouer aux gémonies, rentrer dans le lard de quelqu'un, moucher quelqu'un, frotter / tirer les oreilles à quelqu'un, remettre quelqu'un à sa place, voler dans les plumes de quelqu'un, passer un savon à quelqu'un, dire ses quatre vérités à quelqu'un, donner une volée de bois vert à quelqu'un.**

purée

(2) **être dans la purée** (être dans une situation difficile) ▸ im Schlamassel stecken

☞ Der den drei Redewendungen *être dans la mouise / la panade / la purée* gemeinschaftliche Gedanke ist, dass man aus etwas Dickflüssigem nicht mehr herauskommt.

Quand *on a été dans la purée*, il n'a rien fait pour nous en sortir.

Siehe auch **être aux abois, battre de l'aile, être au bout du rouleau, être dans la merde/mouise/panade, être patraque, être dans le pétrin, être mal en point, avoir la poisse, rester en rade.**

Q

quant-à-soi

(3) **rester sur son quant-à-soi** (avoir une attitude réservée) ▸ sich reserviert verhalten | **le quant-à-soi** = die Zurückhaltung

On a cru que le chef allait prendre notre parti, mais il a préféré *rester sur son quant-à-soi.*

quart

(1) **démarrer au quart de tour** (démarrer immédiatement) ▸ sofort starten

☞ Gemeint ist der Motor, der schon bei einer Vierteldrehung der Kurbel (als man den Motor noch ankurbeln musste) startet.

Depuis qu'on m'a changé l'huile de mon moteur, *il démarre au quart de tour.*

quart d'heure

(1) **passer un mauvais quart d'heure** (avoir des ennuis, être réprimandé) ▸ Ärger bekommen

Si je te revois ici, *tu vas passer un mauvais quart d'heure!*

Siehe auch **ça va être ta fête, recevoir un savon.**

(3) **le quart d'heure américain** (le moment où les femmes invitent les hommes à danser) ▸ die Damenwahl

☞ Gemeint ist die Viertelstunde an einem Tanzabend, in der die Damen die Herren zum Tanz auffordern. Diese Redewendung gibt es erst seit den 70er Jahren. Weshalb *américain* ist nicht bekannt. Übrigens sagt man in den USA *Sadie Hawkins dance*, nach einer Comicfigur.

Elle attendait avec impatience *le quart d'heure américain* pour qu'elle puisse enfin m'inviter à danser.

quartier

(3) **ne pas faire de quartier** (être impitoyable) ▸ kein Pardon kennen

☞ *quartier* bedeutete früher ein Ort, an dem die Gefangenen, die man am Leben lassen wollte, einquartiert wurden.

Dans les guerres primitives les armées *ne faisaient pas de quartier.*

quatre

(1) **un de ces qu**atre (un de ces jours, bientôt) ▸ demnächst

☞ Wahrscheinlich aus *un de ces quatre matins,* wobei es keine eindeutige Erklärung für *quatre* gibt. Diese Zahl kommt jedoch in einigen Redewendungen vor, in denen sie jedesmal eine kleine Menge bedeutet, z. B.: *ne pas y aller par quatre chemins, dire ses quatre vérités à quelqu'un* (siehe dort). Vielleicht ist vier eine magische Zahl, weil wir vier Glieder haben, es vier Jahreszeiten und vier Himmelsrichtungen gibt.

Q

Il est parti depuis plus de dix ans, mais je suis certain qu'*un de ces quatre* il sera de retour.

quenouille

(3) **tomber en quenouille** (être laissé à l'abandon) ▸ in Vergessenheit geraten; verfallen (Haus) | **la quenouille** = der Spinnrocken

☞ Ursprünglich bedeutete diese Redewendung, dass eine Erbschaft in die Hände einer Frau gefallen war. Dadurch, dachte man, verlor sie an Wert, denn die Frau, die sich ja um ihr Spinnrad kümmern musste, ließ den Besitz verwahrlosen.

La plupart des beaux châteaux *sont tombés en quenouille*

querelle

(3) **une querelle d'Allemand** (un différend sans motif) ▸ ein Streit ohne wahren Grund

☞ Schon im Mittelalter standen die Deutschen in dem Ruf, streitsüchtig zu sein. Wahrscheinlich ist diese Redewendung jedoch auf die ewigen Streitereien der vielen deutschen Kleinstaaten während der Zeit der Vielstaaterei zurückzuführen.

On n'a pas de vrai différend. Inutile donc, d'en faire *une querelle d'Allemand.*

queue(s)

* n'avoir ni *queue* ni *tête* ▸ weder *Hand* noch *Fuß* haben
☞ Wörtlich: Weder Schwanz noch Kopf haben.

(1) **faire une queue de poisson à quelqu'un** (se rabattre brusquement après l'avoir dépassé) ▸ jdn beim Überholen schneiden | **une queue de poisson** = ein Fischschwanz
☞ Das Bild spricht für sich.

Faire une queue de poisson sur l'autoroute est maintenant punissable d'une amende de 200 euros.

(1) **(avec) la queue entre les jambes** (être honteux après un échec) ▸ wie ein begossener Pudel
☞ Ursprünglich bezog sich diese Redewendung auf einen Hund, der mit eingezogenem Schwanz vor einem überlegenen Gegner flieht.

Après que je lui eus dit ce que je pensais de lui, il est parti, *la queue entre les jambes.*

(1) **à la queue leu leu** (l'un derrière l'autre) ▸ im Gänsemarsch
☞ Ursprünglich hieß es *à la queue du leu le leu. Le leu* ist *le loup* (der Wolf), also wörtlich: Hinter dem Schwanz des Wolfes (kommt) der (nächste) Wolf. Man glaubte nämlich, dass die Wölfe eines Rudels hintereinanderliefen.

Les soldats rentrèrent à la caserne *à la queue leu leu.*

Siehe auch **en file indienne, en rang d'oignons.**

(2) **finir en queue de poisson** (finir sans résultat) ▸ ausgehen wie das Hornberger Schießen
☞ Man denkt hier an eine Meeresjungfrau, die ja statt Beine einen Fischschwanz hat. Diese Redewendung kommt schon im 1. Jh. vor Christus in der *Ars Poetica* von Horatius vor.

Le grand projet du gouvernement *a fini en queue de poisson.*

Siehe auch **un pétard mouillé, tourner court.**

(2) **se disputer pour des queues de cerises** (se disputer pour des choses sans importance) ▸ sich wegen Kinkerlitzchen streiten
☞ *queues de cerises* sind Kirschenstängel, also etwas völlig Wertloses.
Est-ce que ça vaut la peine de *se disputer pour des queues de cerises*?

qui-vive

(2) **être sur le qui-vive** (se méfier) ▸ auf der Hut sein
☞ Das war der Ruf der Wache an jdn, der sich einer Festung näherte. Wörtlich: Wer soll hochleben? = Wer da?
Le propriétaire de la maison *était* toujours *sur le qui-vive*, par crainte des huissiers.

Siehe auch **faire gaffe, être sur ses gardes, jouer serré, veiller au grain.**

quia

(3) **être / rester à quia** (ne pas savoir quoi répondre) ▸ mit seinem Latein am Ende sein
☞ Aus dem lateinischen *quia* (weil). Man denkt also an eine Situation, in der jd antworten will, aber nicht weiter kommt als „Weil ..."
Après la troisième question du journaliste, le conférencier *resta à quia*.

Siehe auch **ne plus savoir à quel saint se vouer.**

Q

R

racler

(2) **racler les fonds de tiroir** (chercher le peu d'argent encore disponible) ▸ sein letztes Geld zusammenkratzen
☞ Wörtlich: Etwas aus den Ecken der Schublade herauskratzen.
J'ai beau *racler les fonds de tiroir*, on n'aura jamais assez d'argent pour nous acheter une nouvelle voiture.

rade

(3) **être/rester en rade** (1. être abandonné, 2. être en panne) ▸ 1. im Stich gelassen sein, 2. stecken bleiben | **la rade** = die Reede
☞ Ursprünglich bedeutete diese Redewendung, dass ein Schiff nicht ausgefahren ist.

1. Il est parti avec sa voiture et *nous a laissés en rade*

2. Comme le moteur avait trop chauffé, *nous sommes restés en rade* en plein milieu de l'autoroute.

Siehe auch **être dans la mouise / la panade / le pétrin / la purée.**

radis

(2) **être sans un radis** (être sans le sou, ne plus avoir un sou) ▸ völlig abgebrannt sein

☞ Im 19. Jh. war ein Radieschen nicht viel wert. Manchmal gaben die Wirte es den Gästen umsonst, um sie durstig zu machen.

J'étais sans un radis et pourtant mon frère était trop avare pour me prêter 100 euros.

rage

(1) **faire rage** (se déchaîner) ▸ toben (Sturm) | **la rage** = die Wut

Depuis des semaines la tempête *fait rage* sur le Midi de la France.

raison

(2) **se faire une raison** (se résigner) ▸ sich mit etwas abfinden

On ne peut pas gagner à tous les coups, il faut *se faire une raison.*

(2) **entendre raison** (finir par admettre ce qui est raisonnable) ▸ Vernunft annehmen

Ne t'en fais pas, il va finir par *entendre raison*!

(2) **à plus forte raison** (pour un motif d'autant plus valable) ▸ umso mehr; umso weniger

Je n'ai pas le temps de te téléphoner, *à plus forte raison* de t'écrire.

(2) **plus que de raison** (plus qu'il n'est convenable) ▸ über alle Maßen

Depuis la crise, le gouvernement veut faire des économies *plus que de raison.*

ramasser

(1) **se faire ramasser par quelqu'un** (se faire sévèrement réprimander par lui) ▸ von jdm angeschnauzt werden

☞ Eine der Bedeutungen von *ramasser* ist ‚festnehmen'.

Comme j'étais de nouveau en retard, *je me suis fait ramasser* par le directeur.

Siehe auch **s'attirer les foudres de quelqu'un, en prendre pour son grade.**

ramdam

(1) **faire du ramdam** (faire du vacarme, du tapage) ▸ Lärm machen, Krach schlagen

☞ *ramdam* ist aus *ramadan* entstanden. Die Fastenzeit der Muslime gibt nach Sonnenuntergang, beim Festmahl, Anlass zu Festlichkeiten, die von den Nachbarn manchmal als störender Lärm empfunden werden.

Si *vous faites* encore longtemps *du ramdam*, j'appelle la police.

ramener

(2) **la ramener** (siehe **ramener sa fraise**)

rampe

(3) **ça ne passera pas la rampe** (ça n'aura pas d'effet) ▸ das wird nicht ankommen | **la rampe** = (hier:) die Theaterrampe

Die erste Bedeutung dieser Redewendung war: Das Stück wird beim Publikum nicht ankommen.

Si vous leur servez des couverts en plastique, *ça ne passera pas la rampe.*

rancune

(1) **sans rancune**! (j'espère que tu ne m'en voudras pas!) ▸ nichts für ungut! | **la rancune** = der Groll

Je t'ai emprunté ta voiture pour faire une petite course, *sans rancune*!

rang

R

(2) **rentrer dans le rang** (renoncer à ses ambitions) ▸ klein beigeben

☞ Wörtlich: Sich wieder in die Reihe stellen.

Ce régime dictatorial veut obliger l'opposition à *rentrer dans le rang.*

(2) **en rang d'oignons** (sur une seule ligne) ▸ in einer Reihe, einer hinter dem anderen

☞ Es gibt hier zwei ganz verschiedene Erklärungen: 1. Man denkt an Zwiebeln, die in einer geraden Reihe gesät werden. 2. Im 16. Jh. gab es am französischen Hof einen Zeremonienmeister, den Baron d'Oignon, der ein strenges Protokoll aufgestellt hatte mit Bezug auf die Sitzordnung der Deputierten während der Versammlung der Generalstände.

Lorsque la cloche sonna, les écoliers se mirent tous *en rang d'oignons* avant de regagner leur classe.

Siehe auch **à la queue leu leu, en file indienne.**

rappel

(2) **battre le rappel** (rassembler les personnes concernées) ▸ alle zusammentrommeln | **battre** = (hier:) das Trommeln

Pour le prochain vote au parlement, il faudra *battre le rappel* de tous les députés de notre groupe.

ras

(1) **à ras bord** (jusqu'au niveau du bord) ▸ randvoll

☞ *ras* bedeutet *entièrement rempli.*

Je ne voulais qu'une demi-tasse et tu me l'as de nouveau remplie *à ras bord*!

(3) **au ras des pâquerettes** (terre à terre) ▸ nicht sehr geistreich, niveaulos | **au ras de** = ganz kurz über | **pâquerettes** = Gänseblümchen

Arrête de raconter des blagues qui sont toujours *au ras des pâquerettes*!

Siehe auch **au petit pied, ce n'est pas terrible, ça ne vole pas haut.**

raser

(1) **demain on rase gratis!** (se dit quand quelqu'un fait des promesses en l'air) ▸ wer's glaubt, wird selig!

☞ Der Legende nach hatte ein Barbier ein Schild mit dieser Aufschrift aufgehängt. Aber da es sich ja immer nur auf den nächsten Tag bezog, brauchte er sein Versprechen nicht zu halten.

Croire toutes les promesses de Boris Johnson, c'est comme si on disait: *Demain on rase gratis*!

R

rat

(2) **être fait comme un rat** (être pris au piège) ▸ in der Falle sitzen

☞ *fait* steht wahrscheinlich für *fait prisonnier.*

Si on met un doigt dans l'engrenage du gouvernement, *on est fait comme un rat.*

râteliers

(3) **manger à tous les râteliers** (servir avec profit des causes opposées) ▸ mehrere Eisen im Feuer haben | **le râtelier** = die Futterraufe

Il a été membre de différents partis politiques et *il a* donc *mangé à tous les râteliers.*

Siehe auch **miser sur les deux tableaux.**

rater

(1) **ne pas rater quelqu'un** (lui dire son fait) ▸ sich jdn vorknöpfen
☞ Wörtlich: Der wird mir nicht entgehen.
S'il ose venir me demander quelque chose, *je ne vais pas le rater.*

Siehe auch **remonter les bretelles à quelqu'un, sonner les cloches à quelqu'un, rentrer dans le lard de quelqu'un, moucher quelqu'un, frotter / tirer les oreilles de quelqu'un, remettre quelqu'un à sa place, voler dans les plumes de quelqu'un, secouer les puces à quelqu'un, passer un savon à quelqu'un, dire ses quatre vérités à quelqu'un, donner une volée de bois vert à quelqu'un.**

(1) **ne pas en rater une** (accumuler les gaffes) ▸ sich immer danebenbenehmen
☞ Gemeint ist: *ne pas rater une gaffe.*
Mon cher ami, *tu n'en rates* vraiment *pas une*!

(2) **ça n'a pas raté!** (ça, on pouvait le prévoir!) ▸ das war vorauszusehen!
☞ Wörtlich: Das ist nicht danebengegangen!
Il n'a pas sérieusement préparé ses examens et évidemment, *ça n'a pas raté*, il a échoué.

rayon

(2) **en connaître un rayon** (bien connaître son sujet) ▸ sich auf einem Gebiet auskennen | **le rayon** = die Abteilung oder der Gang in einem Warenhaus
☞ Der eigentliche Ursprung ist jedoch das altfranzösische *rée* (Wabe).
Eddy Merckx *en connaît un rayon* sur le cyclisme.

Siehe auch **en connaître un bout, connaître sur le bout des doigts, être en pays de connaissance, connaître la musique.**

recevoir

(2) **recevoir quelqu'un / quelque chose cinq sur cinq** (l'entendre ou le comprendre parfaitement) ▸ einwandfrei, ohne Störungen empfangen
☞ Aus der Fernmeldetechnik: Zuerst beim Militär, wo die Empfangsskala von 1 (schlecht) bis 5 (sehr gut) reicht.
Après la longue grève des 'gilets jaunes', le gouvernement *a reçu* leur message *cinq sur cinq*.

R

réchauffé

(1) **c'est du réchauffé!** (c'est vieux! c'est connu!) ▸ das ist ein alter Hut!

☞ Wörtlich: Das ist aufgewärmt!

Cette histoire, je l'ai déjà entendue mille fois, *c'est du réchauffé*!

reculer

(2) **reculer pour mieux sauter** (retarder une décision désagréable dont on espère plus tard une fin heureuse) ▸ aufgeschoben ist nicht aufgehoben

☞ Wörtlich: Etwas zurückgehen, um einen Anlauf nehmen und so besser springen zu können.

On n'abandonne pas notre projet, on le retarde seulement un peu. Cela s'appelle *reculer pour mieux sauter.*

redire

(2) **trouver à redire à quelque chose** (trouver des motifs à le blâmer) ▸ etwas an etwas auszusetzen haben

Est-ce que *tu trouves quelque chose à redire* à mon plan?

refaire

(1) **on ne se refait pas!** (on est ce qu'on est!) ▸ niemand kann aus seiner Haut!

Que veux-tu! C'est ma nature, *on ne se refait pas*!

(1) **avoir été refait** (avoir été dupé, trompé) ▸ reingelegt worden sein

Il faut bien se rendre à l'évidence, dans cette affaire *on a été refait.*

Siehe auch **l'avoir dans le baba, être chocolat, l'avoir dans le cul, être le dindon de la farce, l'avoir dans le dos / dans l'os, être de la revue.**

R

reins

* casser les *reins* à quelqu'un ▸ jdm das *Genick* brechen | **les reins** = die Nieren

☞ Gemeint ist jedoch der Rücken.

(2) **avoir les reins solides** (être assez riche pour faire face à une situation financière difficile) ▸ wohlhabend sein

Cette entreprise *a les reins* assez *solides* pour pouvoir supporter la perte d'un client important.

Siehe auch **être plein aux as, faire son beurre, rouler carrosse, avoir du foin dans les bottes, avoir son pain cuit, doré sur tranches.**

relax

(1) **relax Max!** (ne nous énervons pas!) ▸ immer mit der Ruhe!
☞ *Max* steht nur da des Reimes wegen
Relax Max, cela ne sert à rien de t'énerver!

Siehe auch **à l'aise Blaise, cool Raoul, tu parles Charles, un peu mon neveu.**

rembarrer

(3) **se faire rembarrer** (être renvoyé, ne pas être écouté) ▸ eine Abfuhr bekommen, kein Gehör finden
☞ Aus *re* + *embarrer*, ein altes französisches Verb, das ‚niedermachen bedeutete'.
Quand on a demandé à voir le ministre, *on a été rembarrés* comme des malpropres.

Siehe auch **envoyer balader quelqu'un, du balai, fiche / fous le camp, envoyer paître / promener / valser quelqu'un, bon vent, va te faire voir, va voir ailleurs si j'y suis.**

remettre

(1) **remettre ça** (recommencer) ▸ wieder etwas tun, wieder mit etwas anfangen
Cette soirée était très agréable, j'espère qu'on va *remettre ça*!

R

(2) **remettre sur les rails** (donner de nouveau les moyens de fonctionner normalement) ▸ etwas wieder ins rechte Gleis bringen | **les rails** = die Schienen
Après la crise financière, le gouvernement a voulu *remettre* l'économie *sur les rails.*

remords

(3) **pas de remords?** (vous êtes sûr que c'est cela que vous voulez?) ▸ bleiben Sie bei Ihrer Entscheidung?
☞ Wörtlich: Keine Gewissensbisse?
Je vois que vous ne voulez pas de l'emploi que je vous offre. *Pas de remords?*

renvoyer

(3) **renvoyer quelqu'un à ses (chères) études** (trouver que quelqu'un est incompétent) ▸ jdn in seine Schranken verweisen

☞ Gemeint ist: Man solle sich sein Lehrgeld zurückgeben lassen.

Comme il était totalement incompétent, *on l'a renvoyé à ses chères études.*

réponse

(3) **une réponse de Normand** (une réponse ambiguë: 'peut-être bien que oui, peut-être bien que non') ▸ eine ausweichende Antwort

☞ Die Bewohner der Normandie stehen in dem Ruf, besonders schlau und wenig verlässlich zu sein. Ein altes normannisches Gesetz besagte, dass ein Normanne während einer Frist von 24 Stunden seine Unterschrift unter einem Dokument widerrufen konnte.

Chaque fois qu'on lui posait une question, on recevait *une réponse de Normand.*

Siehe auch **noyer le poisson, botter en touche.**

repos

(2) **ce n'est pas de tout repos** (c'est fatiguant, éprouvant) ▸ das ist ziemlich anstrengend

Travailler comme infirmier dans un hôpital, *ce n'est pas de tout repos.*

reprendre

(2) **on ne m'y reprendra plus!** (je ne me ferai plus duper!) ▸ das wird mir nicht noch einmal passieren!

Faire l'aumône à un mendiant qui travaille pour un gang de la mafia, *on ne m'y reprendra plus*!

R

respect

(2) **tenir quelqu'un en respect** (le menacer avec une arme) ▸ jdn in Schach halten

Pendant que *je tenais le cambrioleur en respect*, ma femme téléphona à la police.

(3) **sauf votre respect** (que cela ne vous offense pas) ▸ mit Verlaub

☞ Gemeint ist: *votre respect est sauf* (Ihr Respekt ist gewahrt).

Sauf votre respect, je trouve que là, vous avez tort.

ressort

(3) **le ressort est cassé** (ne plus avoir la force ou l'envie de faire quelque chose) ▸ die Luft ist raus | **le ressort** = die (Sprung-/Blatt-)Feder

Après cet échec, je n'ai plus envie d'entreprendre quelque chose de nouveau, *le ressort est cassé.*

reste (siehe auch restes)

(2) **partir sans demander son reste** (partir sans insister) ▸ sich stillschweigend aus dem Staub machen

☞ Wörtlich: Ohne den Rest seines Geldes/Lohnes zu verlangen.

Quand je lui ai dit que je ne voulais plus le voir, *il est parti sans demander son reste.*

Siehe auch **plier bagage, débarrasser le plancher, tirer sa révérence, prendre la tangente, mettre les voiles.**

rester

(1) en rester là (ne pas poursuivre une relation) ▸ es dabei bewenden lassen

☞ Wörtlich: Da stehen bleiben, wo wir jetzt stehen.

Je ne veux plus travailler avec toi et je préfère *en rester là.*

(1) **y rester** (perdre la vie dans une situation dangereuse) ▸ dabei draufgehen

On a pu sauver la moitié de l'équipage, mais les autres *y sont restés.*

restes (siehe auch reste)

R

(2) **avoir de beaux restes** (être encore belle, dit d'une femme d'âge mûr) ▸ noch ganz gut erhalten sein

Je sais bien qu'elle a 60 ans, mais *elle a encore de beaux restes.*

Siehe auch **avoir du chien, être bien foutue.**

résultat

(2) **le résultat des courses** (le résultat final) ▸ das Ergebnis

☞ Aus dem Pferdesport.

On a tout essayé, mais *le résultat des courses* a été qu'on a quand même été battus.

retard

(3) **avoir du retard à l'allumage** (ne pas comprendre très vite) eine lange Leitung haben
☞ Ursprünglich ein Motor, der zu spät zündet.
Je ne dis pas que tu es bête, mais tu as *du retard à l'allumage.*

retour(s)

(3) **être sur le retour** (commencer à vieillir) ▸ seine besten Jahre hinter sich haben
☞ Wörtlich: Auf dem Rückweg sein.
Mon grand-père joue encore au tennis, mais *il est* quand même *sur le retour.*

(3) **il y aura des retours de manivelle** (cela aura des conséquences néfastes) ▸ das wird sich rächen
☞ Als der Motor eines Autos noch angekurbelt werden musste, konnte es passieren, dass die Kurbel (*la manivelle*) zurückschlug und den Ankurbler verletzte.

Tu peux être sûr qu'après la grève *il y aura des retours de manivelle.*

revanche

(2) **à charge de revanche** (à condition qu'on puisse rendre le même service) ▸ unter der Bedingung, dass ich mich revanchieren kann
Je veux bien accepter ton aide, mais *à charge de revanche.*

Siehe auch **renvoyer l'ascenseur.**

revenir

R

(1) **je n'en reviens pas!** (cela m'étonne très fort!) ▸ ich kann es nicht fassen! | **en** = *ma surprise* (meine Überraschung)
☞ Wörtlich: Ich kann mich nicht von meiner Überraschung lösen.
Il s'est marié pour la 3e fois? *Je n'en reviens pas*!

Siehe auch **en rester baba, les bras m'en tombent, couper la chique à quelqu'un, en boucher un coin à quelqu'un, tu me la coupes, merde alors, en rester comme deux ronds de flan, en baver des ronds de chapeau.**

(1) **on revient de loin!** (on a encore une fois eu de la chance!) ▸ wir sind noch einmal davongekommen!
Gemeint ist: Wir waren schon weit entfernt vom Sieg.

Marquer deux buts dans les prolongations et faire match nul, *on revient de loin*!

(2) **être revenu de tout** (ne plus avoir la moindre illusion) ▸ an nichts mehr glauben

☞ Gemeint ist: Sich von allem, dem man sich zugewendet hatte, wieder abwenden. Dies ist eine Verallgemeinerung der folgenden Redewendung.

Ce que tu me racontes là ne m'étonne pas. D'ailleurs, *je suis revenu de tout*!

(2) **j'en suis revenu!** (cela ne m'intéresse plus) ▸ davon bin ich längst abgekommen!

Des vacances en Turquie? *J'en suis revenu!*

rêver

(1) **(mais) je rêve**! (c'est incroyable) ▸ das glaub ich jetzt nicht!

Les places pour le concert sont à 200 euros? Non, *mais je rêve*!

Siehe auch **une histoire à dormir debout.**

révérence

(3) **tirer sa révérence** (s'en aller [souvent ironique]) ▸ sich empfehlen | **la révérence** = die Verbeugung

☞ Früher sagte man *tirer son pied*, also beim Hofknicks den Fuß nach hinten strecken. Gemeint war: *retirer son pied.*

On croyait qu'il allait continuer à se battre avec nous, mais *il a tiré sa révérence.*

R

Siehe auch **plier bagage, se faire la belle, mettre les bouts, prendre ses cliques et ses claques, jouer la fille de l'air, prendre le large, se faire la malle, se faire la paire, brûler la politesse à quelqu'un, prendre la poudre d'escampette, partir sans demander son reste, partir sans tambour ni trompette, prendre la tangente, mettre les voiles.**

revue

(2) **être de la revue** (être déçu, être frustré dans ses espérances) | **la revue** = (hier:) die Militärparade

☞ Wenn ein Soldat dazu abkommandiert wurde, brachte dies allerlei Unannehmlichkeiten mit sich: Gewehr und Uniform auf Hochglanz bringen, stundenlang herumstehen usw.

Tout le monde a obtenu un congé, mais moi, je suis de service. Cela fait la 3e fois que *je suis de la revue.*

Siehe auch **l'avoir dans le baba, être chocolat, l'avoir dans le cul, être le dindon de la farce, l'avoir dans le dos / dans l'os, avoir été refait.**

rideau

(2) **un rideau de fumée** (siehe **écran**)

rien

(1) **faire semblant de rien** (faire comme si de rien n'était) ▸ tun, als wäre nichts

Voilà la police! *Fais semblant de rien* et tout se passera bien!

rigoler

(1) **tu rigoles!** (tu n'es pas sérieux!) ▸ du machst wohl Witze! | **rigoler** = lachen, Spaß machen

Tu me demandes de te prêter ma Jaguar? *Tu rigoles*!

Siehe auch **tu veux rire.**

(1) **ça me fait doucement rigoler!** (je n'en crois rien!) ▸ dass ich nicht lache!

Il a promis de venir dorénavant à l'heure? *Cela me fait doucement rigoler*!

Siehe auch **laisse(z)-moi rire.**

R

rime

(3) **sans rime ni raison** (sans raison apparente) ▸ ohne ersichtlichen Grund

☞ *rime* (Reim) deutet auf die Form und *raison* (Vernunft) auf den Inhalt einer Sache. Die Alliteration hat natürlich auch eine Rolle gespielt.

Il a disparu comme ça, *sans rime ni raison.*

rire

(1) **laisse(z)-moi rire** (je n'en crois rien!) ▸ dass ich nicht lache!

Le gouvernement promet de baisser les impôts? *Laisse-moi rire*!

Siehe auch **ça me fait doucement rigoler.**

(1) **tu veux / vous voulez rire!** (tu ne parles pas / vous ne parlez pas sérieusement) ▸ das ist doch wohl nicht dein/Ihr Ernst!

Tu voudrais que je t'achète ta vieille Rolls? *Tu veux rire*!

Siehe auch **tu rigoles.**

(1) **rire jaune** (rire en dissimulant mal son mécontentement) ▸ gezwungen lachen

☞ Es gibt hierzu zwei Erklärungen: 1. Jd, der Gelbsucht hatte (**jaune** = gelb), war meistens schlechter Laune und konnte deshalb nicht ungezwungen lachen; 2. Früher sagte man *rire jaune comme farine* und meinte mit *farine* nicht das Mehl, sondern jdn, der falsch war.

Quand on lui a annonçé qu'il était descendu dans le classement de la Fédération de Tennis, *il a ri jaune.*

(1) **rire dans sa barbe** (rire intérieurement) ▸ sich ins Fäustchen lachen

Quand mes amis sauront que j'ai échoué, *ils riront dans leur barbe.*

(1) **avoir (toujours) le mot pour rire** (savoir raconter des choses amusantes) ▸ immer zum Scherzen aufgelegt sein

C'est un compagnon agréable *qui a toujours le mot pour rire.*

risques

(2) **aux risques et périls de quelqu'un** (en assumant toute la responsabilité) ▸ auf eigenes Risiko | **le péril** = die Gefahr

Je veux bien que tu participes à cette expédition, mais *à tes risques et périls.*

roi

(3) **travailler pour le roi de Prusse** (travailler pour rien) ▸ umsonst arbeiten

☞ Einige Etymologen meinen, diese Redewendung beziehe sich auf die schlecht bezahlten Söldner des preußischen Königs; andere sehen den Ursprung in einem Spottlied aus dem 18. Jh., in dem man sich lustig macht über einen preußischen Prinzen, der eine Schlacht verloren hatte.

Beaucoup de gens font du bénévolat, mais moi, *je* ne *travaille* pas *pour le roi de Prusse.*

Siehe auch **pour des prunes.**

(3) **le roi n'est pas son cousin!** (1. il est plus heureux qu'un roi, 2. il est fier comme Artaban) ▸ 1. er freut sich wie ein Schneekönig, 2. er ist (so) stolz wie Oskar

☞ Gemeint ist: Er freut sich / er ist stolz, weil er dem König näher steht, als dessen Cousin.

1. Regarde un peu comme il est heureux, *le roi n'est pas son cousin*!

2. À l'entendre parler de ses succès, *le roi n'est pas son cousin!*

Siehe auch **ne pas se moucher du coude, se croire sorti de la cuisse de Jupiter, péter plus haut que son cul, le prendre de haut, ne pas se moucher du pied, avoir la science infuse, avoir la grosse tête.**

rond

(1) **ne pas tourner rond** (ne pas être dans son état normal) ▸ 1. (Sache) schlecht laufen, 2. (Person) nicht richtig ticken

1. Je trouve que le moteur de ma Jaguar *ne tourne pas rond.*

2. Tu as vu son comportement les derniers temps? À mon avis, *il ne tourne pas rond.*

Siehe auch (zu 2.) **ne pas être dans son assiette, être mal barré, en baver, se faire de la bile, avoir le cafard, se sentir tout chose, être dans le / au creux de la vague, être dans le 36e dessous, être dans de beaux draps, broyer du noir, être dans la panade / le pétrin / la purée, du vague à l'âme.**

ronds

(3) **en rester comme deux ronds de flan** (être stupéfait, ébahi) ▸ ganz schön verdutzt, baff sein

☞ Vielleicht denkt man hierbei an zwei vor Erstaunen große Augen, die wie runde Fladen aussehen.

Lorsqu'on lui annonça qu'il avait gagné le premier prix, *il en resta comme deux ronds de flan.*

Siehe auch **en rester baba, les bras m'en tombent, ça me coupe la chique, en boucher un coin, tu me la coupes, merde alors, je n'en reviens pas, en baver des ronds de chapeau.**

(3) **en baver des ronds de chapeau** (1. être très étonné, 2. souffrir, devoir se donner beaucoup de mal) ▸ 1. Bauklötze staunen, 2. sich schwer plagen müssen | **baver** = speicheln, geifern

☞ *un rond de chapeau* war früher ein rundes Eisen, mit dem man Hüten ihre Form gab. Wenn man mehrere solcher Eisen im Mund hätte, wär das schon eine große Plage.

R

1. Lorsqu'on apprit que le président avait un enfant caché, *on en a bavé des ronds de chapeau.*

2. Je n'ai pas toujours eu la vie facile, *j'en ai bavé des ronds de chapeau!*

Siehe auch (zu 1.) **en rester baba, les bras m'en tombent, ça me coupe la chique, en boucher un coin, tu me la coupes, merde alors, je n'en reviens pas, en rester comme deux ronds de flan.**

roses

(3) **envoyer quelqu'un sur les roses** (l'éconduire brutalement) ▸ jdn abblitzen lassen

☞ Man denkt vielleicht an die Dornen, die den Betreffenden stechen könnten.

Comme il venait de nouveau me demander de l'aide, *je l'ai envoyé sur les roses.*

Siehe auch **envoyer balader quelqu'un, du balai, fiche / fous le camp, va te faire cuire un œuf, envoyer paître / promener quelqu'un, rembarrer quelqu'un, envoyer valser quelqu'un, bon vent, va te faire voir, va voir ailleurs si j'y suis.**

rotules

(3) **être sur les rotules** (être fourbu) ▸ fix und fertig sein | **la rotule** = die Kniescheibe

Après une marche de 10 km à travers les marais, *j'étais sur les rotules.*

Siehe auch **être sur les genoux.**

R

roue

* **la cinquième roue du** ***carrosse*** ▸ das fünfte Rad am *Wagen*

rouge

(3) **le rouge est mis!** (les jeux sont faits!) ▸ die Würfel sind gefallen!

☞ Diese Redewendung kommt wahrscheinlich aus dem Fernsehjargon: Wenn das rote Lämpchen über dem Aufnahmestudio an ist, darf niemand den Raum betreten.

Cela ne sert à rien de discuter, *le rouge est mis*!

rouler

(1) **ça roule!** (tout va bien!) ▸ alles paletti!

Comment vont les affaires? – Je dirais que *ça roule*!

Siehe auch **ça baigne, tout baigne, y a pas de lézard, ça va comme sur des roulettes / sur du velours.**

(1) **rouler pour quelqu'un** (agir pour son compte) ▸ für jdn arbeiten
Même si j'ai voté pour la loi, *je ne roule pas pour* le gouvernement.

(2) **se les rouler** (ne rien faire) ▸ faulenzen | **les** = (hier:) *les couilles* (die Hoden)
Moi, je travaille toute la journée, et toi, *tu te les roules*!

Siehe auch **peigner la girafe, enfiler des perles, avoir un poil dans la main.**

roulettes

(1) **ça va comme sur des roulettes** (sans le moindre problème) ▸ das geht reibungslos über die Bühne
☞ Gemeint ist ‚wie auf Rollen'.
Tes problèmes sont résolus? – Oui, *ça va comme sur des roulettes.*

Siehe auch **y a pas de lézard, ça roule, ça va comme sur du velours.**

roupie

(3) **c'est de la roupie de sansonnet** (c'est une chose insignifiante, de peu de valeur) ▸ das ist keinen Pfifferling wert
☞ *la roupie* ist hier keine indische Münze, sondern der Nasenschleim. *Le sansonnet* ist auch nicht der Star (Vogel), sondern steht für *sans son nez* (ohne seine Nase). Gemeint ist also, dass etwas so viel wert ist, wie die Tropfen, die aus der Nase fallen.
L'augmentation que le patron nous propose, *c'est de la roupie de sansonnet.*

Siehe auch **ne pas valoir un clou, de la crotte de bique, ne pas valoir un fifrelin, à la gomme, à la noix, ne pas valoir un pet de lapin, c'est du pipeau, ne pas valoir tripette, ça ne vole pas très haut.**

route

(1) **faire fausse route** (s'égarer; se tromper) ▸ auf dem Holzweg sein
On s'est rendu compte qu'avec notre projet *on faisait fausse route.*

Siehe auch **avoir la berlue, se monter le bourrichon, être loin du compte, se mettre le doigt dans l'œil, se tromper dans les grandes largeurs, être à côté de la plaque.**

rubis

(3) **payer rubis sur l'ongle** (payer comptant tout ce que l'on doit) ▸ auf Heller und Pfennig zahlen

☞ Anfang des 18. Jhs goss man manchmal den letzten Tropfen Rotwein (*rubis*, wegen der Farbe) aus seinem Glas auf den Daumen, den man dann in Gedenken an einen abwesenden Freund ableckte. Später wurde aus dem letzten Tropfen der letzte Groschen, mit dem man den Wein bezahlte.

Je veux bien te prêter de l'argent, mais dans un mois, tu devras me rembourser *rubis sur l'ongle.*

S

sabot(s)

(3) **ça ne se trouve pas sous le sabot d'un cheval!** (ce n'est pas facile à trouver) ▸ das findet man nicht an jeder Straßenecke! | **le sabot** = der Huf

Je ne peux pas te prêter 10.000 euros, une telle somme *ne se trouve pas sous le sabot d'un cheval!*

(2) **je le vois venir avec ses gros sabots!** (je devine clairement ses intentions) ▸ Nachtigall, ich hör dir trapsen!

☞ Holzschuhe hört man schon von weitem.

Il m'a abordé avec un grand sourire et immédiatement, *je l'ai vu venir avec ses gros sabots.*

R

Siehe auch **voir venir quelqu'un.**

sabre

(3) **le sabre et le goupillon** (l'armée et l'église) ▸ die Armee und die Kirche | **le goupillon** = der Weihwasserwedel

Dans l'histoire, *le sabre et le goupillon* ont toujours fait bon ménage.

sac

* **mettre tout dans le même *sac*** ▸ alles in einen *Topf werfen*

(1) **l'affaire est dans le sac** (le succès est assuré) ▸ die Sache ist in trockenen Tüchern

☞ Hier ist die Tasche des Rechtsanwalts mit den Akten eines beendeten Prozesses gemeint.

Tu ne dois plus te faire de soucis, *l'affaire est dans le sac.*

(1) **vider son sac** (dire tout ce qu'on a sur le cœur) ▸ auspacken
☞ Dies ist (wie oben) die Tasche des Rechtsanwalts, aus der er vor Gericht die Akten herausholt.

Le juge d'instruction a demandé au prévenu de *vider son sac.*

(2) **mettre à sac** (dévaster, piller) ▸ plündern
☞ Aus dem italienischen *saccomanno* (der Mann mit dem Sack), der Dieb, der Plünderer.

Dans une guerre, beaucoup de villes *sont mises à sac* par les envahisseurs.

(3) **un sac d'embrouilles / de noeuds** (une histoire compliquée qui peut être source de problèmes) ▸ eine verworrene Geschichte, ein Wirrwarr | **embrouiller** = kompliziert, verworren machen | **un noeud** = ein Knoten

Je ne comprends rien à toute cette affaire, c'est *un sac d'embrouilles.*

sacquer

(2) **ne pas pouvoir sacquer quelqu'un** (détester quelqu'un) ▸ jdn nicht riechen können
☞ Wörtlich: Jdn nicht in seinen Sack stecken können.
Ne me parle plus de ce type, *je ne peux pas le sacquer*!

Siehe auch **courir sur le haricot, ne pas pouvoir voir quelqu'un en peinture, taper sur le système de quelqu'un, il me sort par les yeux.**

saigner

S

(2) **ça va saigner!** (la discussion sera dure) ▸ da werden die Fetzen fliegen! | **saigner** = bluten

Lors de la prochaine réunion du parlement, *ça va saigner*!

(2) **saigner quelqu'un à blanc** (lui prendre ses dernières ressources) ▸ jdm das Fell über die Ohren ziehen
☞ Wörtlich: Jdm das ganze Blut abzapfen, sodass das Fleisch weiß wird.

Le gouvernement est en train de *saigner à blanc* la classe moyenne.

sain

(1) **sain et sauf** (sorti indemne d'un péril) ▸ gesund und wohlbehalten

☞ *sauf* steht für *sauvé* (gerettet).

Le bateau a coulé, mais l'équipage est *sain et sauf.*

saint

(2) **ne plus savoir à quel saint se vouer** (ne plus savoir que faire) ▸ ratlos sein

☞ Wörtlich: Nicht mehr wissen, welchen Heiligen man noch anrufen könnte.

On était tellement perdus, qu'*on ne savait plus à quel saint se vouer.*

Siehe auch **être à quia.**

(2) **à la saint-glinglin** (à un moment qui n'arrivera jamais) ▸ wenn Ostern und Pfingsten auf einen Tag fallen

☞ Es gibt keinen heiligen *glinglin.* Das dialektische *glinglin* ist verwandt mit ‚klingen'. Wenn die Glocken klingen/läuten, wollte man (z. B.) bezahlen. Man sagte jedoch nicht, welche Glocken an welchem Tag gemeint waren.

Il a promis de te rembourser. - Oui, *à la saint-glinglin*!

Siehe auch **à Pâques ou à la Trinité, quand les poules auront des dents, la semaine des quatre jeudis.**

(3) **tout le saint-frusquin** (toutes les choses sans valeur que l'on possède) ▸ der ganze Krempel | **les frusques** = die Klamotten

Je suis parti avec ce que j'avais sur le dos et j'ai abandonné *tout le saint-frusquin* dont je n'avais plus besoin.

Siehe auch **prendre ses cliques et ses claques.**

S

salades

(1) **raconter des salades** (raconter des histoires, des mensonges) ▸ Geschichten aus dem Wienerwald, Lügen erzählen

☞ Ein Salat besteht normalerweise aus verschiedenen Gemüsesorten. Deshalb meint man hier etwas Zusammengewürfeltes aus Wahrem und Erfundenem.

J'en ai assez, arrête de me *raconter des salades!*

salaud

(1) **eh bien, mon salaud!** (ça, tu l'as bien fait, bien réussi) ▸ nicht schlecht Alter! | **le salaud** = der Dreckskerl

☞ Hier als Antiphrase für Glückspilz.

À ton âge, tu sors avec une fille de vingt ans? *Eh bien, mon salaud!*

Siehe auch **mon cochon.**

sang

(2) **mon sang n'a fait qu'un tour** (1. j'étais bouleversé, 2. je me suis subitement mis en colère) ▸ 1. mir stockte das Blut in den Adern, 2. ich sah rot

☞ Im Gegensatz zur deutschen Entsprechung denkt man bei der französischen Redewendung an den schneller werdenden Kreislauf, wenn man über etwas bestürzt ist oder sich über etwas aufregt.

1. Lorsqu'on m'a annoncé l'accident de mon fils, *mon sang n'a fait qu'un tour.*

2. Quand j'ai vu qu'il tournait de nouveau autour de ma femme, *mon sang n'a fait qu'un tour.*

Siehe auch (zu 2.) **n'écouter que sa colère, piquer une colère, sortir de ses gonds, et merde, la moutarde me monte au nez, se mettre en pétard, grimper aux rideaux, faire une sortie contre quelqu'un, être soupe au lait, avoir la tête près du bonnet.**

(2) **se faire du mauvais sang** (se faire des soucis) ▸ sich Sorgen machen

Il est normal de *se faire du mauvais sang* quand votre fils n'est pas rentré de la nuit.

Siehe auch **se mettre martel en tête, se faire du mouron, se faire un sang d'encre, se ronger les sangs, se prendre la tête.**

(3) **se faire un sang d'encre** (se faire beaucoup de soucis) ▸ vor Sorge umkommen | **l'encre** = die Tinte

☞ Im 18. Jh. glaubte man, dass dunkles, fast schwarzes Blut beim Aderlass ein Zeichen von Krankheit sei.

Je me faisais un sang d'encre et toi, tu ne donnais même pas de tes nouvelles!

Siehe auch **se mettre martel en tête, se faire du mouron, se faire du mauvais sang, se ronger les sangs, se prendre la tête.**

(3) **se ronger les sangs** (être très inquiet) ▸ vor Sorge vergehen
☞ Mit der Mehrzahl *sangs* meint man alle Sorten von Blut, sowohl arterielles als auch Venenblut.

Nous, *on se rongeait les sangs* et toi, tu étais parti en Australie sans rien dire à personne.

Siehe auch **se mettre martel en tête, se faire du mouron, se faire du mauvais sang, se faire un sang d'encre, se prendre la tête.**

santé

(2) **respirer, péter la santé** (être en très bonne santé) ▸ vor Gesundheit strotzen

Tu prétends toujours être malade, alors que je vois que *tu respires la santé.*

(2) **se refaire une santé** (reprendre des forces en se reposant) ▸ wieder mal ausspannen

Après le Tour de France, beaucoup de coureurs ont besoin de *se refaire une santé.*

sapin

(3) **sentir le sapin** (n'avoir plus longtemps à vivre) ▸ es nicht mehr lange machen | **le sapin** = die Tanne
☞ Man denkt hier an den Sarg aus Tannen- oder Fichtenholz.

Ton grand-père n'en a plus pour longtemps, *il sent déjà le sapin.*

Siehe auch **être à l'article de la mort, ne pas faire de vieux os.**

sauce

S

(3) **allonger la sauce** (donner beaucoup de détails inutiles en racontant quelque chose) ▸ etwas breitwalzen | **allonger** = strecken

Inutile d'*allonger la sauce*, venons-en au fait!

saucisson

(3) **être ficelé comme un saucisson** (être mal habillé; être serré dans ses vêtements) ▸ unmöglich angezogen sein; zu eng eingeschnürt sein | **le saucisson** = die Wurst

Tu ne peux pas aller à cette soirée *ficelé comme un saucisson*!

Siehe auch **être habillé comme l'as de pique, être mal ficelé.**

sauter

(1) **et que ça saute!** (et plus vite que ça!) ▸ aber ein bisschen plötzlich! | **sauter** = springen, sich beeilen

'Vos papiers' cria le policier '*et que ça saute!*'

Siehe auch **au trot.**

savate

(3) **traîner la savate** (ne rien faire d'intéressant; vivre misérablement) ▸ sich herumtreiben; sich durchschlagen | **la savate** = der Pantoffel

Je l'ai vu hier *traîner sa savate* dans les rues de la capitale.

savoir

(1) **va / allez savoir!** (personne ne le sait) ▸ weiß der Himmel! Wer weiß warum!

Pourquoi s'est-il embarqué dans cette affaire? – *Va savoir!*

(2) **en savoir long sur quelqu'un / quelque chose** (savoir beaucoup de choses) ▸ gut Bescheid wissen über jdn/etwas

Je sais à qui j'ai affaire, *j'en sais long sur lui!*

savon

(1) **passer un savon à quelqu'un** (le réprimander) ▸ jdm einen Rüffel erteilen

☞ Diese Redewendung hat sich aus *laver la tête à quelqu'un* (jdm den Kopf waschen) entwickelt.

Quand le patron saura ce que Jean a fait, *il lui passera un savon*, dont il se souviendra encore longtemps.

Siehe auch **crier haro sur le baudet, tirer à boulets rouges sur quelqu'un, remonter les bretelles à quelqu'un, sonner les cloches à quelqu'un, river son clou à quelqu'un, ça va être ta fête, rentrer dans le lard de quelqu'un, moucher quelqu'un, frotter / tirer les oreilles à quelqu'un, voler dans les plumes de quelqu'un, secouer les puces à quelqu'un, dire ses quatre vérités à quelqu'un, donner une volée de bois vert à quelqu'un.**

(1) **recevoir un savon** (être réprimandé) ▸ einen Rüffel bekommen

☞ Erklärung, siehe oben.

Comme j'étais de nouveau en retard, *j'ai reçu un savon.*

Siehe auch **passer un mauvais quart d'heure.**

scène

(2) **occuper le devant de la scène** (être au centre de l'actualité) ▸ im Mittelpunkt des Interesses stehen | **la scène** = die Theaterbühne

Pourquoi éprouves-tu le besoin d'*occuper* toujours *le devant de la scène*?

Siehe auch **ça va faire la première, ça va faire la une.**

schmilblick

(3) **cela ne fait pas avancer le schmilblick!** (cela ne sert pas à grand'chose!) ▸ das hilft auch nicht weiter!

☞ Das eher deutsch anmutende *schmilblick* wurde Ende der 40er Jahre von dem Humoristen Pierre Dac erfunden und bezeichnet ein imaginäres Haushaltsgerät. Ende der 60er Jahre gab es im französischen Rundfunk, danach im Fernsehen, eine Sendung, in der die Zuschauer ein Objekt durch immer präzisere Fragen erraten mussten. Wenn man mit einer Frage der Lösung doch nicht näher kam, sagte man: *cela ne fait pas avancer le schmilblick!*

Ce que tu me racontes-là *ne fait pas avancer le schmilblick!*

Siehe auch **ça me fait une belle jambe.**

science

(3) **avoir la science infuse** (prétendre tout savoir) ▸ die Weisheit für sich gepachtet haben

☞ Wörtlich: Die Weisheit (von Gott persönlich) eingeflößt bekommen haben.

Tu crois toujours tout savoir, mais *tu n'as pas la science infuse!*

S

Siehe auch **ne pas se moucher du coude, se croire sorti de la cuisse de Jupiter, péter plus haut que son cul, le roi n'est pas son cousin, avoir la grosse tête.**

sec

(1) **aussi sec** (immédiatement, sans hésiter) ▸ wie aus der Pistole geschossen | **sec** = (hier:) schnell, hart

Quand je lui ai appris la nouvelle, il me répondit *aussi sec* qu'il allait démissionner.

Siehe auch **répondre du tac au tac.**

sellette

(3) **être sur la sellette** (être mis en cause) ▸ der Beschuldigte sein, vernommen werden | **la sellette** = ein kleiner Sattel
☞ Im 14. Jh. saßen die Beschuldigten vor Gericht auf einem kleinen niedrigen Sitz, der vom Richtertisch überragt wurde.
Au commisariat de police, *j'ai été sur la sellette* pendant une heure entière.

(3) **mettre quelqu'un sur la sellette** (lui faire subir un interrogatoire) ▸ jdn ausfragen, ausquetschen
☞ Erklärung, siehe oben.
L'inspecteur a essayé de *mettre* le voleur *sur la sellette*, mais celui-ci avait décidé de se taire.

semaine

(2) **à la petite semaine** (sans plan d'ensemble, au jour le jour) ▸ kurzsichtig
☞ Als ob man weniger als eine Woche über etwas nachgedacht hätte.
Le plan de la mobilité a été géré *à la petite semaine.*

(2) **la semaine des quatre jeudis** (jamais) ▸ wenn Ostern und Pfingsten auf einen Tag fallen
Tu crois qu'il viendra un jour nous rendre visite? – Oui, *la semaine des quatre jeudis!*

Siehe auch **à Pâques ou à la Trinité, quand les poules auront des dents, à la saint-glinglin.**

semelle

* **ne pas avancer d'une** *semelle* ▸ keinen *Schritt* vorwärtskommen | **la semelle** = die Schuhsohle

(2) **ne pas quitter quelqu'un d'une semelle** (le suivre partout) ▸ jdm auf Schritt und Tritt folgen
Mon chien me suit partout, *il ne me quitte pas d'une semelle.*

(3) **battre la semelle** (attendre en faisant les cent pas) ▸ auf der Straße lange auf jdn warten
☞ Zuerst meinte man damit, zu Fuß von einem Ort zum anderen gehen, dann mit den Schuhsohlen auf den Boden stampfen, um sich zu erwärmen.
L'inspecteur *a battu la semelle* pendant une heure, mais le suspect ne s'est pas montré.

Siehe auch **battre le pavé, faire le pied de grue.**

sens

(1) **sens dessus dessous** (dans un grand désordre) ▸ völlig durcheinander

☞ Wörtlich: Was oben liegen müsste, liegt unten.

J'ai vu qu'on avait été cambriolés, tout était *sens dessus dessous.*

(3) **ça tombe sous le sens!** (c'est évident!) ▸ das liegt auf der Hand!

☞ Zuerst sagte man *ça tombe sous les sens* und meinte damit etwas, das unmittelbar von den fünf Sinnen erfasst werden konnte.

Cette fois-ci, il n'échappera pas à la prison, *ça tombe sous le sens*!

sentiers

(3) **sortir des sentiers battus** (faire quelque chose de nouveau) ▸ neue Wege gehen | **les sentiers battus** = die platt getretenen Pfade

On ne peut plus continuer comme maintenant, il faut *sortir des sentiers battus.*

sentir

(1) **ça sent mauvais!** (il va y avoir des problèmes!) ▸ das sieht nicht gut aus!

☞ Wörtlich: Das stinkt!

Si tu as été suivi par la police, *ça sent mauvais*!

(1) **il ne se sent plus!** (il ne se contrôle plus, tellement il est grisé par le succès) ▸ er ist wie von Sinnen

☞ Vielleicht aus *ne plus se sentir pisser* (aus *ne plus se retenir de pisser*) ‚überheblich sein'.

Depuis qu'il a eu sa promotion, *il ne se sent plus.*

S

sérail

(3) **nourri dans le sérail** (avoir une longue expérience d'un certain milieu) ▸ von jung auf zum Kreis der Eingeweihten gehören

☞ Der Serail war der Palast des Sultans.

Le fils du ministre sera lui aussi un jour ministre, *il a été nourri dans le sérail.*

sérieux

(2) **pas sérieux, s'abstenir!** (uniquement des réponses sérieuses) ▸ nur ernstgemeinte Zuschriften! | **s'abstenir** = sich enthalten

Dame, la cinquantaine, cherche monsieur pour sorties communes, *pas sérieux, s'abstenir*!

Siehe auch **et plus, si affinités.**

serpent

* **réchauffer un serpent *dans* son sein** ▸ eine Schlange *am* Busen nähren

service

(3) **le service trois pièces** (les organes sexuels de l'homme) ▸ das Gehänge

Pour un homme aussi grand et fort que lui, *son service trois pièces* était plutôt léger!

sexe

(3) **discuter du sexe des anges** (discuter de choses insolubles et sans intérêt) ▸ sich in endlosen Scheindiskussionen verlieren

Les discussions des puristes font parfois penser à *la discussion du sexe des anges* dans l'ancienne Byzance.

siennes

(1) **faire des siennes** (1. faires des bêtises, 2. ne pas fonctionner correctement) ▸ 1. Unfug, Mätzchen machen, 2. nicht richtig funktionieren (Motor, Magen ...)

☞ Aus dem veralteten *faire des farces* (Dummheiten) *siennes.*

1. S'il continue à *faire des siennes*, je serai obligé de sévir.

2. Mon estomac continue à *faire des siennes*, alors que je n'ai presque rien mangé.

siffler

(3) **siffler la fin de la récréation** (dire que les choses sérieuses vont commencer) ▸ sagen, dass man sich jetzt mit ernsten Dingen beschäftigen wird

☞ *la récréation* ist die Pause, an deren Ende der Lehrer pfiff, dass die Schule wieder begann.

Après toutes ces discussions au parlement, le gouvernement *a sifflé la fin de la récréation.*

sifflet

(1) **couper le sifflet à quelqu'un** (1. l'empêcher de parler, 2. le laisser sans voix, par étonnement ou par indignation) ▸ 1. jdm das Wort abschneiden, 2. jdm die Stimme verschlagen

☞ *sifflet* (kleine Flöte) steht hier für die Gurgel, die Kehle. Früher bedeutete *couper le sifflet* ‚die Kehle abschneiden'.

1. Comme il n'arrêtait pas de parler, *je lui ai coupé le sifflet.*

2. L'entendre m'accuser de la sorte *m'a coupé le sifflet.*

Siehe auch **clouer le bec à quelqu'un.**

silence

(1) **silence radio** (un refus de communiquer) ▸ Funkstille, das Schweigen im Walde

Du côté du gouvernement, c'est *silence radio.*

sinécure

(1) **ce n'est pas une sinécure** (ce n'est pas quelque chose de facile à faire, ce n'est pas une chose de tout repos) ▸ das ist kein Honigschlecken

☞ Aus dem lateinischen *sine cura* (ohne Mühe).

Être ministre par les temps qui courent, *ce n'est pas une sinécure.*

Siehe auch **c'est coton, c'est la croix et la bannière, c'est la galère, ce n'est pas de la tarte.**

sire

(2) **un triste sire** (quelqu'un de méprisable) ▸ ein verächtlicher Typ

Ce n'est pas quelqu'un de très recommandable. Je dirais même que *c'est un triste sire.*

six-quatre-deux

S

(2) **faire quelque chose à la six-quatre-deux** (faire quelque chose à la va-vite et donc de façon peu soignée) ▸ etwas auf die Schnelle tun

☞ Trotz einiger phantasievoller Erklärungen ist die Herkunft nicht geklärt. Man könnte jedoch an jdn denken, der, statt *six, cinq, quatre, trois, deux,* also in der normalen Reihenfolge zählt, einfach zwei Zahlen überspringt.

Si tu fais tout *à la six-quatre-deux,* tu ne dois pas t'étonner que ce soit mal fait.

Siehe auch **traiter quelque chose par-dessus la jambe.**

soif

(2) **jusqu'à plus soif** (de façon excessive) ▸ bis zum Geht-nicht-mehr

☞ Wörtlich: Bis man keinen Durst mehr hat.

Ma femme fait du shopping *jusqu'à plus soif.*

Siehe auch **à bouche que veux-tu, à gogo, à tire-larigot, à tour de bras.**

soigner

(1) **tu devrais te faire soigner!** (tu n'es pas un peu fou?) ▸ du hast sie wohl nicht alle?

☞ Wörtlich: Du solltest dich (psychisch) behandeln lassen!

Tu veux faire le tour du monde en vélo? *Tu devrais te faire soigner*!

Siehe auch **avoir une araignée au plafond, perdre la boule, battre la campagne, avoir une case en moins, il lui manque une case, travailler du chapeau, ne pas jouir de toutes ses facultés, avoir un grain, être à la masse, ça ne va pas la tête.**

soins

(1) **être aux petits soins avec / pour quelqu'un** (avoir pour lui toutes les attentions, faire tout ce qu'il désire) ▸ jdm jeden Wunsch von den Augen ablesen

Ma femme ne partage pas mes intérêts, mais elle *a* toujours *été aux petits soins pour moi.*

Siehe auch **être aux petits oignons avec / pour quelqu'un.**

(2) **aux bons soins de ...** (formule inscrite sur une lettre pour demander au destinataire de la faire parvenir à quelqu'un d'autre) ▸ zu (den) Händen (von) ...

Tu peux envoyer la lettre *aux bons soins de* Mme Lemaire.

Siehe auch **à l'attention de monsieur X.**

S

soir

(3) **le grand soir** (le début du grand changement, la révolution) ▸ (allgemein) der Tag der Wende

▸ (Für Kommunisten) der Anfang der Revolution in der ganzen Welt.

Les communistes en sont toujours à attendre *le grand soir.*

sorcier

(1) **ce n'est pas sorcier!** (ce n'est pas difficile!) ▸ das ist kein Kunststück!

☞ Wörtlich: Man muss kein Hexenmeister sein, um …

Réparer un pneu de vélo, *ce n'est* quand même *pas sorcier!*

Siehe auch **à l'aise Blaise, c'est du tout cuit, ce n'est pas le diable, les doigts dans le nez, c'est l'enfance de l'art, c'est du gâteau, ce n'est pas la mer à boire.**

sort

(2) **le sort en est jeté!** (les choses sont décidées, on ne peut plus rien y changer) ▸ die Würfel sind gefallen

On ne peut plus rien faire, *le sort en est jeté*!

sortie

(3) **faire une sortie contre quelqu'un** (s'emporter subitement contre lui) ▸ gegenüber jdm ausfällig werden

☞ Aus der Theatersprache: *La sortie* ist der Abgang, der früher oft ziemlich dramatisch sein konnte.

Le chef de l'opposition *a fait* hier *une sortie contre* le ministre.

Siehe auch **n'écouter que sa colère, piquer une colère, sortir de ses gonds, et merde, la moutarde me monte au nez, se mettre en pétard, grimper aux rideaux, mon sang n'a fait qu'un tour, être soupe au lait, avoir la tête près du bonnet.**

sortir

S

(1) **ne pas (s')en sortir** (ne pas réussir quelque chose) ▸ etwas nicht schaffen, mit etwas nicht fertigwerden

☞ Wörtlich: Ich komme nicht aus dem Problem heraus.

Viens un peu m'aider, *je ne m'en sors pas* avec ce problème!

souffle

* *couper* **le souffle à quelqu'un** ▸ jdm den Atem *nehmen*

(1) **être à bout de souffle** (ne plus avoir de souffle) ▸ außer Atem sein

Après une course de cinq kilomètres, *j'étais* déjà *à bout de souffle.*

(3) **ne pas manquer de souffle** (être effronté) ▸ dreist sein

Venir me demander une augmentation, alors que tu fais mal ton travail, je trouve que *tu ne manques pas de souffle.*

Siehe auch **ne pas manquer d'air, comme vous y allez, y aller fort, charrier dans les bégonias, dépasser les bornes, pousser le bouchon un peu loin, arrête ton char, tirer sur la corde, ça commence à bien faire, tirer sur la ficelle, être gonflé, faut pas pousser grand-mère dans les orties.**

(3) **le second souffle** (un regain de vitalité) ▸ ein neuer Schwung, ein neuer Auftrieb | **le souffle** = der Atem

L'énergie fossile est à la recherche de *son second souffle.*

soufre

(3) **ça sent le soufre** (présenter un caractère d'hérésie) ▸ nicht ganz koscher sein

☞ *le soufre* (der Schwefel) wird oft mit dem Teufel assoziiert.

Aux yeux des catholiques, les thèses de Luther *sentaient le soufre.*

Siehe auch **ce n'est pas très catholique.**

souliers

(2) **être dans ses petits souliers** (être très mal à l'aise) ▸ sich am liebsten in einem Mauseloch verkriechen wollen

☞ Als ob einem die Schuhe zu klein wären.

Quand j'ai été convoqué au commissariat de la police, *j'étais dans mes petits souliers.*

Siehe auch **ne pas en mener large.**

soupe

(1) **être soupe au lait** (s'emporter facilement et brutalement) ▸ leicht aufbrausen, leicht reizbar sein

☞ Man denkt hier an schnell überkochende Milchsuppe.

Mon père est généralement gentil, mais *il est soupe au lait.*

Siehe auch **n'écouter que sa colère, piquer une colère, sortir de ses gonds, et merde, la moutarde me monte au nez, se mettre en pétard, grimper aux rideaux, mon sang n'a fait qu'un tour, faire une sortie contre quelqu'un, avoir la tête près du bonnet.**

(3) **par ici, la bonne soupe!** (par ici, l'argent!) ▸ immer her mit dem Geld / mit der Knete!

Une fois qu'il a été ministre, il a dit '*par ici la bonne soupe!*'

soupé

(1) **en avoir soupé** (en avoir assez) ▸ die Nase gestrichen voll haben

☞ Wörtlich: Genug von etwas gegessen haben.

J'en ai soupé des vacances en Espagne!

source

(3) **couler de source** (aller de soi) ▸ klar, logisch sein

☞ Wörtlich: So klar wie Quellwasser.

Qu'il ne pouvait pas réussir sans travailler, *cela coulait de source.*

sourdine

(2) **mets la sourdine!** (modère-toi!) ▸ mach mal halblang! | **la sourdine** = der Dämpfer

On n'entend que toi ici. *Mets* un peu *la sourdine*!

Siehe auch **mettre un bémol, mettre la pédale douce, la mettre en veilleuse.**

sous

(1) **être près de ses sous** (être avare) ▸ auf den Pfennig schauen

N'espère pas qu'il va te prêter de l'argent, *il est* beaucoup trop *près de ses sous!*

Siehe auch **être un peu radin sur les bords, être dur à la détente, les lâcher avec un élastique.**

sucre

(2) **casser du sucre sur le dos de quelqu'un** (dire du mal de lui en son absence) ▸ jdn durch den Kakao, den Dreck ziehen

☞ Den Zucker gab es ursprünglich in Form eines Zuckerhuts, den man zerstückeln musste. Wörtlich bedeutet diese Redewendung also ‚einen Zuckerhut auf jds Rücken zerstückeln'. Der Zusammenhang mit ‚böse über jdn reden' ist nicht geklärt. *Sur le dos* deutet jedenfalls auf die Abwesenheit des Opfers.

Ce n'est pas bien de *casser du sucre sur le dos* de collègues absents.

suite

(2) **avoir de la suite dans les idées** (savoir ce que l'on veut, être persévérant) ▸ konsequent sein, stur sein

Après avoir été en prison pour vol, il a été pris en train de cambrioler. On peut dire qu'*il a de la suite dans les idées!*

sujet

(3) **être sujet à caution** (se dit de quelque chose de douteux) ▸ sagt man von etwas Zweifelhaftem

☞ *caution* ist auf das lateinische Verb *cavere* (aufpassen, z. B. *cave canem*, Achtung vor dem Hund!) zurückzuführen.

Les affirmations du ministre sont pour le moins *sujet à caution.*

système

(1) **tu me tapes sur le système!** (tu m'énerves!) ▸ du gehst mir auf die Nerven!

☞ Gemeint ist: *le système nerveux.*

Je ne veux plus te voir! *Tu me tapes sur le système!*

Siehe auch **tu me pompes l'air, mettre quelqu'un en boule, casser les couilles à quelqu'un, courir sur le haricot, avoir les nerfs en boule, être sur les nerfs, casser les oreilles / les pieds à quelqu'un, il me sort par les yeux.**

T

tabac

(1) **faire un tabac** (avoir un grand succès) ▸ einen Bombenerfolg haben

☞ In dieser Redewendung ist *tabac* verwandt mit *tabasser, passer à tabac* (siehe unten). Das Füßestampfen eines begeisterten Publikums wird hier verglichen mit dem wiederholten Schlagen beim Verprügeln.

Le dernier film des frères Coen *a fait un tabac.*

Siehe auch **casser la baraque, faire un malheur.**

(1) **passer quelqu'un à tabac** (le rouer de coups) ▸ jdn zusammenschlagen

☞ *tabac* hat hier nichts mit Tabak zu tun, sondern mit *tabasser* (verprügeln).

Le prévenu prétend que les gendarmes *l'ont passé à tabac.*

Siehe auch **coller un pain à quelqu'un, faire une grosse tête à quelqu'un, mettre à quelqu'un la tête au carré.**

table

* **faire table** *rase* ▸ *reinen* Tisch machen (aus lat. *tabula rasa*).

(1) **se mettre à table** (avouer) ▸ auspacken, singen
Après 3 heures d'interrogatoire, le prévenu *s'est mis à table.*

Siehe auch **manger le morceau.**

tableaux

(3) **miser sur les deux tableaux** (être du côté de chacun des adversaires pour être sûr de gagner à tous les coups) ▸ es mit beiden Seiten halten
☞ Man denkt hier an die beiden Felder – Rot und Schwarz – am Roulettetisch.
Cet homme politique n'est pas fiable: *il mise* toujours *sur les deux tableaux!*

Siehe auch **manger à tous les râteliers.**

tablettes

(3) **noter quelque chose sur ses tablettes** (l'écrire pour s'en souvenir) ▸ sich etwas merken
N'oublie pas de *noter sur tes tablettes* que le prochain rendez-vous chez le cardiologue est dans un an.

Siehe auch **marquer quelque chose d'une pierre blanche.**

tablier

(2) **rendre son tablier** (démissionner) ▸ sein Amt niederlegen, den Dienst quittieren
☞ Wörtlich: Den Arbeitskittel abgeben.
Je ne peux pas travailler dans ces conditions-là, je préfère *rendre mon tablier.*

T

(2) **ça lui va comme un tablier à une vache** (ça ne lui va pas du tout) ▸ das steht ihm überhaupt nicht | **le tablier** = (hier:) die Schürze
Ce chapeau boule *te va comme un tablier à une vache.*

tac

(1) **répondre du tac au tac** (répondre immédiatement et sur le même ton) ▸ schlagfertig, wie aus der Pistole geschossen antworten

☞ Diese Redewendung bezog sich ursprünglich auf das Fechten. *Tac* ist das Geräusch, das der Schlag mit dem Degen auf die Klinge des Gegners macht. Wenn man den Schlag des Gegners mit einem Gegenschlag beantwortete, antwortete man also *du tac au tac.*

Chaque fois que je lui faisais une remarque, il me *répondait du tac au tac.*

Siehe auch **répondre aussi sec.**

tache

(2) **faire tache** (causer un contraste choquant) ▸ irgendwo nicht hineinpassen | **la tache** = der Fleck

Les députés fascistes *font tache* au parlement européen.

(2) **faire tache d'huile** (se répandre lentement) ▸ sich langsam (wie ein Ölfleck) verbreiten

Le bruit que le premier ministre aurait un compte secret en Suisse *fait tache d'huile.*

taillable

(3) **taillable et corvéable à merci** (être destiné à être exploité) ▸ dazu da sein, um ausgebeutet zu werden

☞ Im Mittelalter war *la taille* eine Steuer, die der Leibeigene seinem Herrn zahlen musste. Die *corvée* war der Frondienst, den er ebenfalls leisten musste. *À merci* steht für *en étant à la merci de son seigneur*, während/weil er seinem Herrn ausgeliefert war.

Quand il s'agit de remplir les caisses de l'État, le contribuable est *taillable et corvéable à merci.*

taillé

(2) **être taillé pour quelque chose** (être fait pour ça) ▸ auf etwas zugeschnitten sein, für etwas gemacht sein

☞ Zu *tailler* gehört *tailleur* (Schneider).

Je pense que tu es *taillé pour* ce job.

T

tambour

(2) tambour battant (vivement, énergiquement) ▸ energisch und im Eiltempo

☞ Wörtlich: Mit Trommelwirbel.

Le projet de loi a été voté *tambour battant.*

(3) **partir sans tambour ni trompette** (partir discrètement, sans faire de bruit) ▸ sich heimlich, still und leise aus dem Staub machen
☞ Wenn eine Armee geschlagen war, zog sie sich ohne Trommelschlag und Trompetengeschall zurück.
Nos hôtes n'ont pas dit 'au revoir'. *Ils sont partis sans tambour ni trompette.*

Siehe auch **filer à l'anglaise, déménager à la cloche de bois, jouer la fille de l'air, brûler la politesse à quelqu'un.**

tamponner

(2) **je m'en tamponne (le coquillard)!** (ça m'est égal) ▸ das ist mir schnuppe!
☞ *le coquillard* (aus *coquille* ‚Schale') ist das Auge, das hier für After steht. *Tamponner* ist ‚abtupfen' / ‚abstempeln'. Wörtlich: Damit (*en*) werde ich mir den Hintern abwischen.
Qu'il vienne ou qu'il ne vienne pas, *je m'en tamponne le coquillard!*

Siehe auch **c'est le cadet de mes soucis, cause toujours, ça ne me fait ni chaud ni froid, je n'en ai cure, je m'en fous comme de l'an quarante, je m'en bats l'œil, vous m'en direz tant, je m'en tape.**

tangente

(3) **prendre la tangente** (s'enfuir) ▸ sich aus dem Staub machen
☞ Der Stein verlässt die im Kreise geschwungene Schleuder über die Tangente.
Voilà la police! Il est temps de *prendre la tangente!*

Siehe auch **prendre ses jambes à son cou, prendre le large, se faire la malle, se faire la paire, prendre la poudre d'escampette, partir sans demander son reste, mettre les voiles.**

T

tant

(2) **tant bien que mal** (péniblement) ▸ so gut es eben geht, recht und schlecht
☞ Wörtlich: Ebenso gut wie schlecht!
J'ai terminé mes examens *tant bien que mal.*

(2) **tant qu'à faire, tu/vous ...** (au point où on en est ...) ▸ wenn du/Sie schon mal ..., dann ...
Tant qu'à faire, on peut aussi repeindre le plafond. (Wenn wir schon mal dabei sind, können wir auch die Decke streichen.)

(3) **si tant est que ...** (à supposer que ...) ▸ falls ... überhaupt
Le débat est clos, *si tant est* qu'il ait été ouvert.

(3) **tant s'en faut!** (bien loin de là) ▸ im Gegenteil, weit entfernt!
☞ Gemeint ist: *Il en faudrait beaucoup pour que je sois d'accord.*
Je ne suis pas de ton avis, *tant s'en faut*!

(3) **tant et plus** (beaucoup) ▸ sehr viel
☞ Wörtlich: So viel und noch mehr.
Il en connaît *tant et plus* de cette affaire.

(3) **vous m'en direz tant!** (1. j'en suis tout étonné, 2. ça ne m'intéresse pas vraiment) ▸ 1. nein, so was! 2. so, so!
Les banques ne font plus de bénéfices? *Vous m'en direz tant*!

Siehe auch (zu 1) **tiens donc;** (zu 2) **c'est le cadet de mes soucis, cause toujours, ça ne me fait ni chaud ni froid, je n'en ai cure, je m'en fous comme de l'an quarante, je m'en bats l'œil, je m'en tamponne, je m'en tape.**

taper

(1) **taper dans l'œil de quelqu'un** (lui plaire) ▸ es jdm angetan haben
☞ Wörtlich: Ins Auge schlagen
Je veux absolument acheter cette voiture, *elle m'a tapé dans l'œil.*

Siehe auch **avoir une touche.**

(1) **je m'en tape!** (ça m'est égal!) ▸ das ist mir piepegal!
☞ Gemeint ist: *je m'en tape le cul*, eine Variante von *se tamponner le coquillard* (siehe dort).
Qu' il soit d'accord ou pas, *je m'en tape*!

Siehe auch **c'est le cadet de mes soucis, cause toujours, ça ne me fait ni chaud ni froid, je n'en ai cure, je m'en fous comme de l'an quarante, je m'en bats l'œil, je m'en tamponne, vous m'en direz tant.**

T

tapis

* **revenir sur le *tapis*** ▸ wieder aufs *Tapet* kommen (*tapis* hat eine allgemeinere Bedeutung als *Tapet*)

(2) **envoyer quelqu'un au tapis** (le vaincre) ▸ jdn besiegen
☞ Wörtlich: Jdn auf die Matte legen.
En un rien de temps *il m'a envoyé au tapis.*

Siehe auch **ne faire qu'une bouchée de quelqu'un, battre quelqu'un à plate couture, qu'est-ce qu'on leur a mis.**

taquet

(3) **être au taquet** (être débordé de travail et ne plus pouvoir prendre autre chose en charge) ▸ am Limit sein

☞ *le taquet* ist der Keil oder der Riegel, der etwas blockiert.

Avec tout le travail que j'ai, *je suis au taquet.*

tarte

(1) **ce n'est pas de la tarte!** (ce n'est pas facile!) ▸ das hat es in sich, das ist nicht ohne

☞ Gemeint ist: Das ist kein Kuchen essen.

Faire 50 km à pied, *ce n'est pas de la tarte*!

Siehe auch **c'est coton, c'est la croix et la bannière, c'est la galère, ce n'est pas une sinécure.**

(2) **une tarte à la crème** (un lieu commun, une formule vide de sens) ▸ ein Gemeinplatz, eine Phrase

☞ Wörtlich: Ein Sahnetörtchen. In Molieres Luststück *L'école des femmes* kommt diese Redewendung mehrmals vor als Beispiel für eine leere Phrase.

Sauver les forêts tropicales, c'est *une tarte à la crème.*

tas

(2) **apprendre sur le tas** (apprendre sur le lieu même du travail) ▸ von der Pike auf lernen

☞ *le tas* bedeutet hier nicht der Haufen, sondern die Baumaterialien auf einer Baustelle.

Je n'ai jamais fréquenté une école professionnelle, *j'ai appris sur le tas.*

T

tasse

(1) **boire la tasse** (1. avaler involontairement de l'eau en se baignant, 2. faire faillite) ▸ 1. beim Schwimmen Wasser schlucken, 2. Pleite gehen

1. Comme je ne sais pas bien nager, *j'ai bu la tasse.*

2. Dans cette affaire, notre société *a bu la tasse.*

Siehe auch (zu 2.) **faire un bide, boire un bouillon, faire un four, ramasser une pelle, prendre une veste.**

(1) **ce n'est pas ma tasse de thé** (ce n'est pas tout à fait de mon goût; ce n'est pas mon activité préférée) ▸ das ist nichts für mich

☞ Eine wörtliche Übersetzung aus dem Englischen: *it's not my cup of tea.*

Courir un marathon, *ce n'est pas ma tasse de thé.*

téléphone

(3) **le téléphone arabe** (la transmission rapide d'une information de bouche à oreille) ▸ die Buschtrommel

☞ In den französischen Kolonien in Nordafrika verbreitete sich eine Neuigkeit von Mund zu Mund. Dürfte politisch nicht mehr ganz korrekt sein!

Je vois que tout le monde est déjà au courant! *Le téléphone arabe* a bien fonctionné!

Siehe auch **le bouche-à-oreille, le buzz.**

temps

(1) **en deux temps trois mouvements** (très vite) ▸ im Handumdrehen

☞ Aus der Soldatensprache: Der Soldat musste das Gewehr in zwei Handgriffen schultern oder absetzen. *Trois mouvements* kam dann später als Verstärkung dazu.

Il est tellement fort en math, qu'il a résolu le problème *en deux temps trois mouvements.*

Siehe auch **en deux coups de cuillère à pot, dare-dare, en moins de deux, en quatrième vitesse.**

(1) **par les temps qui courent** (de nos jours) ▸ heutzutage

Par les temps qui courent, on ne peut pas être contre l'écologie.

(3) **au temps pour moi** (siehe **autant pour moi**)

T

tenants

(3) **les tenants et les aboutissants** (toutes les circonstances) ▸ die näheren Umstände, die Begleitumstände

☞ *le tenant* (aus *tenir*) ist das, was an etwas grenzt. *L'aboutissant* (aus *aboutir*) ist die Konsequenz.

Je ne connais pas tous *les tenants et les aboutissements* de cette affaire.

tenir

(1) **tiens donc!** (tu m'étonnes!) ▸ na, so was!
Aujourd'hui, j'étais à l'heure! – *Tiens donc*!

Siehe auch **vous m'en direz tant** (1).

(1) **n'y plus tenir** (ne plus pouvoir contenir son impatience) ▸ es nicht mehr aushalten (vor Spannung, Neugierde)
Je n'y tiens plus, je vais voir s'il n'est pas déjà arrivé.

Siehe auch **ronger son frein.**

(2) **qu'à cela ne tienne!** (peu importe!) ▸ daran soll's nicht liegen!
☞ Gemeint ist: *si cela ne tient qu'à ça, ce n'est pas important*, wenn es nur daran liegt ...
La maison est beaucoup plus chère que prévu? *Qu'à cela ne tienne*!

(2) **avoir de qui tenir** (avoir des parents qui ont des qualités remarquables) ▸ nicht aus der Art schlagen
☞ Gemeint ist: *il/elle tient ça de ses parents.*
C'est un très bon joueur de tennis, *il a de qui tenir*!

(3) **il n'y a pas de X** (fête, augmentation ...) qui tienne (peu importe qu'il y ait X ou non, je dis non) ▸ X oder kein X, das spielt keine Rolle
C'est la Noël, tu peux bien me prêter 1.000 euros! – *Il n'y a pas de Noël qui tienne*, c'est non!

tenue

(1) **en petite tenue** (peu vêtu) ▸ spärlich bekleidet, halbnackt | **la tenue** = die Kleidung
On a sonné! – Je sais, mais je ne vais quand même pas ouvrir la porte *en petite tenue*!

T

(2) **un peu de tenue!** (conduis-toi comme il faut!) ▸ benimm dich gefälligst!
☞ *la tenue* (aus *se tenir*) ist hier das Benehmen.
Allons les enfants, *un peu de tenue*!

terrain

* *tâter* **le terrain** ▸ das Terrain *sondieren* (*tâter* ist ‚abtasten', wie Pferde, die den Boden mit ihren Hufen abtasten)

(2) **être sur un terrain glissant** (être face à une affaire délicate) ▸ auf dünnem Eis stehen, ganz dünnes Eis!

☞ Wörtlich: Sich auf rutschigem Gelände befinden.

Si tu t'attaques à un ministre, *tu es sur un terrain glissant*!

terreurs

(3) **jouer les terreurs** (faire semblant d'être quelqu'un qui inspire la terreur) ▸ den starken Mann markieren

Ce professeur n'est pas si terrible que ça, *il joue* seulement *les terreurs.*

Siehe auch **rouler les mécaniques.**

terrible

(1) **ce n'est pas terrible!** (ce n'est pas très bon!) ▸ das ist nicht gerade berauschend! *Terrible* (schrecklich) steht hier für etwas im höchsten Grad, wie in *terriblement bon.*

Seulement quatre sur dix pour ta dissertation, *ce n'est pas terrible*!

Siehe auch **au ras des pâquerettes, au petit pied, ça ne vole pas haut.**

tête(s)

* **une tête *à* claques** ▸ ein Ohrfeigengesicht | **claque** = (hier:) Ohrfeige

(1) **être tête en l'air** (être très distrait) ▸ zerstreut sein

Ton ami est bien sympathique, dommage qu'il soit un peu *tête en l'air.*

(1) **ça va pas la tête?** (tu n'es pas un peu fou?) ▸ du tickst wohl nicht richtig!

Tu veux t'acheter une Rolls? *Ça va pas la tête*?

Siehe auch **avoir une araignée au plafond, perdre la boule, battre la campagne, il a une case en moins, il lui manque une case, travailler du chapeau, ne pas jouir de toutes ses facultés, avoir un grain, être à la masse, tu devrais te faire soigner.**

(1) **se creuser la tête** (réfléchir intensément) ▸ sich den Kopf zerbrechen

☞ Wörtlich: Seinen Kopf aushöhlen.

J'ai beau *me creuser la tête*, je ne trouve pas la solution à ce problème.

Siehe auch **se creuser la cervelle / les méninges / la nénette.**

(1) **faire la tête** (bouder) ▸ den Beleidigten, die Beleidigte spielen
Arrête de *faire la tête* et viens jouer avec moi!

Siehe auch **faire la gueule, prendre la mouche, prendre ombrage de quelque chose.**

(1) **j'en ai par-dessus la tête!** (j'en ai assez!) ▸ ich habe die Nase voll!
☞ Gemeint ist: So viel, dass es mir über den Kopf wächst.
J'en ai par-dessus la tête de ta grossièreté!

Siehe auch **en avoir jusque là, en avoir ras le bol, en avoir plein les bottes, en avoir sa claque, en avoir plein le cul / plein le dos, en avoir marre.**

(1) **à la tête du client** (selon des circonstances arbitraires) ▸ willkürlich
Les prix chez ce marchand ne sont jamais fixes, c'est toujours *à la tête du client.*

(1) **(100 euros) par tête de pipe** (par personne) ▸ (100 Euro) pro Person | **la tête de pipe** = der Pfeifenkopf
L'entrée à ce concert, ce n'est pas donné! C'est quand même 100 euros *par tête de pipe!*

(1) **avoir une bonne tête** (avoir l'air sympathique) ▸ sympathisch aussehen
J'aime bien ton ami, *il a une bonne tête.*

(1) **monter la tête à quelqu'un** (le pousser à se révolter) ▸ jdn aufhetzen
Si tu ne veux plus me voir, c'est que ta femme *t'a monté la tête.*

Siehe auch **monter le bourrichon à quelqu'un.**

(1) **se payer la tête de quelqu'un** (se moquer de lui) ▸ sich über jdn lustig machen
Si tu as cru ça, c'est que tu n'as pas compris qu'*on s'est payé ta tête.*

Siehe auch **mener quelqu'un en bateau, monter un bateau à quelqu'un, rouler quelqu'un dans la farine, jouer un tour à quelqu'un, faire prendre à quelqu'un des vessies pour des lanternes.**

(1) **piquer une tête** (plonger dans l'eau) ▸ ins Wasser springen
☞ Wörtlich: Einen Kopfsprung machen.
Il fait tellement chaud et l'eau est si bonne, que j'ai envie de *piquer une tête.*

(1) **tenir tête à quelqu'un** (s'opposer à lui) ▸ jdm die Stirn bieten
Il voulait m'imposer sa volonté, mais *je lui ai tenu tête.*

(2) **une tête brûlée** (un fonceur) ▸ ein Draufgänger
Wörtlich: Ein verbrannter Kopf, das Gegenteil von einem kühlen Kopf.
Dans la police, on n'a pas besoin de *têtes brûlées.*

(2) **une forte tête** (un caractère insubordonné) ▸ eine aufsässiger Mensch
☞ Meistens wird *fort* mit etwas Positivem assoziiert, was hier nicht der Fall ist.
L'instituteur ne m'aimait pas, parce que j'étais *une forte tête.*

Siehe auch **une tête de lard.**

(2) **une tête de lard** (quelqu'un d'entêté et qui a mauvais caractère) ▸ ein Dickschädel | **lard** = Speck
Ton frère, c'est *une* vraie *tête de lard*, il n'y a pas moyen de discuter avec lui!

Siehe auch **une forte tête.**

(2) **avoir la grosse tête** (être très imbu de soi) ▸ sehr eingebildet sein
☞ Gemeint ist, dass man seinen Kopf dicker macht, als er ist. Entspricht also nicht dem deutschen *Dickkopf.*
Depuis qu'il est devenu député, notre maire *a la grosse tête.*

Siehe auch **ne pas se moucher du coude, se croire sorti de la cuisse de Jupiter, péter plus haut que son cul, le prendre de haut, ne pas se moucher du pied, le roi n'est pas son cousin, avoir la science infuse.**

(2) **il a la tête de l'emploi!** (on voit à sa tête quelle est sa profession) ▸ man sieht ihm seinen Beruf an!
Tu me dis qu'il est boxeur? Ce n'est pas étonnant, *il a la tête de l'emploi!*

Siehe auch **il a la gueule de l'emploi.**

(2) **ne plus savoir où donner de la tête** (ne plus savoir où il faut commencer; ce qu'il faut faire) ▸ nicht wissen, womit man anfangen soll; überfordert sein
Il y avait tellement de clients dans le magasin que le boucher *ne savait plus où donner de la tête.*

(2) **se prendre la tête** (se faire des soucis) ▸ sich Sorgen machen
☞ Man denkt an jdn, der seinen Kopf in die Hände nimmt.

Ne te prends pas la tête, tout va s'arranger!

Siehe auch **se mettre martel en tête, se faire du mauvais sang, se faire un sang d'encre, se ronger les sangs.**

(2) **ne plus avoir toute sa tête** (ne plus disposer de toute sa raison) ▸ nicht mehr ganz bei Sinnen sein

Ma grand-mère a quatre-vingt dix ans. Malheureusement, *elle n'a plus toute sa tête.*

(2) **être la tête de Turc** (être la personne dont on se moque et que l'on critique) ▸ der Prügelknabe sein

☞ *la tête de Turc* war auf Jahrmärkten die Entsprechung von Hau-den-Lukas. Bei dem Gebrauch der französischen Redewendung sollte man vorsichtig sein gegenüber politisch Korrekten!

À l'école, j'étais toujours *la tête de Turc* des professeurs.

(2) **en mettre sa tête à couper** (être tout à fait sûr de ce qu'on affirme) ▸ seinen Kopf auf etwas wetten

On ne le verra plus jamais. *J'en mets ma tête à couper!*

(3) **faire une grosse tête à quelqu'un** (frapper quelqu'un violemment) ▸ jdm eins auf die Birne geben

☞ Gemeint ist, dass nach dem Schlag der Kopf anschwillt.

Répète un peu ça et *je te fais une grosse tête*!

Siehe auch **coller un pain à quelqu'un, passer quelqu'un à tabac, mettre à quelqu'un la tête au carré.**

(3) **mettre à quelqu'un la tête au carré** (tabasser quelqu'un) ▸ aus jdm Kleinholz machen

☞ Wörtlich: Ein Kopf im Quadrat, also der gleiche Gedanke wie oben.

S'il ose m'accuser de vol, *je lui mets la tête au carré*!

T

Siehe auch **coller un pain à quelqu'un, passer quelqu'un à tabac, faire une grosse tête à quelqu'un.**

(3) **avoir la tête sur les épaules** (être très équilibré, très sensé) ▸ einen gesunden Menschenverstand haben

☞ Das Gegenteil von ‚den Kopf auf den Schultern haben', wäre *être tête en l'air* (den Kopf in der Luft haben).

Cet homme convient bien pour le nouveau poste, *il a la tête sur les épaules.*

Siehe auch **avoir les pieds sur terre.**

(3) **avoir la tête près du bonnet** (se mettre facilement en colère) ▸ leicht aufbrausen | **le bonnet** = die Mütze, die Haube
☞ Der Ursprung dieser Redewendung ist nicht geklärt. Vielleicht denkt man an ‚in die Luft gehen'.
On ne peut pas dire que c'est quelqu'un de calme! *Il a* plutôt *la tête près du bonnet.*

Siehe auch **n'écouter que sa colère, piquer une colère, sortir de ses gonds, et merde, la moutarde me monte au nez, se mettre en pétard, grimper aux rideaux, mon sang n'a fait qu'un tour, faire une sortie contre quelqu'un, être soupe au lait.**

(2) **avoir ses têtes** (être partial) ▸ so seine Lieblinge haben
☞ Gemeint ist: *ses têtes préférées.*
Ce professeur est considéré comme quelqu'un qui *a ses têtes.*

(2) **les têtes blondes** (les enfants) ▸ die Kinder
☞ *blond* ist eigenartig, denn man erwartet es eher bei deutschen als bei französischen Kindern.
Nos chères *têtes blondes* reprendront le chemin de l'école le 1er septembre.

timbale

(3) **décrocher la timbale** (1. remporter le prix, obtenir ce qu'on voulait, 2. (iron.) s'attirer des désagréments par sa maladresse) ▸ 1. das große Los ziehen, 2. sich in die Nesseln setzen
☞ *la timbale* war der (silberne) Becher, der auf den Jahrmärkten am Klettermast befestigt war; wörtlich: Den Becher abhängen, ergattern. 2. ist eine Antiphrase.
Avec ta réponse grossière au directeur *tu as* vraiment *décroché la timbale*!

tirage

T

(2) **il y a du tirage** (il y a des difficultés, des résistances à vaincre) ▸ es gibt Reibereien
☞ *le tirage* ist der Zug im Kamin, also normalerweise etwas Positives. Woher die negative Bedeutung kommt, ist nicht bekannt. Man könnte jedoch bei *tirage* an *courant d'air* (Durchzug) denken.
On croyait que le projet de loi allait passer sans difficultés, mais *il y a du tirage.*

tire-larigot

(3) **à tire-larigot** (en grande quantité) ▸ in rauen Mengen
☞ Der Ursprung dieser Redewendung, die zuerst nur mit *boire* vorkam, ist umstritten. Die wahrscheinlichste Erklärung ist die folgende: In der Kathedrale von Rouen hing eine sehr schwere Glocke, *Rigaude* genannt, deren Glockenzug schwer zu ziehen war. Von dem *tirer la Rigaude* wurde der Glöckner so durstig, dass er viel (Mess-) Wein trinken musste. Dann wurde aus *tirer la Rigaude* '*tire-larigot*'!

Videz vos verres! Il y a encore à boire *à tire-larigot!*

Siehe auch **à bouche que veux-tu, à gogo, jusqu'à plus soif, à tour de bras.**

tocsin

(3) **sonner le tocsin** (sonner l'alarme, alerter l'opinion) ▸ Alarm schlagen | **le tocsin** = die Sturmglocke

Quand l'armée ennemie s'approcha du château, le garde *sonna le tocsin.*

toits

(1) **crier quelque chose sur les toits** (dire à tout le monde) ▸ etwas ausposaunen
☞ Wörtlich: Etwas über die Dächer rufen.

Je ne t'avais pas demandé de *crier sur les toits* que c'est moi qui aurai le job!

tombeau

(2) **(rouler) à tombeau ouvert** (très vite) ▸ volle Pulle
☞ Wörtlich: So schnell, dass das offene Grab schon auf einen wartet.

À peine avait-il sa nouvelle voiture, qu'on le voyait déjà *rouler à tombeau ouvert* sur l'autoroute.

T

Siehe auch **sur les chapeaux de roues, à fond de caisse, pied au plancher, plein pot.**

tomber

(1) **ça tombe bien!** (cela arrive au bon moment!) ▸ das trifft sich gut!

Tu voulais me parler? *Ça tombe bien*, j'ai aussi des choses à te dire!

(1) **tu tombes / vous tombez bien!** (tu arrives / vous arrivez bien à propos!) ▸ du kommst / Sie kommen gerade recht!

Tu tombes bien, j'ai justement besoin de ton aide!

Siehe auch **tomber à pic / pile / à point nommé.**

tonneau

(2) **c'est du même tonneau** (c'est de la même sorte) ▸ das ist vom gleichen Kaliber

☞ Gemeint ist: Wein aus dem gleichen Fass.

Ce que le gouvernement nous propose là, *c'est du même tonneau* que ce que nous connaissons déjà.

tonnerre

(1) **(une fille, une voiture) du tonnerre** (formidable) ▸ toll, super

La nouvelle Jaguar est *du tonnerre*!

tonnes

(3) **en faire des tonnes** (exagérer l'importance de quelque chose) ▸ dick auftragen

Quand il parle du climat, *il en fait des tonnes.*

Siehe auch **en faire tout un fromage, en faire tout un plat.**

topo

(2) **c'est toujours le même topo** (c'est toujours le même refrain) ▸ es ist immer dieselbe Leier

☞ *topo* ist die verkürzte Form von *topographie.*

Ses conférences sur le climat, *c'est toujours le même topo.*

torchon

(2) **le torchon brûle** (il y a de la dispute en l'air) ▸ der Haussegen hängt schief; es herrscht dicke Luft;

☞ Mit *torchon* ist hier nicht ein Lappen oder ein Küchentuch gemeint. Hier stammt *torchon* von *se torcher* (u. a. sich prügeln).

Après 10 ans de vie commune, *le torchon brûle.*

Siehe auch **ça va barder, se crêper le chignon, être à couteaux tirés avec quelqu'un, chercher des crosses à quelqu'un, avoir une dent contre quelqu'un, il y a de l'eau dans le gaz, avoir maille à partir avec quelqu'un, se bouffer le nez.**

(3) **un coup de torchon** (une épuration radicale) ▸ eine Säuberungsaktion

☞ Hier hat *torchon* seine heutige Bedeutung ‚Abwischtuch'.

Le ministre a décidé de *donner un coup de torchon* dans toute la politique des subsides.

tort

(1) **à tort et à travers** (sans discernement) ▸ unüberlegt

☞ Wörtlich: Zu unrecht und durcheinander.

Réfléchis un peu et arrête de parler *à tort et à travers*!

touche

(1) **avoir une touche** (être remarqué par quelqu'un à qui on plait) ▸ Augenkontakt haben mit jdm, auf den man ein Auge geworfen hat

☞ Bevor der Fisch anbeißt, berührt er den Angelhaken.

Tu as vu la belle blonde à la table en face? *J'ai une touche*!

Siehe auch **faire du charme à quelqu'un, conter fleurette à quelqu'un, faire du genou à quelqu'un, faire du gringue à quelqu'un, jeux de mains, jeux de vilains, avoir la main baladeuse, faire de l'œil à quelqu'un, faire du pied à quelqu'un, faire du plat à quelqu'un.**

(2) **rester / être mis sur la touche** (rester / être mis à l'écart) ▸ ausgebootet sein/werden

☞ Gemeint ist *être exclu de la partie* (vom Spiel ausgeschlossen sein, weil man sich in der seitlichen Zone außerhalb des Spielfelds befindet.

1. Après sa blessure au genou, le joueur *est resté* pendant deux semaines *sur la touche.*

2. Dans notre entreprise, beaucoup d'employés craignent d'*être mis sur la touche.*

T

(2) **botter en touche** (éluder une question, détourner la discussion, passer à autre chose sans répondre) ▸ einer Frage ausweichen

☞ Aus der Fußballsprache: *la touche* ist hier ‚das Aus', also wörtlich: Den Ball absichtlich ins Aus schießen.

Il n'y a pas moyen d'obtenir une réponse claire de cet homme, *il botte* tout le temps *en touche.*

Siehe auch **noyer le poisson, une réponse de Normand.**

tour (siehe auch tours)

(1) **jouer un tour** (de cochon) à quelqu'un (lui jouer un sale tour) ▸ jdm einen üblen Streich spielen

Après *le tour de cochon que tu m'as joué*, tu n'es plus mon ami!

Siehe auch **faire un coup en douce à quelqu'un, le coup de Jarnac, le coup du Père François, tirer dans les jambes de quelqu'un.**

(2) **le tour est joué!** (l'affaire est faite!) ▸ die Sache ist geritzt! | **le tour** = (hier:) der Trick

Tu vois comme c'était facile? Un mot de mon ami en ta faveur et *le tour était joué!*

Siehe auch **c'est dans la poche, et voilà le travail.**

(2) **avoir plus d'un tour dans son sac** (être très rusé ou débrouillard) ▸ mit allen Wassern gewaschen sein | **le sac** = (hier:) der Sack oder die Trickkiste des Zauberkünstlers, aus dem er seine Tricks holt

Méfie-toi de cet homme! *Il a plus d'un tour dans son sac*!

Siehe auch **avoir plusieurs cordes à son arc.**

(2) **à tour de bras** (1. de toutes ses forces, 2. en grande quantité) ▸ 1. mit voller Wucht, wie besessen, 2. in großen Mengen

1. Il a frappé son adversaire *à tour de bras.*

2. Si la situation financière s'améliore, les banques vont investir *à tour de bras.*

Siehe auch (zu 2.) **à bouche que veux-tu, à gogo, à tire-larigot, en veux-tu en voilà.**

(3) **plus souvent qu'à mon tour** (plus souvent que je n'aurais dû le faire) ▸ öfter als gut für mich ist

☞ Wörtlich: Ich war öfter an der Reihe als normal.

Être licencié m'est arrivé *plus souvent qu'à mon tour.*

T

tournant

(2) **attendre quelqu'un au tournant** (l'attendre et le surprendre; se venger de lui à une occasion propice) ▸ jdm auflauern; jdn beim Wickel kriegen | **le tournant** = die Kurve, hinter der man jdm auflauert

Comme le professeur ne m'aime pas, je sais qu'*il m'attendra au tournant.*

Siehe auch **rendre à quelqu'un la monnaie de sa pièce.**

tournée

(3) **faire la tournée des grands-ducs** (faire la tournée des lieux de plaisir avec beuveries) ▸ eine Zechtour machen

☞ Ende des 19. Jhs besuchten viele russische Adlige (fast jeder war Großherzog) Paris und ließen den Rubel rollen.

Si tu réussis tes examens, *on fera* ensemble *la tournée des grands-ducs.*

Siehe auch **faire la bombe, faire la bringue, faire les 400 coups, s'en payer une tranche.**

tourner

(2) **tourner court** (s'arrêter brusquement) ▸ schnell beendet sein; ausgehen wie das Hornberger Schießen

☞ Man denkt an einen kleinen Wendekreis, der das Wenden schneller beendet!

Comme je n'avais plus d'arguments, la discussion *a tourné court.*

Siehe auch **un pétard mouillé, finir en queue de poisson.**

tours (siehe auch tour)

(1) **ça va te jouer des tours!** (ça va te faire du tort!) ▸ das wird dir Unannehmlichkeiten bringen!

☞ Aus *un tour de magie.* Gemeint ist also, jdm falsche Tatsachen vorspiegeln.

Il est bien connu que notre raison peut *nous jouer des tours.*

train

(2) **aller bon train** (avancer rapidement) ▸ zügig vorangehen

☞ *train* ist hier nicht ‚der Zug', sondern ‚die Geschwindigkeit'.

Mon nouveau livre *va bon train*; j'ai déjà écrit trois chapitres.

(3) **à un train de sénateur** (très lentement) ▸ im Schneckentempo

☞ Die Senatoren (aus dem lateinischen *senex*, alt) sind dafür bekannt, dass sie alles mit Bedacht und der nötigen Ruhe angehen.

Au parlement, tout *va à un train de sénateur.*

(3) **un train peut en cacher un autre** (la première impression peut être trompeuse) ▸ der erste Eindruck kann täuschen | **train** = (hier) Zug

☞ Wörtlich: Ein Zug kann einen zweiten verdecken.

En médecine aussi, *un train peut en cacher un autre*: on croit que c'est une simple angine et on trouve un cancer de la gorge.

trait

* **tirer un trait *sur* quelque chose** ▸ einen *Schluss*strich *unter* etwas ziehen

tranche(s)

(2) **s'en payer une tranche** (s'amuser beaucoup) ▸ sich prächtig amüsieren

☞ Wörtlich: Sich eine Scheibe vom Vergnügen abschneiden.

Ce soir, on va fêter et *s'en payer une tranche*!

Siehe auch **faire la bombe, faire la bringue, faire les 400 coups, faire la tournée des grands-ducs.**

(3) **doré sur tranches** (très riche) ▸ reich, betucht

☞ Im eigentlichen Sinn handelt es sich um Bücher mit Goldschnitt.

Depuis qu'il a gagné au loto, il vit dans une résidence *dorée sur tranche.*

Siehe auch **faire son beurre, avoir du foin dans les bottes, rouler carrosse, avoir son pain cuit, avoir les reins solides.**

trappe

(2) **passer à la trappe** (être oublié [se dit d'une chose]) ▸ in der Versenkung verschwinden | **la trappe** = die Falltür

☞ Wenn man durch diese in ein Verlies geworfen wird, verschwindet man für immer. Diese Redewendung bezieht sich jedoch nicht auf Personen.

Au parlement, notre proposition de loi *est passée à la trappe.*

travail

(2) **et voilà le travail!** (et voilà le travail terminé!) ▸ das hätten wir!

Encore enfoncer ce clou *et voilà le travail*!

Siehe auch **c'est dans la poche, le tour est joué.**

(2) **un travail de bénédictin** (un travail qui exige beaucoup de patience) ▸ eine Geduldsarbeit

☞ Die Benediktiner Mönche waren bekannt für ihre zahlreichen Handschriften, in denen sie uns die Werke der Antike erhalten haben.

Faire un dictionnaire, c'est *un travail de bénédictin.*

travers

(2) **passer au travers** (échapper à quelque chose de désagréable) ▸ von etwas verschont bleiben

☞ Wörtlich: Es schaffen (ohne Schaden) durch etwas (Unangenehmes) zu kommen.

Les trois voitures avant moi ont été contôlées par la police, mais moi, *je suis passé au travers.*

treize

(2) **treize à la douzaine** (un grand nombre; beaucoup trop) ▸ haufenweise

☞ Wörtlich: Davon gehen dreizehn auf ein Dutzend, also nicht die gleiche Bedeutung wie davon gehen zwölf auf ein Dutzend.

Des romans comme ça, il y en a *treize à la douzaine.*

tremblement

(2) **... et tout le tremblement** (... et tout ce qui va avec) ▸ ... und das ganze Drum und Dran, ... und das ganze Trallala

☞ Diese Redewendung findet ihren Ursprung in der Normandie. Dort bedeutet *tremblement* ‚eine große Menge'.

On a fêté la Noël, le Nouvel An *et tout le tremblement.*

trempe

(3) **de la même trempe** (de la même espèce) ▸ von der gleichen Art, vom gleichen Schlag | **la trempe** = das Härten des Stahls

Toutes les compositions de Bach sont *de la même trempe.*

Siehe auch **de la même eau.**

trente-et-un

T

(2) se mettre sur son trente-et-un (mettre ses plus beaux habits) ▸ sich in Schale werfen

☞ *trente-et-un* hat hier nichts mit einunddreißig zu tun. Es ist zurückzuführen auf das ältere *trentain*, einen kostbaren Stoff, aus dem Festgewänder gemacht wurden. Als man *trentain* nicht mehr verstand, hat man *trente-et-un* daraus gemacht.

Pour aller au bal, *je me suis mis sur mon trente-et-un.*

trève

(3) **trève de plaisanteries!** (assez de plaisanteries!) ▸ Spaß beiseite | **trève** = (hier:) eine Ruhepause

Votre proposition est amusante, monsieur le président, mais *trève de plaisanteries*, vous croyez réellement qu'elle est réalisable?

tripette

(2) **ne pas valoir tripette** (n'avoir aucune valeur) ▸ keinen Pfifferling wert sein

☞ *tripette* ist *petite tripe*, also ein kleiner Darm, kleine Kaldaunen, etwas von geringem Wert.

Ce vélo électrique que tu t'es acheté est peut-être bon marché, mais *il ne vaut pas tripette.*

Siehe auch **ne pas valoir un clou, de la crotte de bique, ça ne vaut pas un fifrelin, à la gomme, à la noix, ça ne vaut pas un pet de lapin, de la roupie de sansonnet, ça ne vole pas très haut.**

trot

(1) **au trot!** (et plus vite que ça!) ▸ aber ein bisschen plötzlich!

Va me chercher ce rapport et *au trot!*

Siehe auch **et que ça saute.**

trou

(2) **faire son trou** (dans le fromage) (se faire une place dans la société) ▸ sich sein Plätzchen schaffen

☞ Man denkt hier an eine Maus, die sich in den Käse hineingefressen hat.

Il lui a fallu le temps, mais il a réussi à *faire son trou* dans le parti.

T

trousses

(2) **avoir quelqu'un à ses trousses** (être poursuivi par lui) ▸ jdn auf den Fersen haben

☞ *la trousse* war früher sowohl eine Art Hose als auch ein Bündel, das auf der Kruppe des Pferdes festgeschnürt war.

On s'est enfui à toute vitesse, car *on avait la police à nos trousses.*

tu

(1) **être à tu et à toi avec quelqu'un** (pouvoir le tutoyer parce qu'on le connaît bien) ▸ mit jdm auf du und du stehen

Je connais bien le ministre, *on est à tu et à toi.*

tube(s)

(1) **(à) plein(s) tube(s)** (1. très fort, 2. très vite) ▸ 1. in voller Lautstärke, 2. volle Pulle

☞ *le tube* ist hier ursprünglich die Radioröhre.

1. Pourquoi tu mets toujours ta radio *pleins tubes*? C'est à devenir sourd!

2. Comme il roulait *à pleins tubes* sur une route secondaire, il a été arrêté pour excès de vitesse.

Siehe auch (zu 2) **rouler sur les chapeaux de roues / pied au plancher / plein pot / à tombeau ouvert.**

tuer

(1) **ça me tue!** (ça m'énerve prodigieusement!) ▸ das macht mich fertig!

Voir quelqu'un comme toi, qui ne fait rien de sa vie, *ça me tue*!

Siehe auch **pomper l'air, mettre quelqu'un en boule, casser les couilles à quelqu'un, courir sur le haricot, avoir les nerfs en boule, être sur les nerfs, taper sur le système**.

(1) **je me tue à te le dire!** (je me donne beaucoup de mal à te le faire comprendre) ▸ ich habe es dir immer wieder gesagt!

Je me tue à te dire que tu dois prendre tes responsabilités et agir!

tue-tête

T

(1) **(chanter) à tue-tête** (très fort) ▸ aus voller Kehle

☞ *tuer* bedeutete früher auch *frapper* (schlagen). Wenn jd *à tue-tête* singt, ist es, als schlüge er dem Zuhörer auf den Kopf.

Qu'est ce qui te prend de *chanter à tue-tête* à 6h du matin?

U

un

(1) **l'un dans l'autre** (si on tient compte de tout) ▸ alles in allem

Ils se disputent parfois, comme tous les couples, mais *l'un dans l'autre* ils s'entendent bien.

Siehe auch **tout compte fait, à tout prendre.**

une

(1) **ça va faire la une** (ça va être publié à la première page des journaux) ▸ das wird Schlagzeilen machen

Ce scandale financier va *faire la une.*

Siehe auch **ça va faire la première, occuper le devant de la scène**.

(1) **c'était moins une!** (il s'en est fallu de peu!) ▸ das war haarscharf, das ist gerade nochmal gut gegangen!

☞ Gemeint ist: *moins d'une minute.*

On a échappé à la police, mais *c'était moins une*!

(2) **ne faire ni une ni deux** (ne pas hésiter) ▸ nicht lange fackeln

Jean *n'a fait ni une ni deux* et est allé se plaindre au commissariat.

utilités

(3) **jouer les utilités** (n'avoir qu'un rôle subalterne) ▸ eine untergeordnete Rolle spielen

☞ Aus der Theatersprache: Gemeint ist, was gerade gebraucht wird.

Cet homme n'a rien à dire au sein du parti. *Il joue les utilités.*

V

U

va (siehe auch aller)

(1) **va pour demain!** (d'accord pour demain) ▸ also gut, dann morgen!

Tu ne peux pas venir aujourd'hui, mais tu es libre demain? Alors, *va pour demain!*

(3) **à la va-comme-je-te-pousse** (au gré des circonstances) ▸ aufs Geratewohl

☞ Man denkt an ein Schiff, das vom Wind hin und her getrieben wird.

Les négociations allaient *à la va-comme-je-te-pousse.*

vache

(1) **la vache!** (1. exprime le dépit, 2. exprime l'admiration) ▸ 1. verdammt noch mal! 2. Donnerwetter!

☞ *vache* wird oft in Flüchen gebraucht und steht in der Mehrzahl auch für die Polizei.

1. On t'a collé une contravention? *La vache*!

2. Tu as gagné au loto? *La vache*!

(2) **manger/bouffer de la vache enragée** (vivre dans la misère) ▸ am Hungertuch nagen | **enragé** = (hier:) tollwütig

☞ Wer arm war, war auf billiges Fleisch kranker Tiere angewiesen.

On n'a pas toujours été riches; au début on a aussi *bouffé de la vache enragée.*

Siehe auch **tirer le diable par la queue.**

(3) **rester là comme une vache qui regarde passer les trains** (avoir l'air ahuri) ▸ da stehen wie ein Ölgötze, dumm aus der Wäsche gucken

Je crois qu'il n'avait rien compris, car *il restait là comme une vache qui regarde passer les trains.*

Siehe auch **faire des yeux de merlan frit.**

vague(s)

(2) **du vague à l'âme** (un sentiment de tristesse) ▸ eine melancholische Stimmung | **vague** = (hier:) unbestimmt

Ce matin, je ne suis pas en forme, j'ai *du vague à l'âme.*

Siehe auch **ne pas être dans son assiette, être mal barré, en baver, se faire de la bile, avoir le cafard, se sentir tout chose, en avoir gros sur le cœur, en voir de toutes les couleurs, être dans le / au creux de la vague, être dans le 36e dessous, être dans de beaux draps, broyer du noir, être dans la panade / le pétrin / la purée, ne pas tourner rond.**

V

(2) **ne pas faire de vagues** (ne pas faire de remous, ne pas susciter des réactions hostiles) ▸ jedes Aufsehenerregen vermeiden | **la vague** = die Welle

Rappelle-toi, surtout *ne fais pas de vagues*!

valoir

(1) **ça se vaut** (c'est à peu près pareil) ▸ das ist ungefähr dasselbe

Wörtlich: Das ist so viel wert wie das andere.

Que l'Arabie Saoudite augmente le prix du baril ou qu'elle diminue la production, *ça se vaut.*

Siehe auch **c'est bonnet blanc et blanc bonnet, c'est tout comme, kif-kif.**

(2) **ça ne me dit rien qui vaille** (ce n'est rien de bon) ▸ ich habe ein ungutes Gefühl dabei

Que l'entreprise ait perdu son plus gros client *ne me dit rien qui vaille.*

valser

(2) **envoyer valser quelque chose / quelqu'un** (lancer quelque chose loin de soi; renvoyer quelqu'un) ▸ etwas wegschleudern; jdn fortschicken

Il a envoyé valser le livre sur le canapé.

Le directeur n'a pas voulu le recevoir et *l'a envoyé valser.*

Siehe auch **envoyer balader quelqu'un, du balai, fiche / fous le camp, va te faire cuire un œuf, envoyer paître / promener quelqu'un, rembarrer quelqu'un, bon vent, va voir ailleurs si j'y suis.**

vannes

(3) **envoyer des vannes à quelqu'un** (faire des plaisanteries désobligeantes à quelqu'un) ▸ über jdn witzeln

☞ Vom Verb *vanner* (verspotten).

J'en ai assez que *tu m'envoies* tout le temps *des vannes!*

V

vapes

(1) **être dans les vapes** (1. être évanoui, 2. être un peu abruti, hébété) ▸ 1. ohnmächtig sein, 2. Mattscheibe haben

☞ *vapes* steht hier für *vapeurs* (Dämpfe); gemeint ist, dass man durch betäubende Dämpfe umgeben ist.

1. Je n'ai rien entendu de ce qui s'est passé après l'accident, *j'étais dans les vapes.*

2. Comme j'avais un peu trop bu, *j'étais dans les vapes.*

va-tout

(3) **jouer son va-tout** (risquer sa dernière chance) ▸ alles auf eine Karte setzen

☞ Das Gegenteil von *rien ne va plus*!

Avec ce dernier essai *il joue son va-tout.*

vau-l'eau

(3) **aller à vau-l'eau** (se détériorer peu à peu) ▸ den Bach runtergehen

☞ *vau* ist eine ältere Form von *vallée* (Tal). Gemeint ist: *suivre le fil de l'eau* (dem Fluss des Wassers folgen).

L'économie de notre pays *va à vau-l'eau.*

veilleuse

(2) **la mettre en veilleuse** (baisser la voix ou se taire) ▸ halblang machen

☞ Wörtlich: Die Flamme kleiner stellen.

Dis, tu ferais bien de *la mettre en veilleuse*!

Siehe auch **mettre un bémol, mettre la pédale douce, mettre la sourdine.**

veine(s)

(1) **avoir une veine de cocu** (avoir beaucoup de chance) ▸ ein unverschämtes Schwein haben

☞ *veine* bedeutet hier *chance*; man denke an *veinard* (Glückspilz). *Cocu* ist der betrogene Ehemann: Man glaubte, dass Unglück in der Liebe anderweitig (z. B. im Spiel) Glück bringt.

Tu as gagné 10.000 euros au loto? Mais *tu as une veine de cocu!*

V

Siehe auch **avoir du bol, avoir une chance de cocu / de pendu, il ne s'emmerde pas, avoir du pot, avoir le vent en poupe, être verni.**

(2) **c'est bien ma veine!** (je n'ai vraiment pas de chance!) ▸ ich bin ein Unglücksrabe!

☞ Eine Antiphrase, denn wörtlich bedeutet diese Redewendung ja: Das ist wirklich mein Glück!

Je voulais partir en vacances aujourd'hui et voilà qu'il y a une grève des chemins de fer. *C'est bien ma veine*!

Siehe auch **manque de bol, c'est la faute à pas de chance, jouer de malchance, manque de pot.**

(3) **se saigner aux quatre veines** (se priver de tout pour quelqu'un) ▸ sich den letzten Bissen vom Mund für jdn absparen | **la veine** = die Vene

☞ Zuerst sagte man *se saigner* (sich zur Ader lassen) *aux quatre membres* und meinte damit Arme und Beine.

On s'est saigné aux quatre veines pour te payer des études et voilà que tu veux arrêter?

Siehe auch **se couper en quatre pour quelqu'un, être aux petits soins / aux petits oignons avec quelqu'un.**

velours

(2) **jouer sur du velours** (tenter quelque chose sans prendre de risque) ▸ auf Nummer sicher gehen

☞ Man denkt an einen mit Velours bezogenen Spieltisch; zuerst bedeutete diese Redewendung: Mit dem Geld spielen, das man gewonnen hat.

Dans cette affaire, tu ne risques rien, *tu joues sur du velours.*

(3) **ça va comme sur du velours** (ça va sans problème) ▸ das geht reibungslos über die Bühne

☞ Gemeint ist, dass etwas sanft rutschen kann, also reibungslos.

Tu verras qu'il n'y a aucun problème: *ça ira comme sur du velours.*

Siehe auch **comme sur des roulettes.**

vent

(1) **bon vent!** (1. bon voyage! 2. va-t-en!) ▸ 1. gute Reise! 2. mach, dass du wegkommst!

☞ Diese Redewendung bezog sich ursprünglich auf die Schifffahrt.

1. Tu pars pour l'Australie? *Bon vent*!

2. Sors de mon bureau et *bon vent*!

Siehe auch **du balai, envoyer balader quelqu'un, fiche / fous le camp, va te faire cuire un œuf, envoyer paître / promener quelqu'un, rembarrer quelqu'un, envoyer valser quelqu'un, va te faire voir, va voir ailleurs si j'y suis.**

(3) **avoir le vent en poupe** (être dans une période favorable) ▸ eine Glückssträhne haben, gut laufen | **la poupe** = das Heck eines Schiffes
L'économie de notre pays *a le vent en poupe.*

Siehe auch **avoir du bol, avoir une chance de cocu / de pendu, il ne s'emmerde pas, avoir du pot, avoir une veine de cocu, être verni.**

(3) **être vent debout contre quelque chose** (y être fermement opposé) ▸ Sturm laufen gegen etwas
☞ Wörtlich: Sich, wie der Wind, gegen etwas stemmen.
L'opposition est *vent debout contre* les propositions du gouvernement.

(3) **contre vents et marées** (malgré tous les obstacles) ▸ gegen heftigen Widerstand
☞ Wörtlich: Gegen Wind und Flut.
Le président a défendu ma candidature *contre vents et marées.*

(3) **un vent à décorner les bœufs** (un vent très violent) ▸ es stürmt wie verrückt
☞ Wörtlich: Ein Wind, der den Ochsen die Hörner abstoßen könnte.
Il faisait *un vent à décorner les bœufs* et tout de suite mon chapeau s'est envolé.

ventre

(2) **ventre à terre** (à toute vitesse) ▸ in Windeseile
☞ Man denkt an einen Hund, der so schnell läuft, dass der Bauch fast den Boden berührt.
Ventre à terre, le crocodile poursuivait le jeune zèbre.

Siehe auch **sur les chapeaux de roues, dare-dare, en moins de deux, rouler à fond de caisse, pied au plancher, plein pot, en deux temps, trois mouvements, rouler à tombeau ouvert, en quatrième vitesse, pleins tubes.**

vérité(s)

(2) **une vérité de La Palice** (quelque chose d'évident) ▸ eine Binsenwahrheit
☞ In einem Lied aus dem 18. Jh. mokierte man sich über den *Marquis de la Palice*, der im 15./16. Jh. Maréchal de France war: „Er starb an einem Freitag, dem letzten Tag seines Lebens; wäre er am Samstag gestorben, hätte er einen Tag länger gelebt."
Que le pouvoir absolu corrompt absolument est *une vérité de La Palice.*

(1) **dire ses quatre vérités à quelqu'un** (lui dire brutalement ce qu'on pense de lui) ▸ jdm gehörig die/seine Meinung sagen
☞ Man weiß nicht genau, warum es gerade vier Wahrheiten sein müssen. Wir wissen jedoch, dass die Zahl vier in verschiedenen Redewendungen vorkommt (*faire ses quatre volontés, se mettre en quatre, ne pas y aller par quatre chemins* usw.) Vielleicht ist vier eine magische Zahl, weil wir vier Glieder haben.
Je ne me suis pas gêné de *lui dire ses quatre vérités.*

Siehe auch **crier haro sur le baudet, tirer à boulets rouges sur quelqu'un, remonter les bretelles à quelqu'un, sonner les cloches à quelqu'un, river son clou à quelqu'un, en faire voir à quelqu'un de toutes les couleurs, dire son fait à quelqu'un, rentrer dans le lard de quelqu'un, moucher quelqu'un, frotter / tirer les oreilles à quelqu'un, remettre quelqu'un à sa place, voler dans les plumes de quelqu'un, secouer les puces / passer un savon à quelqu'un.**

verni

(1) **être verni** (être chanceux) ▸ ein Glückspilz sein | **le vernis** = der (schützende) Lack
Pour avoir trouvé une femme comme ça, *tu dois être verni*!

Siehe auch **avoir du bol, avoir une chance de cocu / de pendu, il ne s'emmerde pas, avoir du pot, avoir une veine de cocu, avoir le vent en poupe.**

verre

(1) **avoir un verre dans le nez** (être un peu soûl) ▸ angeheitert sein
Quand *on a un verre dans le nez*, on ne doit pas conduire!

Siehe auch **en tenir une bonne, avoir un coup dans le nez, avoir un coup dans l'aile, s'en jeter un derrière la cravate, avoir la dalle / le gosier en pente.**

V

vers

(1) **ce n'est pas piqué des vers** (c'est excellent) ▸ das ist astrein
☞ Wörtlich: Das ist nicht wurmstichig. Die Variante *piqué des hannetons* ist später entstanden, aber das Bild ist das gleiche, denn der Maikäfer frisst Löcher in die Blätter.
Le plan d'assainissement du gouvernement *n'est pas piqué des vers.*

Siehe auch **ce n'est pas piqué des hannetons.**

vert

(2) **se mettre au vert** (1. aller se reposer à la campagne, 2. s'éloigner d'un endroit dangereux) ▸ 1. aufs Land fahren, 2. eine Weile untertauchen

☞ *le vert* steht hier für die (grüne) ländliche Umgebung.

1. L'équipe nationale va *se mettre* une semaine *au vert* pour se préparer au championnat.

2. Tu sais que tu es recherché, il vaudrait donc mieux *te mettre* quelque temps *au vert!*

vertes

(2) **des vertes et des pas mûres** (des choses renversantes ou choquantes) ▸ unglaubliche Sachen, unerhörte Geschichten

☞ *vertes* und *pas mûres* bilden hier keine Tautologie. *Vert* bedeutete früher nicht nur grün und unreif, sondern auch unangenehm, schockierend. Heute findet man diese Bedeutung noch in *répondre vertement*, scharf, schroff antworten.

Il m'en a raconté sur toi *des vertes et des pas mûres*!

vertu

(2) **une dame de petite vertu** (une prostituée) ▸ eine Prostituierte

☞ Wörtlich: Eine Dame mit kleiner Tugend.

À Paris, *les dames de petite vertu* se trouvent au bois de Boulogne.

vessies

(3) **faire prendre à quelqu'un des vessies pour des lanternes** (le rouler) ▸ jdn hinters Licht führen

☞ *une vessie* ist eine (Schweins-)Blase, die wegen ihrer Durchsichtigkeit manchmal als Hilfslaterne gebraucht wurde.

Je ne suis pas assez naïf pour qu'on me fasse *prendre des vessies pour des lanternes*.

V

Siehe auch **balader quelqu'un, mener quelqu'un en bateau, monter un bateau à quelqu'un, mettre quelqu'un en boîte, rouler quelqu'un dans la farine, jouer au plus fin avec quelqu'un, jeter de la poudre aux yeux, se payer la tête de quelqu'un.**

veste

(1) **retourner sa veste** (changer de parti ou d'opinion) ▸ sein Fähnchen nach dem Wind hängen; umfallen (Politik)

Pour devenir ministre, ce député était prêt à *retourner sa veste.*

Siehe auch **tourner casaque, virer sa cuti.**

(1) **tomber la veste** (enlever son veston) ▸ sein Jackett, sein Sakko ausziehen

☞ *tomber* wird hier transitiv gebraucht.

Nous sommes entre nous, si on *tombait la veste*?

(2) **prendre une veste** (subir un échec) ▸ eine Schlappe erleiden

☞ Wahrscheinlich ein Wortspiel: Wenn man beim Kartenspiel verloren hatte, war man *capot* (kaputt). Das hat man dann mit *capote* (Mantel) verwechselt und nachdem *capote* veraltet war, hat man schließlich *veste* gesagt.

On croyait gagner le match, mais *on a pris une veste.*

Siehe auch **faire un bide, boire un bouillon, faire chou blanc, un coup d'épée dans l'eau, tourner court, faire un four, ramasser une pelle, boire la tasse, l'affaire a tourné court.**

veuve

* **la** *veuve* **poignet** ▸ *Fräulein* Faust | **la veuve** = die Witwe

vieux

(1) **prendre un coup de vieux** (vieillir brusquement) ▸ plötzlich alt werden

☞ *le coup* (der Schlag) deutet auf die Plötzlichkeit.

Je trouve que ton père *a pris un coup de vieux.*

(2) **un vieux de la vieille** (une personne âgée qui a beaucoup d'expérience) ▸ einer von der alten Garde

☞ Gemeint ist *un vieux de la vieille garde.* Ursprünglich bezog sich diese Redewendung auf die altgedienten Soldaten von Napoleons Garde.

C'est un vieux de la vieille. Tu n'arriveras pas à le tromper!

Siehe auch **avoir de la bouteille, ne pas être né de la dernière pluie.**

vif

(2) **entrer dans le vif du sujet** (aborder le point le plus important) ▸ zum Kern der Sache kommen | **le vif** = das Lebendige, das Herz, das Wichtigste

Bon, les amis, je crois qu'il est temps d'*entrer dans le vif du sujet*!

vinaigre

(2) **ça tourne au vinaigre** (ça tourne mal, ça tourne à la bagarre) ▸ es gibt Stunk

☞ Wörtlich: Der Wein wird zu Essig.

Après dix minutes, la discussion *a tourné au vinaigre.*

(3) **vingt-deux!** (attention, voilà la police!) ▸ Achtung, da kommt die Polizei!

☞ Es könnte sich um eine Verballhornung von *vingt dieux* (statt *saint dieu*), etwa ‚großer Gott!' handeln.

Vingt-deux, il est temps de courir!

violence

(3) **se faire une douce violence** (n'avoir pas à se forcer beaucoup pour faire quelque chose) ▸ sich keinen großen Zwang antun müssen

☞ *une douce violence* ist ein sanfter Zwang.

Je me suis fait une douce violence et j'ai accepté son offre.

violon(s)

(3) **(la peinture, la photographie …) c'est son violon d'Ingres** (… c'est son hobby) ▸ … das ist sein Hobby

☞ Der französische Maler Ingres hatte das Geigenspiel als Hobby.

Mon violon d'Ingres, c'est le *tennis.*

(3) **c'est comme si on pissait / autant pisser dans un violon!** (cela ne sert à rien!) ▸ das nutzt nichts!

☞ Diese Redewendung lautete ursprünglich *autant souffler dans un violon* (also in eine Geige blasen), was zu nichts führen würde. Daraus wurde dann später *pisser.*

On peut lui dire mille fois de ne pas conduire quand il a bu, *autant pisser dans un violon!*

(2) **accorder ses violons** (se mettre d'accord) ▸ sich einigen, sich abstimmen

Avant la réunion, il est important d'*accorder nos violons.*

vis

(1) **serrer la vis à quelqu'un** (être plus sévère avec lui) ▸ bei jdm härter durchgreifen

☞ Wörtlich: Die (Daumen-)Schraube fester andrehen.

Je crois qu'il est temps de *serrer la vis* à notre fils.

vitam

(3) **ad vitam aeternam** (pour toujours) ▸ bis in alle Ewigkeit

☞ Latein: bis zum ewigen Leben.

Je resterai dans notre maison *ad vitam aeternam.*

vitesse

(1) **en quatrième vitesse** (très vite, précipitamment) ▸ volle Pulle

☞ Gemeint ist hier der 4. Gang der Schaltung eines Autos.

Je veux que tu reviennes ici *en quatrième vitesse*!

Siehe auch **sur les chapeaux de roues, dare-dare, en moins de deux, rouler à fond de caisse, pied au plancher, plein pot, en deux temps, trois mouvements, rouler à tombeau ouvert, pleins tubes.**

(2) **prendre quelqu'un de vitesse** (le devancer) ▸ jdm zuvorkommen

Je pensais obtenir le poste, mais un collègue *m'a pris de vitesse.*

Siehe auch *être coiffé au poteau.*

voie

* *être* **sur une voie de garage** ▸ auf einem Abstellgleis *stehen*

voile(s)

* *lever* **le voile** ▸ den Schleier *lüften*

(3) **être à voile et à vapeur** (être bisexuel) ▸ bisexuell sein

☞ Wörtlich: Ein Dampfschiff, das zugleich auch ein Segelschiff ist.

Il n'est pas vraiment homosexuel, mais plutôt *à voile et à vapeur.*

Siehe auch **les amitiés particulières, être de la pédale.**

(1) **mettre les voiles** (s'enfuir) ▸ verduften

☞ Man denkt hier an ein Schiff, das die Segel hisst.

J'entends la sirène de la voiture de police; il est temps de *mettre les voiles!*

V

Siehe auch **plier bagage, se faire la belle, mettre les bouts, prendre ses cliques et ses claques, jouer la fille de l'air, prendre ses jambes à son cou, prendre le large, se faire la malle, se faire la paire, prendre la poudre d'escampette, partir sans demander son reste, prendre la tangente, tirer sa révérence.**

(3) **mettre toutes voiles dehors** (1. partir, 2. employer tous les moyens pour obtenir quelque chose) ▸ 1. alle Segel setzen, 2. seine ganze Kraft für etwas einsetzen

1. Le navire *mettait toutes voiles dehors* pour échapper aux pirates.

2. Cette femme *met toutes voiles dehors* pour plaire.

voir

(1) **je ne peux pas le voir!** (siehe **ne pas pouvoir voir quelqu'un en peinture**)

(1) **à toi de voir!** (c'est à toi de décider!) ▸ die Entscheidung liegt bei dir!

Voilà la solution que je te propose. Maintenant, c'est *à toi de voir*!

Siehe auch **la balle est dans ton camp.**

(1) **ben voyons!** (et quoi encore!) ▸ sonst noch was!

Tu veux m'emprunter 10.000 euros? *Ben voyons*!

(1) **j'en ai vu d'autres!** (j'ai déjà été confronté à d'autres choses bien plus désagréables) ▸ ich habe schon ganz andere Dinge erlebt/ mitgemacht!

Ne t'en fais pas pour moi, je saurai me sortir de ces difficultés, *j'en ai vu d'autres*!

(1) **c'est tout vu!** (c'est décidé, inutile d'en parler encore!) ▸ darüber ist kein Wort mehr zu verlieren!

C'est à toi de voir si tu veux partir avec moi. – *C'est tout vu*, je ne partirai jamais avec toi!

(1) **on aura tout vu!** (c'est un comble!) ▸ das ist doch die Höhe!

Tu as refusé deux emplois et maintenant, je devrais de nouveau intervenir pour toi? *On aura tout vu*!

Siehe auch **c'est le bouquet, c'est la cerise sur le gâteau.**

(1) **voir venir quelqu'un** (deviner ses intentions) ▸ ahnen, was jd vorhat

Quand il a demandé s'il pouvait me rendre visite, *je l'ai vu venir*, il voulait certainement me demander de l'aide.

Siehe auch **voir venir quelqu'un avec ses gros sabots.**

(1) **va te faire voir (ailleurs) / chez les Grecs!** (va au diable!) ▸ scher dich zum Teufel! zieh Leine!

☞ Wörtlich: Lass dich von den Griechen ficken! Im alten Griechenland war Homosexualität nicht verpönt; *ailleurs* ist die politisch korrekte Variante von **chez les Grecs**

Non, je ne veux pas t'aider, *va te faire voir ailleurs*!

Siehe auch **envoyer balader quelqu'un, du balai, fiche / fous le camp, va te faire cuire un œuf, envoyer paître / promener quelqu'un, rembarrer quelqu'un, envoyer valser quelqu'un, bon vent, va voir ailleurs si j'y suis.**

(1) **il m'en a fait voir (de toutes les couleurs)** (il m'a causé pas mal de soucis) ▸ er hat mir viele Sorgen / viel Kummer bereitet

D'abord l'alcool, puis la drogue, mon fils *m'en a fait voir de toutes les couleurs.*

(1) **essaie un peu pour voir!** (si tu fais ça, tu vas voir ce qui va se passer!) ▸ probier das mal, dann wirst du sehen, was dir passiert!

Tu veux partir sans me demander la permission? *Essaie un peu pour voir*!

(2) **au vu et au su de tout le monde** (sans se cacher, ouvertement) ▸ vor aller Augen

☞ Wörtlich: So, dass jeder es sehen und wissen kann.

On me dit que ton fils vend de la drogue *au vu et au su* de tout le monde.

(2) **voir large** (ne pas calculer trop juste) ▸ großzügig kalkulieren

Pour la réforme des pensions, le gouvernement doit *voir large.*

(2) **je demande à voir**! (je n'en suis pas si sûr que toi!) ▸ da bin ich mir nicht so sicher!

☞ Wahrscheinlich aus dem Pokerspiel, wenn man die Karten des Gegners sehen will.

Un programme d'ordinateur simple à installer? *Je demande à voir*!

voix

(3) **donner de la voix** (crier; protester) ▸ schreien; protestieren

Hier, au parlement, l'opposition *a donné de la voix.*

(3) **avoir voix au chapitre** (avoir le droit de prendre la parole et de donner son avis) ▸ ein Wörtchen mitzureden haben

☞ Wörtlich: Keine Stimme im Kapitel haben. Es handelt sich um das Kapitel der Kanoniker einer Ordensgemeinschaft. Man hört oft, fälschlicherweise, *avoir droit au chapitre.*

Je ne peux pas intervenir au conseil pour toi, *je n'ai pas voix au chapitre.*

vol

(3) **de haut vol** (de grande envergure) ▸ schweren Kalibers, erster Klasse, hochrangig

☞ Gemeint ist: Wie ein hoch fliegender Raubvogel, wie Falke oder Adler.

C'est un diplomate *de haut vol,* qui pourra peut-être aplanir les tensions entre nos deux pays.

volée

(3) **recevoir/donner une volée de bois vert** (être fortement critiqué/critiquer fortement quelqu'un) ▸ herbe Kritik einstecken müssen / jdn hart kritisieren

☞ Die ursprüngliche Bedeutung war eine Tracht Prügel bekommen/geben, bei der Holzknüppel aus grünem (also biegsamem) Holz verwendet wurden. *La volée* ist das Schwingen des Knüppels.

J'avais à peine fait ma proposition que je reçus *une volée de bois vert* de la part du président.

Siehe auch **crier haro sur le baudet, tirer à boulets rouges sur quelqu'un, remonter les bretelles à quelqu'un, sonner les cloches à quelqu'un, river son clou à quelqu'un, en faire voir à quelqu'un de toutes les couleurs, moucher quelqu'un, frotter / tirer les oreilles à quelqu'un, remettre quelqu'un à sa place, voler dans les plumes de quelqu'un, secouer les puces à quelqu'un, passer un savon à quelqu'un, dire ses quatre vérités à quelqu'un.**

voler

(1) **tu ne l'as pas volé!** (tu l'as bien mérité) ▸ das hast du verdient (meistens negativ)

☞ Wörtlich: Das hast du nicht gestohlen!

Deux heures de retenue pour grossièreté envers ton professeur? *Tu ne l'as pas volé*!

(1) **ça vole bas / ça ne vole pas très haut** (1. c'est indigne, c'est un coup en dessous de la ceinture; 2. ça n'a pas beaucoup de valeur) ▸ 1. das ist niveaulos; 2. das ist nicht viel wert

1. S'attaquer à un infirme, *ça ne vole pas très haut*!

2. Les prestations de notre nouvel employé, *ça ne vole pas très haut*!

Siehe auch (zu 2.) **ça ne vaut pas un clou, c'est de la crotte de bique, ça ne vaut pas un fifrelin, à la gomme, à la noix, ça ne vaut pas un pet de lapin, au petit pied, au ras des pâquerettes, ça ne vaut pas tripette.**

volet

(3) **trié sur le volet** (choisi avec soin) ▸ sorgfältig ausgesucht

☞ Im Mittelalter war ein *volet* ein hauchdünnes Tuch, das so leicht war, dass es wegfliegen (*voleter*) konnte. Daraus wurden Siebe angefertigt. Später nannte man das ganze Sieb *volet* und danach meinte man damit nur noch den Holzrahmen des Siebes, aus dem sich das heutige *volet* (Fenster/Rollladen) entwickelt hat.

Tous nos collaborateurs sont *triés sur le volet.*

volontés

(1) **faire ses quatre volontés à quelqu'un** (faire tout ce qu'il veut, satisfaire tous ses caprices) ▸ nach jds Pfeife tanzen

☞ Der Ursprung ist nicht bekannt; siehe jedoch bei **quatre**.

J'ai toujours *fait tes quatre volontés*, pourtant, tu n'es jamais content.

Siehe auch **se couper en quatre pour quelqu'un, être aux petits oignons / aux petits soins pour quelqu'un, se saigner aux quatre veines.**

vouloir

(1) **en vouloir à quelqu'un** (lui garder de la rancune) ▸ jdm böse sein

Tu m'en veux toujours pour la dispute de la semaine passée?

(1) **en veux-tu, en voilà!** (en grande quantité) ▸ in Hülle und Fülle

☞ Wörtlich: Willst du welche? Da hast du welche!

Il y avait des livres *en veux-tu, en voilà!*

Siehe auch **à bouche que veux-tu, à gogo, à tire-larigot, à tour de bras.**

(2) **en vouloir** (être ambitieux) ▸ ehrgeizig sein

☞ *en* steht hier für etwas, das man erreichen will.

Il n'est pas encore au bout de sa carrière, car c'est quelqu'un *qui en veut.*

vue

(1) **à vue de nez** (approximativement) ▸ schätzungsweise

☞ Gemeint ist: Wenn man nicht genauer hinschaut, als die Nase lang ist.

À vue de nez, je dirais qu'on a déjà fait 150 km.

Siehe auch **dans ces eaux-là, de ce goût-là.**

(1) **en mettre plein la vue** (impressionner, épater) ▸ Eindruck schinden

☞ Im 17. Jh. sagte man: *donner dans la vue de quelqu'un*, wenn man teure Kleider trug, die anderen in die Augen stachen. *Plein*, aus *mettre en plein* (das Ziel genau in der Mitte treffen), wurde dann später hinzugefügt.

Quand j'irai voir le ministre à propos de mon nouveau projet, *je lui en mettrai plein la vue.*

yeux (siehe auch œil)

* **avoir les yeux plus** *gros* **que le** *ventre* ▸ *da* sind die Augen *größer* als der *Mund* / der *Magen*

* *ouvrir* **de grands yeux** ▸ große Augen *machen*

(1) **ça crève les yeux!** (c'est évident!) ▸ das ist sonnenklar, das ist klar wie Kloßbrühe

☞ Wörtlich: Das sticht die Augen aus.

Notre entreprise est pratiquement en faillite, *ça crève les yeux*!

(1) **ne pas avoir les yeux dans sa poche** (être très observateur) ▸ sich nichts entgehen lassen

C'est un homme qui voit tout: *il n'a pas les yeux dans sa poche.*

(1) **ça saute aux yeux! ça crève les yeux** (c'est évident!) ▸ das sieht man auf den ersten Blick!

Que cet homme ne dit pas la vérité, *ça saute aux yeux!*

(1) **ne pas avoir froid aux yeux** (ne pas avoir peur, être hardi) ▸ keine Angst haben

☞ Im 19. Jh. bedeutete *avoir froid* in der Gaunersprache ‚Angst haben'.

Il va réussir son coup, car *il n'a pas froid aux yeux.*

(1) **coûter les yeux de la tête** (coûter très cher) ▸ ein Heidengeld kosten

Faire des études supérieures aux Etats-Unis, *ça coûte les yeux de la tête.*

Siehe auch **coûter un bras, coûter des mille et des cents, coûter la peau des fesses.**

(2) **ne pas avoir les yeux en face des trous** (ne pas voir clair) ▸ einen Knick in der Optik haben

☞ Ursprünglich bedeutete diese Redewendung: Die Augen nicht auf der gleiche Höhe haben wie die Löcher in der Maske.

Tu n'as pas les yeux en face des trous, sinon tu verrais que ce que tu proposes est impossible.

(2) **il me sort par les yeux!** (je ne peux plus le supporter!) ▸ ich habe ihn satt!

Ne viens plus avec ton ami, *il me sort par les yeux*!

Siehe auch **pomper l'air, mettre quelqu'un en boule, casser les couilles à quelqu'un, courir sur le haricot, avoir les nerfs en boule, être sur les nerfs, ne pas pouvoir voir quelqu'un en peinture, casser les pieds à quelqu'un, taper sur le système.**

(3) **faire des yeux de merlan frit** (faire de grands yeux) ▸ Augen machen wie ein (gestochenes) Kalb | **le merlan** = der Wittling

Quand un ami lui a dit que sa femme le trompait depuis des années, *il a fait des yeux de merlan frit.*

Siehe auch **rester comme une vache qui regarde passer les trains.**

Z

zéro

(2) **un zéro pointé** (une cote totalement insuffisante) ▸ eine glatte Sechs

☞ Der Punkt hinter der Null (auf zehn) bedeutet, dass man die Note auf keinen Fall erhöhen möchte.

Le professeur n'a pas du tout apprécié ma dernière dissertation, il m'a donné *un zéro pointé.*

(3) **zouave faire le zouave** (faire l'idiot) ▸ herumalbern

☞ *les zouaves* waren um 1830 eine aus Algeriern bestehende französische Kolonialtruppe. Sie galten im rassistischen Kolonialjargon als sehr primitives Kanonenfutter.

Sois un peu sérieux et arrête de *faire le zouave*!

Siehe auch **faire le Jacques.**

Liste französisch-deutscher Vergleiche

A	
accueillant comme une porte de prison	sehr unfreundlich
amer comme le fiel (Galle)	so bitter wie Chicorée, galle(n)bitter
avare comme Harpagon	sehr geizig
B	
bailler à s'en décrocher la mâchoire	schrecklich gähnen
se battre comme un lion	kämpfen wie ein Löwe
bavard comme une pie (Elster)	sehr geschwätzig
beau comme un dieu	bildschön
bête comme ses pieds / à manger du foin	so dumm wie Bohnenstroh
bête comme chou	kinderleicht
blanc comme la neige / un cachet d'aspirine	kreidebleich
boire comme un trou	saufen wie ein Loch
bon comme le pain	eine Seele von einem Menschen
briller comme un sou neuf	glänzen wie ein Spiegel
C	
se chamailler comme des chiffonniers (Lumpensammler)	sich streiten wie die Kesselflicker
chanter comme une casserole	total daneben singen
être **chauve** comme une bille / comme un oeuf	eine Spielwiese auf dem Kopf haben
clair comme de l'eau de roche	so klar wie Kloßbrühe
con comme la lune / un balai	strohdumm
connaître quelque chose comme sa poche	etwas kennen wie seine Westentasche
connu comme le loup blanc	so bekannt wie ein bunter Hund
courageux comme un lion	so tapfer wie ein Löwe
courir comme un lièvre	laufen wie ein Wiesel

craindre quelque chose comme la peste	etwas fürchten wie der Teufel das Weihwasser
crier comme un cochon qu'on égorge / comme un putois (Stinktier)	brüllen wie am Spieß / wie ein gestochenes Schwein
croire dur comme (le) fer	felsenfest von etwas überzeugt sein
curieux comme une vieille pie	so neugierig wie ein Kind
C	
se démener comme un diable dans un bénitier (Weihwasserbecken) / un possédé	toben wie ein Berserker
détester quelque chose comme l a peste	etwas hassen wie die Pest
se disputer comme des chiffonniers	sich streiten wie die Kesselflicker
dormir comme un loir (Siebenschläfer) / une marmotte (Murmeltier) / une souche (Baumstumpf)	schlafen wie ein Murmeltier
doux comme un agneau	so sanft wie ein Lamm
droit comme un i	kerzengerade
dur comme la pierre / le fer	stahlhart
E	
engueuler quelqu'un comme du poisson pourri	jemanden zur Schnecke machen
s'ennuyer comme un rat mort	sich schrecklich langweilen
ennuyeux comme la pluie	sterbenslangweilig
s'entendre comme larrons en foire (Diebe auf dem Jahrmarkt)	unter einer Decke stecken
être excité comme une puce (Floh)	aus dem Häuschen sein
F	
facile comme bonjour	kinderleicht
être **fait** comme un rat (fait = fait prisonnier)	in der Falle sitzen
fauché comme les blés	total abgebrannt
fier comme Artaban / un paon	so stolz wie Oskar / ein Pfau
fin comme un cheveu / du papier à cigarettes	hauchdünn
flamber comme une torche (Fackel)	brennen wie Zunder

fondre comme neige au soleil	wie Schnee an / in der Sonne schmelzen
fort comme un Turc / un boeuf	so stark wie ein Elefant
fou à lier	total verrückt
frais comme un gardon (Rotauge) / une rose	so munter wie ein Fisch im Wasser, voll in Form
être **frisé** comme un mouton	einen Krauskopf haben
froid comme la glace / la mort / le marbre	so kalt wie der Tod / eiskalt
fuir quelqu'un, quelque chose comme la peste	jemanden/etwas meiden wie die Pest
fumer comme un pompier / un turc / un sapeur (steht für sapeur-pompier = Feuerwehrmann)	rauchen wie ein Schlot
G	
gai comme un pinson (Buchfink)	quietschvergnügt
geler à pierre fendre	Stein und Bein frieren
gras comme un porc/moine	so fett wie ein Schwein
gros comme un cochon / une baleine / une barrique (Fass)	so dick wie ein Fass
gueuler comme un putois (Iltis)	schimpfen wie ein Rohrspatz
H	
haïr quelqu'un, quelque chose comme la peste	jemanden/etwas hassen wie die Pest
haut comme trois pommes	ein Dreikäsehoch; eine kleine Krabbe
être **heureux** comme un enfant/un poisson dans l'eau	sich freuen wie ein Schneekönig
I	
s'injurier comme des chiffonniers (Lumpensammler)	sich beschimpfen wie die Kesselflicker
innocent comme l'enfant qui vient de naître / un agneau	so unschuldig wie ein neugeborenes Kind / ein Lamm
J	
jaloux comme un tigre / une tigresse	rasend eifersüchtig
jurer comme un charretier (Fuhrmann)	fluchen wie ein (Bier)Kutscher

L	
laborieux comme une abeille	so fleißig wie eine Biene
laid comme un pou (Laus)	so hässlich wie die Nacht / potthässlich
léger comme une plume	federleicht
lent comme un escargot / une tortue	so langsam wie eine Schnecke
libre comme l'air	so frei wie ein Vogel (in der Luft)
long comme un jour sans pain	endlos lang
lourd comme du plomb	so schwer wie Blei

M	
maigre comme un clou	so mager wie ein Hering / spindeldürr
malade comme un chien	hundeelend
malheureux comme les pierres	todunglücklich
malin comme un singe	ganz schön gerissen / ein schlauer Fuchs
manger comme un moineau	essen wie ein Spatz
manger comme un ogre (Menschen fressendes Ungeheuer) / comme quatre	essen wie ein Scheunendrescher
marcher comme sur des roulettes	klappen wie am Schnürchen
mauvais comme la peste / la gale (Krätze)	hundsgemein
méchant comme une teigne (Motte)	erzfies
avoir **une mémoire** comme une passoire	ein Gedächtnis haben wie ein Sieb
mentir comme un arracheur de dents	lügen, dass sich die Balken biegen
mince comme un fil	so schlank wie eine Tanne
s'en moquer comme de l'an quarante	auf etwas pfeifen
raide **mort**	so tot wie eine Kirchenmaus
être **muet** comme une carpe (Karpfen) / la tombe	schweigen wie ein Grab
myope comme une taupe	so kurzsichtig wie ein Maulwurf

N	
nager comme un poisson	schwimmen wie ein Fisch
il faisait **noir** comme dans un tunnel/four (Ofen)	es war so dunkel wie die Nacht
noir comme de l'encre / du jais (= Gagat) / de l'ébène / du charbon	pechschwarz
nu comme un ver	splitternackt
P	
pâle comme la mort / un mort/linge	kreidebleich
parler comme une poule sans tête	dummes Zeug reden
parler français comme une vache espagnol (gemeint ist un Basque)	ein miserables Französisch sprechen
passer comme une lettre à la poste	reibungslos über die Bühne gehen
pauvre comme Job	so arm wie eine Kirchenmaus
peureux comme un lièvre	so bang wie ein Hase
plat comme une planche à pain / une limande (Kliesche)	so platt wie eine Flunder / ein Bügelbrett
plein comme un oeuf	gerammelt/brechend voll
plein comme une barrique / comme toute la Pologne	so blau wie ein Veilchen
pleurer comme une madeleine / un veau	weinen wie ein Schlosshund
il pleut comme vache qui pisse	es regnet Bindfäden
se porter comme un charme (Zauber)	vor Gesundheit strotzen
pousser comme des champignons	wie Pilze aus dem Boden schießen
presser quelqu'un comme un citron	jemanden auspressen wie eine Zitrone
propre comme un sou neuf	blitzsauber
puer comme un bouc (Ziegenbock)	stinken wie die Pest

R	
raide comme un piquet/manche à balai	so steif wie ein Brett
râler comme un pou (Laus)	stinksauer sein
rapide comme l'éclair	blitzschnell
se réduire comme une peau de chagrin (eine Art Leder, Titel eines Romans von Balzac)	zusammenschrumpfen, immer weniger werden
c'est **réglé** comme du papier à musique	alles verläuft nach Plan
se ressembler comme deux gouttes d'eau	sich gleichen wie ein Ei dem anderen
riche comme Crésus	stinkreich
ridé comme une vieille pomme	eine Haut voller Falten haben
rire comme une baleine / un bossu	sich schief lachen
ronfler comme une forge	schnarchen wie ein Bär
rouge comme une tomate / une pivoine (Pfingstrose) / une écrevisse (Flusskrebs)	so rot wie eine Tomate
rusé comme un (vieux) renard	ein gerissener Hund

S	
sage comme une image	sehr artig
saigner comme un boeuf	bluten wie ein Schwein
sale comme un cochon	vor Dreck starren/stehen
se sauver comme un voleur	sich davonschleichen wie ein Dieb
sérieux comme un pape	todernst
serrés comme des sardines	wie in der Sardinenbüchse
simple comme bonjour	kinderleicht
solide comme un roc	kerngesund
souffler comme un phoque (Robbe)	schnaufen wie ein Walross
soûl comme un cochon	so besoffen wie ein Schwein / so blau wie ein Veilchen
souple comme une liane	so geschmeidig wie eine Katze
sourd comme un pot	stocktaub
suer comme un porc	schwitzen wie ein Affe

T	
tenir à quelque chose comme à la prunelle de ses yeux	etwas hüten wie seinen Augapfel
têtu comme une mule	so störrisch wie ein Esel
tomber comme des mouches	sterben wie die Fliegen
laisser tomber quelqu'un comme une vieille chaussette / une patate chaude	jemanden fallen lassen wie eine heiße Kartoffel
tourner en rond comme un lion en cage	hin und her laufen wie ein Tiger im Käfig
tranchant comme une lame de rasoir	so scharf wie ein Rasiermesser
tranquille comme Baptiste	seelenruhig
travailler comme un bœuf/nègre	arbeiten wie ein Pferd
trembler comme une feuille	zittern wie Espenlaub
trempé comme une soupe	so nass wie ein begossener Pudel
trimer comme un cheval de trait	schuften wie ein Ochse
troué comme une écumoire (Schaumlöffel)	so löcherig wie ein Sieb

V	
velu comme un singe	so behaart wie ein Affe
se vendre comme des petits pains	weggehen wie warme Semmeln
vieux comme le monde	so alt wie die Welt (eine Sache)
aussi **vieux** que Mathusalem	so alt wie Methusalem (eine Person)
vivre comme un coq en pâte	leben wie Gott in Frankreich
être voleur comme une pie (Elster)	stehlen wie die Raben

Bibliografie

Dudenredaktion (Hrsg.), *DUDEN – Deutsches Universalwörterbuch. Das umfassende Bedeutungswörterbuch der deutschen Gegenwartssprache*, Berlin 2015

https://www.expressio.fr

https://fr.wiktionary.org/wiki/Annexe:Expressions_en_français

Le Grand Larousse illustré, Paris, 2019

L'encyclopédie des expressions françaises, https://www.linternaute.fr/expression/

Liste französischer Redewendungen, https://de.wikipedia.org/wiki/Liste_französischer_Redewendungen

Origine des expressions, http://www.alyon.asso.fr/litterature/regles/origine_des_expressions.html

PONS Großwörterbuch Französisch–Deutsch, Stuttgart, 2009

Siegfried Theissen

Englische und amerikanische Redewendungen

mit deutscher Übersetzung, Erläuterungen, Etymologie und Beispielsätzen

2020 · 255 S. · Kartoniert
ISBN 978-3-96769-012-5

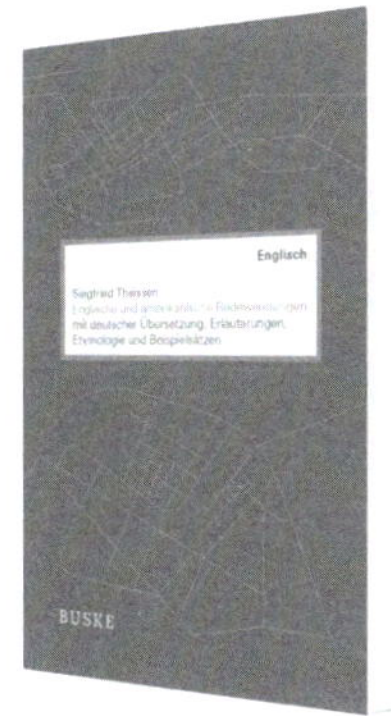

Nachschlagewerke zu englischen Redewendungen gibt es in Hülle und Fülle, aber ihrer Herkunft wird selten Beachtung geschenkt. In diesem Band werden mehr als 1.500 englische und amerikanische Redewendungen aufgeführt mit ihrer deutschen Übersetzung, ihrer Etymologie (insofern sie zu ergründen war), einer wörtlichen Umschreibung oder der Übersetzung ihrer Kernwörter und einem Beispielsatz.

Zielgruppe: Anfänger und Fortgeschrittene, die unterrichtsbegleitend oder im Selbststudium ihren aktiven Sprachgebrauch systematisch verbessern möchten. Anglistikstudierende; Übersetzerinnen und Übersetzer.

Konzeption: Bei vielen Redewendungen wird auf ähnliche verwiesen. So findet man unter „in the blink of an eye“: Siehe „drop of a hat, flick, Jack Robinson, knife, twinkling, in a trice“. Somit ist dieser Band auch eine Art Synonymwörterbuch. Bei Redewendungen, die eine sehr ähnliche deutsche Entsprechung haben (wie „to play for time / auf Zeit spielen“ oder „to kick the dog and mean the master / den Sack schlagen und den Esel meinen“), wurde auf einen Beispielsatz verzichtet. Aus der deutschen Übersetzung wird jeweils ersichtlich, ob es sich um gehobene Sprache, Umgangssprache oder Slang handelt. Sprichwörter wurden nur dann aufgenommen, wenn sie nicht direkt „durchsichtig“ sind, wie „discretion is the better part of valour“. Amerikanische Redewendungen wie „to be all hat and no cattle“ werden durch US gekennzeichnet. Dies ist auch der Fall, wenn die englische und die amerikanische Redewendung voneinander abweichen, wie in „to be left holding the baby (UK), to be left holding the bag (US)“.

BUSKE